내 삶을 바꾸는 젠더정책

권수현 · 권혜자 · 김새롬 · 손문금 · 안현미
이혜숙 · 임우연 · 장명선 · 조연숙 · 차인순

KNOWLEDGE COMMUNITY 공동체

정책학의 창시자인 라스웰(Lasswell)에 따르면, 정책이란 사회문제를 해결하기 위해 목표와 가치, 실행을 투사한 계획이다. 이러한 정의를 원용해 젠더정책을 설명하자면, 젠더정책은 성불평등과 성차별 문제를 해결하고 성평등을 실현하기 위한 정부의 행동 방침이라고 할 수 있다.

우리나라에서 젠더정책은 1987년 「남녀고용평등법」 제정을 계기로 공식적으로 시작되었다. 모든 정책이 법률의 형태를 취하는 것은 아니며 모든 법률이 정책인 것은 아니지만, 주요한 정책은 법을 통해 탄생한다. 더디고 답답하게 전개되어 온 젠더정책도 1987년 이후 약 40년에 가까운 변화를 돌아보면 분명한 발전이 있었음을 확인할 수 있다. 여성의 불평등 문제에 대한 인식조차 부족했던 시기에는 여성에 대한 차별 시정에 초점을 둔 입법과 정책 개발이 주요 관심사였지만, 지금은 실질적 성평등 실현을 위해 남성과 여성 간의 격차와 불평등을 분석하고 젠더 이슈를 정책적 과제로 삼아 조사와 연구를 기반으로 정책이 체계적으로 수립되는 단계에 이르고 있다.

오늘날 젠더분석에 기초한 젠더정책은 젠더 이분법을 넘어 성별, 세대, 계층, 장애, 이주, 지역 등 다양한 사회적 범주가 젠더와 어떻게 교차하며 사회문제를 형성하게 되는지에 대한 논의로 확장되고 있다. 젠더정책은 더 이상 여성정책에 머물지 않으며, 정희진이 지적했듯이 '젠더에 기반하되 젠더를 넘어서는 대안적 사유'를 요구하는 복합적이고 도전적인 정책으로서의 특성을 지향하고 있다. 그러나 현실에서는 '젠더'라는 용어 자체에 대한 이해의 스펙트럼이 넓어 연구자, 정책결정자, 시민들 사이에서도 그 의미가 다르게 사용되는 등 소통의 어려움을 겪기도 한다.

지금 우리나라는 총체적으로 전환의 시기를 맞이하고 있다. 순조롭게 성장하리라 기대했던 젠더정책의 발전 경로가 새로운 정책 환경 속에서 뒤틀리고 있으며, 이로 인해 정책 영역에서 진전된 논의와 사회적 공감대 형성이 정체되는 상황이 벌어지고 있다. 많은 이들이 시대 변화의 징표를 디지털 전환, 녹색전환, 돌봄 사회로의 전환에서 찾고 있지만, 이러한 전환 논의들과 반드시 교차해서 고민해야 할 또 하나의 중요한 과제가 젠더 전환이다. 젠더 전환 요구는 지난 40여 년 동안 젠더정책과 인식의 변화가 사회와 개인의 삶에 깊이 스며든 결과이기도 하다. 가부장적 젠더 관계에서 성평등한 젠더 관계로의 전환이 본격화되고 있는 이 시점에서, 젠더정책은 무엇을 새롭게 만들어 나가야 하는지 중요한 질문이 던져지고 있다. 이 질문에 답하기 위해서 먼저 우리가 지금 정책적으로 어디에 서 있는가를 이 책을 통해 살피고자 한다.

이 책은 젠더정책이 그동안 성차별적 정책들을 제거하고 성평등을 위해 하나하나 주춧돌을 놓아 온 단계를 넘어 이제는 나와 우리의 삶을 얼마나 그리고 어떻게 바꾸고 있는지 묻고 있다. 또한 젠더정책의 범위가 넓어짐에 따라 문과 영역과 이과 영역도 통합적으로 살펴볼 필요성이 커졌다. 나아가 오늘날 젠더정책이 모든 정책 영역에 성평등 관점을 반영하되 젠더 이분법을 탈피하여 다양성과 교차성을 추구한다는 점을 고려할 때 법학, 정치학, 행정학, 사회학, 여성학, 사회복지학, 의학, 과학 등 다양한 분야의 연구자와 정책현장 경험자들의 관점과 생각을 엮어나가는 작업과정도 젠더정책 교과서의 취지에 부합했으리라 본다.

정책을 공부하는 사람이라면 '국가는 모든 국민들의 좋은 집이어야 한다'는 귀중한 격언을 한번쯤은 들어보았을 것이다. 그동안 젠더정책은 젠더 관점에서 기울어진 집을 바로 세우기 위해 주춧돌들을 성기게나마 채워 놓았다. 앞으로는 국가라는 집에서 모든 구성원들이 자유롭고 안전하며, 평등하고 서로 돌보는 삶을 살아갈 수 있도록 집의 구조를 섬세하게 그리고 더 열심히 리모델링해야 할 것이다.

이 책은 3부로 구성되어 있다.

1부는 젠더정책에 대한 도입부로 성평등 정책의 개념과 방향, 방법 및 이론적 논의들에 대하여 전체적인 흐름을 살펴보았다.

제1장(성평등, 다양성과 젠더)에서는 젠더와 성평등 정책 개념을 바탕으로 성평등을 위한 정책 접근들과 실행방법에 대해 정책 사례를 통해 이해해 보고자 한다. 또한 성평등 정책이 다양성 가치를 포용하는 방향에서 추진되고 있다는 점과 다양성을 포용하는 성평등이 어떻게 정책안에서 실현될 수 있는지 그 전략과 방식 몇 가지를 제시한다.

제2장(법과 정의와 젠더)에서는 법에서 정의와 젠더와의 관계를 역사적으로 간단히 살펴보고 현행 법률에서 젠더 문제를 어떻게 다루고 있으며, 법을 통한 정의실현은 어떠

한지에 대해 살펴본다. 이를 통해 법에서의 성평등을 어떻게 실현할 수 있는지, 정의의 실현은 가능한지 등에 대한 방안을 모색하고자 한다.

제3장(거버넌스와 젠더)에서는 젠더 거버넌스의 개념이 무엇이고 글로벌 젠더 거버넌스와 한국의 젠더 거버넌스가 그동안 어떻게 진행되어 왔는지 살펴보면서, 젠더 거버넌스를 통한 젠더정책 변화를 호주제 폐지 사례를 중심으로 살펴본다. 마지막으로 젠더 거버넌스를 위해 필요한 조건과 방향을 검토한다.

2부는 노동, 조직, 시간, 돌봄, 폭력, 건강, 과학기술, 기후/재난 등 우리들의 삶에 큰 영향을 미치는 주요 이슈에 대응하는 젠더정책을 소개하면서 향후 과제를 논의하고자 하였다.

제4장(노동시장과 젠더)에서는 높은 성별 임금격차와 불안정한 고용으로 요약되는 한국 여성 노동시장의 원인을 살펴보기 위하여 고용과 임금 측면에서 여성 노동시장의 변화를 분석하고 젠더 이슈를 알아본다. 출산과 육아로 인한 경력단절현상, 비정규직 고용불안, 성별 임금격차의 추이와 현황을 통해서 성평등 노동시장 정책의 필요성을 살펴본다.

제5장(조직과 젠더)에서는 일정한 목표를 달성하기 위한 2인 이상의 협동적 결사체인 '조직' 내에서 젠더 이슈로는 어떠한 것이 있는지 검토하고, 조직적 수준에서의 젠더불평등을 해소하기 위한 정책적 조치에는 무엇이 있는지 살펴본다. 더 나아가 조직 구성원으로서 개인들은 조직 내 성평등 조직문화 조성을 위해 어떠한 변화를 요구받는지 함께 논의해 본다.

제6장(시간과 젠더)에서는 유급노동과 무급노동의 불평등한 시간 경험과 가치 절하된 무급노동에 대한 시간 인식을 살펴본다. 나아가 노동시장을 중심으로 시간을 재구조화하고자 하는 일·생활 균형 정책 현황에 대해 살펴보고 성평등한 방향에서 젠더관계 변화를 위한 몇 가지 일·생활 균형 정책 실행방안에 대해 논의한다.

제7장(돌봄과 젠더)에서는 돌봄 개념의 정의와 함께 여전히 지속되고 있는 돌봄의 젠더불평등 양상을 살펴보았다. 이를 토대로 젠더불평등을 해결하기 위한 우리나라의 "돌봄의 사회화" 방식에 대해 아동정책을 중심으로 분석하고 개선방향을 제시해 봄으로써 향후 '돌봄민주사회'로 가기 위한 방안을 함께 고민해 보고자 한다.

제8장(폭력과 젠더)에서는 먼저 젠더폭력의 개념과 국제적 정책형성과정을 알아본다. 국내 젠더폭력 방지 정책의 틀과 성인지 감수성에 대한 이해를 기반으로 성범죄, 친밀한 관계에서의 폭력, 성매매와 인신매매, 그리고 역사 속의 성폭력 등 다양한 종류의 젠더 폭력 방지 정책과 실태를 살펴보면서, 앞으로 해결해 나가야 할 과제들에 대하여 생각을 나누어 본다.

제9장(건강과 젠더)에서는 낙태죄 폐지 이후 여성의 몸과 건강에 대한 정책의 원칙이 될 수 있는 성·재생산 건강과 권리 개념에 주목하면서, 한국 사회에서 여성건강과 관련한 젠더 이슈인 성형수술과 다이어트, 섭식장애와 보조생식술, 성소수자 건강과 의료에 대하여 살펴보았다. 모두의 건강을 중요한 가치로 보장하는 사회를 만드는 데 젠더 관점이 어떻게 기여할 수 있는지 논의하고자 했다.

제10장(과학기술과 젠더)에서는 과학기술에서의 젠더정책의 변화 추이를 인력, 콘텐츠와 법제도적인 세 가지 측면에서 살펴본다. 모두를 위한 더 좋은 과학기술 연구를 위해서는 성별 등 특성을 반영한 연구개발 혁신, 즉 과학기술 젠더혁신이 필수적이라는 글로벌 흐름 속에 우리의 과학기술 젠더정책에 대한 성과 및 향후 과제를 제시하고자 하였다.

제11장(기후위기/재난과 젠더)에서는 기후 정의와 젠더 정의가 교차하는 관점에서 기후위기 대응 정책의 문제를 살펴보고자 하였다. 지구의 위기로 닥친 기후변화의 문제에 관한 국제 정책의 흐름과 국내 정책의 형성을 파악하고 국가, 기업, 시민사회 차원에서의 해결 노력을 젠더 관점에서 살펴보면서 기후정책에서의 젠더행동계획에 대하여 알아본다.

3부는 주요 젠더정책이 형성되고 추진되는 제도적 장치인 정치와 정부, 그리고 지역에서 젠더정책의 메커니즘이 어떻게 전개되어 왔는지에 대해 살펴본다.

제12장(지역과 젠더)에서는 지역 젠더정책의 변화 과정을 살펴보고 지방자치 실현의 흐름 속에 젠더정책을 위치 짓고자 하였다. '젠더'와 '지역'의 교차성에 주목하였으며, 지역사회의 성평등 실현을 위하여 추진된 '지역성평등지수', '여성친화도시 조성' 등 관련 정책의 제도화 과정을 살펴보았다. 지역사회 젠더정책의 미래를 전망하는 차원에서 지역 구성원들의 활동 사례도 소개하였다.

제13장(정치와 젠더)에서는 여성의 정치적 대표성을 중심으로 정치적 권리를 확보하기 위한 여성들의 분투, 여성의 정치적 대표성 확보를 위한 제도 개혁의 내용과 한계, 법적·제도적 조치에도 불구하고 여전히 존재하는 성별화된 정치적·제도적·사회문화적 제약을 살펴보고, 모두를 위한 민주주의를 위해 필요한 방안들에 대해 논의한다.

제14장(정부와 젠더)에서는 젠더정책의 변화를 여성정책 이전, 여성정책 시기, 젠더정책 도입 및 젠더정책 시기 등으로 구분하고 각 기간의 정책 추진체계를 살펴본다. 이와 함께 해외 젠더정책 추진체계 사례를 검토하고 시사점과 함께 다양한 젠더 이슈의 체계적 해결을 위한 추진체계의 과제를 모색해 본다.

젠더정책은 모든 정책 분야에서 가능하고, 실제 다양한 분야에서 이루어져 왔다. 이 책에서 다루어지는 분야 이외에도 외교·국방·행정 분야, 문화예술체육 분야, 농어업 분야 젠더정책도 있는데 모두 포함되지 못한 아쉬움도 있다. 또한 젠더정책의 다양성과 교차성을 지향하면서도 이를 충분히 반영한 글이 되었는지 고민이 되기도 한다. 각 장은 10명의 분야가 다른 정책 연구자들과 정책현장 경험자들의 경험에 기반하여 작성되었기 때문에 세세하게 통일하기보다는 각 집필자의 문제의식이 드러나는 방식으로 작성되었음을 말씀드린다.

무엇보다도 혼란스럽고 어려운 시기에 모두가 더 나은 삶을 살 수 있는 성숙사회로 나아가기 위해, 젠더정책 교과서 발간을 흔쾌히 수락한 공동체 출판사에 깊이 감사드린다.

2025년 봄에
집필진 일동

차 례

제 III 부 제도화와 실행

PART

I

젠더정책의 이해

CHAPTER 01

성평등, 다양성과 젠더

1. 젠더와 성평등 정책

우리 사회는 성평등 정책에 대해 어떻게 이해하고 있을까? 공직에 입문한 지 3년 미만인 20・30세대 사무관들의 성평등 인식을 조사한 연구에서, 한 공무원은 이렇게 말했다. "페미니즘이나 여성주의보다 양성평등으로 가야 하지 않나 하는 생각이 있습니다. 그래야 성별 갈등도 줄고 논의도 더 많이 되지 않을까 싶습니다. [1년차 남성 공무원 A(31)씨]"(정재원・이은아, 2021 : 155). 이 말은 여성의 권리만을 지원하는 여성주의, 여성정책이 아니라 여성과 남성을 모두 고려하여 같아지게 하는 정책이 필요하다는 의미로 읽힌다. 즉, 성평등 정책을 양성이 동일해지도록 하는 정책, 자원을 여성과 남성에게 50:50으로 배분하는 정책으로 단순하고 좁게 이해하는 것이다.

성평등(Gender Equality) 정책에서 젠더는 생물학적으로 여자(female)와 남자(male)라는 이분법으로 구분된 두 집단을 의미하지 않는다. 젠더는 '사회적으로 위치 지워진' 사람들의 성별 집합을 의미한다. 즉, "특정 사회가 사랑, 결혼, 출산, 양육 등의 사적영역과 정치, 경제, 언론, 학교 등 모든 공적영역에서 여성(women, girls)과 남성(men, boys)이 가진 '차이'를 어떻게 강화하거나 의미 부여하고, 위계화하는지를 분석하는 개념"이다(김현미, 2022 : 1).

<표 1−1>에서 왼쪽의 '애착과 사랑에 대한 욕구나 인지능력, 감정 등'은 성별로 차이가 나타나지 않는다고 생각하는 속성들이다. 반면 오른쪽에 있는

'수입, 권력, 가족 내 의무, 가사노동, 건강, 폭력 경험 등'의 부분에서는 지속되는 성별 차이와 격차를 살펴볼 수 있다(캐롤 타브리스, 2010 : 323－324). 이렇게 여성과 남성의 속성은 다르지 않지만, 성별 권력과 사회·경제적 지위, 성역할, 폭력 경험 등의 성별 위계관계와 격차를 강화하는 여성과 남성에게 적합한 기질, 태도, 행동 특성 등이 있다고 습득시키고 구조화하는 체계가 바로 '젠더'라는 것이다.

<표 1-1> 여성과 남성은 다른가?

다르지 않은 점	다른 점
애착과 사랑에 대한 욕구, 인지능력, 의존성, 감정, 기분과 변덕, 도덕적인 판단, 성취에 대한 욕구, 권력에 대한 욕구, 욕망, 적개심 등	돌봄, 의사소통 방식, 고용과 취업 기회, 건강, 수입, 재생산경험, 사회에서의 권력과 지위, 가사노동, 육아, 가족 내 의무, 일과 가정의 양립, 폭력 경험, 체중과 몸 이미지 등

출처 : 캐롤 타브리스(2010), p. 327.

따라서 젠더 평등은 여성과 남성의 총계적인 수량적 평등을 말하지 않는다. 오히려 수량적인 격차를 가져오는 구조적·제도적 요인에 초점을 맞추고 이를 가시화하고자 한다. 즉, "특정 시대와 사회에서 여성과 남성의 사회·경제적 지위, 의사결정 권한, 성역할, 수입이나 돌봄, 건강 등의 위계관계와 격차를 만들어 내는 사회 규칙과 문화, 규범, 구조, 제도 등이 무엇인가"라는 데에 초점을 맞춘다. 또한 "젠더" 평등은 남녀 집단을 대상으로 하는 것이 아니라, 남녀의 역할과 책임, 의무를 다르게 구성하는 사회제도와 구조, 위계화된 관계와 사회운영의 원리가 무엇인지 분석하고 이를 개선하는 데 초점을 둔다.

성평등이 여성과 남성의 수량적 평등보다는 사회제도와 구조에 초점을 두고 있다는 점을 젠더폭력 이슈를 통해 살펴보면 다음과 같다. 젠더폭력 논의는 폭력의 행위자로 남성, 폭력의 피해자로 여성이라는 개인에 초점을 맞춰 분석하지 않는다. 즉, 가족, 직장, 학교 등에서 여자나 남자라는 생물학적인 성(sex)

때문에 여성이 피해를 입고, 남성이 가해를 하는 것으로 보지 않는다. 오히려 젠더폭력 논의는 피해자로 여성의 수가 많다면 이는 사회·경제적, 그리고 문화적인 권력관계가 성별로 불평등하게 제도화되어 있는지 살펴보는 구조적 맥락에 초점을 두고 분석한다. 여성이 성적으로 위협받고, 괴롭힘을 당하는 이유는 가족, 직장, 학교 등 조직의 권력관계에서 아직까지 여성들이 대부분 하위직을 이루고 있고, 우리 사회가 그러한 여성들의 몸을 성적으로 대상화하는 것을 그렇게 큰 문제로 여기지 않는 문화가 폭력과 괴롭힘의 언행으로 나타나고 있다는 데에 초점을 두어 분석하는 것이다. 이렇게 되면 여성피해자와 남성피해자가 많고 적거나, 한 개인의 일탈적 언행으로 폭력을 대하지 않게 된다. 오히려 친밀한 가족관계나 일하는 동료관계를 어떻게 만들어야 폭력이 예방되고, 피해자와 가해자는 왜 그런 행동을 하는지 이해하게 되며, 성별로 어떠한 서로 다른 피해자 지원이 필요한지 등에 대해 논의할 수 있게 된다.

그렇기에 성평등 정책은 단지 여성 대상의 여성정책에서 여성과 남성을 모두 대상으로 고려하는 정책으로 변화되었다는 의미로 좁게 이해되지 않는다. 또한 성평등 정책은 남녀 두 집단이 수치상 똑같은 상태에 도달하는 것, 남녀에게 고루 혜택을 주는 것을 목표로 하지 않는다. 성평등 정책은 차별, 편견, 비하, 폭력 등을 발생시키는 여성과 남성의 관계 맺는 방식이나 위계적 권력관계, 성별 격차를 가져오는 사회구조와 문화를 변화시키고자 하는 목적을 가진 국가의 노력이자 개선 조치이다.

성평등 정책의 예를 들어보자. 우리나라 성별 평균(기대)수명은 2023년 기준 남성 80.6세, 여성 86.4세로 5.8세의 격차가 있다(통계청, 생명표, https://www.index.go.kr/). 그러면 남성의 평균수명은 여성보다 짧아야 할까? 이러한 격차가 합리적이고 옳다고 할 수 있을까? 만약 여성과 남성 간에 이런 격차가 발견되면 그 격차를 가져오는 성역할, 사회·경제적 지위, 규범이나 문화 등에 대해 분석하고, 이를 개선하고자 방안을 마련하는 것이 성평등 정책을 실행하는 출발점이다.

평균수명의 성별 격차에 대해 연구자들은 남성은 사고사 비율이 높고, 석탄·운수·중공업 등 산업재해로 인한 상해 위험이 높은 직업에 집중되고, 자살률이 높고, 폭력이나 범죄 피해에 더 취약하고, 장시간 근로, 가족관계로부터 소외되거나 친밀한 관계의 어려움으로 인한 고독과 외로움 등이 영향을 미쳐 이러한 결과를 가져온다고 말한다(마경희·김경희·박수범·이 솔, 2016 : 33–34). 그러면 남성의 보다 건강한 삶을 위해 남성의 자살률을 낮추고, 친밀한 관계를 이어가도록 하는 교육, 장시간 노동문화를 변화시키려는 노력, 성별 관계없이 적성에 따른 진로선택 지원 등과 같은 정책적 조치들이 취해질 수 있게 된다.

요즘 성평등, 성평등 정책을 남녀 두 집단의 수량적 평등으로 좁게 이해하면서 성별 갈등이 증폭되고 성평등 정책에 대한 반발도 나타나고 있다. 그런 만큼 성평등 정책의 의미를 다시 살펴보고, 그 추진 방법에 대해 논의하는 과정이 중요한 시기이기도 하다. 이 장에서는 젠더와 성평등 정책 개념을 바탕으로 성평등을 위한 정책 접근들과 실행방법에 대해 정책 사례를 통해 이해해 보고자 한다. 또한 성평등 정책이 다양성 가치를 포용하는 방향에서 추진되고 있다는 점과 다양성을 포용하는 성평등이 어떻게 정책안에서 실현될 수 있는지 그 전략과 방식 몇 가지를 제시해 보고자 한다.

2. 성평등을 위한 정책 접근들

1) 세 가지 성평등 정책 접근

성평등을 이루기 위해 지금까지 다양한 정책적 접근을 시도해 왔다. 주요 접근은 크게 법률적 평등 조치 접근, 여성 특별처우 접근, 성 주류화 접근을 들 수 있다(성민정, 2021 : 9).

우선, 법률적 평등 조치는 '법이나 제도상 특정 집단에게 이익 또는 불이익이 발생하지 않도록 모두에게 동등한 기회를 제공하는 것'을 말한다. 이 평등

조치는 한 개인의 성별, 인종, 장애, 연령 등 어떤 속성을 가지고 직접적으로 차별하거나 배제하지 않는다. 즉, 동일한 경쟁의 기회를 제공하며 제도적 · 명시적으로 차별하지 않는 '기회의 평등' 접근이다. 이 입장에서는 여성과 남성은 같다는 논리를 전제하고 남성에게 적용되는 원칙과 규범, 기준을 여성에게도 똑같이 적용해 성별과 무관하게 동등한 권리와 기회를 보장받을 수 있도록 해야 한다(조영희, 2008 : 292). 예를 들어, 여성만 피선거권을 제한한다거나, 여성 공무원은 10% 범위에서 제한모집을 하는 것을 성불평등 문제로 보는 것이다. 하지만 이 접근은 남성 중심의 제도와 질서, 가치와 기준에 직접적으로 도전하지 못하고 남성과 다른 조건에 놓인 여성의 상황을 고려하지 못한다는 비판을 받는다. 현실에서 여성은 자녀양육, 부모돌봄, 가사노동 등 가족 역할을 더 많이 수행한다. 그런데 남성과 같은 조건으로 시장에서 장시간의 유급노동을 하도록 하는 것은 여성이 경력을 유지하거나 승진하는 데 불리하게 작용할 수밖에 없다. 기회의 평등 접근은 이런 성역할 차이나 노동시장의 구조에 대해서는 말하지 못한다는 것이다.

다음으로, 여성 특별처우 접근은 성별 역할, 경험, 지위, 인식 등의 차이를 인정하고 지원하는 '조건의 평등' 접근을 말한다. 개인이 가진 어떤 특성 때문에 기회를 이용할 수 없거나 기준이 불리하게 작용하는 것은 아닌지 살펴보는 평등이라고 할 수 있다. 즉, '성별에 따라 삶의 조건과 상황이 다르게 형성되어 있고, 제도적으로 보장된 기회를 이용하는 출발선이 서로 같지 않다'라는 차이를 전제하는 평등 조치라고 할 수 있다. 이 접근은 성불평등의 원인을 오랫동안 사회 전반에 걸쳐 형성된 가부장 구조와 성역할 등 시스템의 문제라고 본다. 그리고 이렇게 누적된 불평등한 상태를 극복하기 위해서는 기회와 자원을 직접적으로 할당하는 여성 대상 특별 조치가 필요하다고 강조한다(조영희, 2008 : 292). 예를 들어, 여성의 노동시장 참여를 지원하기 위한 직업교육이나 창업지원 프로그램, 여성의 정치 대표성 확대를 위한 여성할당제 등 적극적인 자원과 기회의 배분을 통해 빠른 시간 내에 여성 참여 비율이나 성별 격차의 불균형을 조정하고자 한다(마경희, 2014 : 458). 하지만 이 접근은 역차별이라는 정책 저항에 부딪히거나, 여성을 특별한 보호나 특혜가 필요한 존재로 주변화하거나, 성역할 등 구조적인 성차별을 여전히 제거하지 못한다는 한계가 지적된다(성민정 외, 2021 : 9－10).

마지막으로, 법률적 평등 조치와 여성 특별처우 접근이 기존 주류사회의 규범과 기준을 변화시키지 못한다는 한계를 인식하고 성불평등 문제를 해결하기 위한 보다 근본적인 시각의 전환이 필요하다는 비판 속에 성 주류화 접근(Gender Mainstreaming)이 제시되었다. 성 주류화는 기존의 법률적 평등 조치(기회의 평등)나 여성 특별처우(조건의 평등) 접근을 통해 여성의 교육수준 향상, 사회·경제활동 참여 확대 등 많은 성과가 있었다는 데 동의한다. 하지만 성역할, 남성 중심 주류사회의 기준과 가치관을 변화시키지 못하면 여성지위 향상, 성별 관계의 변화에 한계가 있다는 점을 인식하였다. 이에 성 주류화는 여성이 이미 만들어진 사회시스템 안으로 들어가는 것이 아니라, 주류사회의 성역할, 규범, 문화, 관념, 기준 자체를 변화시켜 성평등을 이루고자 한다. 즉, 성별 역할, 경험, 인식 등의 차이에 위계나 우선순위가 있는 것이 아니라 모두의 삶의 방식과 경험이 '동등하게 고려'되도록 주류의 기준과 규칙 자체를 변화시키고자 하는 '주류의 변혁으로서의 평등' 접근이다. 예를 들어, 이상적 시장노동자는 돌봄부담이 없는 사람이 아니라, 돌봄을 수행하는 사람의 경험을 통합하여 변화되어야 한다고 말한다. 즉, 모든 노동자가 시장노동과 가족돌봄 모두를 수행할 수 있는 방식으로 노동시간과 노동문화 자체가 조정되고, 시장노동과 가족돌봄, 개인생활이 조화를 이룰 수 있도록 노동규칙 자체가 재편되어야 한다는 것이다(마경희, 2014 : 450－452).

물론 성 주류화 접근은 앞에서 제시한 법률적 평등 조치 접근, 여성 특별처우 접근을 배제하지 않는다. 주류의 기준, 성역할, 문화를 변화시키기 위해서는 사회의 모든 분야에서 여성이 동등하게 참여하고 의사결정권을 갖는 여성의 주류화가 필요하기 때문이다. 또한 사회 각 분야에서 여성과 남성에 대한 인식, 역할, 태도, 지위, 관습, 제도 등이 어떻게 다르게 형성되어 있는지 알고 이를 개선하여야 하기 때문이다.

성 주류화는 1995년 북경에서 열린 UN 제4차 세계여성회의에서 성평등을 이루기 위한 전략으로 제시되었다. 제4차 세계여성회의에서 채택한 북경행동강령에서 성 주류화는 "젠더 이슈를 모든 의사결정과 정책실행에서 고려"하는 것이라고 하였다(정순영 외, 1995 : 91, Beijing Platform for Action, 'G. Women in Power and Decision-making, Paragraphs 189). 이것은 성평등과 관련된 이슈를 여성부서에서 별도의 이슈로 다루는 것이 아니라 주류의 모든 부서 정책과 프로그램에 통합시켜 다루어 나간다는 것을 말한다. 즉, 성 주류화를 위해서는 성평등 이슈를 추상적인 담론이나 이념 수준에서 논의하는 것이 아니라, 공공정책으로 구체화하여 공공정책의 과정에 통합시킴으로써 성평등을 제도화하고자 한다(원숙연, 2009 : 95). 사회변화를 이끌어 가는 공공부문의 정책 과정에 젠더 분석 결과를 반영하여 개선하면, 그동안 정책이 운영되었던 원리나 기준을 바꾸고 사회의 구조와 시스템을 변화시키는 힘이 될 수 있다고 본 것이다.

공공정책에 '성평등 이슈와 젠더 분석'을 통합하기 위한 수단으로는 성별영향평가, 성인지 예산, 성인지 통계, 성인지 교육, 성평등지수 등이 개발·실행되고 있다.[1]

성 주류화 제도

- 성별영향평가는 규정이나 정책 및 프로그램이 여성과 남성의 생활 상태와 자원에 대한 접근성에 어떤 영향을 미치는지 평가하고, 정책이 여성과 남성에게 고르게 혜택을 가져올 수 있도록 하기 위한 제도이다(European Institute for Gender Equality, 2017 : 14). 현재 성별영향평가는 「양성평등기본법」 제15조와 「성별영향평가법」에 근거하여 시행되고 있다.

1 각 제도에 대한 이해를 넓히고 추진 현황을 살펴보기 위해서는 한국여성정책연구원, 여성가족부 홈페이지에서 관련 지침과 연구자료를 찾아볼 수 있다.

- 성인지 예산은 예산 과정에 젠더 관점을 통합하는 것으로, 재정사업을 편성·집행함에 있어서 여성과 남성의 차이와 특성을 반영하여 예산의 집행 효과가 평등하게 나타나도록 하는 제도이다. 성인지 예·결산 제도는 「양성평등기본법」 제16조, 「국가재정법」과 「국가회계법」, 「지방재정법」과 「지방회계법」에 근거하여 실시하고 있다.
- 성인지 통계는 남녀로 분리된 통계뿐 아니라 넓게는 성별 조건과 요구, 경험을 보여주기 위해 생산된 통계를 의미한다. 「양성평등기본법」 제17조와 「통계법」 제6조 및 제18조에 따라 정부와 공공기관이 정책 형성, 실행, 평가 등을 위해 인적(人的) 통계를 작성하는 경우에는 성별로 구분하여 통계를 생산하도록 하고 있다.
- 성평등지수는 사회의 각 분야에서의 성별 격차를 확인하고, 성평등 실태와 개선 수준을 비교·분석하여 다양한 정책분야에서 젠더 이슈를 주요 의제로 다루도록 유도하고자 하는 통계이다(주재선 외, 2022 : 116). 「양성평등기본법」 제19조에 근거하여 매년 국가성평등지수와 지역성평등지수를 생산, 공표하고 있다.
- 성인지 교육은 공무원과 정책 이해관계자들이 개인과 조직, 직무 차원에서 성평등 의식을 강화하고, 젠더 관점에 기반한 정책을 기획, 실행할 수 있도록 역량을 강화하는 훈련을 말한다[유럽성평등연구소(European Institute for Gender Equality, EIGE). Gender Mainstreaming Platform › Toolkits › Gender Equality Training, 2016, https://eige.europa.eu.]. 「양성평등기본법」 제18조에서는 성인지 교육을 전체 소속 공무원에게 실시하도록 규정하고 있다.

이와 같은 성 주류화 제도들은 '젠더' 분석을 정책에 통합하는 구체적인 방법이자 도구로 제시되어 활용되고 있다. 예를 들어, 성별영향평가서나 성인지예산서를 작성하는 분석평가 지표를 보면 정책의 성별 관련성을 파악한 이후 성별 관계를 개선할 수 있는 제도적 개선사항을 마련할 수 있는 기술적 과정을 제공하고 있다. 먼저, 정책담당자는 정책안에 성차별적 고정관념이나 편견, 성역할 분리가 숨어있는지 살펴보아야 한다. 그리고 정책의 수혜와 의사결정과정에 성별로 동등하게 참여하고 있는지 분석한다. 다음으로, 여성과 남성의 사회문화적, 경제적, 신체적 차이 때문에 정책에 대한 요구와 필요가 다른데 이를 적절히 정책이 반영하고 있는지 검토한다. 마지막으로, 성별 균형 참여와 의사결정과정의 성별 대표성 확보, 정책에 대한 성별 요구사항의 반영, 성별 통계의 생산이나 지침・법령의 내용개선 등을 정책개선안으로 검토하도록 하고 있다.

2) 성평등 정책 접근 사례와 실행방법

세 가지 성평등 정책 접근의 사례를 살펴보자. 얼마 전 언론에 '기존에 여성 공직자가 임신・출산・육아 등에 대한 일차적 책임을 부담하고 있다는 전제를 가지고 숙직이나 출장 등 업무에서 제외되어 왔는데, 이것이 불평등하다'는 기사가 보도되었다(문화일보, 2023. 5. 1). 이제 남성도 여성과 함께 가족을 돌보고 함께 직장에서 일하는 시대이니, 숙직시설 분리나 안전 문제 등이 해결되면 여성도 충분히 숙직을 수행할 수 있다는 것이다. 성역할 규범과 관행을 고려한 여성 특별처우의 평등정책에서 시대변화에 맞추어 성별 업무를 통합하여 동등한 권리와 기회를 보장하는 평등정책으로 변화가 필요하다는 인식이다.

그런데 공직사회의 숙직, 야근, 출장 등의 문제를 성 주류화 접근으로 다시 생각해 보면 어떨까? 숙직, 출장, 야근 등이 가족돌봄에 대한 부담이 없는 노동자를 기준으로 지금까지 추진되었다면, 이제는 모든 직원이 임신, 출산, 육아, 돌봄 책임을 병행하고 있다는 가정하에서 출장, 야근, 숙직의 업무방식을 재구조화하는 것은 어떨까? 이렇게 직장에서 소수자로 가족돌봄을 부담하며 존재한 여성적 삶의 방식과 경험을 주류에 통합하여 주류 노동의 방식, 문화, 관행, 질서와 규칙을 변화시키고자 하는 것이 곧 성 주류화 접근이라고 할 수 있다(마경희 외, 2016 : 97-98).

결국, 성평등 정책은 성불평등을 없애기 위해 성별 명시적인 배제와 차별을 제거하거나, 여성이 가진 불리한 조건을 극복하도록 기회와 자원의 할당을 통해 지원하거나, 주류의 기준과 규칙을 소수자들의 관점, 경험, 가치관, 행동방식 등을 동등하게 인정하는 방향에서 변화시켜 나가는 국가의 노력이라고 할 수 있다. 그런데 세 가지 성평등 정책 접근은 시기별로 단절되는 것이 아니라 성평등의 실현이라는 공통된 정책목표를 가지고, 서로 보완하면서 통합적으로 시행된다. 성평등 달성을 위해 국가는 이들 세 가지 전략들을 상황과 맥락에 따라 조화롭게 활용한다고 할 수 있다. 우리나라에서도 법률적 평등 조치(기회의 평등) 접근, 여성 특별처우(조건의 평등) 접근, 성 주류화(주류의 전환) 접근을 모두 도입하고 정책으로 운영하고 있다.

국방 분야 정책 사례를 살펴보자. 1997년부터 육군사관학교에서는 여성 입학을 허용했다. 이것은 국방 분야에서 성별에 따른 직접적 배제를 제거하고 여성도 군 간부로 교육받을 수 있는 기회가 주어지기 시작했다는 것을 의미한다. 이후 여성가족부는 2003년 '제2차 여성정책기본계획'을 세우면서 군 간부 여성 참여 비율을 5%까지 확대하겠다는 목표를 제시했다. 2022년에는 군 간부 중 여성이 9%라고 한다. 국방부 또한 여성 참여를 확대하기 위해서 지휘관이나 참모 직위에 여성 보직을 확대하고, 사관학교 성인지 교육 교양과목 실시 등의 제도를 실행하기도 하였다(문미경 외, 2022 : 68-69).

또한 성별영향평가를 통해서 여성과 남성 군인의 신체적 차이를 고려해서 근무환경을 만들어가는 정책을 펼치기도 했다. 여성 군인이 증가해 왔는데도 육군 유격장, 야외훈련장 가운데 여성 군인을 위한 별도의 화장실, 샤워장, 탈의실과 같은 편의시설이 갖춰지지 않은 곳이 있었다고 한다. 국방부는 남녀의 신체 차이를 반영하도록 '국방·군사시설 기준'을 개정하고, 건물을 신축하거나 개보수할 때 여성군인 숙소, 화장실, 휴게실 등 복무를 위한 시설설치를 의무화하고 있다. 그리고 매년 예산을 할당하여 시설을 확대해 나가고 있다(김경희 외, 2019 : 95-96). 이것은 군내 성평등 달성을 위해 여성과 남성 군인의 차이를 고려한 적극적인 자원의 할당이라고 할 수 있다. 또한 성별영향평가나 성인지 예산이라는 성 주류화 제도를 통해 국방 분야 시설기준 자체를 변화시키면서, 다양한 인력이 군인으로 복무할 수 있는 환경을 만들어가고 있다. 이것은 군 간부는 누구인지에 대한 표준을 다시 만들어가고 있는 과정이라고 할 수 있다. 이렇게 여성에게 기회를 더 넓히는 과정과 그들의 삶의 차이를 반영하고 자원을 할당하는 정책, 주류의 표준과 규칙을 변화시켜 나가는 과정은 서로 영향을 주고 동시에 통합적으로 시행될 수 있다.

세 가지 성평등 정책 접근 중 어떤 성평등 정책 접근을 취할 것인가는 해당 분야에서 성별 격차의 정도와 양상, 격차가 만들어진 배경과 원인, 성별 요구 등을 고려하여 결정하여야 한다. 젠더 관계는 고정되어 있지 않고, 평등 개념은 사회와 시대에 따라 다양하게 이해될 수 있다. 이 때문에 어떤 성평등 정책을 시행해야 하는지는 항상 시대나 정책의 세부 내용에 따라 논쟁적이라고 할 수 있다.

3. 다양성과 성평등 정책

1) 다양성을 포용하는 성평등

사회·경제적으로 위치 지워지고 삶의 조건이 다른 여성 집단은 단일한 이해관계를 가지지 않는다. 얼마 전 언론에 "용접복의 기준은 '남자'…질질 끌리는 옷, 이게 최선인가요"라는 기사가 실렸다(경향신문, 2023. 6. 21). 남성이 대다수인 용접 기술 현장에서 용접복, 용접 장갑, 안전화, 토시 등이 남성 신체 기준으로 제공되었다. 이에 여성들은 특수한 몸을 가진 존재로, 용접하기에는 부적절한 존재로 여겨지는 인식에 도전해야 하고 안전을 위협받고 있다는 내용이었다. 한편 기업에서 동일한 채용 절차를 거쳐 입사한 직원임에도 경력이나 자격요건이 아닌 최종학력을 기준으로 기본급에 차등을 두는 상황에 대해 그 부당함을 말하는 여성도 있다(국가인권위원회, 23진정0247000). 이렇게 여성 집단 내에서도 조건과 상황이 동일하지 않은 다양한 집단이 있고, 그들의 삶의 경험과 요구, 이해관계는 다르다. 또 우리 사회에서 모든 여성이 모든 남성보다 열악한 삶을 살고 있다고 말할 수도 없다. 그러면 성평등은 다양한 여성과 남성의 서로 다른 이해관계와 입장에 대해 어떤 관점과 태도를 취하는 것일까?

젠더에 초점을 두고 평등을 말할 때 우리는 먼저 성역할, 사회 규범이나 구조가 가져온 성별 격차가 옳은지 '윤리적으로 판단'한다. '윤리적 판단'은 성별 격차(불평등, inequalities)에 차별과 배제가 포함되어 있는지 살펴보고, 차별과 배제가 포함된 격차는 '옳지 않다'라고 판단하는 것이다. 예를 들어, 비정규직 구성 비율의 성별 격차가 발견되면 이런 격차에 차별이 포함되어 있는지, 그러한 성별 격차가 옳은지 판단한다는 의미이다. 이런 윤리적 판단을 위해서는 '위계 관계 중 차별받는 자, 주류가 아닌 소수자의 입장과 처지에서 상황과 맥락을 인지하고 이해'할 필요가 있다. 이것을 젠더 '관점'(gender perspective)이라고 한다. 즉, 젠더 '관점'을 가진다는 것은 우리 사회에서 다양한 여성과 남성이 처한 상황이나 처지에 대해 알고 이해한다는 인지적인 요소를 포함한다. 또한 젠더 '관점'은 주류가 아닌 사람들, 차별받는 사람들의 처지와 이해관계를 알고, 그들의 입장에서 상황을 파악하여 개선하고자 한다는 동기적 요소를 포함한다. 지금까지 우리 사회의 성별 관계에서 비주류로 존재하였던 여성들의 차별 현실을 파악하고 개선하려 했던 성평등은 다양한 사회계층 중에서도 소수자의 관점, 경험, 요구, 이해관계에 민감하게 반응하는 것이다.

다양성은 성별, 민족, 인종 등 생물학적 특성은 물론 종교, 계층, 학력, 성적 지향 등 사회·경제적 조건인 후천적 특성의 차이와 이러한 차이로 발생하는 다양한 조건, 경험, 가치관, 행동방식 등의 다름을 인정하고 존중하는 가치관이다(이동선 외, 2021 : 33). 포용성은 다양성을 실현하기 위한 조치, 즉 개인의 고유한 개별성과 다양한 속성이나 조건을 인정하고 존중받도록 취하는 조치와 환경의 조성이다(엘라 F. 워싱턴, 2022 : 31). '젠더 관점을 반영한 성평등 정책'은 사회에서 장애, 성적 지향, 학력, 경제적 지위 등에 따른 성별로 다양한 사람들을 단지 여성과 남성 두 집단으로 나누어 보는 것이 아니다. 성평등 정책은 성별 집단 내에도 더 소수자인 사람들의 입장에서 분석하고 이해하려는 다양성 가치와 나와 위치나 조건이 다른 사람들의 입장에서 평등을 보장할 수 있는 방법에 대해 생각해 보는 포용성 가치를 내포하고 있다. 결국 다양성과 포용성 가치는 사회집단이 다양화되어 가는 현실에서 성평등 목표를 달성하기 위한 정책의 실행방법으로 선택되었다고 할 수 있다.

2) 상호교차성과 성평등 정책

성평등 정책이 다양성을 포용하는 실천이라는 점은 '상호교차성(intersectionality)' 개념으로 정리되었다. 개인은 성별뿐 아니라 소득, 학력, 직업, 장애, 종교, 국적, 인종, 지역 등에 따라 다양한 조건과 상황에 처해 있다. 또한 한 개인은 성별로 인한 지위 외에도 수많은 다중적 지위를 가진 복합체이다. 따라서 사회 불평등은 단일한 요인으로 일어나지 않고, 성별뿐 아니라 인종, 사회·경제적 지위, 성적 지향 등 여러 범주들의 상호작용에 기초하여 발생한다는 것이 상호교차성 개념이다(패트리샤 힐 콜린스·시르마.빌게, 2020 : 22-55).

여성 집단을 경험과 요구가 동일한 집단으로 보게 되면 여성들의 차별 경험을 이해할 수도, 그들의 경험에 적합한 성평등 정책을 만들어갈 수도 없다. 성평등 정책은 이렇게 다양한 집단과 이해관계의 장 안에서 끝없는 협상과 조정을 통해 불평등 상태를 개선하고 감소시키기 위한 방법을 찾아가는 과정이다(배은경, 2016 : 11). 그렇기에 성평등 정책의 목표는 이론적 논의보다는 여성들의 경험과 전략적 선택 등에 대한 경험적 연구를 통해 분석되고 설정된다. 즉, 성평등 정책은 여성 집단 전체의 이해관계를 증진시키는 것을 목표로 하지 않고, 다양한 집단의 경험을 바탕으로 한 요구와 이해관계를 정책에 반영하는 실천과정이라고 할 수 있다.

UN Women도 상호교차성 개념을 받아들여 성평등을 이렇게 정의한다. '성평등은 여성과 남성의 권리, 책임 및 기회가 남자 또는 여자로 태어났는지에 따라 달라지지 않는다는 것이며, 여성과 남성 집단의 다양성을 인정하는 것'이라고 말한다(UN Women 홈페이지, https://www.un.org/womenwatch/osagi/concept-sandefinitions.htm). 이는 성평등이 모든 사람을 같은 방식으로 대우하는 것이 아니라, 여성과 남성 집단의 서로 다른 삶의 조건, 불리한 상황에 있는 여성과 남성의 특수한 경험과 욕구를 인정하고 지원하여 기회에 접근할 수 있도록 하는 것이라는 의미이다. 더불어 여성과 남성 집단 내에 있는 다양한 집단을 인정하고 그들의 장벽, 불평등, 불이익을 제거해 나가는 과정이 성평등이라는 것이다.

3) 다양성을 포용하는 성평등 정책 사례

성평등을 위한 다양성과 포용성 확대 정책은[2] 여성을 포함한 소수자 집단에게 정책이 중립적이지 않다는 점을 인정한다. 그리고 삶의 조건과 상황이 다른 집단들은 정책에 대해서도 서로 다른 요구와 이해관계를 가진다는 점을 인정하고 이를 반영하고자 한다.

다양성을 포용하는 정부의 성평등 정책 사례로는 영국 런던시 교통국의 평등계획이 있다. 런던시 교통국은 매년 평등계획을 통해 평등목표를 제시하고, 평등계획의 실행 결과인 다양성과 포용성 평가보고서를 발간하고 있다. 평등계획(2021~2025)에서는 2010년부터 시행된 영국의 평등법에 근거해서 모든 중앙부처와 지방정부에서, 그리고 주류의 모든 분야 정책에서, 평등정책을 추진해야 하는 것이 의무이기 때문에 다양성을 포용하는 평등정책을 추진한다고 밝히고 있다(UK London, 2021, Our Equality Objectives : 5).

런던시 교통국은 안전하고 편리한 이동이 부서 목표이고, 다양한 시민을 포용하는 교통정책을 펼친다고 밝힌다. 예를 들어, 평등목표 중 안전(safety)은 중요한 목표 중 하나이다. 안전은 밤에 누가 이동하는지, 어떤 교통수단을 선택하는지와 같은 행동에 영향을 미치는 요소이다. 여성의 62%, 남성의 31%는 주차빌딩 안을 걷는 것을 두려워하고, 여성 49%와 남성 20%는 버스 정류장에서 기다리는 것을 두려워하며, 여성 59%와 남성 25%는 버스 정류장이나 기차역

2 성평등을 위한 다양성과 포용성 확대 정책을 DEI(Diversity, Equity, Inclusion)로 제시한다.

에서 집까지 걸어가는 것을 두려워한다(캐럴라인 크리아도 페레스, 황가한 역, 2019 : 82). 안전에 대한 서로 다른 경험을 받아들여 런던시 교통국은 안전을 위해 안전시설이나 안전요원을 배치한다. 그뿐만 아니라 경찰・지역사회와 협력해서 증오범죄가 무엇인지, 증오범죄를 목격했을 때 어떻게 행동해야 하는지 교육하고 무관용으로 접근한다(UK London, 2021, Our Equality Objectives : 11－21). 이런 안전 정책은 여성, 노인, 아동 등 걸어서 이동하거나 대중교통을 더 많이 이용하는 사람들의 이동권을 확보하는 평등 요소이다. 런던시 교통국이 이런 교통정책을 추진하는 그 바탕에는 다양한 집단의 의견을 듣는 통로가 있다. 교통국은 청소년, 노인, 장애인, 여성 이런 집단을 대표하는 20개 이상의 포럼이나 자문단을 운영하고 있다고 한다.

더불어 교통국 근로자가 다양한 시민의 요구를 읽어낼 수 있도록 다양한 근로자를 포용하는 정책을 펼친다고 말한다. 즉, 매년 성별, 직급별, 인종별 등으로 분석하여 다양한 집단의 대표성을 근로자 비율과 임금격차 지표로 발표하고 있다. 소수집단의 참여 비율과 임금 격차는 조직이 다양한 소수집단에게 조직 내에서 발전할 수 있는 근무환경을 제공하고, 능력을 발휘할 수 있는 장벽(어려움)을 제거하고 있는지 그 결과를 보여주는 지표로 중요하기 때문이다. 이외에도 평등한 인사관리를 위해 소수집단 직원을 지원하는 교육훈련, 지지자(멘토)집단 운영, 인사 공평성에 대한 설문조사 등 다양한 프로그램을 운영하고 있다.

구체적으로 조직 내 정책 몇 가지를 소개하면 다음과 같다. 먼저, 교통국은 직원들에게 다양성과 포용성에 대해 이해시키기 위해 괴롭힘, 정서적 피해, 차별, 위협, 건강상 긴장, 미시적인 공격성, 보호되는 특성 등[3]이 무엇인지 이해

3 '이름이 발음하기 너무 어려워요, 그냥 존이라고 불러도 될까요?', '당신은 레즈비언이라고 하기엔 너무 예뻐요', '당신은 이슬람교 사람들 같지 않아요', '당신은 왜 그것을 이해하지 못하죠? 쉬운데', '당신은 장애인처럼 보이지 않아요', '당신들은 그것에 대해 어떻게 생각하나요?', '당신은 너무 민감하게 반응하는 것 같아요' 등 일상에서 발생하는 배제와 차별의 언행, 관행, 문화 등이 무엇인지 찾고, 직원들이 인식하도록 교육한다고 한다.

하도록 교육하고 지원한다. 또한 내부 포스터나 캠페인을 통해 직장 내 폭력 및 괴롭힘 사례, 용납할 수 없는 행동 사례 등을 알린다. 둘째, 소수 직원을 위한 경력개발 지원 프로그램과 고위직을 준비할 수 있도록 지원하는 '수석 리더십 준비 프로그램'을 운영한다. 셋째, 인재의 채용, 유지, 경력개발 방식이 공평한지 확인하기 위해 인사지침 등 도구를 개발하거나, 관련 데이터를 생산하여 평등 의제를 개발하고, 관행 및 절차에 대해 지속적으로 검토하여 조직 전반에서 공정성과 일관성이 유지되도록 한다. 넷째, 직원들이 자신의 역할을 이해하고 수행할 수 있도록 '동료 네트워크 그룹'을 운영한다. 이 그룹에서 같은 특성을 공유하는 동료들이 모여 공통적인 직장에서의 문제를 파악하고 토론하거나 포럼을 열도록 지원한다. 물론 상호교차되는 정체성을 인정하여 중복 참여가 가능하다. 2023년에는 여성, 장애인, 인종, 성 소수자, 종교, 돌봄 역할을 수행하는 직원들의 일-돌봄 그룹 등 6개의 네트워크 그룹이 있다고 한다. 마지막으로, 매년 직원 대상 다양성과 포용성 관련 설문조사를 시행한다. 이를 통해 직원들이 스스로 다양한 그룹의 어디에 속한다고 생각하는지 파악하고, 개선해야 할 부분을 분석한다(https://content.tfl.gov.uk/tfl-action-on-inclusion-creating-inclusive-workforce.pdf).

민간기업 또한 ESG 경영 가치를 표방하며, 다양성을 포용하는 성평등 가치를 조직 운영 과정에서 실현하기 위해 노력하고 있다. ESG는 환경(Environmental), 사회(Social), 지배구조(Governance)의 약자로, ESG 경영은 기업을 경영할 때에 환경을 보호하고 사회 책임을 다하며 투명한 지배구조를 갖추어야 한다는 방향성을 지닌 새로운 경영 패러다임이다. 기업들은 ESG 경영에서 사회적 가치 중 성평등과 다양성 가치를 경영과정에서 실현하고자 하고 있다. 구체적인 기업의 실천 사례로는 핀란드의 넷라이트(Netlight) 기업을 살펴볼 수 있다. 핀란드는 평등법에 의해 30인 이상 민간기업도 성평등 계획을 세우고 실행하도록 하는 국가이다. 넷라이트는 IT기업으로 다양성과 평등 추구 실행사례는 유럽연합의 성평등 우수사례이기도 하다. 이 기업은 먼저 투명한 임금정책으로, 모든 사람이 다른 사람의 급여를 알고 있다고 한다. 이는 성, 종교, 연령, 민족 또는 성적 지향에 관계없이 모든 사람에게 동일한 조건과 가능성을 제공하기 위한 조치 중의 하나이다. 또한 육아휴직직원에게 정부 지원액 이외 급여 차액을 회사에서 지원해서, 생활비에 대한 부담 없이 가족돌봄을 수행하도록 하고, 육아휴직 후에는 근무시간을 25%까지 줄여서 근무할 수 있는 근무시간 단축제도를 운영하고 있다. 마지막으로 이 회사는 2012년 이후 매년 젠더, 성적 지향, 민족, 종교, 장애, 연령 등 집단별 평등인식조사를 실시하고 있다. 그리고 그 조사결과를 바탕으로 평등한 인식, 언어, 행동, 관리, 관계 등을 개발하는 교육과 포럼을 실시하고 있다고 한다(EIGE, https://eige.europa.eu/gender-mainstreaming/good-practices?ts=Netlight&section=All&c=All&tool=All).

4. 다양성을 포용하는 성평등 정책 실행방법

1) 구체적 경험과 요구에서 출발

성평등 정책이 다양성과 포용성 가치를 확보하기 위해서는 개인들 삶이 처한 구체적 현실에서 논의가 출발해야 한다. 한 개인은 추상적 여성과 남성 집단으로 존재하지 않기 때문이다. 남성은 이렇고, 여성은 이렇다는 관념적 정체성은 없다. 여성과 남성은 생활에서 어떤 경험을 하고, 어떤 이해관계를 가지는지에 따라 정체성을 달리 형성한다. 즉, 사회·경제적 지위를 가지고 일상을 살아가는 여성은 자신의 위치에서 욕구와 이해관계를 가진다. 그 욕구와 이해관계가 한 개인의 정체성을 형성한다. 예를 들어, 1970년대 산업화 시기 여성노동자의 노동운동에 대해 지식인과 남성 중심의 역사해석은 계급의식의 부재로 정치투쟁으로 발전하지 못한 한계가 있다는 평가를 하였다. 하지만 1970년대 여성노동자들은 다른 어느 가족구성원에 앞서 희생과 궁핍을 강요당하는 가부장제와 못 배워서 무시당하고, 폭력적 군대문화가 지배하는 공장생활의 상처가 있었다. 이에 배움과 지식에 대한 욕구를 가지게 되었고, 이런 자기의식 위에서 야학과 노동조합 활동을 하였다(김경일, 2021 : 81－107). 다양성 가치는 당사자의 관점으로 사회・경제적 위치와 성역할 경험, 사회구조와 문화 등에 대한 이해 안에서 개인들의 정체성과 행동이 결정된다는 것을 인정하는 것이다.

한 개인은 여성이기도 하지만 혼인이나 자녀 유무, 학력, 직업이나 소득, 국적, 인종, 성적 지향 등 구체적인 조건과 상황 아래에서 일상을 살아간다. 다양성은 이러한 개인들의 삶의 경험을 중요하게 바라본다. 여성이나 남성 집단 전체의 경험이 같다고 가정하는 것은 이주민, 장애인, 저소득층, 가족 형태 등에 따른 다양한 여성과 남성의 경험을 제대로 살필 수 없도록 하기 때문이다.

예를 들어, 얼마 전 한국은행은 돌봄서비스 인력난 완화를 위해 개별 가구가 사적 계약을 통해 외국인 노동자가 최저임금 적용을 받지 않도록 하는 정책방안을 제시하였다(채민석・이수민・이하민, 2024 : 14－16). 이주민 돌봄노동자 문제에서 보듯이 가족돌봄 책임은 한국 여성이든 이주여성이든 여전히 여성에게 있다. 하지만 돌봄을 이주여성에게 위임하고 시장노동을 하는 한국 여성과 위임된 돌봄을 수행하는 이주여성은 이해관계가 다르고, 이들이 겪는 성평등 문제는 다르다. 한국 여성에게는 일・생활 균형과 남성의 돌봄노동참여 문제가 중요하다. 하지만 이주여성에게는 적법한 노동계약이나 부당대우 등과 관련된 노동권 보호가 중요한 문제일 것이다. 그런데 이주여성의 위치에서 그들의 경험과 요구를 파악하지 않으면 우리 사회에서 이주민, 이주여성에게 어떤 형태로 젠더 문제가 나타나는지 알 수 없다. 이렇게 다양성을 포용하는 성평등은 우리의 삶과 경험을 더욱 정교하게 바라볼 수 있고, 여성이 처한 현실에서 그들의 필요와 요구를 기초로 정책을 세울 수 있는 방법이기도 하다.

구체적인 개인들의 경험과 요구에서 정책을 출발하는 것은 여성에 대한 혐오를 극복할 수 있는 힘을 주기도 한다. 개인이 개인으로서 구별되지 않게 되고, 모호한 집합체로 남게 될 때, 증오와 혐오의 대상이 된다(카롤린 엠케, 2017 : 18). 구체적인 한 개인의 스토리와 역사를 모르고, 그 대상에 대해 말해지는 이미지와 속성으로 개개인을 판단하고, 개개인 간에 어떤 차이도 없다고 생각하게 될 때 혐오와 증오를 보낼 수 있다. 얼마 전 한 헬스클럽에서 '아줌마 출입금지'라는 표지판을 부착하여 언론에서 논란이 된 적이 있다(매일경제, 2024. 6. 15). 업주는 빨래를 하거나 비누, 수건, 휴지를 가져가는 공중도덕을 지키지 않는 사람들, 아줌마집단에 대한 업주의 공간이용 통제라고 반박했다. 하지만 물건을 가져가는 사람, 공중도덕을 지키지 않는 사람들이 특정 연령대의 모든 여성은 아니다. 그럼에도 특정 연령대의 여성들을 일컫는 '아줌마'라는 추상적 집단 전체를 '아줌마는 이러할 것이다'라는 통념으로 한 집단을 이미지화하고 있다. 그리고 자신의 피해를 막겠다는 논리로 특정 집단 전체를 배제하고 비하하고 있다. 이런 비하와 배제를 넘어서는 방법은 공중도덕을 지키지 않는 사람들이 특정 연령대의 여성이 아니라 다양한 집단에서 발생할 수 있다는 것을 보여주는 것이다. 이렇게 개개인이 가진 구체적인 경험과 요구를 보이도록 하는 과정이야말로 혐오와 증오를 없애는 가장 효과적인 방법이라고 할 수 있다.

2) 소수자의 참여와 대표성 확보

다양성을 추구하는 성평등 정책이 실용성을 확보하기 위해서는 소수자 집단이 그들의 경험과 요구를 말할 수 있는 대표성이 확보되도록 할 필요가 있다. 소수자의 입장에서 상황을 인지하기 위해서는 우선 그들의 경험을 알아야 하기 때문이다. 이에 다양한 집단의 경험과 요구를 반영하기 위한 추진체계를 마련하고, 그동안 배제되었던 여성과 소수자의 참여를 보장하는 의사결정과정이 중요하다. 즉, 성, 연령, 장애, 소득 등 다양한 계층이 주류 정책의 의사결정과정에 참여하여 경험과 필요를 말할 수 있는 체계를 갖춘다면, 주류의 정책에서 무엇이 변화되어야 하는지 알 수 있을 것이다. 일단, 참여해야 성별로, 그리고 다양한 여성과 남성 집단 간에 해당 정책과 관련하여 경험의 차이와 요구가 무엇인지를 말할 수 있다. 여성과 소수집단이 참여해야지만 다양한 관점과 경험을 반영해서 주류가 인식하지 못하는 사회 기준과 관행, 사업방식, 가치에 질문하고 정책을 변화시켜 나갈 수 있는 것이다. 참여해야 목소리가 있고, 그들의 경험을 들을 수 있다. 들어야 왜 그런 어려움이 발생하는지 설명하고 이해할 수 있다. 그들의 문제를 알아야만 가시화할 수 있고, 해결책을 찾아 정책화시킬 수 있다. 이들이 사회구조의 어디쯤 위치하고 있는지도 설명할 수 있다. 카롤린 엠케는 아무도 보지도 인지하지도 않는 탓에 보이지 않는 사람처럼 살아간다는 것은 가장 실존적인 방식으로 멸시당하는 것이라고 했다. 보이지 않는 사람들이 하는 말은 아무도 귀담아듣지 않고, 행동은 무시되기 때문에 그들에게는 감정도 욕구도 권리도 없는 것이다(카롤린 엠케, 2017 : 32).

정책 과정에 여성 참여와 대표성 확대는 이전부터 성평등을 위해 중요한 요소로 고려되어 왔다. 유엔 여성차별철폐위원회의 일반권고 사항에서도 '남성에 의해 개발된 정책과 의사결정은 인간의 경험과 잠재성의 단지 일부를 반영할 뿐'이라고 강조하고 있다(여성가족부, 2018 : 340). UN 제3차 세계여성회의에서 채택한 북경행동강령(The Beijing Platform for Action)에서도 사회의 모든 분야에서 여성이 동등하게 참여하고 의사결정권을 갖는 것은 여성의 힘의 증진에 가장 중요하다고 확인하고 있다(정순영 외, 1995 : 89-101).

소수집단의 목소리를 듣고, 의사결정과정에서 그들의 이해를 고려한다는 것은 개인들이 가진 차이와 특성, 경험과 요구를 동등하다고 보고 의사결정과정에 반영한다는 의미이다. '동등하다'는 것은 소수자들의 경험을 단순화하거나 특수한 것으로 여기지 않는다는 것이다. 다양한 집단의 경험과 요구를 고려하는 과정에서 우리는 차별받는 집단 속에 더 차별받기도 하는 집단이 있다는 것을 고려할 수 있다. 또한 더 차별받는 개인들의 권리와 인권을 보장하는 방법에 대해 고민할 수 있다.

그러면 어떻게 소수자들의 참여를 보장하여 성평등 정책을 시행할 수 있을까? 성평등 정책 시행을 위한 소수자 참여를 위해서는 '그 정책을 이용할 사람들이 누구인가?' 이것을 먼저 묻고, 다음에 '그들에게 무엇이 필요한가, 그들은 무엇을 요구하는가, 왜 그런가?'라는 질문에서부터 시작할 필요가 있다. 다음에 그 정책을 이용할 다양한 집단의 요구와 필요에 맞는 사업의 해결책을 찾고, 이 과정을 거치면 자연스럽게 다양성을 반영한 성평등 정책이 만들어질 수 있을 것이다.

3) 주류 정책에 젠더 관점 반영

여성과 남성의 삶의 경험을 다루는 성평등 정책은 모든 정책과 관련이 있다. 삶의 경험은 가족, 노동과 경제, 주거와 도시개발, 의료와 복지 등 모든 정책영역과 관계를 가지기 때문이다. 만약 의료정책을 다루는 공직자라면 의료는 치료를 요구하는 누구에게도 접근성이 열려있다고 말할 수 있다. 하지만 장애여성의 임신·출산 경험을 살펴보면 그렇지 않다는 것을 알 수 있다. 장애여성은 임신·출산 의료서비스와 관련하여 장애여성을 위한 전문 의료기관의 부재, 장애여성에 대한 의료진의 무지, 임신·출산에 적합한 몸이 아니라는 의료진의 편견과 비호의적인 태도, 이동 편의를 위한 서비스 제공 부족, 장애여성 맞춤형 의료기기 및 장비의 비치 부족 등을 어려움으로 말하고 있다(김경례 외, 2016 : 87-93). 만약 의료, 복지, 교통, 도시시설 등의 정책을 실행하며 모든 사람이 필요로 하는 바가 똑같다고 생각하고, 성별, 장애나 사회계층 등에 따른 요구와 경험을 고려하지 않는다면 정책은 특정 집단의 정책 접근에 제약을 가져올 것이다. 이에 삶의 상황과 조건이 다른 사람들에게 정책은 중립적이지 않을 수 있다는 점을 항상 인지하고, 젠더 관점을 정책에 반영할 수 있는 제도와 절차를 따르는 과정이 필요하다.

모든 정책에서 젠더 관점을 반영하여 정책과 관련된 다양한 사람들의 경험과 요구를 듣도록 하는 제도와 절차가 바로 성 주류화 정책이다. 성 주류화 정책은 기존 정책 과정에 '젠더 관점을 통합'하는 방식을 통해 성평등한 방향에서 정책을 변화시키는 수단이라고 할 수 있다.

성평등의 출발점은 보이지 않았던, 특수한 것으로 치부되었던 소수자 여성의 눈으로 지금까지 당연하게 생각해 왔던 우리의 일상을 다시 바라보고, 주류의 사회운영 규칙과 기준에 질문하고 변화시켜 나가는 것이다. 성평등 정책은 이렇게 주류에서 고려하지 못했던 소수자로서 여성과 남성 집단의 경험과 요구를 동등하게 인정하고 고려하여 정책에 반영함으로써 성불평등하게 구조화된 사회시스템을 변화시키려는 목적을 가지고 있다. 성 주류화 제도는 담당 정책을 젠더 관점으로 분석 평가하는 과정을 통해 다양한 여성과 남성들의 조건, 상황과 경험, 요구를 주류 정책 과정에서 고려하도록 하는 제도라고 할 수 있다. 이러한 성 주류화 제도가 정책 과정에 정착된다면 여성을 포함한 다양한 소수자들에게 정책이 공평한지, 형평한지 질문해 보고, 정책 실행의 기준을 변화시켜 나갈 수 있을 것이다.

생각해볼 문제

1. 소방공무원 10% 내 성별 분리모집(「소방공무원 임용령」 제33조 및 제35조), 성별 동일한 체력기준 적용(소방청 보도자료, 2024. 1. 23)은 성평등을 위한 정책 접근들 중 어떤 평등조치인지 생각해 보자. 또한 우리 사회에서 이러한 조치가 성평등을 위해 적절하다고 생각하는지 논의해 보자.

> (관련자료)
> - 소방청 보도자료, 2024. 1. 23., 현장에 강한 소방공무원 채용, 2027년부터 이렇게 바뀝니다
> - 인권위원회 결정례, 05진차430 성별을 이유로 한 고용 차별 : 소방공무원 채용 시 성차별, 2007. 8. 27., 국가인권위원회 결정례집 : 차별시정분야 제3집 2007~2008

2. 노키즈 존은 업체에 피해를 끼치는 아이와 그 아이를 무책임하게 방임하는 부모의 태도, 영업주에게 책임을 물리는 법원의 대다수 판례 등에 따라 아이들의 무분별한 행위를 업주들이 직접 통제하고자 생겨나게 되었다. 이런 노키즈 존이 특정 계층의 공간점유를 배제하는 차별인지, 식당 등 자영업자의 영업자유에 해당하는지 논의해 보자.

3. 일상에서 성별 인식, 역할, 태도, 관행, 제도 등으로 차별받고 있다고 생각한 적이 있는가? 자신의 경험을 이야기해 보고 왜 그 경험이 차별인지, 정책을 통해 차별을 해소할 수 있는 방법은 무엇이라 생각하는지 이야기해 보자.

참고문헌

김경례・이선・임선주・오창민・남명현(2016). 전남 장애여성 임신・출산・양육 지원방안 연구 : 출산의료지원체계 구축을 중심으로. 전남여성가족재단.

김경일(2021). 한국의 민주화 운동에서 노동과 여성 : 노동의 서사와 노동자 정체성. 경기 : 한국학중앙연구원출판부.

김경희・박수범・김희경・장명선・김병권(2018). 국방부 성별영향분석평가 현황 및 발전방안 연구. 국방부.

김현미(2022). 「한국의 젠더논쟁 : 어떻게 보아야 할 것인가」, 동아시아재단, 동아시아재단 정책논쟁 제174호, pp. 1−6.

마경희(2014). 「여성주의, 국가, 성평등」, (사)한국여성연구소 편. 젠더와 사회. 경기 : 동녘.

마경희・김경희・박수범・이솔(2016). 양성평등정책 추진방향. 한국여성정책연구원.

문미경 외(2022). 공공부문 여성대표성 제고계획. 여성가족부.

배은경(2016). 「젠더관점과 여성정책 패러다임 : 해방이후 한국 여성정책의 역사에 대한 이론적 검토」, 한국여성학회, 한국여성학, 32(1), 1−45.

성민정・박수범・안주희・김주희(2021). 성인지 예산제도와 국가성평등지수 연계방안에 관한 연구. 한국여성정책연구원.

여성가족부(2018). 대한민국 제8차 정기보고서에 대한 「유엔 여성차별철폐협약」 이행 심의 자료집. 여성가족부 국제협력담당관.

원숙연(2009). 수사 또는 현실? 정부정책영역에서의 성 주류화 기반구조. 국가정책연구, 23(4), 93−113.

이동선 외(2021). 성평등・다양성 현황분석 및 개선방안 : 경제・인문사회연구회 및 소관 연구기관을 중심으로. 경제・인문사회연구회.

정순영・강선혜・김영혜・서미석・주영미(1995). 제4차 세계여성회의 북경선언・행동강령. 한국여성개발원.

정재원・이은아(2021). 청년 공무원은 성 주류화의 행위자가 될 수 있을까? : 2030세대 사무관 경험을 중심으로. 여성연구, 111(4), 139−163.

조영희(2008). 성주류화의 집행유형에 관한 연구, 국가간 비교분석. 한국정책학회.

주재선・김효주・조선미・권도연(2022). 2022년 국가성평등보고서. 여성가족부.

채민석・이수민・이하민(2024). 돌봄서비스 인력난 및 비용 부담 완화 방안. BOK 이슈노트. 한국은행, pp. 1−20.

카롤린 엠케(2017). 혐오사회. 정지인 옮김, 경기 : 다산초당.

캐럴라인 크리아도 페레스(2019). 보이지 않는 여자들. 황가한 역, 경기 : 웅진.

캐롤 타브리스(2010). **여성과 남성이 다르지도 똑같지도 않은 이유**. 히스테리아 역, 서울 : 또하나의 문화.

패트리샤 힐 콜린스·시르마 빌게(2020). **상호교차성**. 이선진 역, 부산 : 부산대학교 출판문화원.

European Institute for Gender Equality(2016). *Gender Equality Training.*

European Institute for Gender Equality(2017). *Gender Impact Assessment : Gender Mainstreaming Toolkit.*

경향신문(2023. 6. 21). 김정화·김한솔 기자, "용접복의 기준은 '남자'…"질질 끌리는 옷, 이게 최선인가요".

매일경제(2024. 6. 15). 이새봄 기자, 헬스장에 붙은 '아줌마 출입금지'…외신도 눈살.

UN Women https://www.unwomen.org/en/how-we-work/2030-agenda-for-sustainable-development

런던시 교통국 https://tfl.gov.uk/corporate/about-tfl/diversity-and-inclusion

유럽성평등연구소(European Institute for Gender Equality, EIGE) https://eige.europa.eu/

통계청 국가통계포털 https://kosis.kr/index/index.do

국가법령정보센터 https://www.law.go.kr/

국가인권위원회 결정례, 23진정0247000 기업의 학력을 이유로 한 임금 차별, 2024. 5. 22. 결정, https://case.humanrights.go.kr/dici/diciSearchView.do

CHAPTER 02

법과 정의와 젠더

1. 들어가기

우리는 법치국가에서 살고 있으므로 법은 사회와 인간관계를 규율하는 가장 강력한 사회규범이며 국가와 다양한 사회의 운영원칙으로 사회 구성원의 권리 의무와 지위 및 행동기준을 규정한다. 따라서 법은 보편적인 객관성을 지니고 있으며 성 중립적이고 합리적이라고 생각되어 왔다.

그렇다면 법은 누가 어떻게 만들고 적용, 집행되어 왔는가? 이러한 과정에 여성들은 얼마나 참여했는가? 역사적으로 보면 여성은 법적인 주체가 아닌 아버지, 남편, 아들, 즉 남성의 소유물로 여겨져 재산을 소유할 수도 직업을 가지고 사회생활을 할 수도 없었다.

법을 만들고 법을 집행하고 법을 해석하는 일은 거의 남성의 일이었다. 그러므로 법에서의 인간은 남성을 기준으로 하고, 남성의 가치관에 의해 규정되고 남성의 시각에서 해석되어, 법에 있어서 여성의 경험과 관점은 고려되지 않았다. 이는 오늘날까지도 영향을 미쳐 입법·사법·행정 등의 영역에서 활동하는 여성들의 수가 예전보다는 늘어났으나 인구의 절반을 차지하는 여성의 수를 고려할 때 여전히 소수에 불과하다. 따라서 지금도 여전히 입법과 정책, 판례에서는 남성들의 인식이 반영되고 여성의 목소리는 경시되는 경우가 많다.

이에 대해 우리의 법은 젠더와의 관계를 어떻게 담고 있으며 법을 통한 정의 실현은 어떠한지에 대해 살펴보고 주제별로 현행법을 개괄적으로 알아보고자 한다. 이를 통해 법에서의 성평등을 어떻게 실현할 수 있는지, 정의실현이 가능한지 등에 대한 방안도 모색해 보고자 한다.

2. 법은 젠더와의 관계에서 성평등한가?

전통적으로 남성은 공적영역의 대표자로, 여성은 사적영역의 대표자로 공사영역을 구분하였다. 따라서 법 자체는 공적인 영역에 속했으므로, 여성은 법이 규정하는 권리, 의무의 주체가 되지 못하고 여성의 삶과 여성의 문제는 법적 관심에서 배제되어 왔다. 그러므로 여성이 법적인 권리의무의 주체가 되고 공적영역에서 활동하게 된 것은 오래된 일이 아니다.

이에 관한 세계 역사를 보면 1789년 프랑스에서 '인간과 시민의 권리선언'이 선포되었으나 인간과 시민은 남성만을 의미하고 여성은 선거권, 재산권을 포함한 인권에서 배제되었다. 이에 항의해 올랭프 드 구즈(Olympe De Gouges)는 '여성도 인간이므로 남성과 동등한 인권을 가져야 한다'고 주창한 여성시민의 권리선언을 선포하는 여성집회를 1791년에 열었다가 단두대에서 처형당했다. 이후 여성들의 투쟁이 지속되었으나 프랑스에서 여성들이 투표권을 가지게 된 때는 인권선언이 선포된 지 156년이 지난 1945년이다. 법의 성 편향성과 여성들의 대항의 역사는 다른 국가들에서도 유사하게 일어난 결과 미국은 1920년에, 영국은 1928년에 여성에게 투표권을 인정했다. 이처럼 여성들은 법적 대상이 아니었으므로 현재의 여성의 지위를 얻기까지는 지속적이고 끈질긴 여성들의 투쟁이 있었으며 우리의 경우도 이와 다르지 않다.

1) 법의 공·사영역 구분

법은 사회와 인간관계를 규율하는 사회규범인데 남성과 여성의 관계는 어떻게 규율해 왔을까?

근대 자유주의 법사상은 개인의 사적영역은 자율과 자치가 중요시되는 영역으로 국가는 간섭하지 않아야 한다고 생각했으므로 여성의 삶의 영역에는 법의 관여가 취약하였으며, 이는 법에서 여성을 배제하는 결과를 낳았다.

즉, 출산, 육아, 가사노동 등 사적인 영역은 개인 차원의 일로서 법의 관심 밖의 영역이었고 가정폭력 또한 법이 관여할 영역이 아니었으며, 남녀의 성관계는 사적인 일로 치부되었다. 이로 인해 여성들은 남성에게 종속된 소유물로 여겨지고 법적인 보호가 배제되었으므로, 법은 여성을 보호하는 것이 아니라 여성과 남성을 차별하고 여성을 억압하는 기제로 작용하였다. 이와 같이 공·사영역 구분에 따른 성별 고정관념 내지 편견이 법에 반영되었고 이것이 규범화되었으며, 이러한 법규정은 사회현실에 영향을 미치게 되고 더욱 고착되어 왔다.

우리의 경우를 보면, 공·사 구분으로 인한 여성차별적인 내용으로 보면 1955년 10월에 제정된 「사관학교 설치법」은 사관학교 입학자격을 남자로 제한했는데, 이는 여성은 군인들을 통솔하는 장교가 될 수 없다는 당시의 성별역할분업론에 기초한 것이다. 또한 「선원법」에서는 여자를 선원으로 사용할 수 없다는 조항을 규정했었는데 이는 1987년에 삭제되었으나 여전히 영향을 미치고 있다고 생각된다. 또한 여성들에 대한 성희롱, 성폭력, 가정폭력, 성매매 등의 폭력에 대한 부분은 사적인 부분으로 여겨져 왔으나, 국제기구에서 여성에 대한 폭력을 중대한 인권침해 문제로 규정하고 국가들에게 법적 대책을 촉구하는 조치를 취할 것을 권고한 후인 1990년대 후반부에 들어서서 폭력 관련 법률들이 제정되기 시작했다.

사실 사적인 것과 공적인 것은 관련되어 있으며 상호영향을 미친다. 이에 여성들은 1970년대 초 '개인적인 것은 정치적인 것'이라는 슬로건으로 공·사영역으로 구별하는 것에 대한 문제를 제기하였다. 그 후 20세기 초부터 자본주의의 부분적 모순을 수정하여 실질적 평등을 실현하기 위한 인간다운 삶의 보장을 위해 사회법 영역이 나타났다. 따라서 법의 공·사영역의 재구성을 시도함으로써 여성에게 실질적인 자유와 평등의 증진을 가져와야 한다. 이는 여성의 삶 자체가 사법에서부터 공법에까지 모든 법영역과 관련이 되기 때문이다. 따라서 여성에 대한 불평등문제는 개인의 문제가 아니라 공익과 관련되는 사회적 문제임을 인식하고 남녀의 실질적인 평등실현을 위한 적극적인 국가 개입이 이루어져야 한다. 사회구조 자체가 불평등하면 아무리 개인이 평등한 가치를 실현하고자 노력해도 평등한 사회실현은 이루어질 수 없다.

법은 그 시대의 사회윤리적 가치기준의 표현이며 그 사회의 변화를 유도할 수 있는 기제이다. 즉, 법은 그 사회의 사회적 산물인 동시에 사회는 법에 의해 영향을 받는다. 따라서 남녀의 실질적 평등을 실현하기 위해서는 법적 영역에 있어서 여성에 대한 구조적 차별문제를 철폐하기 위한 국가의 적극적인 노력이 요구된다. 이것이 남성과 여성의 평등실현을 위한 법의 사회반영 기능보다는 사회변화 기능이 중요시되는 이유인 것이다.

2) 법의 가부장성

가부장사회에서 생성된 법은 동서양을 막론하고 남성이 가정과 사회를 통솔하고 여성의 본업은 출산, 육아, 남편의 내조, 가사노동이라는 성별에 관한 인식을 기초로 한다. 성별에 따른 이러한 역할 구분은 여성은 기질과 능력상 사회활동에는 적합하지 않다는 성별 특질론에 기초한다.

그러므로 법은 모든 사람은 평등하다고 규정하고 있으나 오랫동안 법의 영역에서 여성들의 경험과 관점들이 배제되었으므로, 법에서의 인간은 남성만을 가리키며 남성의 경험과 가치관에 의해 내용이 규정되어 왔다. 따라서 여성과 남성 간의 성별 역할에 근거한 가부장적 사회가 지속되어 왔다.

우리의 경우도 「가족법」에서 남성을 중시하는 유교와 가부장적 가족제도에 기초하여 가족의 대표자인 호주의 지위를 원칙적으로 남성만이 상속할 수 있도록 규정했었다. 또한 상속에서 결혼한 딸은 출가외인이란 통념까지 덧붙여 아들 상속분의 4분의 1만 상속받게 했었다. 더욱이 이 입법안의 초안을 마련하고 심의하는 위원회에 여성은 한 명도 참여하지 못했었다. 또한 1970년대는 성별에 따라 기질과 능력, 역할이 다르다는 인식이 강해 여성차별적인 내용으로 「산업재해보상보험법 시행령」에서는 근로자가 산업재해로 사망한 경우에 유족들에게 지급되는 유족보상연금에서 부부를 다르게 대우했다. 처는 남편이 사망하면 무조건 1순위로 연금을 받을 수 있는 반면, 남편은 처가 사망하면 60세 이상이거나 제3급의 장애인이 되어야 수급할 수 있게 규정하였다. 이 시행령은 산업재해로 남녀근로자가 얼굴을 다친 경우에 여성이 남성보다 더 많은 보상을 받도록 규정하고 성기의 장해는 남성에게만 인정되었다. 이 시행령은 1971년 11월 19일 전면 개정되었다.

이와 같이 사회 속에서 법은 여성과 남성 간의 성차만을 의미하지 않고 남성과 여성 간의 위계질서를 의미함으로써 불평등 구조를 만들어 왔다. 이는 법적으로 모든 인간은 평등하다고 규정하였으나 공직을 포함하여 부와 지식, 정보 등 모든 자원에서의 접근권이나 참여 등에서의 성차별로 나타났다. 따라서 입법·사법·행정·경제 등 사회 전 분야에서 여성의 참여가 어려웠고 이는 현재까지도 영향을 미치고 있다.

그러므로 법의 가부장성을 변화시키기 위해서는 투표권의 평등은 기본이고 교육을 받을 수 있는 조건의 평등이 이루어지고, 사회 전 분야에서 특히 입법·사법·행정 등의 분야에서 여성들의 적극적인 참여가 보장될 필요가 있다.

3. 법은 정의를 어떻게 실현하는가?

최근 우리 사회에서 정의를 향한 외침이 공정으로의 외침으로 표출되고 있다. 이는 공정이 사회정의의 지표역할을 하므로 법집행은 공평무사하고 기회는 누구에게나 평등하게 주어져야 한다는 공정성에 대한 요구이다. 즉, 공정의 넓은 스펙트럼 속에서 공정이란 특권이나 특혜 없이 모든 사람에게 공평무사하게 법이 적용되고 개인들에게 권리와 기회가 균등하게 배분되도록 절차적 공정성이 보장되어야 한다는 것이므로 이는 분배의 문제로 연결된다. 이에 대한 논의를 젠더와의 관계에서 간단하게 살펴보고자 한다.

1) 존 롤즈의 정의론

롤즈(John Rawls)는 공정을 권리와 기회의 공평한 분배로 보고 공정으로서의 정의를 합의하기 어려운 목적론적 공동선을 끌어들이지 않으면서 합리적인 사회계약을 통해 도달할 수 있는 적절한 분배절차를 정의의 조건으로 주장했다. 이를 위해 롤즈는 원초적 입장이라는 가설적 상황을 제시하면서 아무도 자신의 사회적 지위나 계층상의 위치를 모르며 누구도 자기가 어떠한 소질이나 능력, 지능, 체력 등 심지어 자신의 가치관이나 특수한 심리적 성향까지도 모르는 상황인 무지의 베일(Veil of ignorance) 속에서 합의가 이루어진다는 것이다. 롤즈는 원초적 입장에서 당사자들은 기본적인 권리와 의무의 할당에 있어서의 평등과 사회의 최소 수혜자에게 그 불평등을 보상할 만한 이득을 가져오는 경우에만 정당한 것임을 내세우는 최소극대화의 원리를 채택한다는 것이다. 그러므로 롤즈는 제1원칙으로 기본적 자유의 원칙을 주장하면서 인간의 기본적 권리는 모든 사람에게 동등한 대우를 하는 것이며 제2원칙으로는 민주주의 평등에 관한 것으로 기회균등의 원칙과 차등의 원칙의 결합에 의해 이루어진다고 주장했다. 즉, 제1원칙이 확보된 후에 차등의 원칙이 시행되므로 모든 사람의 이익을 증대시키기 위해 불가피하게 나타나는 불평등만을 정당한 것으로 간주하므로 최소 수혜자의 이익을 극대화하기 위한 사회적 선을 실현하는 것이 정의라고 하였다.

그러나 현실에서는 유리하거나 불리한 선택과 우연적 결과들, 심리요인, 정보격차, 성차별, 기회의 불평등 등이 결정의 공정성을 확립하기 어렵게 하므로 모든 원리들이 공정한 절차를 확립하는 것은 쉽지 않다.

그러므로 롤즈의 정의론에 대한 비판은 차등의 평등에서 과연 차등이 평등한 것인가의 문제가 제기되고 본래의 능력이 배제된다면 그것은 차별인가, 차이인가라는 문제가 제기된다. 천부적 능력을 균질하게 대하는 것은 차별을 떠나 차이를 인정하지 않을 수도 있다. 롤즈는 타고난 재능은 노력의 결과가 아니라고 하면서 능력으로 인정하지 않았는데 현실에서는 선천적인 것과 후천적인 것이 구분되지 않고 복합적으로 작용하는 경우가 대부분이므로 문제이다.

따라서 롤즈의 분배패러다임은 분배를 결정하는 주요 원인이 사회구조나 제도적 맥락, 의사결정 권력과 절차, 사회문화, 노동분업 등 구조적 차원에 있다는 사실을 간과 내지 은폐한다는 비판을 받고 있다. 그러므로 롤즈의 정의론은 젠더, 인종 간에 있는 구조적 차별 등을 고려하지 못하고 있다. 이에 대해 왈저(M. Walzer)는 상이한 가치들이 상이한 근거들에 의해 상이한 절차를 상이한 주체에게 분배하는 복합적 평등을 주장한다. 또한 아이리스 영은 롤즈의 정의론을 비판하면서 물질재화의 정의로운 분배 여부와는 또 다른 무엇이 문제되고 있음을 강조하면서 사회구조적 갈등의 근본을 이루는 것은 경제적 물질－계급관계상의 불평등－분배부정의라기보다는 사회적·정치적·문화적인 정체성과 관련된 지배억압구조라고 주장한다.

2) 아이리스 영의 정의론

영(Iris Marion Young)은 롤즈의 분배패러다임이 정의를 분배의 문제로 축소하는 것은 문제라고 주장한다. 우선 사회정의를 물, 자원 소득, 부와 같은 물질적 재화의 할당문제 또는 사회적 지위 특히 일자리의 배분문제에 초점을 맞추어 생각하는 경향이 문제라는 것이다. 사회정의 또는 부정의에 대한 많은 쟁점들은 물질적 재화의 분배문제를 뛰어넘어 의사결정 권력과 절차문제, 문화, 노동분업구조 등과 관련이 있으므로 분배의 대상, 방법, 주체, 결과 등에 대한 판단은 구조적 배경 조건들에 대한 이해를 통해서만 분명해진다는 것이다. 또한 분배대상으로 생각하는 권리나 기회 등은 소유하거나 박탈할 수 있는 정태적 사물이 아니라 관계적 산물이므로 문제가 된다고 주장한다.

영은 정의의 사회적 관계와 과정에 초점을 두므로 정의관은 분배보다는 지배와 억압의 개념에서 시작되어야 하는데, 역량을 발휘할 기회를 박탈하고 사회적 결정에 대한 참여를 제한하는 지배와 억압은 언제나 가시적인 것은 아니고, 구조적으로 진행되므로 절차적 공정성만으로 정의문제가 해결 가능하지 않다고 본다. 영이 강조하는 억압의 주요 현상으로는 착취, 주변화, 무력화, 문화제국주의, 폭력 등인데, 이는 분배로만 환원될 수는 없고 그 모두가 분배를 넘어서는 사회구조 및 사회관계와 관련되어 있다는 것이다. 그러므로 정의에 대한 요청은 부정의한 사회에 대한 규범적 성찰로부터 시작되어야 하며, 정의는 단지 공평한 분배나 절차적 공정성만으로는 이룰 수 없다.

따라서 정의이론은 단순히 절차적인 분배패러다임을 넘어선 성찰이 요구된다. 이에 영은 비분배적인 요소를 의사결정 구조 및 절차, 노동분업, 문화라는 세 가지 면에서 제시하면서 젠더, 계급, 인종 등으로 경험하는 현실적 차이를 정치적・윤리적 공존의 전제로 바라보는 차이, 즉 인정의 정치가 필요하다고 주장한다.

차이의 정치에서는 모든 집단이 참여하고 모든 집단을 포용하는 것이 평등이다. 때로는 피억압 집단을 위한 별도의 조치로서 특별대우가 필요하므로 이러한 집단은 특별하게 대우・인정받아야 한다는 것이다. 따라서 집단 간의 차이가 공적・정치적으로 인정될 때 집단 간 차이에 대한 사회적・정치적 포용과 민주주의적 참여가 보장될 수 있다는 것이다.

3) 낸시 프레이저의 정의론

프레이저(Nancy Fraser)는 분배패러다임과 인정패러다임을 일방적으로 대체하거나 스스로 본질・실체화되어 물화의 길을 걷는 것이 아니라 어떻게 이를 통합할 수 있는 정의의 관계를 제시하면서 이에 필요한 것은 대표참여・동등한 참여로서의 정의를 들었다. 즉, 분배와 인정의 구조를 전제로 한 재분배와 재평가가 아니라 분배와 인정의 구조 틀까지 재구성하고 나아가야 하며, 이는 경제적 분배요구와 인정의 인정요구를 넘어 맥락에 따라 특수한 정치적 정의 요구를 제기할 수 있어야 하므로 이는 정치적 대표참여의 요구에서 시작되어야 한다고 보았다. 즉, 서로 환원할 수 없는 정의의 차원으로 보고 젠더불평등을 초래한 계급과 지위 양 측면을 포괄하는 것으로 정의의 개념을 확장해야 한다고 주장한다. 분배의 관점에서 보면 젠더는 사회의 경제적 구조에 근거하고 있는 계급과 유사한 차별화 형태를 나타내지만 인정의 관점에서 보면 사회의 위계질서에 따른 지위 차별화 형태를 띠게 된다. 인정의 관점은 공적영역과 정치적 의사결정과정에서 배제되고 주변화되거나 시민권이 평등한 보호와 완전한 권리를 부인당하는 구조를 드러내 보여준다. 이런 속에서 젠더정의는 분배의 영역에서 나타난 정치경제적인 부분, 그와 동시에 인정의 영역 안에서 초래된 문화적·담론적 부분 모두를 통합함으로써만이 실현될 수 있다. 이러한 분배와 인정을 통합하는 정의 규범적 핵심은 참여동등이다. 즉, 참가자들의 독립성을 보장할 수 있도록 물질적 자원을 분배해야 하고, 참여자들이 동등한 존중을 받고 사회적 성취에 동등한 기회를 보장하는 제도화된 문화적 가치 패턴이 요구되는데 이를 상호주관적 조건이라 한다. 결국 참여동등이라는 정의를 이루려면 분배와 인정이 모두 요구되어야 한다. 따라서 분배와 인정요구의 전제조건인 정치적 참여–대표의 틀은 서로 다른 정의 영역들의 공동작용을 통해 비로소 실현되는 최종지향 내지 결과이기도 하다. 대표불능으로 고통받는 자들은 신분적이고 계급적인 부정의에도 취약하므로 불평등한 분배와 무시에 대한 투쟁은 대표불능 상태에 맞선 투쟁과 결합될 수밖에 없다(임미원, 2020).

현재의 글로벌 시대에 있어서 정의는 재분배, 인정, 대표의 다차원적 구상이어야 한다.

4) 마이클 샌델의 정의론

샌델(Michael Sandel)의 정의관은 정의를 선으로 보므로, 롤스의 공동체주의적 정의관과 가깝기는 하나 차이가 있다. 샌델은 행복한 삶과 최대 다수의 이익만을 극대화하는 것이 아니라 공동선이나 미덕의 선을 지지한다.

샌델은 정의는 기본적으로 좋은 삶과 공동선과 연계되며 인간은 공동체를 바탕으로 자신의 정체성을 형성하면서 공동체 내에서 자신의 역할 수행을 통해 자아실현을 하는 관계적 자아라고 가정한다. 그래서 그는 공동선을 중시하고 연대의식을 형성하는 것이 중요하다고 본다. 따라서 결과적 정의보다는 과정적 정의가 더 중요한 가치일 수 있다. 결과가 좋지 않지만 과정이 아름다워야 하고 결과가 가치 있다고 하면 과정이 아름답지 않으면 안 된다. 그러므로 샌델의 정의관은 단순한 다수에 의해 선택된 것이 아니라 시민의식이 있는 시민에 의해 선택된 것이다. 따라서 그는 롤즈의 정의관은 정의와 권리를 원칙이 아닌 계산의 문제로 보고 인간의 모든 선을 하나의 통일된 가치척도로 환산해 획일화하여 그 질적인 차이를 고려하지 않았다는 점에서 비판하고 있다.

또한 국가는 중립성을 지키기 어려우므로 국가는 도덕적 가치, 종교적 가치를 지녀야 하며 좋은 삶은 행복한 삶이고 공공선을 실현하는 삶이어야 한다는 것이다. 그러나 그는 도덕적 가치가 투영된 국가는 무엇을 의미하는가에 대해 구체적인 입장을 제시하지 않는다.

사실 다원화된 사회에서 현재의 계약시장은 젠더 간 평등한가? 그 안에서 능력에 따른 분배가 정당한가? 공정한 절차만으로는 정의를 확보하기 어려우며 이것이 능력과 결부되고 그에 따른 분배가 이루어졌을 때 과연 그것이 정당한가? 능력주의가 팽배한 문화로 정착된 사회에서는 승자의 오만이 정당한 것이 되고 패자의 열악한 삶은 당연한 것이 된다. 차이가 차별이 되고 또 혐오로 바뀌어도 당연시된다. 그러므로 샌델은 능력 차이를 넘어선 재분배가 필요하며 이를 위해 사회는 통합과 연대가 필요하며 이를 통해 문화를 바꾸어야 한다고 주장했다. 즉, 여성들은 능력계발에 있어서뿐만 아니라 여성직업에 대한 가치 절하로 인해 사전분배와 사후분배에 있어서 모두 부낭한 대우를 받고 있으므로 절차적 공정성과 능력주의만으로는 정의를 확보하기 어렵다.

따라서 이런 문제를 해결하기 위해서는 국가의 역할이 매우 중요하여 국가는 자유주의를 극복하고 계약의 부당성, 능력계발 차이, 도덕적 임의성까지 극복하는 실천적 정책을 만들면서 공공복지와 공공선을 포함하는 정의를 실현할 여지가 있는 국가여야 한다. 그러나 샌델의 정의관은 자유주의를 비판하면서 공공선에 기초하는 정의이론을 주장하나 자유주의와 연관된 측면이 많아서 여성문제를 해결하는 데는 문제가 있다. 샌델은 어떤 여성주의 입장을 부각시키지도 않고 좋은 삶도 너무나 간단하게 종교적 가치로 환원시키는 경향이 있다.

현실의 젠더 문제를 해결하기 위해서는 지금까지 성중립적이지 않고 성차별적인 국가의 역할에서 벗어나 여성과 남성 간의 평등과 정의를 실현하기 위해 상호존중과 연대를 중시하면서 공동선을 이루기 위해 적극적으로 정책을 펼쳐 나가는 국가가 요구된다고 생각한다.

4. 젠더와 관련된 실정법

1) 헌법과 유엔여성차별철폐협약

(1) 헌법

1948년에 제정된 제헌 헌법은 198명의 의원으로 구성된 제헌의회에서 제정되었으나 여기에 여성은 한 명도 없었다. 그래도 제헌헌법은 법 앞의 평등, 모든 영역에서 성별에 의한 차별금지 등의 내용을 규정하였으며 이는 현 「헌법」에서도 동일한 내용으로 유지되고 있다. 제헌 「헌법」 제8조는 “모든 국민은 법률 앞에 평등하며 성별, 신앙 또는 사회적 신분에 의해 정치적·경제적·사회적 생활의 모든 영역에 있어서 차별을 받지 않는다"라고 법 앞에서의 평등, 성별에 따른 차별금지를 규정하였다. 또한 제20조에서는 "혼인은 남녀동권을 기본으로 하여 혼인의 순결과 가족의 건강은 국가의 특별한 보호를 받는다"라고 혼인에 있어서 남녀동권을 명시했다. 이 내용은 그 당시의 우리 사회가 가부장적 가족제도와 관습이 강했던 시대적 상황을 감안하면 매우 민주주의적이고 양성평등한 혼인과 가족생활을 지향한 내용을 담고 있었다는 면에서 의미가 크다고 할 수 있다.

그 후 1962년 개정에서는 제8조에 "모든 국민은 인간으로서의 존엄과 가치를 가지며, 이를 위하여 국가는 국민의 기본적 인권을 최대한으로 보장할 의무를 진다"라는 조항을 신설하였으며, 제9조에서 성별 등에 의한 차별이 금지되는 정치적·경제적·사회적 생활영역에 문화적 생활영역을 추가 규정하였다. 이는 성별에 기반한 차별과 폭력을 근절하고 제재하는 데 있어서 근거조항이 되었다. 그러나 제헌 「헌법」에서 규정되었던 혼인에서의 남녀동권 내용이 삭제되어 제헌 헌법보다 성평등 부분에서 퇴보한 경향이 있으며, 제28조에서 여성근로의 특별보호 내용을 소년과 같이 규정하였다.

1980년 개정에서는 문제시되었던 혼인의 순결보호 조항을 삭제하고 제34조에서 "혼인과 가족생활은 개인의 존엄과 양성의 평등을 기초로 성립되고 유지되어야 한다"고 규정하였다. 이 조항의 신설로 당시의 호주제를 중시하고 여성차별을 당연시하던 가부장적인 가족질서에서 벗어나 혼인과 가족생활은 개인의 존엄과 양성의 평등을 기초로 한다는 내용을 규정한 것은 매우 의미가 크다. 이는 국내외적으로 성차별폐지와 성평등을 추구하는 운동이 강하게 일어난 영향이 크다고 할 수 있다.

1987년 개정에서는 여성의 근로보호 조항을 소년과 분리하여 규정하고 제32조 제4항에서 "여자의 근로는 특별한 보호를 받으며, 고용, 임금 및 근로조건에 있어서 부당한 차별을 받지 아니한다"라고 규정하였으며, 제34조 제3항에서 "국가는 여성의 복지와 권익의 향상을 위하여 노력하여야 한다"라는 내용을 신설하였다. 또한 제36조 제2항에서는 "국가는 모성의 보호를 위하여 노력하여야 한다"라는 규정도 신설하였다.

이러한 내용을 규정함으로써 다른 어느 때보다 「헌법」에 다양한 여성권익과 성평등 관련 내용을 규정하였다. 그러나 남녀평등권의 명시를 요구한 여성계의 요구는 수용되지 않았으며 소극적이고 법적 구속력이 없는 노력의무 규정들을 두었다는 한계점이 있다.

향후 「헌법」 개정에서는 성평등에 대한 내용을 보다 구체적이고 추가적으로 규정하여야 할 필요가 있다. 즉, 선거 및 선출직의 후보자에서 남녀 동수에 대한 조항 신설과 여성이 경제활동 주체임을 인정하고 돌봄에서의 평등, 일・생활 균형에 대한 내용 등 모든 영역에서의 남녀의 실질적인 평등을 보장하기 위한 내용을 규정하고 기후위기, 환경문제 등에 대한 조항 신설이 요구된다.

> 제11조 ① 모든 국민은 법 앞에 평등하다. 누구든지 성별・종교 또는 사회적 신분에 의하여 정치・경제・사회・문화적 생활의 모든 영역에 있어서 차별을 받지 아니한다.
> 제32조 ④ 여자의 근로는 특별한 보호를 받으며, 고용・임금 및 근로조건에 있어서 부당한 차별을 받지 아니한다.
> 제34조 ③ 국가는 여자의 복지와 권익의 향상을 위하여 노력하여야 한다.
> 제36조 ① 혼인과 가족생활은 개인의 존엄과 양성의 평등을 기초로 성립되고 유지되어야 하며, 국가는 이를 보장한다.
> ② 국가는 모성의 보호를 위하여 노력하여야 한다.

(2) 유엔여성차별철폐협약

유엔은 1979년 12월에 '여성에 대한 모든 형태의 차별철폐에 관한 협약'을 채택했는데, 이는 여성의 인권보장과 성평등 실현을 위한 전략들을 집대성한 국제인권문서로서 '여성의 권리장전'이라 할 수 있다. 이 협약의 내용은 우리나라를 비롯해 세계 대다수 국가들의 여성정책에 많은 영향을 미치고 있다.

협약의 주요 내용을 구체적으로 보면 다음과 같다. 첫째, 여성에 대한 차별에 대해서 정의를 내리고 있다. 즉, 모든 분야에서 결혼 여부에 관계없이 남녀동등의 기초 위에서 인권과 기본적 자유를 인식, 향유 또는 행사하는 것을 저해하거나 무효화하는 효과 또는 목적을 가지는 성에 근거한 모든 구별, 배제 또는 제한을 말한다. 그러므로 여성의 고유한 임신, 출산, 수유 등 모성보호조치와 실질적인 평등을 위해 잠정적으로 여성을 우대하는 조치는 차별로 보지 않는다.

둘째, 협약은 모든 분야에서의 여성차별철폐에 대한 내용을 규정하고 있다. 여성차별을 철폐하고 실질적인 성평등을 이루기 위해서는 여성에 대한 전통적인 성별역할과 남성우위론을 철폐해야 한다는 것이다. 이를 위해 모든 분야에 여성이 남성과 대등하게 참여할 기회와 권리를 부여, 여성 모성기능의 사회적 중요성을 인식하여 모성보호비용의 사회적 분담, 임신, 출산으로 인한 여성의 불이익 방지, 자녀양육과 가족돌봄 등에 여성과 남성의 동등한 참여 등을 규정하고 있다.

셋째, 협약은 국가에게 정치와 정책 및 공공분야 고용과 사회보장 분야, 민사문제, 혼인과 가족생활, 국적 등과 관련하여 여성과 남성의 평등을 보장하고, 입법·행정·사법 등에서 여성차별을 철폐하기 위한 모든 조치를 취해야 한다고 규정하고 있다.

제1조 본 협약의 목적을 위하여 "여성에 대한 차별"이라 함은 정치적, 경제적, 사회적, 문화적, 시민적 또는 기타 분야에 있어서 결혼 여부에 관계없이 남녀 동등의 기초 위에서 인권과 기본적 자유를 인식, 향유 또는 행사하는 것을 저해하거나 무효화하는 효과 또는 목적을 가지는 성에 근거한 모든 구별, 배제 또는 제한을 의미한다.

제2조 당사국은 여성에 대한 모든 형태의 차별을 규탄하고, 여성에 대한 차별을 철폐하기 위한 정책을 모든 적절한 수단을 통해 지체 없이 추진하기로 합의하며, 이러한 목적으로 다음을 약속한다.

> (가) 남녀평등의 원칙이 헌법 또는 기타 적절한 입법에 아직 규정되지 않았다면, 이를 구현하며 법 또는 기타 적절한 수단을 통해 동 원칙의 실제적 실현을 확보할 것
> (나) 여성에 대한 모든 차별을 금지하는 적절한 입법 및 기타 조치를 채택하고 필요한 경우 제재를 포함시킬 것
> (다) 남성과 동등한 기초 위에서 여성의 권리에 대한 법적 보호를 확립하며 권한 있는 국내법정과 기타 공공기관을 통하여 여성을 여하한 차별행위로부터 효과적으로 보호하도록 확보할 것
> (라) 여성에 대한 여하한 차별행위 또는 관행에 따르는 것을 삼가하며 공공 당국과 기관이 동 의무와 부합되게 행동하도록 확보할 것
> (마) 여하한 개인, 조직 또는 기업에 의한 여성차별도 철폐되도록 모든 적절한 조치를 취할 것
> (바) 여성에 대한 차별을 구성하는 현행 법률, 규칙, 관습 및 관행을 수정 또는 폐지하도록 입법을 포함한 모든 적절한 조치를 취할 것
> (사) 여성에 대한 차별을 구성하는 모든 국내형사법 규정을 폐지할 것

이러한 협약의 실효성을 확보하기 위해 협약비준국은 4년마다 위원회에 이행보고서를 제출하고 심의를 받아야 한다. 위원회는 정부보고서와는 별도로 시민단체로부터 제출된 보고서도 함께 심의하여 당사국에 최종 견해와 권고내용을 제시한다.

유엔은 1999년 10월에 협약의정서를 채택하여 국제인권협약으로서 자리매김하였다. 이 의정서에는 당사국의 국민들은 자국이 협약 내용을 이행하지 않으면 위원회에 진정할 수 있는 진정권과 위원회의 별도의 조사권을 규정하고 있어서 협약의 실효성을 보다 확보하였다.

우리나라는 이 협약을 1984년 12월에 비준하고, 의정서는 2007년 1월에 비준하여 국내법과 동일한 효력을 발생하고 있으므로 협약이 여성정책 등에 미치는 영향은 매우 크다고 할 수 있다.

우리나라가 협약을 비준할 당시에는 가족법에 협약 내용과 배치되는 여성차별에 대한 내용이 있어서 제16조의 내용 중 혼인 중 및 혼인 및 혼인 해소 시의 동일한 권리와 책임, 자녀문제에 있어서 부모의 동일한 권리와 책임, 아동의 보호, 후견, 재산관리, 입양과 관련한 동일한 권리와 책임, 가족의 성(姓) 및 직업선택권 등이 유보되었으나 가족법과 국적법의 개정으로 일부 유보조항은 철회되고 현재는 가족성에 대한 조항만 유보조항으로 남아 있다. 따라서 이와 관련된 민법상의 조항을 개정하여 유보조항을 철회해야 할 것이다.

2024년 현재 우리나라는 제9차 이행보고서를 심의받았으며, 위원회로부터 포괄적 금지법의 제정과 여성가족부의 기능강화에 대해 2026년 6월 2일까지 정부의 의견을 제시하여야 한다.

2) 성평등 관련 입법

(1) 여성정책 등에 대한 법률

유엔여성차별철폐협약 체결 후 여러 영역에서 여성관련 입법이 제·개정되었는데 여성정책 내용을 규정할 기본법 제정 필요성이 대두되면서 「여성발전기본법」이 1995년 제정되었다. 이는 1995년 정책자문기구인 세계화 추진위원회의 정책과제 중의 하나인 여성의 사회참여확대를 위한 세부과제였다.

이 법은 여당의 여성발전기본법안과 야당의 남녀평등기본법안에 대해 관계부처와 여성단체 등의 의견을 청취하고 토의와 표결을 거쳐 「여성발전기본법」으로 제정되었다(1995. 12. 30). 이 법의 목적은 헌법의 남녀평등 이념을 구현해 모든 영역에 있어서 남녀평등을 촉진하고 여성의 발전을 도모하는 것이다. 법의 기본이념은 개인의 존엄을 기초로 하여 남녀평등의 촉진, 모성보호, 성차별적 의식의 해소 및 여성의 능력개발을 통해 건강한 가정의 구현과 국가 및 사회의 발전에 남녀가 공동으로 참여하고 책임을 분담할 수 있도록 규정하였다. 또한 여성정책이란 남녀평등의 촉진, 여성의 사회참여확대 및 복지증진을 주된 목적으로 하는 정책을 말하며, 이에 대해 5년마다 기본계획을 수립하고 모든 중앙행정기관의 장과 특별시장, 광역시장 및 도지사가 연도별 시행계획을 마련해 체계적으로 수립·시행하도록 규정했다.

법의 세부내용은 여성의 참여를 촉진하기 위해 관계법령이 정하는 바에 따른 잠정적인 우대조치를 취할 수 있다는 조항을 규정하였고, 고용부문에서는 고용과 근로조건에서의 성차별 해소와 성희롱 예방 등의 평등한 근무환경 조성 등 근로자의 일·가정 양립과 모성보호의 강화와 비용의 사회분담화가 명시되었다. 가정부문에서는 가정에서의 남녀평등교육, 민주적이고 평등한 가족관계 확립, 가사노동의 경제적 가치의 정당한 평가, 영유아보육의 확대와 방과후 아동보호 등을 명시하고, 학교교육 등에서 남녀평등의식 교육 실시, 성폭력 및 가정폭력 예방과 피해자보호, 여성의 국제협력활동지원, 대중매체의 성차별 개선 등의 내용을 포함하였다.

2002년 12월 개정을 통해 국가와 지방자치단체는 정책이 여성의 권익과 사회참여 등에 미칠 영향을 미리 분석·평가하여야 한다는 조항과 인적 통계를 작성하는 경우에는 성별을 주요 분석단위에 포함시켜야 한다는 내용을 신설하였다. 이후 2003년 이 법 시행령에 여성가족부장관이 정책의 성별영향평가에 관한 공무원 교육과 평가지침을 마련하도록 규정하였다. 이를 위한 교육인 성인지 교육을 효율적이고 체계적으로 추진하고 진흥시키기 위해 한국양성평등교육진흥원을 2005년에 법인화하였다. 2006년 10월 「국가재정법」은 정부의 예산 편성 및 집행원칙에 정부는 예산이 여성과 남성에게 미치는 효과를 평가하고 그 결과를 정부의 예산 편성에 반영하기 위하여 노력하여야 한다는 것을 규정하였다. 그 후 2010년부터는 모든 정부 부처는 예산이 여성과 남성에게 미칠 영향을 미리 분석한 성인지 예산서와 여성과 남성이 동등하게 예산의 수혜를 받고 성차별을 개선하는 방향으로 집행되었는지를 평가하는 성인지 결산서를 작성해 국회에 제출하도록 규정하였다. 2007년에는 「통계법 시행령」을 개정하여 통계작성기관의 장에게 통계작성의 사항과 대상에 성별구분을 하도록 규정하였다.

그러나 여성정책 환경변화에 대응하고 정책 시행 시 발생하는 미비점을 보완하고 헌법상 양성평등 내용을 보다 강하게 실천하기 위한 기본법으로서의 기능 강화가 요구되면서 2014년 「양성평등기본법」으로 전면 개정되었다. 개정 시 법명을 양성평등기본법으로 할 것인지, 성평등기본법으로 할 것인지에 대한 논란이 있었으나 「양성평등기본법」으로 의견이 모아졌다. 이 개정을 통해 정책 패러다임을 '여성발전'에서 '양성평등'으로 전환하여, 양성평등 정의 규정 신설, 성 주류화 조치 규정의 체계화, 중앙과 지방자치단체에서의 정책추진체계 강화, 국가와 지자체의 성차별금지 시책을 위한 노력규정 신설, 폭력범죄 예방 및 방지를 위한 시책 마련 내용 규정 등 양성평등정책을 보다 확대 실시하기 위한 근거법으로서의 기능이 강화되었다.

또한 국가와 지방자치단체는 법령의 제・개정 및 적용, 해석, 정책의 기획, 예산 편성 및 집행, 그 밖의 법령에 따라 직무를 수행하는 과정에서 성평등 관점을 통합하는 성 주류화 전략을 위한 관련 법률들도 제정하였다.

(2) 선거 등에 관한 법률

「정당법」, 「공직선거법」, 「정치자금법」[1] 등 대표적인 정치관계법은 여성의 정치적 과소대표성을 개선하기 위해 여성후보 공천할당제, 여성정치발전기금, 공직후보자 여성추천보조금 등에 대한 내용을 규정하였다.

「정당법」은 여성정치인을 육성하기 위해 공직선거후보자의 추천이라는 조항을 신설하고 일정 비율을 여성에게 할당하도록 규정하였다. 즉, 2000년 비례대표 여성후보자 30% 추천의무화 명시, 2002년 비례대표 광역의회의원 후보자 중 여성 50% 할당, 비례대표명부 2인마다 여성 1인 포함 의무화, 지역구

1 2005년 정치자금에 관한 법률의 법명을 정치자금법으로 개정하였다.

광역의회의원 후보자 중 30% 이상 여성을 추천한 정당에 보조금 추가지원 등을 규정하였다. 2004년에는 비례대표 국회의원 후보자 중 50% 이상 여성 추천 의무화를 규정하였다.

「공직선거법」은 2002년 여성공천할당제를 통한 여성의 정치적 대표성을 확대하는 내용을 강화하여 비례대표 광역의회의원 후보자 추천 시 여성후보자 추천의무화 위반 시 등록무효화를 규정하고, 2005년에는 비례대표 국회의원, 지방의회의원 여성을 홀수번호에 추천할 것을 의무화하였으며 추천 비율과 순위 위반 시 등록신청 불허 및 등록무효화를 규정하였다.

「정치자금법」은 2004년 국고보조금 중 10%를 여성정치발전을 위해 사용해야 하며, 여성추천보조금을 용도 외로 사용한 경우 보조금의 2배에 상당하는 금액을 감액한다는 내용을 규정하였다.

이러한 법개정에도 불구하고 정치영역에서 여성은 과소대표되고 있으며, 제22대 국회의원 중 여성의원 비율은 20%로 매우 낮다. 그러므로 향후에는 관련 법률에 후보자의 남녀 동수 등에 대한 내용을 규정하여야 하며, 여성정치발전기금의 용도를 여성예비정치인 또는 후보의 교육과 육성 등에 활용할 수 있도록 구체적으로 법 내용에 규정하고, 국회비례대표 여성할당제의 이행을 강제할 수 있는 제재조항도 필요하다. 이러한 법개정으로 여성의 대표성을 확대하고 여성정치참여를 지원하는 정치환경을 조성하여야 할 것이다.

또한 정치분야와 마찬가지로 여성이 저대표되고 있는 분야에 여성의 대표성을 향상시키기 위한 적극적 조치의 활성화를 위해 「여성발전기본법」에 여가부장관은 국가기관 및 지방자치단체의 장에게 적극적 조치의 실시를 권고하고 그 결과를 점검해야 한다는 내용을 명시했다(2002. 12. 11). 이에 따라 기업의 대표와 임원, 농·어업지도자, 과학기술인 등이 증가했으나 여전히 여성이 저대표되고 있다. 이러한 조치가 복지증진과 연계해서는 「고용보험법 시행령」의 여성실업가구주에 대한 고용촉진장려금 조항(1998. 10. 1), 장애인복지 관계법의 여성장애인에 대한 권익보호조항(1998. 2. 8)과 고용촉진조항(2000. 1. 2), 정보격차해소에 관한 법률의 전업주부와 여성복지시설 수용자 등에 대한 정보화 교육지원 조항(2001. 1. 6) 등이 대표적이다.

(3) 고용평등 등에 관한 법률

1953년 제정된 「근로기준법」은 고용상의 남녀차별대우금지, 여성근로자에 대한 특별보호내용을 규정하였는데, 여성경제활동 증가에 따라 고용평등촉진과 고용영역에서의 성차별금지를 위해 관련법의 제・개정이 활발하게 행해졌다.

1980년대 고용 관련 입법의 제・개정이 많이 되었는데 「직업훈련기본법」은 직업훈련 기본 원칙으로 여성에 대한 직업훈련은 중시되어야 한다고 규정하였다(1981. 12. 31). 「직업안정법」에서는 노동부 장관은 여성에 적합한 직종의 개발 및 취업기회의 확대에 노력하여야 한다는 내용을 규정하였고(1982. 4. 3), 「근로기준법 시행령」에서의 여성사용금지 직종을 30개소에서 6개로 축소하였다(1982. 8. 13).

「남녀고용평등법」은 1987년 제정되었는데, 최초로 모집과 채용, 교육, 배치, 승진, 정년, 퇴직, 해고에서의 성차별을 규제하고 육아휴직과 고용차별, 분쟁처리 제도를 규정하였다는 점에서 커다란 의의가 있다. 그러나 이 법은 남녀가 아니라 여성에 대한 성차별 금지와 여성에 대해서만 육아휴직 제공을 규정하고 분쟁처리도 근로여성이나 사업주가 요청하는 경우에만 지방노동행정기관의 고용문제 조정위원회가 조정할 수 있도록 해 근로현장에서의 양성평등의 실효성을 기대하기 어렵다는 한계를 가지고 있었다. 또한 현재까지도 문제가 되고 있는 성별 임금격차를 해결하기 위한 임금에서의 성차별 금지를 규정하고 있지 않아 문제이다.

이후 1995년에는 사업주가 모집, 채용하고자 하는 직무의 수행에 필요로 하지 아니하는 용모, 키, 체중 등의 신체적 조건과 미혼조건 등을 여성근로자의 채용조건으로 제시하는 것을 금지하는 내용을 규정하였다(1995. 8. 4). 이는 능력보다 외모를 중시하던 오랜 여성차별적 채용 관행을 규제한 것으로서 의의가 크다고 할 수 있다.

2001년에는 전면 개정을 통해 간접차별 개념을 정비하고, 남녀고용평등기본계획, 남녀차별금지규정 등을 규정하였다. 그러나 여성의 키와 체중, 미혼 등 직무수행에 무관한 기준을 채용조건으로 하는 행위와 여성의 혼인, 임신, 출산을 퇴직조건으로 근로계약에 예정하는 행위를 규제하는 조항은 개정하지 않았다. 고용에서의 여성차별사건을 해결하기 위해 6개 지방노동청에 고용평등위원회를 설치하고 남녀에 대한 고용차별과 직장 내 성희롱 사건을 조정하여 권리구제를 하였다. 또한 정부의 지원으로 여성단체, 노동단체 등에 성차별, 성희롱에 관해 상담하는 고용평등상담실과 사업장의 남녀고용평등 실현에 조력하는 명예고용평등감독관이 전국적으로 신설되었다.

2005년에는 현존하는 남녀 간의 고용차별을 해소하고 고용평등을 촉진하기 위해 잠정적으로 특정 성을 우대하는 적극적 고용개선조치가 도입되었다.

이 법은 사업주에게 직종별·직급별 남녀고용현황과 이 조치의 시행계획을 노동부장관에게 제출할 것을 요구했다. 그 후 2006년에는 시행령에서 이 조치 실시대상을 정부투자기관 정부산하기관 및 상시 500인 이상 근로자를 고용하는 사업으로 확대하였다. 이후 성평등 구현을 위한 적극적 고용개선조치는 「국가공무원법」, 「지방공무원법」, 「여성과학기술인육성 및 지원에 관한 법률」, 「여성기업지원에 관한 법률」 등에서 규정하였다.

2007년에는 법명을 「남녀고용평등과 일·가정 양립 지원에 관한 법률」로 변경하여 여성근로자가 경제활동을 하면서 일과 가정의 양립을 행할 수 있도록 고용환경을 개선하는 데 관련된 보다 많은 내용 등을 규정하였다.

또한 여성들의 경제활동 참여율이 증가함에 따라 2008년 「경력단절여성 등 경제활동촉진법」을 제정하여 출산, 육아, 돌봄노동으로 인해 경제활동을 중단한 이후 취업이 어렵거나 낮은 직종으로 재취업하는 여성의 경제적 자립을 지원하여 경력단절여성의 경제활동 참여와 사회적 지위향상을 도모하고자 하였다. 그러나 경력단절여성의 경제활동촉진 정책은 주로 혼인·임신·출산·육아와 가족구성원의 돌봄 등을 이유로 경제활동을 중단하였거나 경제활동을 한 적이 없는 여성 중에서 취업을 희망하는 여성 등에 한정하여 추진되는 한계가 있었다. 그래서 여성들의 근본적인 경제활동촉진 및 경력단절예방기능에 중점을 두어 2024년에 「여성의 경제활동촉진과 경력단절예방법」으로 전면 개정하였다. 이에 따라 정책 대상을 취업 여성으로까지 확대하고 경력단절예방 지원에 대한 법적 근거를 강화함으로써 여성의 경제활동촉진과 경력단절예방을 위한 시책을 확대·강화하고 있다.

이와 같이 노동 관련 법률에서는 남녀고용평등 등을 위해 지속적으로 관련 입법들이 제·개정되었으나 노동현장은 아직도 성차별 사건이 발생하고 있으므로 이에 대한 구조적인 문제를 파악하고 이에 대한 개선이 요구된다.

(4) 다양한 가족정책

성차별적인 부계중심의 가족제도, 전통이라는 미명하에 지속적으로 비민주적이고 남녀차별적인 내용이 많았던 「가족법」은 1989년 개정을 통해 상당 부분 개정되었으나 「민법」의 근간을 이룬 호주제 폐지는 이루어지지 않아 여성계는 1990년 이후부터 호주제 폐지를 「가족법」 개정운동의 방향으로 잡고 지속적으로 폐지운동을 하였다.

1990년에 「가족법」은 친족의 범위, 친권, 이혼, 상속 등에서 남녀평등, 부부평등을 이루기 위한 개정을 골자로 한다. 특히 모든 자녀는 호주승계 성별, 혼인 여부에 관계없이 균분하게 상속받도록 하였다. 그 외 호주상속제를 호주의 지위를 포기할 수 있는 호주승계제로 바꾸고, 부부동거 장소는 부부의 협의에 의해 정하고 부부공동생활비용을 부부공동부담, 이혼 시 자녀 면접교섭권, 이혼배우자의 재산분할청구권을 신설했다(1990. 1. 13).

1999년 호주제 폐지를 위한 공청회를 실시하고, 2000년 131개 시민단체들이 시민연대를 결성하고 국회에 호주제 폐지 청원서를 제출하고 호주제에 대한 위헌소송을 제기했다. 2003년 호주제 폐지와 그 대안으로서 개인별 신분등록제 채택을 골자로 한 「가족법」 개정안이 입법예고 되었다.

2005년 2월 헌법재판소가 호주제가 혼인과 가족생활은 개인의 존엄과 양성의 평등을 기초로 성립되고 유지되어야 한다는 「헌법」에 불합치된다고 결정했다. 이에 국회법사위원회에서 여야가 호주제 폐지에 전격 합의했으며, 이는 우리 사회 전반에 깔려 있는 가부장적 인식제거 및 여성의 인간화를 위한 중요한 의미를 갖는다.

이에 따라 2005년 3월 「가족법」이 개정되었다. 이 내용을 보면 자녀 복리를 위해 자녀의 성과 본을 변경 시 부 또는 모의 청구에 의해 법원의 허가를 받아 변경 가능, 동성동본금혼제는 근친혼 금지규정 전환, 여성의 재혼금지기간은 폐지, 친양자제도를 신설했다. 2007년에는 혼인적령을 남녀 모두 18세로 조정, 이혼숙려기간 도입, 협의이혼 시 자녀양육사항 및 친권자 지정 합의 의무화를 규정했다.

2008년 호적제도를 대체할 새로운 가족관계등록제도를 마련하여 「가족관계의 등록 등에 관한 법률」을 제정하여 국민 개개인별로 출생, 혼인, 사망 등의 신분변동에 따라 목적별 다양한 증명서 발급 및 발급신청 기준을 명확화하였으며 2015년에는 미혼부도 출생신고가 가능하도록 개정하였다.

그러나 아직까지도 자는 부의 성과 본을 따른다는 성씨 결정에서의 부의 성이 우선시되고 있는 규정은 개정되지 않고 있다.

또한 우리 사회의 산업화, 도시화 등으로 인해 이혼이 증가하고 가족 간의 갈등이 생기는 등 가족환경의 변화에 대응할 입법의 필요성이 대두되었다. 이에 따라 건강한 가정생활의 영위와 가족의 유지 및 발전을 위한 국민의 권리의무와 국가 및 지방자치단체 등의 책임을 명백히 하고 가정문제의 적절한 해결방안을 강구하며 가족구성원의 복지증진에 이바지할 수 있는 지원정책을 강화함으로써 건강가정구현에 기여하는 것을 목적으로 하는 「건강가정기본법」이 2003년에 제정되었다. 2000년 이후 농촌총각 장가보내기 사업 등으로 국제결혼이 증가함에 따라 결혼이주여성들의 삶의 질 향상과 사회통합에 이바지함을 목적으로 2008년에 「다문화가족지원법」이 제정되었다. 이 법은 다문화가족이 안정적인 가족생활을 영위할 수 있도록 필요한 제도와 여건을 조성하기 위한 법으로서 다문화가족기본계획 수립과 다양한 지원 내용을 규정하였다. 2011년에는 다문화가족 범위를 확대하고 학교에서 다문화가족 이해교육을 실시하고, 다문화가족 내 가정폭력 예방과 가정폭력 피해자의 보호지원, 통・번역지원사업을 규정하였다. 2015년 아동・청소년에 대한 정의조항을 신설하고 공익광고에 송출할 수 있는 근거규정, 방문교육의 차등지원 등을 규정하였다.

이혼 등으로 인한 모자가족을 지원하기 위한 1988년에 「모자가족지원법」이 제정되었는데 이는 2002년에는 부자가족지원도 규정한 「모・부자복지법」으로 개정되고 이후 다양한 한부모가족을 지원하기 위해 2007년에 「한부모가족지원법」으로 법명이 개정되어 지원대상인 한부모 범위를 규정하였다. 2011년 한부모가족에 대한 책임과 교육에서의 권리규정을 신설하고 청소년 한부모의 정의규정 신설 및 보호대상자의 범위를 확대하였다. 2013년에는 한부모가족의 차별금지를 규정, 국가 및 지자체 등 업무담당자에 대해 한부모가족이해 교육 실시, 한부모가족의 날을 규정하였다.

또한 한부모의 양육비를 지원하기 위해 2014년 「양육비이행확보 및 지원에 관한 법률」이 제정되었다. 이 법에서는 자녀양육비 산정을 위한 가이드라인 마련, 한시적 양육비 긴급지원, 양육비이행관리원 설립에 대한 내용을 규정하였다.

이후 다양한 가족관련 법률들은 가족 유형의 다양화, 가족을 둘러싼 환경변화 등에 대응하기 위해 지속적으로 개정되고 있다.

(5) 젠더폭력

① 여성폭력방지

2018년 12월에 「여성폭력방지기본법」을 제정하여 여성폭력을 성별에 기반한 여성에 대한 폭력으로 신체적, 정신적 안녕과 안전할 수 있는 권리 등을 침해하는 행위로 규정하고, 성희롱, 성폭력, 가정폭력, 성매매와 더불어 지속적 괴롭힘 행위와 그 밖에 친밀한 관계에 있는 폭력, 정보통신망을 이용한 폭력 등을 예시하고 있다. 또한 성별에 기반한 폭력을 강조하면 남성 피해자도 있음을 고려한 젠더폭력이란 용어도 널리 사용되고 있다.

유엔은 1993년 비엔나 세계인권대회에서 여성폭력 문제에 대한 특별대책을 마련할 것을 결의하고 이에 따라 12월에 여성에 대한 폭력철폐선언을 총회에서 만장일치로 채택하였다. 이 선언을 기반으로 많은 국가에서 여성폭력철폐를 위한 법과 정책을 마련하였다.

② 성희롱

성희롱에 대해서는 「여성발전기본법」에 최초의 직장 내 성희롱 예방조항이 신설되었고, 「남녀차별금지 및 구제에 관한 법률」과 「남녀고용평등법」에서 성희롱 금지 규정, 폭력예방교육 등을 규정하였다(1999. 2. 8). 「남녀차별금지 및 구제에 관한 법률」은 성희롱은 남녀차별이라고 규정하였으며, 「남녀고용평등법」은 직장 내 성희롱 피해자보호와 행위자 제재조항들을 규정하고 있다.

③ 성폭력

성폭력범죄가 흉폭화, 저연령화되고 있으며 새로운 유형의 성폭력범죄가 증가함에 따라 기존의 법체계로는 대응이 어려워 「성폭력범죄의 처벌 및 피해자보호 등에 관한 법률」이 제정되었다(1994. 1. 5). 이 법은 당시 개인적인 문제로 치부되고 은폐되어 온 성폭력 문제를 가부장적 사회의 성별 권력관계에서 여성들에게 집중적으로 발생하는 인권침해 문제이며 국가와 지방자치단체가 예방·규제하여야 할 사회적 범죄임을 규정했다는 점에서 커다란 의의가 있다.

또한 이 법은 피고인의 인권보호를 중시하는 「형법」과 달리 피해자의 인권보호를 위한 사건처리 특례와 보호조치를 규정하였다.

1997년 개정에서는 성폭력범죄에서 친족과 장애인의 범위를 제한한 내용을 개정하고 가해자가 처벌과 병행해 사회봉사 또는 수강명령을 받을 수 있도록 하였다. 그 후 2010년에 「성폭력범죄의 처벌 등에 관한 특례법」과 「성폭력방지 및 피해자보호 등에 관한 법률」로 분리하였다. 이 법에서는 성폭력에 대한 개념정립의 문제가 논의되어 「형법」 제32장 제목이 정조에 관한 죄에서 강간과 추행의 죄로 개정되었으나 아직도 성적자기결정권의 침해죄로 개념정리를 못하고 있다. 또한 성폭력범죄에 대한 친고죄는 2012년 「형법」을 통해 폐지되었고 성폭력범죄의 범위 확대와 처벌강화 관련 개정이 지속적으로 이루어졌다. 그리고 피해자지원시스템의 개선 관련 내용도 개정되었으나 피해자 과거, 성력 증거채택 금지, 가해자 혹은 검사에 의한 무고와 명예훼손 등 역고소 남발 방지조치 마련 등의 문제는 남아 있다.

④ 가정폭력

아내 구타, 아내 살해 등 가정폭력문제가 사회이슈가 되었음에도 가정이란 사적영역에서 발생한 일이라는 이유로 법이 이에 대해 개입하지 않으려 하였다. 이에 대해 한국여성의전화 등 여성단체들은 가정폭력문제를 공론화하고 이에 관련되는 법률제정을 요구했다. 그 결과 1997년에 「가정폭력범죄의 처벌 등에 관한 특례법」과 「가정폭력방지 및 피해자 보호 등에 관한 법률」이 제정되었다. 이 법의 제정은 가정 내의 사적인 문제로 여겨졌던 가정폭력문제를 사회와 국가가 적극 개입해야 하는 폭력문제로 보았다는 데서 커다란 의의가 있다. 이 법은 가정폭력 예방과 피해자보호를 국가와 지방자치단체의 책무로 규정하고 피해자의 인권보호를 위한 법적·제도적 장치와 재정 근거를 규정하였다.

2007년 「가정폭력처벌특례법」은 상담조건부기소유예제도를 신설하고 2011년 피해자보호명령제도를 도입하였고, 2014년에 유사강간죄를 추가규정하고 신고의무자 범위를 확대하였다.

「가정폭력 피해자 보호법」은 피해자보호를 위해서는 국가 및 지방자치단체는 법제도 정비 및 이와 관련된 예산확보를 위한 법적 근거를 마련하고 가정폭력상담소, 피해자보호시설 등을 설치·운영하고, 의료기관은 피해자의 치료상담 등을 실시하도록 규정하고 있다. 이에 대한 비용은 가정폭력행위자가 부담하도록 하나 행위자가 비용부담 능력이 없는 경우 국가 및 지자체가 부담하며 이에 대한 구상권을 갖도록 규정하고 있다. 이 보호법은 2010년 가정폭력 예방교육, 성교육, 성폭력, 성희롱예방교육과 통합 실시를 규정하였고 2013년 공공단체의 장 예방교육을 실시하고 통합교육 및 점검을 규정하였다.

그러나 「가정폭력처벌특례법」에서 가정폭력 발생 시 형사처벌을 하지 않고 기본적으로 보호처분이 가능한 이원화된 특례규정을 두어 가정보호라는 입법목적에 입각하여 경미한 제재수단을 택함으로써 가정폭력을 예방하고 폭력행위자를 처벌하는 데 어려움을 가지고 있다. 따라서 가정폭력 예방과 대응을 적극적으로 하여 가정폭력을 줄이기 위해서는 건강한 가정보호가 아닌 인권중심 시각에서 폭력문제로 보고 상담조건부기소유예제도 폐지 또는 제한, 경찰의 적극적 대응 및 처벌강화 등의 과제가 남아 있다.

⑤ 성매매

1961년 제정된 「윤락행위등방지법」은 성을 파는 행위뿐 아니라 그 상대방이 되는 행위, 성매매업소 운영관련 행위 등을 모두 금지하고 제재하는 규정을 두었으며, 윤락행위를 방지하여 국민의 풍기정화와 인권의 존중에 기여함을 목적으로 했다. 여기서 윤락행위란 불특정인을 상대로 영리를 목적으로 성행위를 하는 것을 말하므로 이 법의 초점은 성을 파는 윤락여성의 단속과 선도에 있었으므로, 실질적으로는 성매수자인 남성과 성매매업주는 처벌하지 않고 성판매자인 여성만을 단속하고 선도하는 근거법으로 활용되었다.

그러나 단속되어 직업보도시설에 수용된 여성들이 탈출해 인권침해를 호소하고, 1994년 구체적인 근거 규정 없이 윤락여성을 강제수용하는 것은 위법으로 판결함으로써 이 법은 선도보호조치의 절차와 내용을 구체화하고 보호시설의 입소자를 선도를 희망하는 자로 제한시키는 것으로 개정했다(1995. 1. 5).

그 후 2003년 성매매 대책을 수립 추진하기 위해 국무총리산하 민관합동으로 성매매방지추진기획단을 발족하여 2004년에 「성매매 알선 등 행위의 처벌에 관한 법률」과 「성매매방지 및 피해자보호 등에 관한 법률」을 제정하였다.

이 법에서는 성매매피해자 개념을 도입하여 이들은 처벌하지 않도록 규정하고, 성매매 공급자와 중간매개체를 차단하기 위해 성매매 목적의 인신매매를 처벌하고 벌칙에 있어서 성매매 강요, 알선 등 행위에 대한 형량 강화, 이로부터 취득한 금품, 그 밖의 재산상 이익 몰수 추징, 발생채권 무효화 등을 규정하였다. 그러나 성매매 피해자로 인정된 사례가 거의 없고 피해입증도 어려워 성매매로 인한 피해나 알선자를 신고 및 고소한 여성들도 처벌받는 경우가 허다해 성매매 여성 비범죄화에 대한 논의가 필요하다. 또한 성매매로 인한 수익차단 및 이에 대한 불법수익 몰수 추징을 강화하기 위한 법개정이 요구된다.

⑥ 스토킹 및 교제폭력 등 신종 폭력행위

최근 스토킹으로 인하여 정상적인 일상생활이 어려워지는 사례가 증가하고 스토킹행위자에 대한 처벌 및 피해자 보호가 이루어지지 않아 폭행, 살인 등 강력범죄로 이어져 사회문제가 되고 있다. 이에 2021년 스토킹이 범죄임을 명확히 규정하고 가해자 처벌 및 그 절차에 관한 특례와 피해자 보호절차 마련 등 범죄발생 초기 단계부터 행위자 처벌 및 피해자 보호 등을 통해 스토킹이 심각한 범죄로 이어지는 것을 방지하기 위해 「스토킹 범죄의 처벌 등에 관한 법률」이 제정되었다. 또한 2023년에는 스토킹 방지 및 피해자 보호 지원 등을 위해 실태조사, 재발방지대책 마련, 예방교육과 피해자 지원시설의 설치 등 「스토킹 방지 및 피해자 보호 등에 관한 법률」을 제정하였다.

(6) 모성보호 및 자녀돌봄

「근로기준법」상 여성의 모성보호를 위해 출산휴가, 생리휴가 등을 규정했으나 현장에서는 사용하기 힘들어 거의 사용하지 않아 사문화되는 지경이었다. 모성보호를 위한 내용을 보면 「근로기준법」은 60일의 출산휴가를 유급으로 규정하고 출산 후에 30일 이상 확보되도록 한다는 단서를 붙여 규정하였으며 (1961. 12. 4), 공무원 복무규정에서는 특별휴가란 조항에서 임신 중의 여자공무원은 그 출산의 전후를 통해 60일 이내의 휴가를 얻을 수 있다는 내용을 규정하였고, 여자공무원은 매월 1일의 생리휴가를 가질 수 있다고 하였다(1963. 6. 1). 그 후 1987년「남녀고용평등법」제정 시 육아휴직제도가 신설되면서 모성보호에 대한 입법이 구체화되었다.

2001년 여성근로자의 임신·출산·수유에 대한 모성보호와 남녀근로자의 돌봄지원을 강화하기 위해「남녀고용평등법」,「근로기준법」,「고용보험법」개정으로 산전후휴가급여, 육아휴직급여 등이 신설되어 모성보호의 사회분담화가 이루어졌다(2001. 8. 14). 그 내용을 보면 산전후휴가기간이 60일에서 90일로 확대되었고 산후 45일 확보되어야 하며 30일분의 산전후휴가급여를 고용보험에서 나가는 것으로 하여 모성보호비용의 사회분담화를 이루었다.

또한 여성공무원과 교원의 모성보호 강화를 위해 여러 공무원 관계 법령도 개정되었다. 최초로 임신 중 건강검진휴가와 1시간의 육아시간 조항이 신설되었고(1999. 12. 7),「남녀고용평등법」에서는 육아휴직기간 중 해고금지 규정을 신설하여 일·가정 양립 지원을 강화하였으며,「고용보험법」에서는 육아휴직을 30일 이상 부여받은 근로자에게 고용보험에서 육아휴직급여를 지급함으로써 근로자의 소득을 보전하도록 하였다. 또한 2003년에는「근로기준법」상의 생리휴가를 무급화하고 2008년에는 임신한 여성에게 태아검진시간을 허용, 산전후휴가 후 휴가 전의 업무와 동일하거나 동등한 대우를 받는 직무로 복귀규정을 신설하였다.

2006년「남녀고용평등법」은 육아휴직 대상을 생후 1년 미만에서 3년 미만으로 확대하고, 2007년 배우자출산휴가와 육아기 근로시간 단축제도가 신설되었으며, 2010년에는 만 6세 이하 초등학교 취학 전 자녀로 하고 2014년에는 만 8세 이하 또는 초등학교 2학년 이하로 상향조정했다.

「영유아보육법 시행령」에 1998년 처음으로 무상보육실시를 위한 조항이 신설되었다. 위의 3개 법 개정으로 육아휴직을 남녀가 공동으로 사용 가능하게 되었으며 육아휴직자의 고용보장 조항과 비용의 사회분담화에 의한 육아휴직

급여가 신설되었다(2001. 8. 14). 남녀 모든 공무원과 교원의 돌봄지원을 강화하기 위해 육아수당의 신설(2001. 11. 3), 육아휴직의 연장과 휴직자 보호조항이 신설되었다.

기혼여성들의 취업이 증가함에 따라 자녀양육이 여성취업의 최대 장애요인이 되었다. 육아는 엄마가 가정에서 하고 사적인 일이라는 사회통념이 강해 보육시설, 보육지원이 거의 없었다. 육아가 사회를 지속발전시키는 공공성을 가지므로 국가는 이를 지원해야 하며 남성과 여성 모두가 육아에 참여하고 책임을 분담해야 한다고 주장했다. 그러나 아직 사회인식이 바뀌지 않은 상태였는데 어디다 자녀를 맡길 데가 없어서 방안에 두고 공장에 나간 사이 자녀들이 불장난하다 사망한 사건들이 잇달아 발생하고 여성계는 이를 이슈화해 보육입법의 필요성에 대해 사회적 공감대를 형성해 나갔다. 이러한 배경하에 1991년에 보육의 공공성과 보육시설의 설치를 규정한 「영유아보육법」이 제정되었다. 이 법에서는 보육시설을 국공립보육시설, 민간보육시설, 직장보육시설, 가정보육시설로 구분하고 저소득층 자녀의 보육비용은 국가 또는 지방자치단체가 전부 또는 일부 지원하는 것으로 규정하였다.

그 후 1997년에 취학 직전 1년 유아보육을 무상으로 규정하였으며 2004년에 무상보육 비용은 국가 및 지방자치단체가 부담 또는 보조하는 것을 규정하였고, 2011년에는 다문화가족자녀에게 국공립어린이집 등 우선 이용 및 무상보육의 특례를 부여했으며, 2013년에 무상보육의 법적 근거를 마련하였다.

12세 이하 아동 대상 자녀돌봄서비스를 제고하기 위해 2012년 「아이돌봄지원법」이 제정되었으며, 2016년 개정에 의해 국가나 지방자치단체의 서비스 기관에 대한 운영지원의 법적 근거를 마련하였다.

5. 나가며

법은 우리 사회의 많은 문제에 대해 답을 해야 하고 사회문제가 법 앞에 공식적으로 놓여지기 전에 이러한 문제에 호소하는 많은 목소리를 듣고 정의로운 방향을 제시해야 한다. 그러므로 법은 국가의 정책과 국민의 생활과 떼려야 뗄 수 없는 밀접한 관계를 가지고 있다. 즉, 우리가 흔히 말하는 법은 정책 수단이자 산물이라는 것은 법이 정책의 전제가 된다는 것이며 이는 정책의 목적이자 도구이며 산물인 법은 국민과 정책결정권자에 영향을 갖게 됨을 말한다.

따라서 구체적인 법의 제정에 있어서 평등, 정의 등의 문제는 언제나 추구되어야만 한다. 그러므로 법을 평등 및 정의 안에 위치 지우기 위해서 우리는 끊임없이 성찰하며 고뇌하여야 할 필요가 있다. 즉, 성평등뿐만 아니라 절차적 공정성은 공평무사함과 보편성을 가지고 법과 규범의 형식에 맞추어 계산 가능한 것으로 실행될 것이 요구되고, 구체적인 타자와의 관계 안에서 그 타자의 독특성과 고유성에 민감하게 늘 주의를 기울여야만 한다. 또한 문화적, 역사적 맥락에서 젠더와의 관계뿐만 아니라 연령, 인종, 민족, 각기 다른 기준과 원칙들이 경합하기 때문에 이러한 것들에 대한 교차적 분석을 고려해야만 한다.

우리는 정의의 실체를 확인하고자 할 때 실정법에서 그 가능성을 찾으나 법은 정의가 아니라 대리보충에 불과하다. 정의의 이름으로 실정법을 제정하나 법은 제정 후에 다시 정의의 이름으로 합법성과 불법성의 경계를 가르고 정당화된다. 따라서 법의 공정성은 적용에 있어서 공평무사함에 있지만 그것이 적용될 때에는 매번의 사정에 맞게 정의롭게 판단되어야만 한다.

우리나라에서 성평등 입법 성과는 예전의 입법 성과에 비하면 충분히 자랑스러울 만하다. 그러나 현행법이 우리 사회에 만연해 있는 성차별, 혐오, 젠더폭력, 젠더갈등, 저대표성, 성별 임금격차 등을 해소하고 성평등 정의를 실현하기 위해서는, 우리 모두는 법 앞에 서서 제기된 문제를 함께 논의해야 하며 법은 우리 사회 구성원들의 다양한 목소리를 담아내야만 한다. 즉, 우리 사회

이슈 등 어려운 문제를 회피하지 않고 고통을 나누며 서로 타자의 목소리를 듣고 책임 있게 응답해 나가면서 법 제정 과정, 법 내용, 법 실행 시에도 다양성과 공정성 등을 통한 정의를 추구하여야 하며, 이미 제정된 법도 변화되는 사회에 대응하고 미래를 준비하기 위해 제·개정되어야만 한다. 즉, 법은 우리 사회의 다양한 구성원들의 목소리를 담아내고 그 속에서 평등과 공정 등을 실현하기 위해 끊임없이 변화하고 무한한 정의를 향해 나아가야 하므로 그것을 담아내는 실정적 존재로서 자리 잡아야만 한다.

생각해볼 문제

1. 성별 간의 고유한 특성을 고려하는 것이 성차별인가, 정의에 합당한가에 대해 의견을 나누어 보자.

2. 성차별이 어떻게 공정성과 연결되고 있는지 생각해 보자.

3. 최근 문제가 된 여성경찰의 체력검사 기준에 대한 논쟁을 다양한 정의론의 관점에서 의견을 나누어 보자.

참고문헌

김선욱(1996). 공사영역에 대한 법여성학적 고찰. 여성학논집, 제13집.

김애령(2022). 분배적 정의론의 한계 : 공정에 대한 관계론적 고찰. 한국여성철학, 38.

김엘림(2015). 여성차별에 대한 사법의 동향. Justice, 146(3).

김은실(1996). 공사영역에 대한 여성주의적 문제제기. 여성학논집, 제13집.

김은희(2012). 샌델의 시민적 공화주의는 민주주의의 불만을 해소할 수 있을까?. 철학사상, 44.

박은정(1996). 양성평등의 법철학적 접근. 조형 편, 양성평등과 한국법체계. 서울 : 이화여자대학교 출판부.

박홍규(2011). 샌델의 정의와 법. 민주법학, 제46호.

양현아(2019). 평등, 차이, 정의를 그리다 : 페미니즘 법이론. 서울 : 서울대학교출판문화원.

오정진(2010). 여성주의 법학의 지형. 법과 사회, 38.

이정은(2011). 정의, 분배정의, 그리고 여성 : 마이클 샌델의 정의란 무엇인가의 논의에 기초하여. 한국여성철학, 15.

이은경(2010). 사회정의와 성주류화 : 낸시 프레이저 논의를 분석하며. 2010 한국정책학회 동계 학술대회.

이충한(2017). 정의의 차원들, 인정과 분배 : 프레이저와 호네트의 논쟁을 중심으로. 동서철학연구, 제85호.

이현재(2019). 신자유주의 시대 젠더정의와 유리천장 깨뜨리기 : 변혁적 논의를 위한 비판 페미니즘의 제안. 젠더와 문화, 12(2).

임미원(2020), 정의개념의 다차원성 : 아이리스 영과 낸시 프레이저 정의론을 중심으로. 법학논집, 37(3).

장명선(2007). 유엔여성차별철폐조약의 선택의정서와 여성권리에 대한 소고. 한국여성학, 23(3).

정태석(2021). 능력주의와 공정의 딜레마 : 경합하는 가치판단 가치들. 경제와 사회 2021년 겨울호.

조형 편(1996). 양성평등과 한국법체계. 서울 : 이화여자대학교 출판부.

황정미 · 염건웅(2021). 여성정의론 관점에서 본 여성경찰의 채용시험 체력검사 평가기준 논쟁. 한국경찰학회보, 23(2).

CHAPTER 03

거버넌스와 젠더

1. 왜 '미프진'은 도입되지 못했나?

2016년 9월, 보건복지부는 불법 인공임신중절에 대한 처벌을 강화하는 방향의 의료법 개정안을 예고하면서 '비도덕적 진료행위' 항목에 낙태(인공임신중절)를 추가하고, 시술한 의료인의 자격정지를 1개월에서 1년으로 늘리겠다고 발표했다(이은솔, 2017). 이에 여성(단체)들은 폴란드의 사례를 차용해 '검은 시위'를 벌이며 반발했고, 보건복지부는 한 발 물러서는 태도를 보였다.

이러한 상황 속에서 2013년 11월부터 2015년 7월까지 69회에 걸쳐 낙태 시술을 한 혐의로 재판에 넘겨진 산부인과 의사 A씨가 2017년 2월, 헌법재판소에 형법 제269조 제1항 등에 대해 위헌소원을 청구했다(정봉오, 2019). 그리고 동년 9월 30일, 청와대 청원 게시판에는 '낙태죄 폐지와 자연유산 유도약(미프진) 합법화 및 도입을 부탁드립니다'라는 제목의 청원이 등록되었고, 한 달 동안에 20만 명 이상의 동의를 얻었다. 20만 명 이상이 동의하면 청원에 답하기로 한 청와대는 2017년 11월 26일, 유튜브와 페이스북을 통해 결론적으로 낙태죄에 대해 사회적 합의가 필요하다고 답함으로써 정부의 낙태죄 폐지 의지 없음을 밝혔다.

|그림 3-1| 낙태죄 폐지와 자연유산 유도약(미프진) 합법화 청와대 청원

2019년 4월 11일, 한국 헌법재판소는 낙태죄 관련 규정 중 「형법」 제269조 제1항과 제270조 제1항 중 '의사'와 관련한 부분은 모두 헌법에 합치되지 않는다는 헌법불합치 결정을 내렸다. 덧붙여 헌법재판소는 2020년 12월 31일까지 법을 개정하라고 요구했다.

> 제269조(낙태) ① 부녀가 약물 기타 방법으로 낙태한 때에는 1년 이하의 징역 또는 200만 원 이하의 벌금에 처한다.
>
> 제270조(의사 등의 낙태, 부동의낙태) ① 의사, 한의사, 조산사, 약제사 또는 약종상이 부녀의 촉탁 또는 승낙을 받어 낙태하게 한 때에는 2년 이하의 징역에 처한다.

2020년 10월 7일, 문재인 정부는 형법과 모자보건법 개정안을 입법예고 했는데 이 개정안은 개정이 아니라 개악이라는 비판을 받았다. '모두를위한낙태죄폐지공동행동'은 성명을 통해 문재인 정부의 개정안은 "낙태죄를 존치하고 임신중지를 각종 사유와 절차로 규제하고 억제시키는 것"으로 "임신중지를 국가에게 허락받지 못하면 죄인으로 판단한다는 것은 명백히 퇴행적"(모두를위한 낙태죄폐지공동행동, 2020)이라고 비판했다. 이후부터 지금까지 인공임신중절권[1]을 위한 대체입법은 표류(방치)되는 상태가 지속되고 있다.

헌법재판소의 판결로 낙태가 더 이상 죄가 아닌 상황이 되었음에도 미프진 도입을 비롯한 대체입법은 만들어지지 않았다. 이와 관련해 박동열·김경희·김현아(2023)는 여성운동, 정부, 의회 모두 적극적이지 않았기 때문이라고 분석했다. 여성운동은 헌재 판결이 생명권과 자기결정권이라는 이분법적 프레임에 근거해 있기 때문에 대체입법 또한 그러한 프레임에 근거해 입법화될 것을 우려해 적극적으로 요구하지 않았고, 정부는 헌재 판결에도 불구하고 낙태죄를 유지하는 입장을 계속 고수했고, 의회는 민감한 이슈에 휘말리는 것을 피하기 위해 방기와 침묵 전략을 수행함으로써 대체입법 마련이 불발되었다.

이러한 결과는 낙태죄 이슈를 진행하는 과정에서 젠더 거버넌스가 거의 형성되지 않았다는 것을 보여준다. 민주화 이후 진행된 젠더폭력 관련 법률 제·개정 과정이나 호주제 폐지 과정과 비교하면, 여성운동은 낙태죄 폐지와 대체입법 마련에 있어 정당, 국회, 정부 내에 우호적인 행위자 연합을 거의 형성하지 못했고, 따라서 여성운동이 요구한 비범죄화에 기초한 대체입법 논의는 공적 논의에서 힘을 얻지 못했다. 미프진 도입을 비롯한 대체입법이 아직 만들어지지 못한 지금의 상황은 젠더 거버넌스의 부재를 보여주는 동시에 새로운 젠더 거버넌스의 구축 필요성을 말해준다.

---

1 윤정원(2018)에 따르면, 의학적으로 '유산(abortion)'은 20주 이전에 임신이 종결되는 상황을 말한다. 약물이나 시술, 수술을 통해 인공적으로 유산을 유도하는 것을 '인공유산', '인공임신중절(artificial abortion or induced abortion)'이라 하고, 자연적으로 일어난 유산을 '자연유산(natural abortion or spontaneous abortion)'이라 한다. 윤정원(2018)은 의료적 개입으로 시행되는 유산은 '인공임신중절'로, 인공적인 임신중절을 받을 권리를 '인공임신중절권(abortion right)'으로 정의했는데 이 글도 이 정의에 따른다.

2. 거버넌스와 젠더 거버넌스

1) 거버넌스의 개념

독립단체인 글로벌 거버넌스 위원회(Commission on Global Governance)는 1995년에 연구결과 보고서를 발간하면서 거버넌스를 “개인들과 기구들이 공동의 문제를 공적 또는 사적으로 해결하는 다양한 방식들을 집약한 것”으로 “충돌하는 또는 다양한 이익들을 조화시키고 협력적인 활동을 모색하는 지속적인 과정”이며, “사람들과 기구들이 합의했거나 자신들의 이익에 합치된다고 인정하는 비공식적인 조치들과 합의를 강제할 수 있도록 하는 공식 제도들과 레짐(regimes)을 포함한다”고 정의했다(Commission on Global Governance, 1995). 거버넌스는 정부기구뿐만 아니라 비공식적 · 비정부적 제도 또한 포함하기 때문에 정부(government)보다 더 포괄적인 활동이자 현상이다(Rosenau 1992; 칸스 · 밍스트, 2011 : 4 재인용).

거버넌스에 대한 이론적 기초와 접근법에 따라 거버넌스 유형도 다양하게 세분화되는데 개별 국가 수준에서 보면, 국가 중심적 거버넌스, 시장 중심적 거버넌스, 시민사회 중심적 거버넌스로 나눌 수 있다(문순홍 · 정규호, 2000 : 9-12; 김석준 외, 2002 : 17 재인용). 국가 중심적 거버넌스는 정부의 실패를 정부의 통치 행태 실패에서 찾고 새로운 통치 행태로 정부에 기업가 정신을 도입하거나 민간에서 개발된 효율적인 관리기법(신공공관리론)을 도입해 정부조직을 유연화해서 시장과 시민사회를 주도적으로 관리하는 것을 지향한다(김석준 외, 2002 : 19-30). 시민사회 중심적 거버넌스는 대의민주주의가 시민, 특히 사회적 약자를 대변하지 못하고 갈등을 제대로 해결하지 못한다는 문제의식에서 등장한 공동체 운영방식으로 시민사회를 통한 시민의 직접 참여를 지향한다. 시민사회 중심적 거버넌스에서는 시민사회가 국가 정책의제를 주도하고 내용을 구체화화는 역할을 중심적으로 맡는다(김석준 외, 2002 : 30-42). 시장 중심적 거버넌스는 신자유주의(neo−liberalism) 확산 속에서 개별 국민국가들이 세계 자본주의 시장의 영향력에 편입되면서 나타난 거버넌스 형태이며, 이 거버넌스에서는 경쟁 원리와 고객주의를 바탕으로 한 시장주의를 지향한다(김석준 외, 2002 : 42−50).

한편, 글로벌 정부도 세계질서도 아닌 글로벌 거버넌스는 다양한 수준에 존재하면서 거버넌스와 관련된 공식적이고 비공식적이며, 공적이고 사적인 활동, 규칙, 제도적 장치의 집합체이다(칸스 · 밍스트, 2011 : 4). 글로벌 거버넌스가 중요해지는 이유는 한 국가의 힘만으로 해결할 수 있는 문제의 범위가 갈수록 좁아지고 있는 것이 현실이며(라미경, 2002 : 24), 이러한 문제를 해결할 수 있는 현실적이고 실천적인 틀이 글로벌 거버넌스이기 때문이다.

2) 젠더 거버넌스의 개념과 조건

젠더 거버넌스(gender governance)는 젠더와 거버넌스가 합쳐진 것으로 젠더는 정책의 실질적 내용(substance)을 의미하며, 거버넌스는 정책을 만드는 형식 또는 정책 내용을 담아내는 틀이라고 할 수 있다(원숙연 · 박진경, 2006). 젠더 거버넌스의 개념화는 두 방향에서 이뤄질 수 있는데 하나는 젠더에 강조점을 둔 젠더 거버넌스 측면이고, 다른 하나는 거버넌스에 강조점을 둔 젠더 거버넌스이다(원숙연 · 박진경, 2006 : 90). 젠더에 초점을 둔 젠더 거버넌스에서 젠더는 다양한 형태로 발현되고 사회적으로 강화되는 여성(성)의 열위를 전제하는 젠더 분리(gender division)와 젠더위계(gender hierarchy) 속에서 작동하는 권력관계를 의미하며, 이를 밝히는 것이 중요한 쟁점이 된다(원숙연 · 박진경, 2006 : 91). 거버넌스에 강조점을 둔 젠더 거버넌스에서 거버넌스는 정책 과정에서 다양한 참여자들의 비공식적인 영향력은 물론 공식적인 제도를 포괄하는 개념이다. 정리하면, 젠더 거버넌스는 여러 가지 형태로 발현되고 사회적으로 강화되는 여성(성)과 남성(성)의 차별적 관계를 성평등하게 변화시키는 것을 목적으로 정책 네트워크를 통해 이루어지는 관련 행위자들의 상호작용과 관계구조로 볼 수 있다(원숙연 · 박진경, 2006 : 92).

그렇다면 어떤 조건하에서 젠더 거버넌스가 그 목적에 맞는 활동과 성과를 만들어낼 수 있을까? 문순홍 · 정규호(2000)는 여성문제와 성불평등 의제가 선택되어야 하고, 여성주의적인 소통 방식과 공간에 기반을 두어야 하며, 기존 체제에 대해 비판적으로 검토하고 성평등에 기반을 둔 구체적인 체제실험을 동반해야 한다고 제시했다(문순홍 · 정규호, 2000; 김재민, 2016 : 151 재인용). 원숙연(2011)은 행위자 간의 안정적이고 수평적인 네트워크, 협상에 의한 상호작용, 자기 규율적 규범과 규제의 존재를 제시했다. 김재민(2016)은 소외된 집단의 균등한 참여, 수평적 네트워크, 협상과 소통에 따른 합의, 자율적이고 자발적인 운영과 비공식 네트워크의 구성, 젠더 관점(gender perspective)이 반영된 효율적인 정책결정 과정이라는 구성요소가 필요하다고 밝혔다(김재민, 2016 : 155).

페미니스트 제도주의(feminist institutionalism)는 기본적으로 현재 작동하고 있는 수많은 공식 · 비공식 제도(formal and informal institutions)가 남성에게 유리한 방향으로 성별화되어 있고, 이러한 제도가 집단으로서 여성에게 부정적이고 차별적인 영향을 미친다고 본다. 따라서 젠더 거버넌스가 필요하고, 젠더 거버넌스가 잘 작동하기 위해서는 다음의 조건들이 필요하다고 강조한다(Guido et al., 2023 : 41-42). 첫 번째는 여성운동의 존재와 참여이다. 여성운동은 성별화된 정책과 제도에 대한 문제제기를 통해 변화를 촉발하는 역할을 수행하기 때문이다.

다음으로 정부 내 페미니스트 행위자의 존재가 중요하다. 이들은 내부로부터 기회와 변화를 만들 수 있기 때문이다. 국제비정부기구(INGOs : International non-governmental organizations)와 정부간기구(IGOs : Intergovernmental Organizations) 또한 성별화된 정책과 제도의 변화를 이끄는 데 있어 중요한 행위자이자 조건이다. 이들 조직이 갖고 있는 권위와 권력을 통해 변화의 압력을 행사할 수 있기 때문이다.

마지막으로 정치적 맥락(political context)이 중요하다. 어떤 정치체제와 정당체계를 갖고 있고, 각 정당의 공식 규칙과 비공식 규범이 무엇인지 등에 따라 성평등이 촉진될 수도 있고 성평등에 대한 백래시와 백슬라이딩(backsliding)이 가속화될 수 있다. 정치적 맥락은 젠더 거버넌스와 제도적 변화를 가능하게 하는 조건인 동시에 젠더 거버넌스를 통해 개혁되어야 할 정책적·제도적 대상이기도 하다.

추가적으로 페미니스트 연구자들의 역할도 중요하다. 페미니스트 연구자들은 불평등한 성별 관계를 변화시키기 위해 조직 내에서 외부자(outsiders within)로 활동하고 있는 페미니스트 관료, 의원, 법조인, 그리고 외부의 여성운동과 국제조직 등과 다양한 관계를 맺고 있다. 페미니스트 연구자들은 이들의 활동이 갖는 한계와 논쟁, 갈등을 찾아내고 인지할 필요가 있는 동시에 이들의 노력과 성과 또한 인정하는 것이 필요하며, 따라서 이들과 관계적이고 비판적인 동료관계(engaged and critical friendship)를 맺는 것이 필요하다(Chappell & Mackay 2021).

3. 글로벌 젠더 거버넌스와 한국의 젠더 거버넌스

1) 글로벌 젠더 거버넌스 : 유엔여성지위위원회

유엔(UN : United Nations)은 제2차 세계대전 이후 글로벌 거버넌스의 중심 역할을 해왔다. 유엔은 전 세계 거의 모든 국가가 회원국으로 참여하는 유일한 정부간기구(IGO : Intergovernmental Organization)이며, 유엔 의제는 거버넌스 사안에 대해 가장 광범위한 범위를 포괄한다(김석준 외, 2002 : 111).

글로벌 거버넌스로 유엔의 특징은 다음과 같다(최현실, 2005 : 72–74). 첫째, 국제질서 유지 차원에서 개별 국가의 국내문제에 대한 유엔의 직접적인 개입이 도덕적 정당성을 얻고 있다. 둘째, 유엔이 국가의 국제적 위신을 얻는 장이

되었다. 셋째, 국제적 문제들에 있어 유엔 중심의 전 지구적 회의가 증가하고 있다. 넷째, 유엔이 세계 양심의 행위 주체가 되어 가고 있다. 다섯째, 유엔이 국가가 지켜야 하는 행위의 규범과 표준을 제공하고 있다. 여섯째, 글로벌 협약을 통해 유엔의 권익 옹호 영향력이 증가하고 있다.

글로벌 거버넌스로서 유엔은 1946년 6월 21일, 경제사회이사회 결의안(UN ECOSOC Resolution 11(Ⅱ))에 의거해 유엔여성지위위원회(UN CSW : Commission on the Status of Women)를 발족시켰다(장은하 2021). 유엔여성지위위원회는 정치·경제·사회·교육 분야에서 여성의 권리를 증진하는 역할을 담당하다 1996년 유엔경제사회이사회 결의안 1996/6에 의해 북경행동강령 이행을 모니터링하고 유엔 내 성평등 관점(gender perspective)을 주류화하는 권한을 추가로 부여받았다(장은하, 2021 : 5).

유엔여성지위위원회가 설립된 시점부터 지금까지 유엔이 제시한 젠더정책 접근법은 '발전 속 여성(WID : Women In Development)'에서 '여성과 발전(GAD : Gender And Development)'으로, 그리고 '성 주류화(Gender Mainstreaming)'로 변해왔다. 유엔여성지위위원회는 설립부터 현재까지를 총 7개 시기로 나누고 각 시기의 특징과 활동을 다음과 같이 요약했다(UN Women 2019; 이하 내용은 장은하, 2021 : 4-8에서 재인용과 요약).

첫 번째 시기는 1947년부터 1962년까지로 성평등에 관한 법적·규범적 기준을 형성한 시기이다. 세계인권선언(Universal Declaration of Human Rights)을 성안할 때 모든 인류를 표현하는 단어로 '남성(men)'을 사용해서는 안 된다는 입장을 관철시켰다(장은하, 2021 : 4). 전 세계 여성의 정치적·법률적 지위에 관해 국가별로 광범위한 연구와 조사를 실시했고, 이를 토대로 여성의 정치적 권리에 대한 협약(Convention on the Political Rights of Women, 1953)을 마련했다. 그리고 세계노동기구(ILO)의 동일가치노동에 대한 남녀노동자의 동일보수에 관한 협약(Convention Concerning Equal Remuneration for Men and Women for Work of Equal Value, 1953)을 만드는 데도 기여했다.

두 번째 시기는 1963년부터 1975년까지로 발전(development)에 있어 여성참여를 확대한 시기이다. 전 세계적으로 개발 담론이 대두하던 시기에 유엔여성지위위원회는 개발도상국 내 여성 지위에 관심을 갖고 농촌개발과 가족계획에 있어 여성의 요구와 참여가 반영되도록 요구했다(장은하, 2021 : 4). 유엔여성지위위원회 창설 20주년을 기념해 1975년을 '세계여성의 해(International Women's Year)'로 지정했고, 멕시코의 멕시코시티에서 제1차 세계여성대회(World Conference on Women)를 개최했다. 이 대회에서 '유엔여성10년(UN Decade for Women)'을 선언하고, 10년의 핵심주제로 '평등, 개발, 평화(Equality, Development and Peace)'를 채택했다.

세 번째 시기는 '유엔여성10년' 기간인 1976년부터 1985년까지이다. 1980년에 제2차 세계여성대회가 덴마크의 코펜하겐에서 열렸고, 1985년에 케냐의 나이로비에서 제3차 세계여성대회가 열렸다. 이 시기의 중요한 성과는 1979년에 '유엔여성차별철폐협약(UN CEDAW : UN Convention on the Elimination of Discrimination Against Women)'을 채택한 것이다.

네 번째 시기는 1986년부터 1995년까지이다. 이 시기에 '여성폭력(Violence against Women)' 문제가 유엔의 중요한 과제로 인식되어 1993년 유엔총회에서 '여성에 대한 폭력 철폐에 관한 선언(Declaration on the Elimination of Violence against Women)'이 채택되었고, 여성폭력 특별보고관도 창설되었다(장은하, 2021 : 5). 유엔이 주도한 리우환경회의, 세계인권회의, 인구회의, 해비타트, 식량권회의 등에서 각 이슈가 여성에 미치는 영향에 관해 논의하고 여성의제를 주류화할 것을 촉구하는 활동을 진행했다. 10년 만에 제4차 세계여성대회가 중국 베이징에서 1995년에 개최되었고, 북경선언(Beijing Declaration)과 북경행동강령(Beijing Platform for Action)이 채택됐다. 베이징 세계여성대회는 여성권리가 인권이며, 전 지구적인 의제라는 것을 인식시키는 데 큰 역할을 했다. 이후부터는 북경행동강령의 이행상황을 점검하는 회의가 5년마다 개최되고 있다.

다섯 번째 시기는 1996년부터 2005년까지로 북경행동강령에서 채택한 성 주류화(gender mainstreaming) 전략을 확산하는 데 집중했다. 1999년 유엔총회에서 여성차별철폐협약(CEDAW) 선택의정서가 채택됨으로써 여성차별 사건에 대한 개인의 진정과 여성차별철폐위원회의 조사가 가능하게 되었다. 2000년에는 여성·평화·안보에 관한 유엔안보리결의안 1325가 채택되어 분쟁의 예방과 관리, 해결, 평화유지 등에 있어서도 여성의 동등한 참여와 젠더 관점에 기초한 접근이 강조·실천될 수 있는 기반이 마련되었다.

여섯 번째 시기는 2006년부터 2015년 사이의 시기로, 2010년에 유엔총회 결의에 따라 유엔여성기구(UN Women)가 만들어지게 되었다. 초창기에 유엔여성지위위원회의 사무국은 유엔사무국 인권국 내 여성지위부서에서 담당했고 1978년부터는 여성지위국에서 담당했다(장은하, 2021 : 2). 경제사회국(DESA : Department of Economic and Social Affairs) 내 여성지위향상과(DAW : Division for the Advancement of Women), 여성훈련연구기구(INSTRAW : International Research and Training Institute for the Advancement of Women), 유엔여성발전기금(UNIFEM : UN Development Fund for Women), 여성문제에 대한 사무총장 특별자문관실(OSAGI : Office of the Special Adviser to the Secretary-General on Gender Issues and Advancement of Women) 등에서 맡고 있던 역할을 통합함으로써 젠더의제가 통합적이고 체계적으로 다루어질 수 있게 되었다. 북경선언과 행동강령 채택 20주년을 맞이한 2015년 회의에서 2020년까지 측정 가능한 결과를 달성하고 2030년에 완전한 성평등을 달성한다는 선언을 채택했다(장은하, 2021 : 6).

마지막 일곱 번째 시기는 2015년부터 2030년까지로 2015년에 북경행동강령과 지속가능발전목표(SDGs : Sustainable Development Goals)를 연계하는 작업을 진행했고, 성평등 달성을 위한 구체적인 로드맵을 발표했다(장은하, 2021 : 7). 2030년 성평등 달성을 위해 북경행동강령과 지속가능발전목표를 점검하고 실천을 촉구하는 활동을 하고 있다.

한국이 유엔의 젠더 거버넌스에 참여하기 시작한 것은 덴마크 코펜하겐에서 열린 제2차 세계여성회의 '세계여성회의'에 참여하면서부터이다. 유엔 회원국은 아니었지만 한국 의회가 1984년 12월 18일 '여성차별철폐협약'을 비준함으로써 협약의 당사국이 되었다.[2] 1986년에 유엔여성지위위원회 옵저버(observer) 자격으로 참여했고, 1991년 유엔에 가입한 이후 1993년에 위원국으로 선출되었다(장은하, 2021 : 8). 한국은 4년 임기의 여성지위위원회 위원국을 1994년부터 2022년까지 역임했다. 1995년 제4차 세계여성대회(중국 베이징)에는 당시 김영삼 대통령 배우자 손명순 씨를 포함해 36명으로 구성된 한국대표단(단장 김장숙 정무제2장관)을 비롯해 국회여성특별위원회 소속 위원들, 여러 여성단체 대표가 참석했다(서울신문, 1995. 8. 29). 2022년 12월에는 '유엔여성기구 성평등센터'가 한국에 설치되었다.

2) 한국의 젠더 거버넌스

해방 후부터 민주화 이전까지 한국의 젠더정책은 정부에 의해 일방적으로 추진되어 왔다. 젠더정책은 있었으나 젠더 관점이 부재했고, 젠더정책을 관리하는 정부 조직과 정부의 젠더정책을 대리 수행하는 여성단체는 존재했지만 여성단체와 대화나 협상을 통해 젠더정책을 결정하는 과정이나 틀은 존재하지 않았다. 즉, 젠더 거버넌스는 존재하지 않았다.

이러한 상태에 변화가 이뤄지게 된 데는 여러 정치·사회적 요인들이 영향을 미쳤다고 할 수 있다. 1987년 민주화 시기 전후로 일어났던 젠더폭력 사건들[3]은 여성들로 하여금 젠더 문제의 중요성과 젠더 문제를 집중적으로 다루는 독자적인 여성단체의 필요성을 인식하게 했고, 이는 민주화 이후 다양하고 진

---

2 당시 여성차별철폐협약 내용 중 16조 1항 g호(가족성 및 직업을 선택할 권리를 포함하여 부부로서의 동일한 개인적 권리)를 유보했고, 이는 아직까지도 철회되지 않고 있다. 2024년 유엔 여성차별철폐위원회는 한국 정부의 9차 정기보고서를 심의한 후 최종견해(concluding observations)에서 16조 1항 g호의 철회를 권고했다(전아름, 2024).

3 노동현장에 취업한 대학생 노동운동가를 성고문한 부천서 성고문사건(1986), 성폭력 가해자의 혀를 깨물어 상해죄로 고소당한 사건(1988), 경찰관에게 윤간당한 다방종업원이 무고죄로 역고소를 당한 사건(1988) 등이 있다(이미경, 2007 : 30).

보적인 여성단체의 설립으로 이어졌다.[4] 그리고 유엔여성지위위원회와 같은 국제기구의 영향력과 교류가 확장되면서 한국 젠더정책에 많은 문제가 있고, 이를 바꾸기 위해서는 법과 제도의 개혁이 필요하다는 것을 인식하게 되었다. 또한 민주화 이후에 지방 정부(지방자치단체)와 지방 의회가 부활하면서 여성의 정치참여와 대표성 확대에 대한 관심이 높아졌고, 여성 대표를 통해 젠더정책을 개혁하는 것이 성평등 사회와 민주주의로 가는 빠른 방법 중 하나로 인식되었다. 이러한 정치·사회적 맥락 속에서 여성단체들은 정당과 정치인, 의회와 정부를 대상으로 젠더 관점을 반영한 젠더정책을 적극적으로 제기하기 시작했고, 이는 정당 또는 정부와 거버넌스를 형성해 젠더정책을 바꾸는 결과로 이어졌다.

(현 시점에서) 민주화 이후 한국의 젠더 거버넌스는 크게 네 시기로 구분해 볼 수 있다. 첫 번째 시기는 보수적인 정부가 집권했던 노태우·김영삼 정부 시기, 다음은 상대적으로 진보적이었던 김대중·노무현 정부 시기, 세 번째는 이명박 정부부터 문재인 정부까지의 시기, 마지막은 윤석열 정부 시기이다. 노태우·김영삼 정부 시기는 젠더 거버넌스의 토대를 만든 시기로 볼 수 있으며, 김대중·노무현 정부 시기는 젠더 거버넌스가 가장 활성화되고 활발하게 작동했던 시기이며, 이명박 정부 이후부터 문재인 정부까지는 젠더 거버넌스의 토대가 무너지기 시작했던 시기이며, 윤석열 정부 시기는 젠더 거버넌스가 사라진 시기이다.

노태우·김영삼 정부 시기에 젠더 거버넌스는 존재하지 않았지만 여러 여성단체가 청원, 로비, 언론홍보 등의 방법을 동원하면서 적극적으로 젠더정책을 정부에 제안했고, 정부 또한 여성단체 요구에 어느 정도 반응하고 수용하는 태도를 보였다. 이러한 과정 속에서 노태우 정부에서는 정무장관 제2실이 젠더정책에 대한 총괄·조정 기능을 담당하게 됐고, 1991년에 한국여성개발원(현

4 1987년 2월, 21개의 진보적인 여성단체의 연합체로 '한국여성단체연합'이 발족했다.

한국여성정책연구원)이 정무장관 제2실 산하로 이동했다. 그리고 「남녀고용평등법」(1987년)과 「영유아보육법」(1991년)이 제정되었다. 김영삼 정부에서는 1995년 베이징 세계여성대회에 대통령 배우자를 포함한 한국대표단이 참석했고, 정무장관 제2실이 '여성정책기본계획(1998~2002)'을 수립했다. 법적 성과로 「성폭력특별법」(1994년), 「여성발전기본법」(1995년), 「가정폭력방지 및 피해자보호 등에 관한 법률」(1997년), 「가정폭력범죄의 처벌 등에 관한 특례법」(1997년)이 제정되었다.

김대중·노무현 정부 시기는 민주화 이후 젠더 거버넌스가 가장 활성화된 시기로 젠더정책 관련 법·제도의 제·개정이 활발하게 진행되었다. 무엇보다 실질적인 권한을 가진 여성/가족부가 만들어졌고, 여성운동이 60년 동안 요구해왔던 오랜 숙원과제였던 호주제가 폐지되었다. 여성정책심의위원회(1983. 12.~1988. 1.)나 정무장관 제2실(1988. 2.~1998. 3.)이 실질적인 법 집행권과 입법권을 갖고 있지 못해 젠더정책을 효과적으로 추진할 수 없다는 문제의식하에 여성단체들은 부처의 위상을 갖는 여성조직 신설을 정치권에 요구했었다. 여성부 신설을 수용했던 김대중 정부는 선거 직전에 터진 국제금융위기로 인해 취임 직후에는 대통령 직속 '여성특별위원회(1998. 3.~2001. 1.)'를 만들어 운영했고, 2001년 2월에 1실, 3국, 11개 과, 102명 규모의 여성부를 신설했다. 정부의 여러 부처 중 가장 예산과 인력이 적은 부처이나 부처가 만들어짐으로써 국회에 상임위원회가 만들어지게 되었고,[5] 국회에서 젠더정책이 이전보다 적극적으로 논의될 수 있게 되었다. 노무현 정부는 여성부를 여성가족부로 확대 개편했다.

5 여성/가족위원회 위원은 타 위원회 위원과 겸임이 가능한 위원회이다(국회법 제39조 제1항). 여성/가족위원회 이전에 상설 '여성특별위원회(1994. 6.~2002. 3.)'가 있었다(여성가족위원회, 2024).

이 시기에 제정된 젠더정책 관련 법으로는「남녀차별금지 및 구제에 관한 법률」(1999년, 2005년 폐지),「여성농어업인 육성법」(2001년),「여성기업지원에 관한 법률(1999년),「성매매방지 및 피해자보호 등에 관한 법률」(2004년),「성매매알선 등 행위의 처벌에 관한 법률」(2004년),「청소년의 성보호에 관한 법률」(이후「아동·청소년의 성보호에 관한 법률」로 법명 변경)(2000년) 등이 있다. 법률 개정을 통한 성과로는 호주제 폐지가 대표적이다. 2004년에「윤락행위등방지법」을 폐지한 것 또한 성과이다.

김대중·노무현 정부 시기는 젠더 거버넌스 활성화로 젠더 의제가 정치적·정책적으로 활발히 논의되고 법과 정책에 반영되었지만 (특히 여성운동 차원에서) 부정적인 효과도 존재했다. 성폭력·가정폭력상담소들이 법령에 따라서 운영비와 인건비의 일부를 지급받는 것 외에도 많은 여성단체가 정부나 지방자치단체에서 프로젝트 사업비를 지원받기 시작하면서 여성단체의 재정 독립성이 취약해졌고, '협조적 동반자' 관계이기보다는 '협조적 대행자' 역할에 머물게 되었다(신상숙, 2011). 더불어 어느 순간부터 외연 확대도 한계에 다다르기 시작하면서 여성운동의 제도화와 운동성 상실에 대한 우려와 비판이 여성운동 안팎에서 제기되었다.

이명박 정부가 여성가족부를 폐지하려 시도하면서 젠더 거버넌스는 위기를 맞게 됐다. 당시 야당과 여성단체를 비롯한 여성계의 반대로 여성가족부 폐지는 막았으나 (여성가족부에서 여성부로 명칭이 바뀐) 여성부의 위상과 기능이 모두 축소되었다. 2010년에 다시 여성가족부로 명칭을 바꾸었으나 젠더 거버넌스는 거의 작동하지 않았고 이는 박근혜 정부에서도 지속되었다.

문재인 정부의 집권은 젠더 거버넌스와 젠더정책의 활성화에 대해 기대를 갖게 했다. 그러나 문재인 정부는 그러한 기대가 허상이라는 것을 지속적으로 확인해 주었다. 집권 초기에 개헌과 관련해 여성운동은 공식·비공식 경로를 통해 새로운 헌법에 성평등 관련 내용을 포함할 것을 요구했다(한국여성단체연합, 2018). 하지만 문재인 대통령이 제시한 개헌안에 성평등은 한 번도 언급되지 않았다. 한국의 미투운동에 있어 문재인 정부와 여당인 더불어민주당의 책임이 막중함에도 이들은 '젠더갈등'이라는 허구의 프레임에 집착하며 젠더폭력(Gender-based violence) 문제해결에 소극적이었다. 또한 헌법재판소로부터 헌법불합치 판결을 받은 낙태죄에 대해서도 문재인 정부는 인공임신중절이 죄라는 입장을 계속 고수했다.

문재인 정부에서 회복되지 못한 젠더 거버넌스는 윤석열 정부의 집권으로 사라졌다. '구조적 성차별은 없다'는 기조와 여성가족부 폐지를 공약으로 제시해 집권한 윤석열 정부에게 젠더 거버넌스는 기대할 수 없는 것이었다. 윤석열 정부의 첫 여성가족부 장관도 윤석열 대통령의 의도에 맞춰 여성가족부를 무력화하는 데 일조했다. 여소야대 구도로 여성가족부는 계속 존속하고 있으나 장관은 10개월 이상 공석인 상태이며, 여성가족부는 존재 이유를 알 수 없는 부처가 되었다. 여성단체를 비롯해 많은 여성들이 젠더폭력 사건이 벌어질 때마다 여성가족부 장관 임명과 여성가족부의 기능 회복을 요청하고 있으나 윤석열 정부는 묵묵부답이다.

4. 호주제 폐지 : 정부-국회-여성단체의 삼각연대 (triangle alliance)

한국의 가족법(민법 제4편 친족과 제5편 상속을 편의적으로 총칭하는 용어)은 제정될 당시부터 남성 가부장을 전제로 한 성차별적인 내용으로 구성되어 있었다. 이에 문제의식을 느낀 여성과 여성단체의 지속적인 요구로 조금씩 조금씩 개정되었다(표 3-1 참조).[6] 그럼에도 남성을 호주로 하고 남성 중심의 호적 편제와

---

6 1989년에 개정된 가족법으로 호주제는 사실상 유명무실한 제도가 되었다. 하지만 법적으로 존재하는 호주제는 가족생활과 관련된 세법이나 각종 사회보장법, 국제사법 등 다양한 법에서 중요한 기제로 작동하면서 실질적 차별을 가져오는 법적 근거로 기능했다(이재경, 1996).

호주를 통한 가계 계승[7] 규정 자체는 폐지되지 않았다. 이는 남아선호를 부추겼고 낙태는 불법이었지만 여아 낙태는 횡행할 수 있게 했다.[8] 또한 아버지의 성(姓)만을 따르게 한 부계주의는 이혼이나 재혼한 자녀의 성을 모의 성이나 재혼한 부의 성으로 변경하는 것을 어렵게 하며, 한부모와 재혼가족에 대한 사회적 낙인을 강화하는 데 영향을 미쳤다. 또한 호적에 이혼과 같은 가족구성 이력에 관한 정보가 과도하게 포함되어 있어 취업이나 재혼 과정에서 불이익을 받는 경우가 많았다(김영정 · 김성희, 2018).

<표 3-1> 가족법 개정 시기와 내용

시 기	내 용
1962년	• 차남 이하의 혼인에 따른 법정분가와 호주의 강제분가제도 채택
1963년	• 가사심판법 제정, 가정법원 개원
1977년	• 법적 상속에서 처와 미혼 딸의 비율 높임 • 유류분 제도 신설(피상속인이 사망 전에 재산을 제3자에게 증여하더라도 일정 비율을 보전하여 상속권자들에게 물려주는 것) • 친권에 대한 부모 공동 행사 • 소유불명과 귀속불분명한 재산에 대한 부부 공유 • '혼인에관한특례법' 제정해 1978년 1년 동안 한시적으로 동성동본 간 혼인신고와 자녀입적신고 허용(1988년과 1996년에도 동일한 법 제정해 1년 동안 시행)
1989년	• 호주상속제도를 호주승계제도로 변경 • 호주승계 1순위자의 분가와 호주승계권 포기 인정 • 호주의 한정치산 선고청구권과 입적동의권, 호주의 직계비속 장남자의 거가 금지, 호주의 가족에 대한 거소지정권, 호주의 사고와 그 직무대행, 호주의 부양의무 등 삭제 • 가족의 불명재산에 대한 가족의 공유추정 규정 • 친족 범위를 부계와 모계 모두 8촌과 인척 4촌으로 변경 • 이혼배우자의 재산분할청구권 신설

7 호주제 당시 가계 계승 순위는 다음과 같았다. 직계비속 남성 → 가족인 직계비속 여성 → 처 → 가족인 직계존속 여자(어머니) → 가족인 직계비속의 처(며느리)

8 1990년생의 성비(여성 100명당 남성 수)는 전체 116.5명으로 역대 최고치였고 지역 중에서는 경상도가 전체 성비보다 높았다. 경북 130.7명, 대구 129.7명, 경남 124.7명이었다(이에스더, 2018).

1989년	• 친권제도상 부모 친권 공동 행사 • 부모 의견 불일치 때는 가정법원이 결정 • 이혼한 어머니나 혼인 외 자녀의 생모도 협의 또는 가정법원 결정으로 친권 행사 가능 • 이혼부부의 자녀양육에 관한 부모 평등 면접교섭권 신설 • 직계비속이면 아들과 딸, 장남과 차남, 기혼과 미혼 차별 없이 균분 상속 • 배우자에게 고유 상속분의 5할 가급 • 상속인 범위 축소 • 적모서자와 계모자 사이의 법적 혈족관계 성립 폐지 • 부부공동생활비용의 부부공동부담
1997년	• 헌법재판소, 동성동본금혼 규정에 대한 헌법불합치 결정
2005년 2월 3일	• 헌법재판소, 민법 제778조, 제781조 제1항, 제826조 제3항에 대해 헌법불합치 결정
2005년 3월 2일	• 호주에 대한 정의 규정 삭제 • 부부간의 의무 규정(처는 부의 가에 입적) 삭제 • 호주승계 규정 삭제 • 동성동본금혼 규정 삭제(단, 8촌 이내 혼인 금지) • 친생부인의 소의 제소권자에 처 포함 • 여성에 대한 6개월의 재혼금지 규정 삭제 • 친양자제도 도입 • 피상속인 부양자에 대한 상속 기여분 제도 도입
2007년 5월 17일	• '가족관계의 등록 등에 관한 법률' 제정, 2008년 1월 1일부터 시행

출처 : 권수현(2015)과 '한국민족문화대백과사전－가족법 개정운동(https://encykorea.aks.ac.kr/Article/E0000353)'의 내용을 토대로 재구성.

이러한 문제의식하에서 1997년부터 호주제 폐지 운동이 다시 시작되었다. 호주제 폐지를 위한 움직임이 본격적으로 시작된 것은 2000년 '호주제 폐지를 위한 시민연대'가 결성돼 호주제에 대한 위헌 소송을 준비하면서부터이다. '호주제 폐지를 위한 시민연대'는 2001년에 원고단을 모집해 헌법재판소에 호주제 위헌법률심사를 제청했다. 2002년 대통령 선거에서 호주제 폐지를 공약했던 새천년민주당 노무현 후보는 집권 이후인 2003년에 법무부(장관 강금실) 산하에 '가족법개정특별분과위원회'를 구성해 호주제를 삭제한 민법(가족법) 개정안을 만들어 2003년 9월과 2004년 6월에 정부안으로 국회에 제출했다. 또한 당시 여성가족부 지은희 장관은 호주제 위헌법률심판 제청 사건 첫 변론에 직접 참여해 호주제 폐지의 필요성과 정당성을 주장했다.

2005년 2월 3일, 헌법재판소가 민법 제778조, 제781조 제1항, 제826조 제3항에 대해 헌법불합치 결정을 내렸다. 동년 2월 28일, 국회 법제사법위원회에서 찬성 11표로 민법(가족법) 개정안이 가결됐고, 3월 2일 국회 본회의에서 재적의원 296명 중 235명이 참여하여 찬성 161표로 민법(가족법) 개정안이 통과되면서 호주제가 폐지되었다. 2007년 5월 17일, '가족관계의 등록 등에 관한 법률'이 제정되어 2008년 1월 1일부터 시행되었다.

호주제 폐지가 중요한 정책의제로 떠오르는 데는 산업화 과정에서 대가족에서 핵가족으로의 변화, 가족에 대한 가치관 변화, 여성의 교육수준 향상과 사회·경제적 지위 향상, 저출산·고령화 추세의 확산, 다양한 가족형태 출현, 시민사회의 활성화와 영향력 증대, 법의 실효적 규범 확보 등 다양한 환경적 변화들이 존재했기 때문이다(김미숙, 2008; 김상용·이제수, 2005; 김순양·이지영, 2009).

그러나 호주제를 실질적으로 폐지하는 데는 당시 정부와 의회, 시민사회 영역의 중요한 행위자들 간 연대와 협력, 특히 여성단체들과 페모크라트, 여성의원 간 삼각연대(triangle alliance)(김영현, 2006; 신희선, 2005; 황인자·김영미, 2010), 그리고 호주제 폐지에 우호적인 정부와 의회 구도가 존재했기 때문에 가능했다(권수현, 2015).

호주제 폐지를 중심으로 하는 가족법 개정안이 국회에 정책의제로 상정되기까지는 여성운동과 상대적으로 진보적인 노무현 정부의 역할이 상대적으로 크고 중요했다(이하 내용은 권수현, 2015 참조). 여성운동은 호주제 폐지를 이슈화하고 정책대안을 제시하는 데 주요한 역할을 했으며, 노무현 정부(의 페모크라트였던 법무부 강금실 장관과 여성가족부 지은희 장관)는 여성운동의 요구를 정책대안, 즉 가족법 개정안으로 만들어 국회에 제출함으로써 국회에서 가족법에 대한 논의가 이뤄질 수 있도록 했다. 제16대 국회 하반기에 노무현 정부의 민법(가족법)

개정안이 제출되었을 때는 강한 여성운동의 존재, 여성운동과 정부 간의 협력, 호주제 폐지에 대한 사회적 지지의 증가, 언론의 우호적인 보도 태도 등 가족법 개정에 우호적인 조건들이 많이 충족되어 있었다.

그럼에도 가족법 개정안은 제15대와 제16대 국회 법제사법위원회를 통과하지 못했는데 이는 호주제 폐지를 반대하는 보수정당 의원들이 과반 이상을 차지하고 있었던 의회 구도 때문이라고 할 수 있다. 이러한 구도가 제17대 국회에서 호주제 폐지에 우호적인 입장을 표시한 진보적인 정당들(열린우리당과 민주노동당)이 과반 이상의 의석을 차지하는 것으로 바뀌면서 법적 차원에서 호주제가 폐지될 수 있게 되었다.

5. 정부와 정치를 젠더링(gendering)

신상숙(2011)은 이명박 정부에서 후퇴한 것으로 보이는 젠더 거버넌스가 노무현 정부 시기의 젠더 거버넌스에 배태되어 있었다고 분석했다. 거버넌스를 강조했던 노무현 정부하에서 젠더 의제를 전담하는 여성정책기구는 전통적 행정조직 내에서 점차 고립되었고, 젠더 거버넌스는 외형적 확장에도 불구하고 수평적 네트워크로부터 멀어져 갔다(신상숙, 2011 : 186). 더불어 저출산·고령화 의제가 정부의 최우선 의제가 되면서 성별분업과 가족주의를 기반으로 여성을 동원해 온 발전국가의 유제가 부활하고 이것이 신자유주의 기조와 친화성을 갖고 결합하면서(신상숙, 2011 : 187) 진보적 여성운동이 제기하는 젠더 의제들이 정부와 정치에서 밀려나게 되었고, 진보적 여성단체들 또한 부침을 겪게 되었다.

이러한 상황과 관련해 신상숙(2011)은 여성 대표자를 의회로 입성시키는 여성의 정치세력화보다는 성평등 민주주의 가치를 실현하기 위해 연대하고 행동할 수 있는 두터운 여성 시민층을 키우는 정치세력화가 이뤄져야 한다고 강조한다. 젠더폭력뿐 아니라 모든 현상을 젠더 관점에서 바라보고 비판하고 대안을 모색하고 실천하고자 하는 페미니스트 시민을 키우고 그 세력을 확장하는 것은 젠더 거버넌스뿐 아니라 성평등 민주주의의 필수조건이다.

그러나 광장에 존재하는 페미니스트 시민만으로는 이미 성별화된 상태로 존재하는 법과 제도, 문화의 구조를 변화시키는 데는 한계가 있다. 정부와 의회, 정치 내부에 광장의 요구를 받아안는 페미니스트 행위자(critical actor)가 존재하지 않을 때 변화는 거의 불가능하다. 프랑스에서 인공임신중절이 가능하게 된 데는 낙태가 불법이었음에도 낙태를 해야 했던 여성들의 선언(343인 선언)도 중요했지만 당시 보건부 장관이었던 시몬 베유(Simone Veil)가 앞장서 여성들의 요구를 적극 수용해 제도화했기 때문이다. (현실)정치와 광장을 분리하는 것이 아니라 두 곳 모두에서 페미니스트 행위자들을 두텁게 하는 것이 필요하다.

이와 함께 여성가족부가 다루는 젠더정책을 넘어서 성별화된 정부와 정치 구조 전반을 젠더정책의 영역으로 확장하고, 그것의 개혁(reform)과 전환(transformation)을 젠더 관점에서 모색하고 실천할 필요가 있다. 30년 전 중국 베이징 세계여성대회에서 채택한 성 주류화(gender mainstreaming) 접근은 여전히 유효하며, 그것이 정부와 정치를 젠더링(gendering)하는 것이다. 이 과정에서 정치와 광장에 있는 다양한 페미니스트 행위자들이 소통하고 연대하고 실천하는 것, 그것이 젠더 거버넌스가 아닐까.

생각해볼 문제

1. 젠더 거버넌스에서는 어떤 주제가 다루어져야 하는지, 어떤 개인이나 집단이 참여해야 하는지 논의해 보자.

2. 공적 문제를 해결하는 논의 기구나 조직에 참여한 경험을 나눠보자. 어떤 점이 좋았고, 어떤 점이 부족했는지, 그래서 어떤 개선방안이 필요하다고 생각하는지 이야기해 보자.

3. 다른 나라의 젠더 거버넌스 사례를 찾아서 이야기해 보자.

참고문헌

권수현(2015). 호주제는 왜 제17대 국회에서 폐지되었나? 이슈 · 행위자 · 맥락의 상호작용에 의한 입법과정 분석. **입법과 정책**, 7(1), 181－218.

김미숙(2008). <참여정부>의 가족정책 성격 : 3개 법을 중심으로. **한국인구학**, 31(3), 27－55.

김상용 · 이제수(2005). 호주제의 사적 전개와 폐지 그리고 가족관의 변화. **여성학연구**, 15(1), 147－156.

김석준 · 강인호 · 김정렬 · 강제성 · 문병기 · 이종열 · 이재호 · 윤태범 · 최병대 · 박흥식 · 채원호(2002). **거버넌스의 이해**. 서울 : 대영문화사.

김순양 · 이지영(2009). 옹호연합모형(ACF)을 통한 양성평등 정책형성과정의 동태성 분석 : 호주제 폐지논쟁 사례를 중심으로. **사회복지정책**, 36(4), 101－132.

김영정 · 김성희(2018). **여성가족정책사 현장 재조명 : 호주제 폐지 운동을 중심으로 본 가족 이슈 변화와 방향**. 서울 : 서울시여성가족재단.

김영현(2006). 호주제 폐지과정에서 나타난 여성의 정치참여에 관한 연구 : 16대와 17대 국회를 중심으로. 숙명여자대학교 대학원 석사학위논문.

김재민(2016). 젠더－거버넌스 관점에서 본 서울여성가족거버넌스의 한계와 가능성. **이화젠더법학**, 8(2), 145－191.

라미경(2002). 글로벌 거버넌스 차원에서의 여성NGO 역할. **현대사회와 행정**, 12(2), 23－49.

모두를위한낙태죄폐지공동행동(2020). 문재인 정부의 입법예고안은 기만이다. '낙태죄'를 형법에서 완전 삭제하고 성과 재생산 권리 보장하라!. https://wde.or.kr/ (검색일 : 2024. 9. 21).

박동열 · 김경희 · 김현아(2023). 페미니스트 관점의 신제도주의 분석을 통해 본 한국 낙태죄 폐지의 숨은 정치. **아시아여성연구**, 62(2), 7－49.

서울신문(1995). 각국 대표 2만여 명 북경 도착/유엔 세계여성대회 이모저모. 8월 29일, https://www.seoul.co.kr/news/newsView.php?id=19950829006002 (검색일 2024. 9. 13).

신상숙(2011). 신자유주의 시대의 젠더－거버넌스 : 국가기구의 제도적 선택성과 여성운동. **페미니즘연구**, 11(2), 153－197.

신희선(2005). '젠더'의 민주적 소통구조 : 여성인권을 위한 호주제 폐지운동. **가족과 문화**, 172(2), 33－62.

여성가족위원회(2024). 위원회 개관. https://women.na.go.kr:444/cmmit/main/main.do (검색일 : 2024. 12. 8).

원숙연(2011). 젠더–'거버넌스'? '젠더'–거버넌스? 서울시의 '여성이 행복한 도시 프로젝트'에 대한 비판적 분석. 여성학논집, 28(2), 3–36.

원숙연・박진경(2006). 젠더–거버넌스의 가능성 탐색 : 성매매방지법 제정과정을 중심으로. 한국여성학, 22(4), 85–124.

윤정원(2018). 인권과 보건의료 관점에서 본 임신중지. 성과재생산포럼 기획. 배틀그라운드. 서울 : 후마니타스, pp. 53–80.

이미경(2007). "반성폭력 법제화운동의 성과와 과제". 한국성폭력상담소 지음. 성폭력, 법정에 서다 : 여성의 시각에서 본 법담론. 서울 : 푸른사상사.

이에스더(2018). 역대 최악 성비 '116.5' … 1990년생 백말띠의 비극. 중앙일보, 2월 3일, https://www.joongang.co.kr/article/22342139 (검색일 : 2024. 7. 22).

이은솔(2017). 낙태죄 폐지, 조국의 '친절한' 답변에 빠진 세 가지. 오마이뉴스, 12월 1일, https://omn.kr/op1i (검색일 : 2024. 9. 21).

이재경(1996). 가족법상의 가족 개념과 여성학적 대안. 조형 편. 양성평등과 한국 법체계. 서울 : 이화여자대학교 출판부, 181–209.

장은하(2021). 유엔여성지위위원회(UN CSW)와 글로벌 여성 의제의 발전. KWDI Brief, (65).

전아름(2024). UN 여성차별철폐위 "한국 여성가족부 권한 더 강화하라". 베이비뉴스, 6월 7일, https://www.ibabynews.com/news/articleView.html?idxno=117595 (검색일 : 2024. 9. 13).

정봉오(2019). 낙태죄 폐지・유지 가를 핵심 쟁점..태아 생명권? 임부 자기결정권? 동아일보, 4월 11일, https://v.daum.net/v/20190411133124061 (검색일 : 2024. 9. 13).

칸스, 마가렛 P., 카렌 A. 밍스트. 김계동 외 옮김(2011). 국제기구의 이해 : 글로벌거버넌스의 정치와 과정. 서울 : 명인문화사.

한국여성단체연합(2018). 실질적 성평등 실현과 여성대표성 확대를 위한 헌법 개정에 관한 청원. https://women21.or.kr/notice/10853 (검색일 : 2024. 12. 8).

황인자・김영미(2010). 호주제 폐지를 둘러싼 젠더 거버넌스에 관한 담론. 국가정책연구, 24(4), 123–146.

Chappell, Louise and Fiona Mackay(2021). Feminist Critical Friends : Dilemmas of Feminist Engagement with Governance and Gender Reform Agendas. *European Journal of Politics and Gender, 4*(3), 321–340.

Commission on Global Governance(1995). "Our Global Neighbourhood". https://www.gdrc.org/u-gov/global-neighbourhood/ (검색일 : 2024. 12. 8).

Guido, Lisa, Lindsay Walsh, and Lee Ann Banaszak(2023). Understanding Feminist Governance through Feminist Institutionalism : An Overview. *Handbook of Feminist Governance*. Edward Elgar Publishing, 38–50.

PART

II

젠더 이슈와 정책

CHAPTER 04

노동시장과 젠더

이 장에서는 고용과 임금 측면에서 여성 노동시장의 변화를 분석하여 우리 사회에서 여성 노동의 쟁점들이 어떻게 변화했는가를 살펴본다. 고용 측면에서는 여성 고용률의 변화와 비정규직 및 단시간 근로의 변화를 통해서 경력단절현상과 여성 고용의 취약성이 어떻게 변화했는가를 살펴본다. 임금 측면에서는 성별 임금격차와 고용형태별 임금격차를 살펴보면서 여성 노동의 지위가 어떻게 변화하고 있는가를 살펴본다. 마지막으로 성별 임금격차와 여성 고용의 취약성을 개선하기 위한 성평등 노동시장 정책의 필요성과 정책과제를 논의한다.

1. 여성 고용률의 추이와 경력단절현상

1) 여성 고용률의 추이

우리 사회에서 여성 고용률이 50%를 넘어서기까지는 긴 시간이 걸렸다. 여성 고용률은 15세 이상의 여성 중에서 취업한 사람의 비율을 의미하는데, 여성 둘 중 한 사람이 취업자가 된 시점은 2015년으로, 지금으로부터 그리 멀지 않은 시점이다(그림 4-1 참조). 나머지 절반은 여전히 가사, 육아, 돌봄, 실업 등의 다양한 사유로 비취업 상태로 남아 있었다.

여성 고용률이 2000년 47.0%에서 50%가 되기까지는 약 15년(2000~2015년)이 걸렸는데, 50%에서 54.1%(2023년)로 되기까지는 채 10년이 걸리지 않았다. 여성 고용률은 많이 증가했지만, 남성 고용률은 2000년~2023년까지 70.8%에서 71.3%로 큰 변화가 없었다. 이에 따라 성별 고용률 격차(남성 고용률－여성 고용률)는 같은 기간 동안 23.8%에서 17.2%로 감소했다.

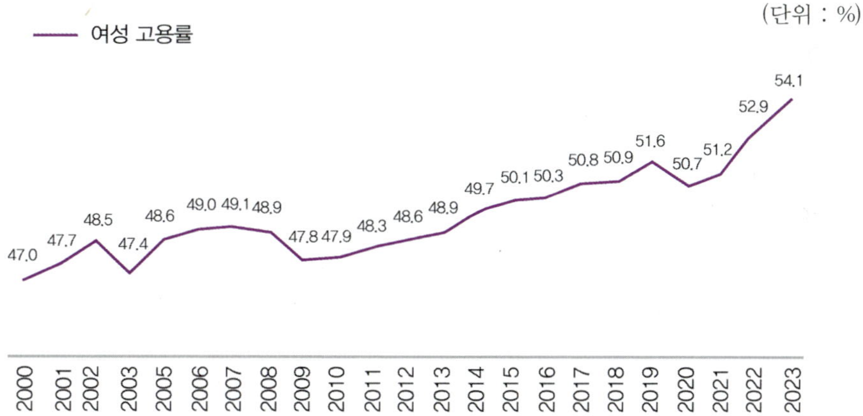

[그림 4-1] 여성 고용률의 변화(전 연령대, 2000~2023년)

출처 : 통계청. 경제활동인구조사 재구성.

여성 고용은 경제위기와 같은 내외적 충격 때문에 언제든지 쉽게 후퇴하기도 한다. 여성 고용률은 2003년 신용카드 대란, 2008년 세계 금융위기, 2020년 코로나 위기 시점에서 1% 이상 크게 후퇴한 경험이 있다. 남성에 비해 기간을 정한 계약이나 비정규직과 같이 취약한 부문에서 일하는 비중이 높기 때문에 고용률이 경제적 충격에 쉽게 반응하는 것이다.

코로나 사태는 고용 취약계층을 중심으로 부정적인 영향을 미쳤는데, 취약계층이 많은 여성 고용에 특히 부정적인 영향을 미쳤다(그림 4-2 참조). 취업자는 2020년 3월부터 2021년 2월까지 큰 폭으로 감소했는데, 특히 여성 취업자의 감소 폭이 크게 나타났다. 여성 취업자는 2020년 3월 이후 전년 동월 대비 약 28~29만 명 감소했으며, 2021년 1월에는 약 60만여 명 감소했다. 2021년

1월의 감소는 코로나 사태로 인한 재정지원 일자리사업(주로 노인일자리 등 직접 일자리사업)이 지연되면서 나타난 일시적인 현상으로 일자리사업이 대부분 재개된 2월부터는 감소 폭이 크게 줄었다. 코로나 위기 동안 여성 취업자가 감소한 부문은 주로 임시직 근로자가 많은 도소매업, 숙박음식점업, 교육서비스업으로, 여성이 코로나 위기를 비롯하여 경기변동에 직접적인 영향을 받는다는 것을 알 수 있다.

(단위 : 천 명)

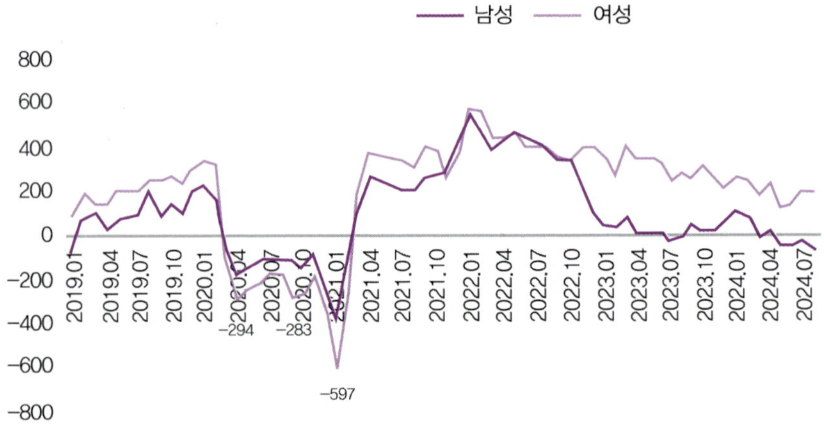

|그림 4-2| 코로나 사태와 성별 취업자 증감(전년 동월 대비)

출처 : 통계청. 경제활동인구조사 재구성.

2) 연령대별 고용률과 경력단절의 변화

지난 20여 년간 여성 고용률의 변화를 보면, 출산·육아로 인한 경력단절 연령대가 30대 초반에서 30대 후반 이후로 이동했다(그림 4–3 참조). 여성 고용률은 2010년 이전에는 출산·육아 시점인 30대 초반에 고용률이 매우 낮아지는 '뚜렷한' M자형 곡선을 보였는데, 최근에는 출산시점이 30대 후반으로 이동하면서 고용률이 낮아지는 '완만한' M자형 곡선으로 변화했다. 이는 혼인 연령이 늦어지면서 나타난 현상으로 맞벌이가구의 일반화, 취업 경쟁의 격화, 결혼 기피와 저출생 등 사회적인 변화와 관련되어 있다.

(단위 : %)

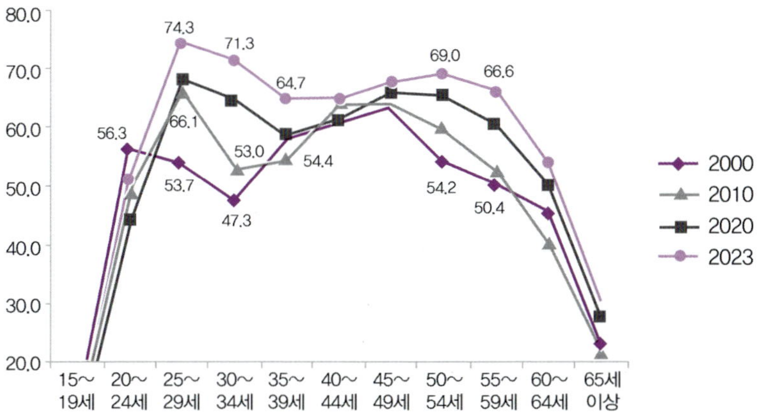

|그림 4-3| 연령계층별 여성 고용률의 변화

출처 : 통계청. 경제활동인구조사 재구성.

여성 고용률은 20대 후반~30대 초반의 청년 여성과 50대와 60대 초반의 중장년층에서 대폭 증가했다.

20대 후반 청년 여성의 고용률은 2000년~2023년까지 53.7%에서 74.3%로 증가했으며, 30대 초반 고용률은 47.3%에서 71.3%로 증가했다. 특히, 20대 후반의 여성 고용률(74.3%)은 2023년 현재 동 연령대 남성 고용률 70.5%보다 3.8%p 높아 성별 고용률이 역전되는 현상을 보인다. 20대 후반 성별 고용률의 역전 현상은 2017년부터 나타난 현상으로, 청년층에서는 취업자 중 상용근로자의 비율도 여성이 남성보다 높다는 특징을 보인다. 이는 취업경쟁이 격화되면서 대학원 진학 등으로 취업연령이 늦어지는 한편, 남성의 군복무기간으로 인해서 여성이 더 빠르게 취업하기 때문으로 해석된다.

50대 여성의 고용률 증가는 청년층 이상으로 획기적인 것이었다. 50대 여성의 고용률은 2000년~2023년까지 10%p 이상 증가했으며, 중장년 여성들은 도소매, 음식숙박업, 보건업 및 사회복지서비스업 등 주로 돌봄 영역과 서비스업으로 대표되는 저임금 노동시장으로 취업했다. 과거에 출산·육아 시점에서 일자리를 그만둔 여성들은 재취업하는 과정에서 그간의 경력단절로 인해서 양질의 일자리로 취업하지 못하고, 불안정하거나 임금수준이 낮은 일자리로 취업할 가능성이 크다. 출산·육아로 인한 경력단절현상을 예방하기 위한 정책이 중요한 이유이다.

여성 고용이 증가하면서 출산·육아로 인한 경력단절현상은 완화된 것일까? 지난 20여 년간 혼인연령이 지연되면서 출산·육아로 인해서 노동시장을 퇴장하는 연령대가 30대 초반에서 30대 후반으로 이동한 것은 사실이다. 그러나 경력단절 연령대의 성별 고용률 격차는 여전히 뚜렷하다. 2023년 성별 고용률 격차(남성 고용률−여성 고용률)를 보면(그림 4−4 참조), 20대 후반은 −3.8%p, 30대 초반 15.9%p, 30대 후반과 40대 초반 각각 26.0%p로 나타나고 있어, 출산·육아 시점에서 고용률 격차가 가장 크고, 이후의 고용에도 중요한 영향을 미치고 있다.

(단위 : %p)

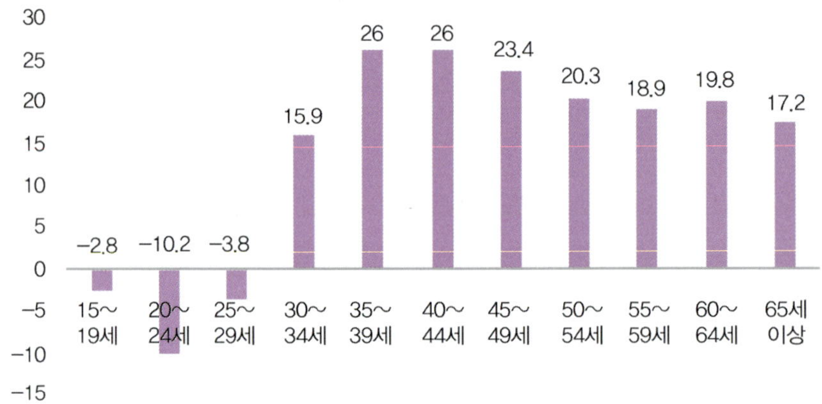

|그림 4-4| 연령계층별 성별 고용률 격차(2023)

출처 : 통계청. 경제활동인구조사 재구성.

OECD와 비교해 보면 한국에서 여성의 경력단절현상이 여전히 지속되고 있음을 알 수 있다. OECD의 평균 여성 고용률은 뒤집힌 U자 모양으로 20대 후반부터 50대 초반까지 고르게 나타나지만, 한국의 여성 고용률은 30대 후반에 고용률이 낮아지는 M자형 곡선을 보인다. 20대 후반 청년 고용률과 50대 후반 이후 고용률은 OECD 평균보다 높은 편이지만, 30대 후반과 40대의 고용률은 OECD 평균보다 약 7~8%p 낮게 나타난다. 이를 고려하면 혼인연령의 지연으로 인해서 경력단절 연령대가 30대 후반으로 이동한 것은 사실이지만, 경력단절 연령대와 고용률의 크기가 다를 뿐 경력단절현상이 완화되었다는 증거는 충분하지 않다.

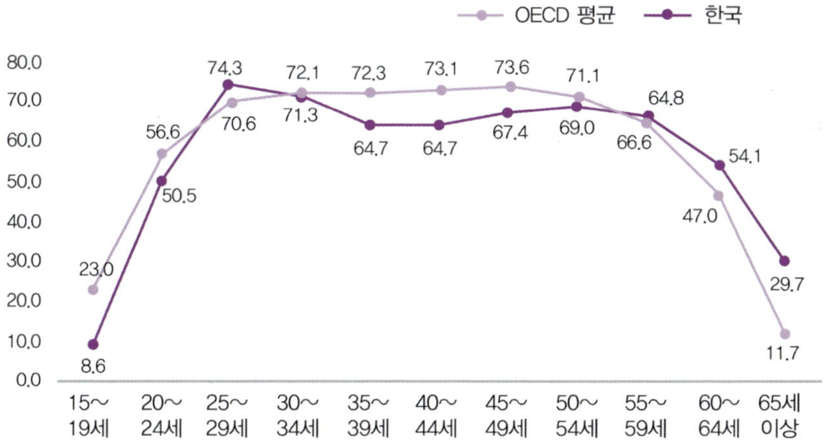

|그림 4-5| OECD와 한국의 연령계층별 여성 고용률(2023)

주 : 필자가 OECD Statistics에서 계산하여 재구성.

출처 : OECD, OECD Employment and Labour Market Statistics, 마지막 업데이트 시점 2024. 11. 1.

그렇다면 앞으로는 출산·육아로 인한 경력단절현상이 완화될 것인가? 필자는 그렇다고 본다. 혼인연령의 지연과 비혼의 증가, 맞벌이 선호 경향, 양질의 일자리 중심의 모성보호 제도, 인구감소에 따른 인력 부족, 디지털 기술과 연동된 서비스 부문의 증가 등은 여성 고용을 확대하는 요인들이다. 그러나 여성 고용이 양적으로 증가한다고 해서 여성 고용의 질이 개선되는 것은 아니다. 고용의 질을 개선하기 위해서는 양질의 일자리 창출, 중소기업의 저임금 개선과 모성보호 제도 확대, 성별 임금격차의 개선, 비정규직 차별 개선과 같이 지속적으로 노동시장의 이중구조화를 개선할 수 있는 정책이 필요하다.

2. 비정규직의 추이와 여성 고용의 취약성

1) 성별 비정규직의 추이

우리 사회에서 비정규직은 흔히 정규직과 구별되는 하나의 고용형태로 알려져 있지만, 사실은 비정규직에도 다양한 고용형태가 있다. 비정규직 근로자는 고용기간이 한정적인 한시적 근로자(기간제 포함)와 근로시간이 짧은 시간제 근로자, 그 이외에도 다양한 형태의 비전형 근로자(파견, 용역, 호출 등)들이 있고, 특수형태 근로자, 가내 근로자와 같은 고용형태도 있다. 통계청에서는 이러한 비정규직에 해당하지 않는 사람을 정규직으로 정의하고, 다양한 고용형태의 비정규직을 조사하고 있다.[1]

전체 비정규직 근로자의 수(그림 4−6 참조)는 2004년 541만여 명에서 2018년 661만 명으로 증가했으며, 2019년 748만 명에서 2024년 846만 명으로 최대치에 이르렀다. 이를 임금근로자 중 비정규직 비중으로 보면, 2004년~2018년까지 37.0%에서 33.0%로 감소했지만, 2019년~2024년까지 36.4%에서 38.2%로 증가했다.

---

1 2002년 7월 노사정위원회의 비정규근로자대책 관련 노사정 합의문에 의거한 비정규직 근로자의 개념 정의는 이 책의 121쪽 <부표 1>을 참조하기 바란다.

(단위 : 천 명, %)

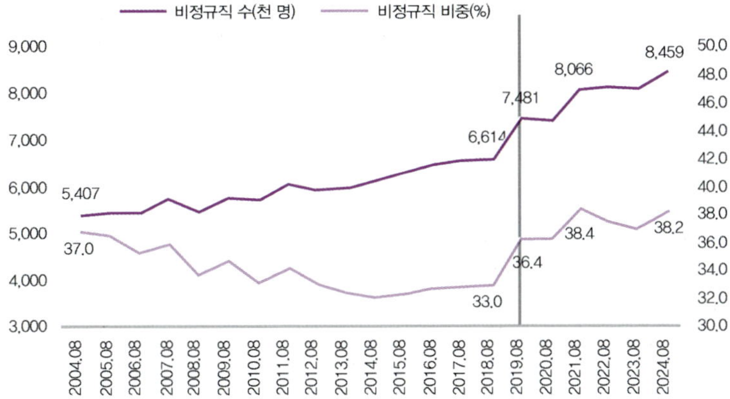

|그림 4-6| 임금근로자 중 비정규직의 규모 추이(2004. 8.~2024. 8.)

주 : 2018년과 2019년 사이 수직선을 그린 이유는 통계조사 방식의 변경으로 인해서 전후 시계열 비교에 주의 필요

비정규직 비중은 임금근로자 중 비정규직 근로자의 비중임

출처 : 통계청. 경제활동인구조사. 근로형태별 부가조사.

여성 비정규직 근로자 수는 2004년에는 267만여 명으로 남성(274만여 명)보다 적었으나, 2008년 금융위기 이후 남성 비정규직을 웃돌기 시작하여 2018년에는 368만여 명에 이르렀고 2019년 이후에는 413만여 명에서 485만여 명으로 크게 증가했다(그림 4-7 참조). 같은 기간 동안 남성 비정규직 근로자 수도 증가했으나, 여성보다는 그 증가 폭이 작았다.

(단위 : 천 명, %)

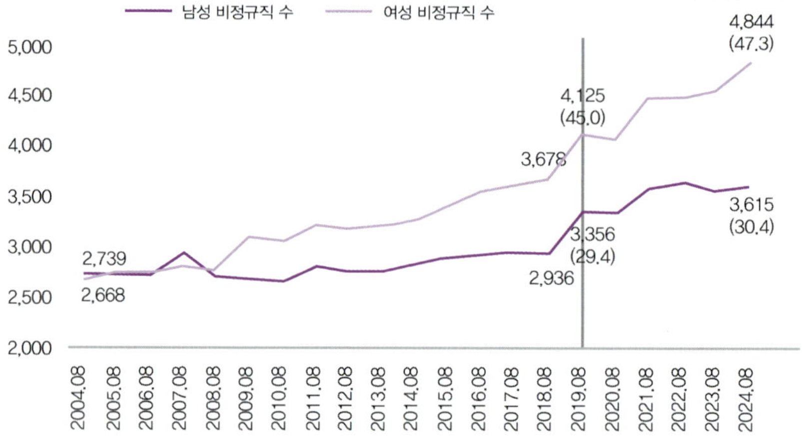

|그림 4-7| 성별 비정규직 근로자의 추이(2004. 8.~2024. 8.)

주 : 2018년과 2019년 사이 수직선을 그린 이유는 통계조사 방식의 변경으로 인해서 전후 시계열 비교에 주의 필요
( )는 성별 임금근로자 중 비정규직 근로자의 비중임

출처 : 통계청. 경제활동인구조사. 근로형태별 부가조사.

여성 임금근로자 중에서 비정규직이 차지하는 비중은 2024년 현재 47.3%로, 남성(30.4%)보다 현저하게 높다(그림 4-7 참조). 2019년 이후 남성 비정규직은 임금근로자의 30% 수준이고, 그 수도 약 26만여 명 증가했는데, 여성 비정규직은 45.0%에서 47.3%로 증가하고 근로자 수는 약 72만여 명 증가했다.

2) 성별 비정규직의 구성과 추이

비정규직의 유형별로 여성 비율을 보면(표 4-1 참조), 시간제 근로자가 가장 많고, 다음으로 한시적 근로자, 비전형 근로자의 순서로 나타난다. 전체 비정규직 중에서 여성이 차지하는 비율은 57.3%인데, 시간제 근로자의 70.9%, 한시적 근로자의 56.1%(기간제 55.7%), 비전형 근로자의 44.0%(특수형태 57.5%)가 여성이다. 여성 비정규직은 주로 기간제 또는 시간제로 일하거나, 시간제이면서

기간제 근로자로 일하는 비율이 높다는 것을 알 수 있다.[2] 비전형 근로자는 특수형태 근로자를 제외하면 남성 비율이 상대적으로 높은 편이다.

<표 4-1> 성별 비정규직 근로자의 고용형태별 구성(2024. 8.) (단위 : 천 명, %)

	근로자 수		구성비		여성 비율
	여성	남성	여성	남성	
〈전체 비정규직〉	4,844	3,615	100.0	100.0	57.3
○ 한시적 근로자	3,158	2,470	65.2	68.3	56.1
– 기간제 1)	2,786	2,213	57.5	61.2	55.7
– 비기간제 2)	372	258	7.7	7.1	59.0
○ 비전형 근로자	838	1,065	17.3	29.5	44.0
– 파견	113	124	2.3	3.4	47.7
– 용역	242	299	5.0	8.3	44.7
– 특수형태	331	245	6.8	6.8	57.5
– 일일	125	445	2.6	12.3	21.9
– 가정내	49	14*	1.0	–	–
○ 시간제 근로자	3,016	1,240	62.3	34.3	70.9

주 : 1) 비정규직 근로자 내 유형별 중복으로 합계는 불일치함

2) 기간제 근로자 : 근로계약기간을 설정한 근로자

3) 비기간제 근로자 : 근로계약기간을 정하지 않았으나 계약의 반복 갱신으로 계속 일할 수 있는 근로자와 비자발적 사유(계약만료, 일의 완료, 이전 근무자 복귀, 계절 근무 등)로 계속근무를 기대할 수 없는 근로자

4) * 표시는 상대표준오차 값이 25% 이상으로 이용 시 유의해야 함

출처 : 통계청(2024. 8). 경제활동인구조사. 근로형태별 부가조사.

성별로 비정규직 고용형태의 추이를 보면, 어떤 고용형태의 비정규직이 증가했는지 알 수 있다. 여성 비정규직은 기간제 근로자와 시간제 근로자를 중심으로 증가해 왔으며, 비전형 근로자는 감소추세로 나타났다(그림 4–8 참조).

2 비정규직 고용형태는 기간제이면서 시간제, 또는 용역근로자이면서 시간제 근로자와 같이 고용형태가 중복적인 사례가 많아서 합계가 100%가 되지 않는다.

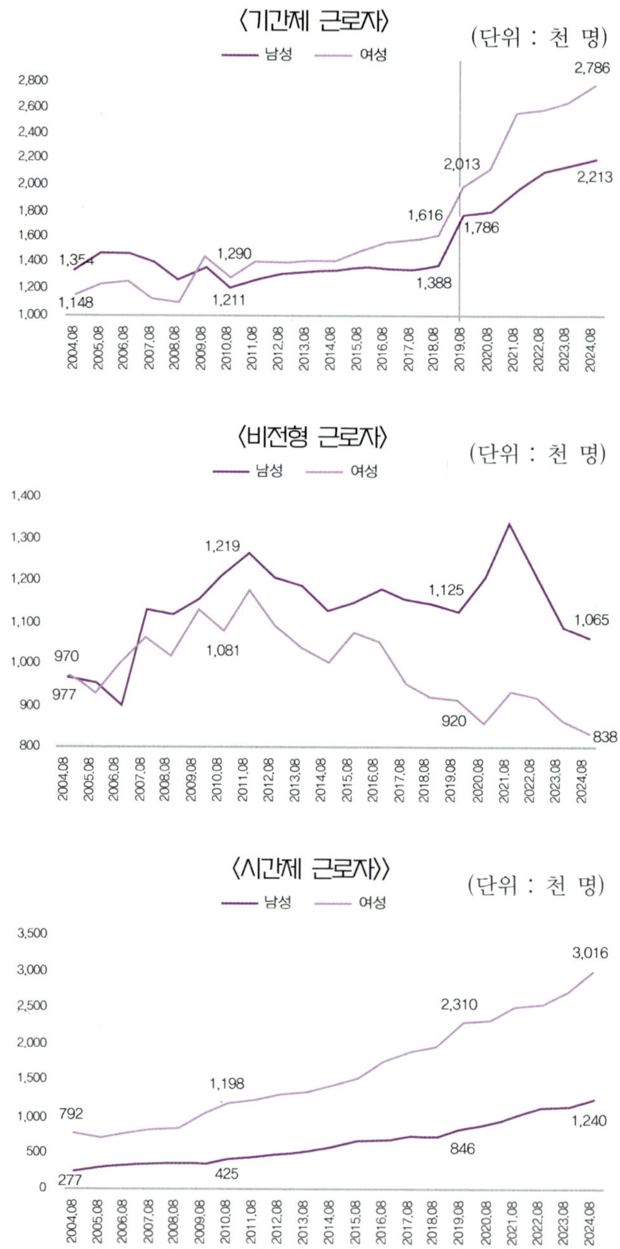

[그림 4-8] 성별 비정규직의 고용형태별 추이(2004~2024년)

주 : 기간제의 경우 2019년에 조사상의 문제로 이전과 시계열 단절이 발생했음을 수직선으로 표기함

출처 : 통계청. 경제활동인구조사 근로형태별 부가조사 재구성.

여성 기간제 근로자는 세계 금융위기 이후인 2009년부터 남성을 웃돌기 시작했으며, 2019년 이후에 특히 대폭 증가했다. 남성 기간제 근로자도 2019년 이후 증가했으나, 여성보다는 완만하게 증가했다.

시간제 근로자는 지난 20여 년간 남녀 모두 크게 증가했다. 여성 시간제 근로자는 79만여 명에서 302만여 명으로 증가했고, 남성 시간제 근로자도 28만여 명에서 125만여 명으로 증가했다. 여전히 시간제 근로자의 다수(70.9%)는 여성이다.

파견, 용역, 특수형태, 가내 근로, 일일 근로자로 구성된 비전형 근로자는 2011년까지 증가했으나, 여성 비전형 근로자는 이후 지속적인 감소추세에 있고, 남성 비전형 근로자는 코로나 사태 이후 대폭 증가했으나 이후 감소추세에 있다.

비전형 근로자에 속하는 파견 및 용역 근로자는 전형적인 간접고용의 특성을 갖는 고용형태인데, 통계 분류상으로는 대체로 임금근로자에 속한다. 특수형태 근로자나 가내 근로자[3]는 그 용어 설명에서 보이는 것처럼 임금근로자와 자영업자(비임금 근로자) 사이에 걸쳐있다는 특징을 보인다. 특수형태 근로자는 보험설계사, 택배기사, 학습지 교사, 골프장 캐디, 레미콘 기사, 대리운전 기사와 같은 직종이다. 이들 중 다수는 자영업자로 취급되어 임금근로자 지위를 인정받지 못하고 있으며, 플랫폼 노동의 형태로 일하는 사람이 많다.

플랫폼 노동자는 디지털 플랫폼을 매개로 일하고 수입을 얻는 사람들로, 배달, 대리운전, 청소, 가사, 돌봄, IT, 미술·창작, 편집, 번역에 이르기까지 다양하다. 이들은 대체로 임금근로자가 아니라 자영업자로 간주되어 우리 사회에서는 아직 법정 최저임금은 물론 노동법의 보호를 받지 못한다. 플랫폼 및 프리랜서 노동의 권리와 법적 보호를 위한 대책이 시급하다.

---

3 재택/가내 근로자는 근로제공의 방법이나 근로시간 등을 전적으로 본인이 결정하는 자로, 근로의 장소가 사용자와 공간적으로 분리되어 있고 업무성취도에 따라 고정급을 받는 자이고, 특수형태 근로 종사자는 스스로 고객을 맞이하여 상품·서비스를 제공하고 일한 만큼 소득(수수료, 수당 등)을 얻고 노무 제공의 방법이나 노무 제공시간 등은 본인이 독자적으로 스스로 결정하는 자, 근로자와 자영인의 중간영역에 있다(부표 1 참조).

3) 시간제 근로자의 연령별 추이

통계청 조사에서 시간제 근로자의 정의는 '통상근로자(사업체 내 가장 일반적 형태의 근로자)의 1주간 소정근로시간보다 1시간이라도 짧은 소정근로시간 동안 근로를 제공하는 근로자'이다. 비정규직 시간제 근로자의 주당 평균 근로시간은 2024년 8월 기준 18.3시간으로, 정규직 평균 35.4시간, 비정규직 평균 27.6시간, 기간제 평균 28.3시간에 비해 현저하게 짧은 편이다.

여성의 시간제 근로 선호에 대해서는 많은 연구에서 상반된 입장을 보인다. 육아 부담을 가진 여성들이 육아시간을 위하여 시간제 근로를 선호한다는 결과도 있지만, 여성이 선호하는 시간제 근로는 저임금과 열악한 근로조건의 비정규직 일자리가 아니라는 지적도 있다.

지난 20여 년간 시간제 근로자가 증가한 이유는 육아 부담을 가진 여성들이 시간제 근로를 선호하기 때문에 나타난 것일까?

그러나 경력단절 연령대인 여성 30대 시간제 근로자는 다른 연령대에 비해 크게 증가하지 않았다(표 4-2 참조). 최근으로 올수록 시간제 근로자는 경력단절 연령대가 아니라 남녀 모두 20대와 60세 이상에서 대폭 증가했다. 2004년에는 여성 시간제 근로자가 30대와 40대에 많았으나, 2014년 이후에는 20대와 60세 이상에서 대폭 증가했다. 20대 시간제 근로자의 증가는 아르바이트 등 불안정한 시간제 일자리의 증가로 해석할 수 있다. 60세 이상 여성 시간제 근로자는 2004년 11.1%, 2014년 26.7%, 2024년 40.8%로 증가했으며, 같은 기간 60세 이상 남성 시간제 근로자도 각각 14.8%, 31.3%, 43.5%로 증가했다.

<표 4-2> 시간제 근로자의 연령별 분포(2024. 8.)

(단위 : 천 명, %)

	여 성			남 성		
	2004. 8.	2014. 8.	2024. 8.	2004. 8.	2014. 8.	2024. 8.
〈근로자 수〉						
전체	792	1,450	3,016	277	584	1,240
15~19세	52	91	77	29	57	51
20~29세	149	226	490	69	190	327
30~39세	218	206	255	50	40	98
40~49세	189	292	402	54	53	86
50~59세	96	248	562	36	62	138
60세 이상	88	387	1,231	41	183	540
〈분포〉						
전체	100.0	100.0	100.0	100.0	100.0	100.0
15~19세	6.6	6.3	2.6	10.5	9.8	4.1
20~29세	18.8	15.6	16.2	24.9	32.5	26.4
30~39세	27.5	14.2	8.5	18.1	6.8	7.9
40~49세	23.9	20.1	13.3	19.5	9.1	6.9
50~59세	12.1	17.1	18.6	13.0	10.6	11.1
60세 이상	11.1	26.7	40.8	14.8	31.3	43.5

출처 : 통계청. 경제활동인구조사. 근로형태별 부가조사.

비정규직 시간제 근로자에서 특히 중고령자의 비중이 늘어난 이유는 무엇일까? 시간제 근로자가 보건 및 사회복지서비스업에서 증가한 것을 보면 여성 중고령층의 돌봄 노동의 급증에도 원인이 있으나, 단시간 근로의 형태를 취하는 정부의 노인일자리 사업의 효과를 무시할 수 없다. 노인일자리 사업 참여실적을 보면, 2004년 35천 명에서 출발하여 2014년 336천 명, 2021년 836천 명에 이르렀다(한국노인인력개발원, 2022). 노인일자리 사업은 앞으로도 지속될 예정으로, 보건복지부에 의하면, 2024년의 목표치는 103만 명이며, 2025년에는 사업 규모를 110만 개로 확대할 예정이다(뉴시스, 2024. 9. 23. 기사).

이와 같이 시간제 근로자의 급증은 연령대로 보면 경력단절 여성의 시간제 선호와는 관계없는 영역에서 나타났음에 유의할 필요가 있다. 여성의 출산·육아 연령대인 30대에 시간제 근로자가 다른 연령대에 증가하지 않았다는 것은 여성의 선호가 비정규직에 속한 시간제 근로가 아니라는 것을 보여준다.

3. 성·고용형태별 임금격차와 정책 시사점

1) 성·고용형태별 임금격차의 추이

우리나라는 OECD 회원국 중에서 성별 임금격차가 가장 큰 국가이다(그림 4-9 참조). 한국의 성별 임금격차는 31.2%로, OECD 회원국 평균 12.1%에 비해 매우 높다. 한국 여성의 임금은 남성에 비해 31.2% 낮은 것으로 여성은 남성이 받는 임금의 68.8%를 받는다는 것을 의미한다.

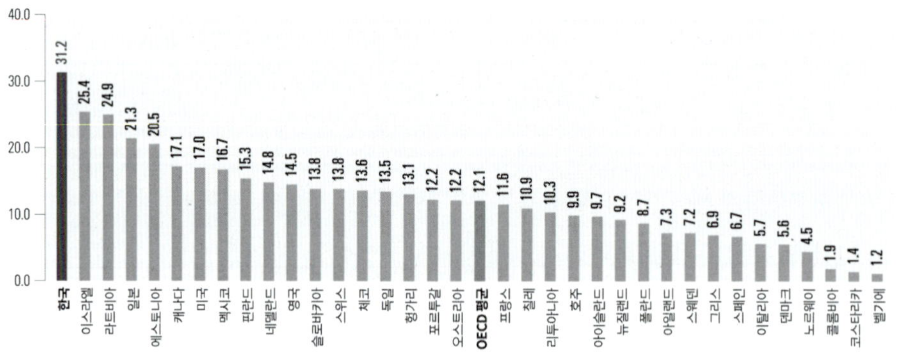

|그림 4-9| OECD 회원국의 성별 임금격차(2022)

주 : 성별 임금격차는 남성 중위임금 대비 남성과 여성 중위임금 차이, 정규직의 중위임금 기준임

출처 : OECD, Gender wage gap(https://data.oecd.org), 통계청 보도자료, '한국의 SDG 이행 현황 2024'(2024. 3. 21.) 재인용.

이 글에서는 성별 임금격차를 편의상 남성에 대비한 여성의 임금비율로 살펴본다. 성별 임금격차는 통계자료와 어떤 임금을 기준으로 보는가에 따라 값이 달라지는데, 이 글에서는 국제비교에 사용된 고용노동부의 고용형태별 근로실태조사를 이용하여 월 임금총액 기준과 시간당 임금총액을 기준으로 남성 대비 여성의 임금비율을 살펴본다.

<표 4-3>은 남성 대비 여성 임금의 비율을 월 임금총액 기준으로 살펴본 것이다. 2023년 현재 남성의 임금은 월 426만 원이고 여성의 임금은 278만 원이다. 남성 대비 여성 임금비율은 65.3% 수준으로, 성별 임금격차는 34.7%이다.[4] 시간당 임금 기준으로 보면, 여성의 임금수준은 남성 대비 71.0%로 나타

<표 4-3> 성·고용형태별 월 임금총액과 시간당 임금총액(2023년)

		전 체	남 성	여 성	여성/남성(%)
전체	월 임금총액(천 원)	3,640	4,260	2,783	65.3
	시간당 임금총액(원)	22,878	26,042	18,502	71.0
정규직	월 임금총액(천 원)	4,280	4,830	3,409	70.6
	시간당 임금총액(원)	24,799	27,695	20,205	73.0
비정규직	월 임금총액(천 원)	1,876	2,294	1,475	64.3
	시간당 임금총액(원)	17,586	20,337	14,944	73.5
비정규직/정규직	월 임금총액 기준(%)	43.8	47.5	43.3	-
	시간당 임금총액 기준(%)	70.9	73.4	74.0	-

주 : 월 임금총액=정액급여+초과급여+전년도연간특별급여/12개월
총 근로시간=소정실근로시간+초과근로시간
시간당 임금총액=월 임금총액/총 근로시간
출처 : 고용노동부. 고용형태별 근로실태조사에서 재구성.

4 |그림 4-1|에서 살펴본 OECD 통계의 한국의 성별 임금격차 31.2%는 (1-남성 대비 여성의 임금비율)이다. OECD 통계에서는 정규직의 중위임금을 이용하여 남성 대비 여성의 임금비율을 사용했기 때문에, 평균값을 이용한 이 글의 격차와는 약간의 차이가 있음을 밝혀둔다.

나는데(성별 임금격차 29.0%), 이는 성별 근로시간의 차이 때문이다. 여성의 월간 총 근로시간은 148.2시간으로 남성 164.4시간의 약 90.1% 수준이다(통계청, 경제활동인구조사 근로형태별 부가조사).

정규직 여성의 임금수준은 월 임금총액 기준으로는 남성의 70.6% 수준이고, 시간당 임금총액 기준으로는 정규직 남성의 73.0% 수준이다. 비정규직도 성별 임금격차가 존재하는데, 비정규직 여성의 임금수준은 월 임금총액 기준으로는 비정규직 남성의 64.3%이고, 시간당 임금총액 기준으로는 비정규직 남성의 73.5% 수준이다.

여성 비정규직은 노동시장에서 가장 하위에 있는 임금계층이다. 비정규직 여성의 임금수준은 정규직 남성에 비교할 때 월 임금총액 기준으로 30.5%이고, 근로시간의 차이를 고려한 시간당 임금 기준으로도 54.0%에 불과하다. 정규직의 임금상승이 대체로 호봉상승과 노동조합의 교섭력 등에 의해서 결정되는 것과 달리, 비정규직의 임금상승은 법정 최저임금의 인상 등의 요인에 의해서 결정되는 경향이 있다. 여성 비정규직은 기간제 근로와 시간제 근로 비율이 높다는 점에서 장기근속이 어렵고 노동조합의 임금인상 효과에서도 배제되는 집단이다. 여성 비정규직의 낮은 임금수준은 성별 임금격차와 고용형태별 임금격차가 중첩되어 나타난 현상이다.

|그림 4-10|은 지난 10여 년간 남성 정규직의 임금을 100으로 볼 때 여성 정규직과 여성 비정규직의 시간당 임금비율을 보여준다. 정규직 여성의 임금비율은 65.4%에서 73.0%로 증가했는데, 최저임금 인상률이 비교적 높았던 2016년에서 2020년 사이에 성별 임금격차가 감소했다. 여성 비정규직도 2016년에서 2020년 사이 임금비율이 48.1%에서 54.5%까지 증가했으나, 이후에는 정체 또는 감소하고 있다.

(단위 : %)

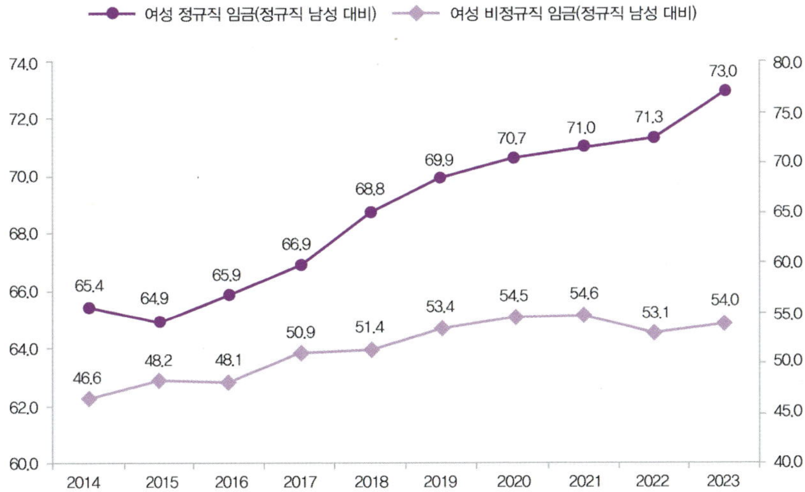

|그림 4-10| 남성 정규직 대비 여성 정규직과 여성 비정규직의 임금비율의 추이

주 : 시간당 임금 기준(시간당 임금총액=월 임금총액/총 근로시간)

출처 : 고용노동부. 고용형태별 근로실태조사 재구성.

성별 임금격차의 원인은 성별 근로시간의 차이 이외에도 다양하다. 근속년수, 교육 정도, 숙련수준, 직종, 기업규모와 사업체 특성, 고용형태 차이, 성차별도 성별 임금격차를 설명하는 중요한 요인들이다. 여기에는 출산 및 육아 부담으로 경력단절을 겪은 여성이 재취업할 때 양질의 일자리를 얻지 못하기 때문에 발생하는 임금격차나, 비정규직 일자리로 취업하기 때문에 발생하는 임금격차도 포함되어 있다. 따라서 성별 임금격차는 임금에 영향을 미치는 다양한 요인이 변화하거나 최저임금 인상과 같은 정부의 정책에 의해서도 변화할 수 있다. 불합리한 성별 임금격차를 해소하기 위해서는 개인의 경쟁력을 높이기 위한 정책들(예를 들어, 직업훈련)도 필요하지만, 적당한 일자리를 찾을 수 없어 저임금 불안정 노동을 선택하게 되는 노동시장 장애요인을 제거하기 위한 정책이 필요하다.

2) 연령별 성별 임금격차와 시사점

청년기부터 중장년기까지 임금수준을 성별로 비교하여 살펴보면, 성별 임금격차가 어떤 연령계층에서 크게 나타나는지 알 수 있다(그림 4-11 참조). 남성의 임금은 청년기부터 상승하여 50대 초반에 정점에 이르고 정년 시점을 전후하여 하락하는 전형적인 연공서열형 임금 곡선을 보인다. 연공서열형 임금체계란 연령 또는 근속이 증가하면서 임금이 상승하는 임금체계를 말한다. 그런데 여성의 임금은 청년기에는 남성과 같은 임금수준을 보이나, 30대 후반에 정점에 달한 이후 감소하고 있어 남성과 달리 연공서열에 따른 임금상승이 보이지 않는다.

여성의 임금수준이 30대 후반에 정점에 달하는 이유는 출산·육아로 인한 경력단절현상의 효과로 해석된다. 30대 후반에 출산·육아로 인해 일자리를 그만두거나, 불안정한 일자리가 반복되면서 장기근속을 통해 임금이 상승하는 사례가 적기 때문이다. 비정규직 또는 저임금 노동으로의 재취업이 시작되는 40대 연령대부터 여성의 임금수준은 낮아진다. 이는 50대 여성의 고용률이 증가했으나, 30대 후반보다 임금수준이 낮은 이유를 보여준다.

(단위 : 천 원)

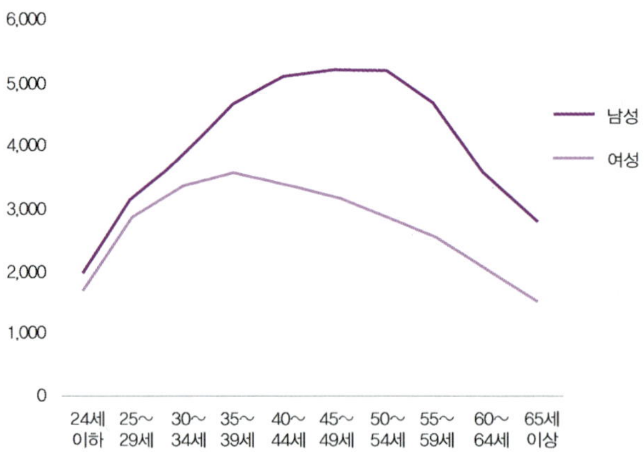

[그림 4-11] 성별 연령임금 곡선(월평균 임금총액 기준, 2023)

출처 : 고용노동부. 고용형태별 근로실태조사 원자료.

이러한 경향은 정규직과 비정규직으로 구분하여 살펴볼 때 더욱 뚜렷하다(그림 4-12 참조). 정규직 남성의 임금은 50대 초반에서 정점에 달하고 있어 뚜렷한 연공서열형 임금 곡선을 보인다. 이와 달리 정규직 여성의 임금은 30대 후반에 정점에 달한 이후 하향하고 있어 남성과 달리 연공서열형 임금을 보이지 않는다. 정규직 여성이어도 중소 영세기업과 저임금 직종에서 일하는 사람이 많고, 경력단절 이후 재취업하면서 저임금 일자리로 취업하는 경우가 많기 때문이다. 500인 이상이나 공공부문에 한정하게 되면 정규직 여성의 임금 곡선은 정규직 남성에 비해서는 낮지만 비교적 비슷한 모습을 보이게 된다.

비정규직의 경우에는 남성과 여성 모두 연공서열형 임금의 경향을 보이지 않는다. 남성 비정규직의 임금수준은 30대 초반부터 60대 초반까지 평평한 모습을 보이고, 여성 비정규직은 30대 초반에 완만한 정점에 달하지만 대체로 평평한 모습을 보인다. 비정규직의 임금수준이 청장년 연령대와 무관하게 낮은 것은 대체로 기간을 정한 고용 때문에 근속이 짧기 때문이다.

(단위 : 천 원)

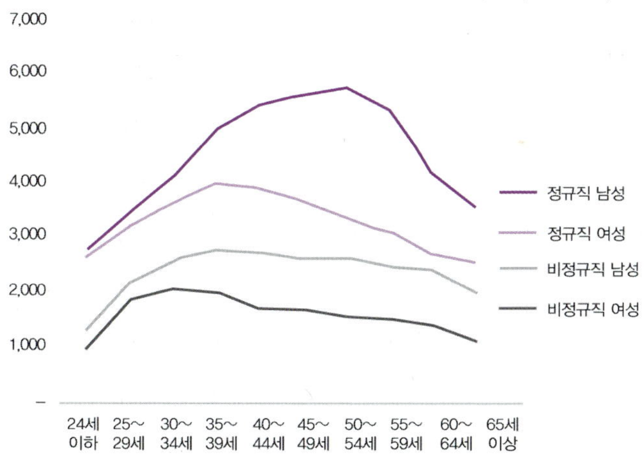

|그림 4-12| 성별 연령임금 곡선(월평균 임금총액 기준, 2023)

출처 : 고용노동부. 고용형태별 근로실태조사 원자료.

<표 4-4>는 성별 근로시간의 차이를 고려하여 시간당 임금을 기준으로 남성 대비 여성임금 비율을 살펴본 것이다. 전체적으로, 20대에는 여성임금 비율이 95% 내외로 거의 차이가 없었으나, 30대 초반부터 격차가 나타나서 경력단절이 본격화되는 30대 후반 82.4%, 40대 초반 72.6%, 50대 초반 59.4%로 임금격차가 벌어진다.

<표 4-4> 연령대별 남성 대비 여성임금 비율(시간당 임금 기준, 2023년)

(단위 : %)

	여성임금/남성임금			여성 비정규직/남성 정규직	비정규직/정규직
	전 체	정규직	비정규직		
전체	71.0	73.0	73.5	54.0	70.9
24세 이하	94.9	99.0	91.4	75.1	78.4
25~29	95.9	95.6	95.4	75.3	78.9
30~34	90.4	90.9	89.1	71.6	79.5
35~39	82.4	83.4	86.1	64.0	73.8
40~44	72.6	74.8	73.0	56.4	72.3
45~49	66.5	67.5	70.6	53.0	72.2
50~54	59.4	60.5	62.9	47.9	71.8
55~59	58.8	59.5	62.3	49.5	75.4
60~65	64.5	65.6	65.3	59.1	85.0
65세이상	72.3	74.2	75.0	65.0	81.5

출처 : 고용노동부. 고용형태별 근로실태조사 원자료.

여성 비정규직의 임금 비율(정규직 남성 대비)은 54%인데, 20대 후반 75.3%, 30대 초반 71.6%, 30대 후반 64.0%, 40대 초반 56.4%, 50대 초반 47.9%로, 50대에서는 절반 이상으로 임금격차가 벌어진다. 50대 초반에 성별 임금격차가 가장 큰 이유는 남성 정규직의 임금이 정점에 달하는 시점이면서 여성의 비정규직 비율이 44.9%로 높아지는 시점이기 때문이다. 경력단절을 경험한 50대 여성들이 재취업하는 직종은 취업이 쉽고 임금수준이 낮은 여성집중 직종이라는 점에서 50대 남성 정규직과는 직종 자체가 다르다.

청년들의 일자리 경쟁이 격화되면서 최근에는 연공서열형 임금체계에 대한 반감이 나타나고 있는데, 연공서열형 임금체계와 상대적인 고임금은 주로 대기업과 공공부문과 같은 양질의 일자리에서 나타나는 것이다. 정부는 근속이 늘면서 임금이 상승하는 연공서열형 임금체계를 개별기업 내에서 직무평가에 따라 임금을 결정하는 직무급 임금체계로 전환하고자 한다. 그러나 임금체계 전환은 개별기업이 아니라 사회적으로 노동시장 양극화를 완화할 수 있는 방향으로 접근할 필요가 있다. 최저임금 인상의 한계가 있는 상황에서 비정규직과 돌봄 노동자의 처우를 개선하기 위해서는 노동에 대한 사회적 가치평가가 필요하다. 불합리한 성별 임금격차 해소의 관점에서 볼 때도 임금체계 전환은 사회적으로 '동일가치노동 동일임금의 구현'이라는 원칙으로 접근해야 한다.

4. 노동시장 젠더 이슈와 정책과제

1) 노동시장 젠더 이슈와 성평등 정책

이상에서 살펴본 바와 같이 여성 노동시장의 문제는 크게 출산·육아로 인한 경력단절현상과 비정규직 등 불안정 고용의 확산, 성별 직업 분리 현상 등으로 요약할 수 있다.

첫째, 여성의 경력단절현상(career interruption)은 출산·육아로 인해서 여성이 노동시장에서 불이익을 받게 되는 원인을 설명한다. 통계청(2024년)에 의하면 15~54세 기혼여성 중 경력단절 여성[5]은 점진적으로 감소하고 있는데, 2024년 상반기 현재 121만 5천 명이다. 이들이 일을 그만둔 이유는 '육아(41.1%), 결혼

5 통계청의 지역고용조사에서 경력단절 여성은 '15~54세의 기혼여성 중 현재 미취업인 여성으로 결혼, 임신 및 출산, 육아, 자녀교육(초등학교), 가족돌봄 때문에 직장을 그만둔 여성'으로 정의한다.

(24.9%), 임신・출산(24.4%), 가족돌봄(4.8%), 자녀교육(4.7%)' 순으로 나타나고 있으며, 경력단절 기간은 10년 이상(41.2%), 5~10년 미만(22.8%), 1년 미만(12.6%) 순서로 나타난다(통계청, 2024). 여성의 경력단절은 이전에 취업했으나 결혼, 출산 시점에서 일을 그만두고, 육아부담이 줄어드는 시기에 재취업하는 과정을 거친다. 그러나 재취업과정에서는 그간의 경력단절로 인해서 이전과 같이 좋은 일자리를 찾을 수 없고 저임금 일자리로 취업할 가능성이 크다. 이 출산・육아로 인한 경력단절현상은 여성의 낮은 고용률과 높은 성별 임금격차를 설명하는 주요한 원인이다.

둘째, 비정규직 등 불안정 고용의 확산 또한 여성이 노동시장에서 불이익을 받는 원인이다. 노동시장 이중구조화가 심화되면서 경력단절 여성, 비정규직, 중고령자 등의 노동시장 취약계층은 양질의 일자리로 이동이 어려워진다. 노동시장의 이중구조화란 노동시장이 양질의 일자리 부문과 그렇지 않은 일자리 부문으로 나뉘어져 있으며, 양자 사이에는 진입장벽이 존재해서 노동이동이 어려운 구조를 의미한다. 양질의 일자리 부문에서는 고용안정성과 상대적인 고임금이 보장되는 반면, 그렇지 않은 부문에서는 고용불안과 저임금에 처하게 된다. 대표적인 이중구조는 대기업과 중소기업 일자리, 또는 정규직과 비정규직 일자리의 차이를 예로 들 수 있다. 노동시장에서 여성 비정규직이 많은 이유는 양질의 일자리가 원하는 숙련, 전공 등 인적자본의 차이나 출산・육아로 인한 경력단절에도 원인이 있으나, 노동시장의 성차별, 연령차별과도 연관되어 있다. 학력, 숙련, 경력 등에서 비교적 동질적인 노동력이더라도 어떤 부문에서 일하는가에 따라 고용안정성과 임금수준이 달라진다.

셋째, 성별 직업분리현상(segregation of jobs by gender)도 노동시장에서의 성별 격차를 설명하는 원인 중의 하나이다. 성별 직업분리현상은 직업이 성별에 따라 여성 중심 직업과 남성 중심 직업이 분리되는 현상으로, 대체로 여성 중심 직종의 임금수준이 낮고 남성 중심 직종의 임금수준이 높다는 결과를 보인다. 그 원인에 대해서는 성별 선호도의 차이, 직무수행에 있어서 성별 직무능력의 차이, 기업의 직접적 성차별, 여성의 진출을 가로막는 법·관습·문화 등의 제도적 차별(금재호, 2003 : 3) 등 다양한 연구가 축적되어 있다. 과밀가설(crowding hypothesis, Bergmann, 1974)에 의하면, 성차별로 인해 특정 직종에의 진입이 제한될 경우 여성들은 취업이 가능한 일부 직종에 집중적으로 몰려들고, 이들 여성집중 직종의 임금은 낮아지게 될 것이다. 반면 여성의 진출이 어려운 직종에서 남성은 경쟁 부족에서 오는 임금 프리미엄을 누리고, 그 결과 성별 직종 분리의 현상과 남녀 간 임금격차가 발생하게 된다(금재호, 2003 : 5).

출산·육아로 인한 경력단절현상, 비정규직 등 불안정 고용의 확산, 성별 직업분리현상 등은 상호 연관되거나 중첩되어 있다는 특징을 보인다. 출산·육아로 인해 경력단절을 겪은 여성이 비정규직이나 여성집중 직종에 취업할 가능성이 큰 현실을 예로 들 수 있다.

이러한 문제들은 기존의 「근로기준법」 등 노동관계법으로는 해결되지 않은 문제의 영역들이 존재함을 보여준다. 「근로기준법」 제6조(균등한 처우)에서 '사용자는 근로자에 대하여 남녀의 성(性)을 이유로 차별적 대우를 하지 못하고, 국적·신앙 또는 사회적 신분을 이유로 근로조건에 대한 차별적 처우를 하지 못한다'고 규정하고 있으나, 고용형태는 명시되지 않았다. 노동시장 이중구조화가 심화함에 따라 최근에는 「근로기준법」에 고용형태를 이유로 한 차별금지, 동일가치노동 동일임금 원칙을 보장한 법률개정안이 발의된 바 있다.

그러나 이미 1987년 제정된 「남녀고용평등법」(현행 남녀고용평등과 일·가정 양립 지원에 관한 법률)에서는 제8조에서 '사업주는 동일한 사업 내의 동일가치 노동에 대하여는 동일한 임금을 지급하여야 한다'고 규정하고 있으며, 고용에서 남녀의 평등한 기회보장 및 대우, 적극적 고용개선조치(Affirmative action), 일·가정의 양립 지원 등을 명시했다.

그 외에도 1995년 「여성발전기본법」(현행 「양성평등기본법」), 1999년 「남녀차별금지 및 구제에 관한 법률」(현행 폐지), 2008년 「경력단절여성 등의 경제활동 촉진법」(현행 「여성의 경제활동 촉진과 경력단절 예방법」)은 성평등 정책을 실천할 수 있는 근거가 되었다.

지난 30여 년간 법률제정과 다양한 정책을 통해서 노동시장의 성평등이 추진되어 왔다. 그러나 성평등 정책이 실효성을 갖기 위해서는 노동시장 이중구조를 완화할 수 있는 노동시장 정책과 일관성을 가지고 상호 보완되어야 한다. 특히 중소 영세기업과 돌봄 노동시장 등 저임금 노동시장에 여성이 집중되어 있다는 점을 고려할 때 4인 미만 사업장에 대한 근로기준법 적용과 동일가치 노동 동일임금 원칙 등의 법제화는 여성 비정규직을 포함한 불안정 고용계층에게 필수적인 정책이다.

2) 성평등 노동시장을 위한 정책과제

여성의 노동시장 지위를 개선하기 위해서는 성평등 노동시장 정책이 필수적이다. 성평등 노동시장을 위해서는 '교육과정'의 성평등이 '노동시장 출발선'의 성평등으로 이어져야 하고, 노동시장의 여건 때문에 저임금 함정으로 빠지게 되는 경로를 방지해야 한다.

이 글에서 살펴본 것처럼 20대 후반 청년기에는 고용과 임금수준의 성별 격차가 크게 나타나지 않았다. 청년 여성이 이후 출산과 육아부담으로 인한 경력단절의 위험과 저임금 비정규직 함정에 빠지지 않기 위해서는 성평등 노동시장 정책이 필요하다.

여성의 노동시장 지위를 개선하기 위한 최소한의 정책을 살펴보면 다음과 같이 요약할 수 있다.

첫째, 고용 취약계층의 보호를 위해서는 최소한 5인 미만 영세사업장 노동자에게 근로기준법을 확대 적용하는 한편, 과도적으로 소규모 사업자의 부담을 완화할 수 있는 정책적 지원이 필요하다. 또한 자영업자로 구분되어 임금노동자로서 보호받지 못하는 플랫폼 노동자, 특수고용 노동자, 프리랜서의 노동기본권을 보호할 수 있도록 노동법의 개선이 필요하다.

둘째, 불합리한 임금격차를 해소하기 위해서는 사회적 차원에서 동일가치 노동 동일임금의 원칙을 수립해야 한다. 이미 고용평등법에 '동일한 사업 내 동일가치 노동에 대해서는 동일한 임금을 지급해야 한다'고 규정하고 있는데, 이 조항은 근로기준법에는 포함되지 않았다. 동일가치 노동 동일임금의 원칙은 직무가 다소 다르더라도 '기술, 노력, 책임, 작업조건' 등에서 같은 가치를 갖는 노동이라면 동일한 임금을 지급해야 한다는 의미이다. 국회에 발의된 근로기준법 개정안에는 이 원칙이 명시되어 있는데, 비록 동일한 사업장에 한정된 것이지만 성, 고용형태, 연령 등 노동시장의 불합리한 차별을 해소하기 위한 기본적인 원칙이다.

셋째, 불합리한 성별 임금-고용격차를 축소하기 위해서는 적극적 고용개선조치의 실효성 강화와 성평등 임금-고용 공시제가 중요한 정책수단이 될 수 있다. 적극적 고용개선조치는 공공기관과 300인 이상 민간기업을 대상으로 여성고용기준(여성 고용과 여성 관리자 비율)을 충족하도록 유도하여 고용 평등을 촉진하는 사업으로 2024년 현재 2,652개 사업장을 대상으로 시행되고 있다. 적극적 고용개선조치는 임금-고용격차를 대내외적으로는 공개하지 않고 자체 개선을 유도하고 있으나, 성평등 공시제는 기업 내의 격차 지표를 대내외적으로 공개하여 개선을 유도한다는 차이가 있다. 성평등 공시제는 현재 공공기관과 지자체를 중심으로 주로 임금격차 지표에 한정하여 도입되고 있으나, 실효성을 강화하기 위해서는 성별 고용과 고용형태를 포함하는 지표로 확장하여 도입할 필요가 있다.

여성의 노동시장 지위를 개선하기 위해서는 노동시장의 성평등이 선행되어야 경력단절 사후 대책의 사회적 부담을 축소할 수 있다. 기존의 정책이 여성의 경력단절 예방보다는 경력단절 여성의 취업지원과 같은 사후 대책에 중점을 두었던 것과는 달리, 「여성의 경제활동 촉진과 경력단절 예방법」에서는 5년마다 기본계획과 매년 시행계획을 수립하고 시행하도록 규정하고 있다. 이 법의 규정에도 불구하고, 계획수립과 시행이 효과를 발휘하기 어려운 것은 노동시장 정책과의 결합력이 약하기 때문이다. 경력단절 예방의 핵심은 이중구조화 개선을 위한 노동시장 정책과 함께, 적극적 고용개선조치와 성평등 공시제의 실효성 강화, 육아휴직 등 모성보호 제도의 사각지대 해소, 출산·육아의 사회적 분담을 어떻게 실현할 것인가에 있다.

<부표 1> 임금근로자 중 비정규직과 정규직의 구분

□ 기간제가 아닌 한시적 근로자 일정 기간의 근로계약을 정하지는 않았으나, 회사 사정에 따라 언제든지 근로계약을 종료한다는 조건으로 근무하게 하는 근로자
□ 기간제 근로자 일정 기간의 근로계약기간을 정하여(구두 또는 묵시적 약속이나 계약도 포함) 근로자를 제공하는 근로자로 계약기간의 장단, 계약의 반복갱신 여부, 명칭 등과 관계 없음
□ 단시간 근로자 통상근로자(사업체 내 가장 일반적 형태의 근로자)의 1주간 소정근로시간보다 1시간이라도 짧은 소정근로시간 동안 근로를 제공하는 근로자
□ 용역근로자 용역업체가 고용하고 다른 사업주의 사업체에서 근로하는 자. 임금, 신분상의 고용관계 및 업무상 지휘명령 등 모두를 용역업체의 지휘감독을 받음
□ 일일근로자 근무지속성, 규칙성이 없이 아는 사람이나, 업체, 협회, 취업알선기관 등의 호출을 받아 일자리가 생겼을 경우 일시적으로 단기간 근무하는 자
□ 재택/가내 근로자 근로제공의 방법이나 근로시간 등을 전적으로 본인이 결정하는 자로, 근로의 장소가 사용자와 공간적으로 분리되어 있고 업무성취도에 따라 고정급을 지급받는 자
□ 특수형태 근로 종사자 스스로 고객을 맞이하여 상품・서비스를 제공하고 일한 만큼 소득(수수료, 수당 등)을 얻고 노무제공의 방법이나 노무제공시간 등은 본인이 독자적으로 스스로 결정하는 자, 근로자와 자영인의 중간 영역에 있음
□ 파견근로자 파견사업주에게 고용되어 있으나 사용사업주의 사업체에 파견되어 근로하는 자. 임금이나 신분상의 고용관계는 파견사업주의 관리를 받지만, 업무상 지휘명령은 사용업체로부터 받음
□ 정규직 근로자 위 비정규직 근로자에 해당하지 않는 근로자로 근로계약기간을 정하지 않거나 특별한 사정이 없는 한 계속 고용이 보장되는 근로자

출처 : 통계청. 경제활동인구조사. 통계설명자료.

생각해볼 문제

1. 대학에서 공학계열을 전공하는 여학생이 적은 이유가 무엇인지 토론해 보자.

그림 1 대학교 자연·공학계열 학사과정 재학생 성별 분포 및 계열별 성별 비율 (2021)

(단위: 명, %)

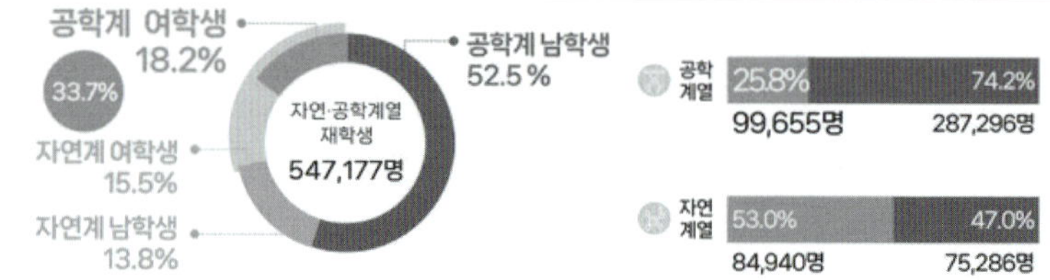

※ 주. 일반대학과 산업대학의 학사과정 재학생 기준.
* 자료 : 한국교육개발원, 대학통계 「학교별X학과별(상반기) 데이터셋(2021)」 원자료 재분석
* 출처 : 한국여성과학기술인육성재단(2022). 2021년도 남녀 과학기술인 양성 및 활용통계 재분석 보고서(통계표)

2. '한국에서 같은 일을 하는 이주노동자는 한국인과 동등한 임금을 받아야 한다.' 이에 대한 찬성 또는 반대 이유를 토론해 보자.

3. 성평등 공시제도는 기업의 임금, 채용, 승진, 배치 등에서 성별 격차를 공개하는 제도인데, 국내에서는 서울시를 비롯하여 공공부문 중심으로 확산되고 있다. 민간기업에서 성평등 공시제도를 도입하면 어떤 효과가 있을지 토론해 보자.

참고문헌

고용노동부. 고용형태별근로실태조사.

권혜자(2018). 20대 후반 여성 고용률의 역전과 고용정책 시사점, 고용동향브리프 2018 Vol. 3.

금재호(2001). 노동시장 이중구조와 성차별 : 직종분리를 중심으로, 제3회 한국노동패널 학술대회 자료집. 한국노동연구원.

박선영・김태환・권혜자・김정혜・김명아(2018). 여성・가족 관련 법제의 실효성 제고를 위한 연구(Ⅴ) : '남녀고용평등법' 제정 30년의 성과와 과제. 한국여성정책연구원.

통계청(2024). 2024년 상반기 지역별고용조사 기혼여성의 고용 현황, 보도자료 2024. 11. 19.

통계청(2024). 한국의 SDG 이행현황 2024. 보도자료 2024, 3. 21.

통계청. 경제활동인구조사.

통계청. 경제활동인구조사 근로형태별 부가조사.

한국노인인력개발원(2022). 2021 노인일자리 및 사회활동 지원사업 통계동향. 보도자료, 한국노인인인력개발원.

OECD. OECD Employment and Labour Market Statistics, 마지막 업데이트 시점 2024. 11. 1.

CHAPTER
05

조직과 젠더

1. 조직의 개념과 젠더 관점의 이해 필요성

일반적으로 조직이란, 공통의 목표를 달성하기 위한 2인 이상이 의도적으로 모인 집단으로 정의할 수 있다. 이러한 개념에 따르면 조직은 명확한 목표를 가지고 조직목표를 달성하기 위하여 구성원들의 협동적 노력이 이뤄지는 곳이다. 오늘날 조직을 바라보는 관점은 사회환경의 변화, 정보기술의 발전 등으로 인해서 엄격한 계층적 구조에서 효율성과 경제성만을 중시한 전통적 조직이론의 개념과 다른 방식으로 조직을 바라본다. 예를 들면, 조직과 환경과의 관계는 폐쇄적이 아니라 개방 체계를, 조직목표 달성을 위하여 엄격한 규칙과 절차보다는 다양성과 유연성을, 조직의 성과를 높이기 위해서 구성원의 만족과 동기부여를 중시하는 인간 중심적 접근을 강조하는 것으로 변화하고 있다(유종해·이덕로, 2023 : 8; 장인봉, 2020).

조직은 조직목표를 극대화하고자 하는 분명한 지향점을 가지며, 따라서 조직성과를 종속변수로 할 때 조직성과에 영향을 미치는 요인을 찾는 것을 주요 연구 문제로 삼기도 한다. 이때 조직성과에 사용되는 종속변수는 전통적 조직이론에서는 민간기업의 경우 매출액이나 이익 등 재무적 성과를 추구하는 것이었다. 그러나 오늘날 조직성과에 대한 정의나 개념은 훨씬 다양해지고 있다. 즉, 조직성과는 재무적 지표뿐 아니라 조직의 사회기여도나 조직 구성원들이 얼마나 조직 가치에 동조하며 직무에 몰입할 수 있는지의 다양한 가치 변수들을 필수적으로 동반하고 있다. 더 이상 조직은 폐쇄적이 아니며, 환경과의 관계 속에서 조직의 생존과 조직뿐 아니라 조직 내에서 개인이 어떻게 성장할 수 있는지를 끊임없이 묻고 있다. 기존의 물질적 가치에 집중된 경향에서 탈피하여 사회적 가치인 다양성, 포용성, 책임성 등이 중시되고 있으며 기업을 중심으로 기업의 사회적 가치추구의 일환으로 환경, 사회, 지배구조의 ESG (Environment, Social, Governance)가 강조되고 보편적 조직 전략으로 강조되고 있는 것도 이러한 맥락과 연관된다.

오늘날 조직에서 성별 요인이 중요하게 다뤄지는 이유는 조직가치로서 형평성과 공정성, 조직문화의 다양성 강화에 대한 요구, 조직의 성과와 생산성 향상 촉진, 리더십과 의사결정의 다양성 확보, 더 나아가 사회적 인식 및 기업 이미지 향상에 기여하기 때문이다. 조직에서 성별 요인은 단순한 생물학적 차원을 넘어 사회적 역할, 기대, 경험을 포함하여 조직 내 상호작용에 영향을 미치기 때문이다. 조직 구성원을 근로자라는 단일집단으로 인식한 것에서 벗어나 근로자 간 성별에 따른 차별과 불평등에 대한 문제제기, 성희롱·성폭력 등 구성원들 간 상호작용에 대한 특성이 조직성과나 생산성에 영향을 미친다는 실증적 경험들이 제시되면서 조직연구에서 이를 적극 반영하는 경향이 있다.

이 장에서는 최근 조직 관련 연구 중 성별 문제에는 어떠한 것이 있는지 선행 연구를 중심으로 살펴보고, 조직의 성별 문제에 대한 정책적 대응과 실태, 그리고 조직의 젠더 다양성 확보를 위한 과제를 모색해 보고자 한다.

먼저 조직의 성별 문제에 대한 연구는 크게 세 가지로 구분하여 살펴보았다. 첫째, 조직 내 성별 변수가 조직성과 혹은 조직 생산성에 미치는 영향에 관한 연구이다. 다양한 성별 구성원들이 참여하는 조직은 보다 협력적 환경을 조성하며 이는 조직성과와 연계되고 있는 실증적 연구가 있다. 둘째, 조직 내 성별로 인한 불평등 문제를 다루는 연구이다. 성별 불평등의 차원은 자원과 권한의 불평등으로 인한 수직적 차원과 성별에 따른 직종과 직무의 분리 등 수평적 불평등 현상으로 구분할 수 있으며 이에 대한 실태를 살펴본다. 셋째, 미투(#MeToo) 운동으로 촉발된 조직 내 성희롱·성폭력 문제이다. 이와 같은 조직 내 성별 문제는 각각의 조직문화를 구성하며 지속가능하고 건강한 조직을 위한 다양성 관리의 필요성을 제기한다. 이후 조직의 젠더 다양성 증진을 위한 전략으로 관련 정책을 소개하고 과제를 모색해 본다.

2. 다양한 조직 내 젠더 문제들

1) 조직의 생산성 제고 전략으로서 젠더

조직연구에서 성별 변수를 적극적으로 활용하기 시작한 것은 여성의 경제활동 참여 확대와 함께 본격적으로 이뤄져 왔다고 할 수 있다. 특히 1970년대 중반 이후 조직 내 여성의 성별 변수를 포함한 연구가 시작되었다.

이와 관련한 연구는 여성의 조직 진입 확대의 영향을 파악하기 위한 조직 구성원 여성 비율 증가와 조직성과, 여성관리자가 갖는 다양한 요인이 조직성과에 미치는 영향, 여성친화적 정책과 조직성과와의 관계 등으로 성별 변인과 조직성과에 관한 연구의 방향성 또한 다양하다. 조직 구성원의 특성은 인종이나 연령, 출신 지역 등으로 다양할 수 있으나 여기에서는 성별 요인에 초점을 둔 연구로 한정하였다.

조직성과란 조직활동의 최종 산출물로서 조직은 지속가능한 생존을 위해 조직성과를 높이기 위해 다양한 노력을 한다. 공공조직의 성과는 주로 공공서비스의 질, 사회적 영향, 공공만족도 등을, 민간조직의 성과는 주로 재무적 산출과 관련하여 이윤창출과 기업가치 극대화로 정의할 수 있다. 그러나 조직의 성과는 공식적으로 드러나는 공공서비스 질이나 공익, 이윤이나 매출뿐 아니라 조직 구성원들의 조직 구속력 또는 조직 몰입, 지속가능성 등 조직 가치를 포함하여 표면적으로 드러나지 않는 것도 있다. 김수한(2015)의 연구에 따르면 2005년부터 2013년까지 690개 기업에 대한 전국단위 패널자료를 활용하여 분석한 결과 여성사원의 증대는 신제품 개발능력이나 업무절차의 효율성 등 조직의 내부 역량 영역에서 긍정적 영향을 준 반면 대외적 경쟁력을 높이는 데는 효과가 없는 것으로 나타났다. 한편 여성관리자의 증대는 커뮤니케이션 수준에 따라 상반된 효과를 나타내었는데, 소통이 원활한 기업에서 여성관리자가 증가할수록 성과가 높은 반면 소통수준이 낮은 조직에서 여성관리자의 증가는 부정적 효과를 나타내었다. 이는 성별 요인이 조직성과의 요인이기는 하지만, 조직환경이나 조직분위기 등 조직 특성에 따라 다르게 작용할 수 있다는 점을 나타낸다.

다양한 조직 내외적 환경변화에 따라 어떠한 변인이 조직성과나 생산성 향상에 영향을 미치는가에 대한 의문을 가지면서 조직 구성원의 다양성 변수에 관심을 갖기 시작하였다. 특히 성별 관련하여 공공부문에서 여성구성원 비율이 점차 높아짐에 따라 조직 생산성에 대한 의문은 실증적 연구를 통해서 구체적으로 확인할 수 있다. 김보은(2019)의 연구는 우리나라 공공기관의 조직 내 관리자, 여성근로자 비율이 조직성과에 어떠한 영향을 미치는지를 실증적으로 분석하고 있다. 조직성과 지표를 공공기관의 청렴도와 매출액으로 설정하였고, 매출액은 대표적인 조직성과를 나타내는 지표로 공기업과 준정부기관을 분석할 때 종속변수로 활용하기도 한다. 조직 내 여성 비율을 여성근로자와 여성관리자로 구분하여 조직성과와의 연관성을 분석한 결과, 여성근로자 비율이 높은 경우 조직의 생산성, 즉 조직의 청렴도와 매출액의 유의미한 변화를 확인하였다. 그러나 여성관리자 비율이 높은 경우 조직 생산성에는 유의미한 영향을 미치지 못한 것으로 나타났는데 이는 공공기관의 여성관리자 비율이 기관마다 편차가 커서 편차의 크기에 따른 불안정성 등의 한계 때문으로 분석하였다. 진종순 등(2018)의 연구도 여성관리자 확대가 조직에 미치는 효과를 실증적으로 분석하였는데 여성관리자 임용목표제 도입·확대와 조직성과로 조직의 경쟁력, 조직분위기 순화, 여성 간 협조 등의 관계를 분석한 결과 조직의 성과에 긍정적인 영향이 있음을 확인하였다.

한편 조직 구성원의 성별 비율은 어느 정도까지일 때 조직성과가 가장 좋은가? 권경득(2009)의 연구는 조직 내 여성 비율의 증가가 조직성과에 긍정적이거나 부정적 등 일방향적 영향을 미치는 것은 아니라는 전제하에 공공조직을 성별 비율에 따라 유형화하여 조직성과 간 관계를 분석하였다. 전체 여성 비율 30% 기준 조직유형Ⅰ, 관리직 여성 비율 30% 기준 조직유형 Ⅱ로 구분하고 조직유형Ⅰ과 조직유형 Ⅱ에 있어서 여성지배조직의 성과가 남성지배조직의 성과보다 낮게 나타난 반면, 여성지배조직의 경우 직무행태변수 중 직무만족도는 조직성과에 긍정적 영향을 미치는 것으로 나타났다. 즉, 명시적인 조직성과는 남성지배조직에서 높을 수 있으나 여성지배조직의 경우 직무만족도가 높으며 이는 조직성과에 긍정적으로 영향을 미칠 수 있어서 구성원의 여성 비율을 고려한 맞춤형 조직 및 인사 관리전략이 필요하다는 것을 시사하고 있다.

이와 유사한 맥락에서 조직 내 성별 비율에 따라 여성지배조직, 남성지배조직에 따른 조직전략을 모색하려는 연구가 있다. 조직의 생산성 제고 전략으로서 젠더는 조직 내 성별 균형이 이뤄질수록 성과에 정적(+)으로 영향을 미친다는 연구결과가 있다(조혜원·함인희, 2016 재인용). 필즈와 블럼(Fields & Blum, 1997)의 연구는 남녀균형조직에서 조직만족도가 가장 높게 나타난 반면, 남성지배조직에서 가장 낮았고, 여성지배조직은 그 중간에 위치한 것으로 파악하였다. 남녀균형조직의 만족도가 가장 높은 이유로 동료들에 대한 만족도가 높거나 그들이 맡고 있는 직무의 자율성이나 임금수준이 비슷하기 때문이라고 설명하고 있다. 이와 같이 성별 균형인 조직에서의 조직성과가 높다는 연구는 마틴(Martin, 1985), 프링크 등(Frink et al., 2003), 곤잘레즈와 데니시(Gonzalez & Denisi, 2009) 등의 연구에서도 확인된다. 마틴(Martin, 1985)은 구성원의 직무만족도가 성비균형조직에서 가장 높게 나타났지만, 성별구성비율과 조직태도는 선형적으로 설명할 수 없음을 확인하였다. 프링크 등(Frink et al., 2003)은 조직의 여성

비율과 조직성과 간 관계를 규명한 연구에서 여성 비율과 조직성과가 유의미한 정적(+) 상관관계를 보이지만 여성 비율이 50%를 넘어서면 오히려 성과가 떨어지는 비선형 관계에 있음을 확인하였다. 비슷한 맥락에서 곤잘레즈와 데니시(Gonzalez & Denisi, 2009)의 연구에서는 젠더구성이 균형적일 때 성과가 가장 높았고, 남녀 중 어느 한쪽으로 치중된 조직에서는 성과가 낮아지는 것을 확인하고 있다.

이와 같은 조직 내 성별 변인과 성과와의 관계를 확인한 연구의 시사점은 조직 구성원의 특성 중 성별 변수를 조직성과 영향 요인으로 고려하였다는 점과 구성원의 다양성 특성이 조직의 형평성, 포용성 요구 등에 부응할 수 있음을 시사한다.

2) 조직 내 수직적·수평적 성별 불균형

성평등 수준의 정도를 파악할 때 사용하는 대표적인 지표로 유리천장 지수를 들 수 있다. 유리천장 지수[1]는 여성이 일하는 환경을 평가하는 국제지수의 하나로, 2024년 기준 우리나라는 29개의 OECD 국가 중 12년째 29위로 최하위에 머물고 있으며, 이는 한국에서 일하는 여성의 환경이 상대적으로 가장 가혹하다는 것을 의미한다. 유리천장 지수 산정의 중요 지표 중 가장 순위가 낮은 지표는 남녀소득격차와 관리직 여성 비율 및 기업 내 여성이사 비율이다. 특히 고위직 여성 비율은 29개 국가 중 28위에 머물고 있다. 평등하고 공정한 사회에서는 모든 사람에게 동등한 기회가 주어짐으로써 결과의 평등을 기대할 수 있으나 특정 성별이 과소대표 되는 경우 자원과 권한의 배분이 공정하지 못할 수 있다는 신호가 되기 때문에 이에 대한 개선 요구가 높은 것이다.

1 유리천장(The glass−ceiling)은 조직 내에서 여성이 일정 서열 이상으로 오르지 못하게 하는 '보이지 않는 장벽'을 의미하는 것으로 일하는 여성의 노동참여율, 남녀 고등교육·소득격차, 여성의 노동참여율, 고위직 여성 비율, 육아비용, 남녀육아휴직 현황 등의 지표를 반영하여 OECD(경제협력개발기구) 회원국을 대상으로 매년 산정하고 있다(국가전략정보포털, 2024. 3. 8).

그동안 여성의 사회진출이 활발해졌음에도 불구하고 여성의 사회·경제적 지위에서 불평등의 현상을 쉽게 확인할 수 있다. 특히 자원과 권한의 배분과 관련하여 조직 내 지위에서의 불평등 현상으로서 공-사 조직을 막론하고 고위직 또는 관리직 성별 불균형 현상을 볼 수 있다.

먼저 공공부문에서 관리직 여성 비율을 살펴보면, 2005년 중앙정부 관리직 공무원 여성 비율은 3.2%에 불과했으나, 2021년 19.7%로 16년 동안 5배 이상 증가하였다. 지방자치단체 여성관리직 공무원 비율은 2005년 5.9%에서 2021년 24.3%로 18.4%p 증가하였다(행정안전부, 각 연도). 이와 같은 관리직에서의 여성 비율 증가는 2002년부터 시행된 '5급 이상 여성관리직 임용확대 계획'과 여성관리자 임용목표제를 통한 성과로 볼 수 있다.

(단위 : %)

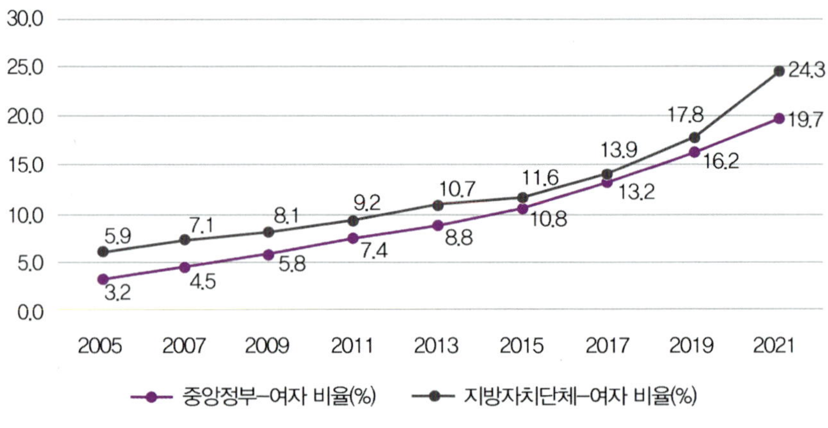

[그림 5-1] 중앙 및 지방자치단체 여성관리자 비율 추이 변화

주 1 : 중앙공무원 관리직의 경우 일반직 공무원을 대상으로 함

2 : 중앙정부는 4급, 지방자치단체는 5급 기준임

출처 : 행정안전부(각 연도). 행정부국가공무원인사통계, 지방자치단체여성공무원통계. KOSIS (검색일 : 2024. 6. 7).

정부 정책의 주요 의사결정 및 주요정책에 대한 자문, 심의 등 기능을 수행하는 중앙행정기관 소관 각종 위원회의 위원 중 위촉직 여성위원의 비중은 2014년 29.6%에서 2023년 현재 40.7%로 10년 동안 10%p 이상 증가하였는데 이는 정부의 성평등 정책추진의 일환으로 정책결정 과정 참여에서 특정 성별이 60%를 넘지 못하도록 한 정책 노력의 결과라 할 수 있다(「양성평등기본법」 제21조).

<표 5-1> 중앙행정기관 소관 위원회 여성 현황 (단위 : 개, 명, %)

항 목	2014	2015	2016	2017	2018	2019	2020	2021	2022	2023
위원회 수	444	448	436	449	500	507	522	564	547	531
위촉위원 수	7,835	8,020	7,445	8,288	8,838	9,166	8,795	9,430	9,206	9,558
여성위원 수	2,317	2,482	2,576	3,046	3,393	3,680	3,459	3,738	3,557	3,552
여성위원 비율	29.6	31.8	36.1	38.0	40.7	42.6	42.7	42.4	42.0	40.7

주 : 자료는 각년도 상반기 실적임

출처 : 여성가족부(각 연도). 중앙행정기관 및 지방자치단체 소속 여성위원 현황. 성인지통계시스템.

한편 고용노동부는 적극적 고용개선조치에 따라 공공기관 및 민간기업의 근로자 여성 고용 및 여성관리자 비율을 관리하고 있다.[2] 이들 사업장에서 제출한 자료에 따르면, 50인 이상 공공기관 여성 고용률은 2013년 36.0%에서 2023년 38.3%로 11년 동안 2.3%p 증가한 데 그친 반면, 여성관리자 비율은 2013년 17.0%에서 2023년 22.1%로 5.1%p 증가하였으나 증가속도는 더디다. 다음, 2018년부터 적극적 고용개선조치 대상기관에 포함된 지방공기업의 경우 2018년 여성 고용비율은 26.1%에서 2023년 31.9%로 5.8%p 증가한 반면 여성관리

2 적극적 고용개선조치 적용을 받는 사업장은 2006년 3월 1일 정부투자기관, 정부산하기관, 1000인 이상 사업장으로 제한하였으나, 2008년 3월 1일부터 구성원 500인 이상, 공공기관의 경우 50인 이상 사업장으로 확대되었고, 2018년부터 지방공기업법에 따라 지방공사와 지방공단으로 추가 확대되었다(고용노동부, 고용노동백서).

자 비율은 8.0%에서 11.7%로 3.7%p 증가한 데 그치고 있다. 민간기업의 경우 여성관리자 비율은 2013년 18.0%에서 2023년 22.5%로 11년 동안 4.5%p 증가한 데 그치고 있음을 볼 수 있다.

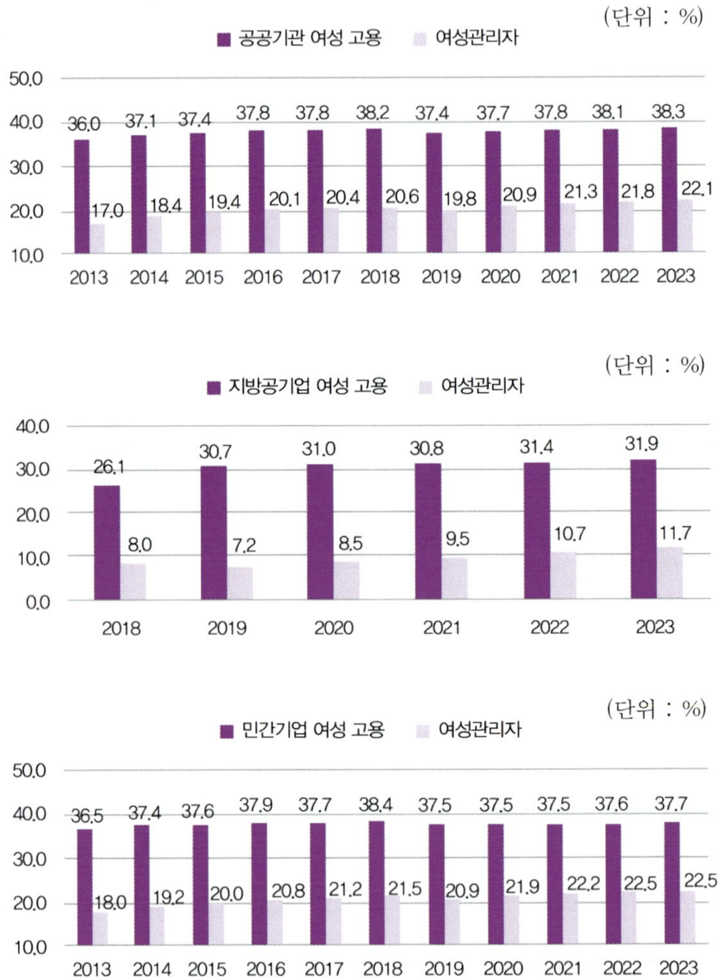

|그림 5-2| 공공기관-지방공기업-민간기업 여성 고용 및 여성관리자 비율 추이

출처 : 고용노동부, 고용노동백서. 성인지통계시스템.

관리직 및 고위직에서의 성별 불평등이 수직적인 성별 불균형 현상이라면, '유리벽' 현상은 여성들이 특정 직종이나 부서 내에서 수평적으로 고립되는 수평적 성별 불균형 현상이다. 구체적으로 민원응대 및 행정서비스, 인사 등 부서에는 여성이 집중되는 반면, 기획이나 예산, 전문 기술 부서에서는 남성이 집중됨으로써 이후 개인은 경력개발과 성장에 다른 경로를 걷게 되며 이는 여성의 고위직으로의 진출은 물론 임금과 같은 소득수준의 격차를 벌리는 이유가 되고 있다.

우리나라 국가직 및 지방직의 직종 및 직군별 성별 불균형 수준은 최근 적극적 균형인사정책으로 격차가 줄어들고 있기는 하지만, 일부 직종 및 직군에서는 여전히 '유리벽' 현상을 볼 수 있다. 국가직의 경우, 직종별로 교육직 여성 비율이 51.3%로 절반을 넘지만 일반직과 별정직은 약 38.0%, 정무직은 10.3%에 머물고 있다(김원정 외, 2022 : 42-45). 직군별로 국가공무원은 행정직 여성 비율이 43.2%로 40% 이상이지만, 관리운영직의 여성 비율은 80.3%로 4/5 이상을 차지하는 반면, 기술직은 28.8%로 여성이 1/3에도 못 미치고 있다. 한편, 지방직의 경우 일반직 여성 비율은 48.3%로 절반에 가깝지만, 교육직 27.9%와 경찰직 16.8%를 포함하는 특정직은 20% 내외로 성별 불균형 현상을 볼 수 있다. 지방자치단체 역시 부서별로 광역자치단체의 남성집중부서는 60%를 상회하는 반면, 여성집중부서는 10.8%, 성별균형부서는 28.5%이며, 기초자치단체는 남성집중부서 58.2%, 여성집중부서 15.8%로 남성집중부서 비율이 여성집중부서 비율의 3~4배를 차지한다. 비서 업무배치의 경우, 일정 및 서무 관련 비서업무는 여성이 각 87.4%, 75.0% 수행하는 반면 정무 및 수행업무는 남성이 90% 이상 차지함으로써 업무의 성별 분리 현상을 볼 수 있다. 이와 같은 '유리벽' 현상은 조직 내에서 정보나 자원이 특정 성별에 집중되는 반면 특정 성별에는 제외됨으로써 지위와 자원분배에서 소외가 발생하고 이는 성별 불균형을 강화하는 요인이 되고 있다.

3) 성별 임금격차

우리나라의 성별 지위의 취약성을 나타내는 또 다른 지표는 성별 소득격차이다. 우리나라는 OECD 회원국 중 성별 임금격차가 가장 높아 12년 연속 최하위를 기록하고 있다.

고용노동부가 실시하는 고용형태별 근로실태조사 결과에 따르면, 근속기간에 따른 여성의 임금비중 차이를 확인할 수 있다. 즉, 전체 근속 평균 남성이 100일 때, 여성임금비율은 2020년 66.3%, 2023년 66.4%로 나타났으나, 10년 이상 근속일 때 여성임금비율은 2023년 기준 73.4%로 나타나 성별 임금격차의 비중이 약 7%p 감소된 것을 볼 수 있다. 결국, 근속기간이 길수록 성별 임금격차는 줄어들 수 있다는 점에서 여성의 경력이탈을 방지하고 지속가능하게 일할 수 있는 여건 조성이 필요하다는 것을 시사한다.

(단위 : %)

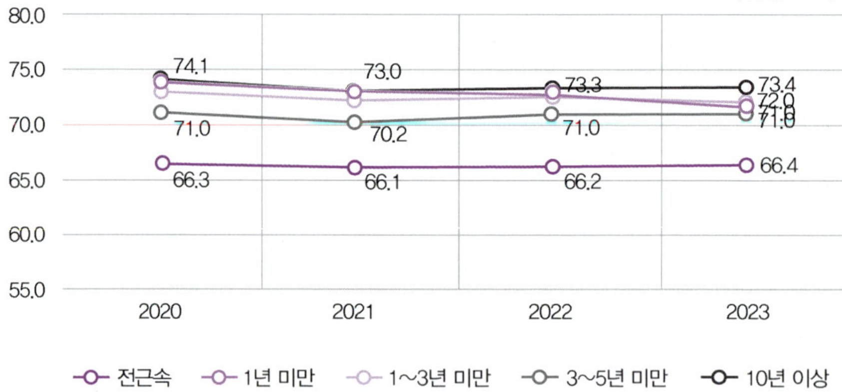

[그림 5-3] 근속기간별 임금성비(2020~2024)

주 : 임금성비=여성임금/남성임금*100

출처 : 고용노동부(각 연도). 고용형태별근로실태조사. 성인지통계시스템.

한편, 전체 근로자의 월급여액 임금성비 추이를 살펴보면, 2013년 여성 1,705천 원, 남성 2,664천 원으로 임금성비 64.0%에서 2023년 여성 2,569천 원, 남성 3,771천 원으로 임금성비 68.1%로 11년 동안 성별 임금격차는 4.1%p 감소하였으나 여전히 격차가 크다.

(단위 : 천 원, %)

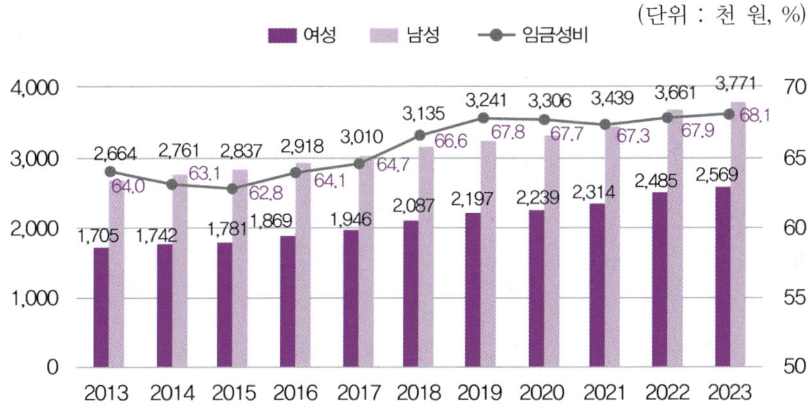

|그림 5-4| 월급여액 임금성비 추이(2013~2023)

주 : 임금성비 = 여성임금/남성임금*100

출처 : 고용노동부(각 연도). 고용형태별근로실태조사. KOSIS.

그렇다면 이와 같은 임금격차가 좀처럼 좁혀지지 않는 이유는 무엇일까? 여러 가지 원인을 포함하고 있는데, 특히 출산과 육아로 인한 경력단절, 이후에 노동시장에 진입하더라도 비정규직과 같은 불안정한 고용상태에 있거나 요양보호사 등 낮은 임금의 일자리에 머물게 되기 때문이다. 따라서 여성의 경력이 단절되지 않고 직업상태를 유지하기 위해서 노동환경의 일·생활 균형 조성과 모든 생활영역에서 돌봄에 대한 공동의 참여 등 정부와 기업, 개인의 협력적 노력이 요구되고 있다.

4) 직장 내 성희롱 · 성폭력

직장 내 성희롱이 공적인 문제로 드러나게 된 시기는 2000년대 이후로, 2006년 미국의 사회운동가 타라나 버크(Tarama Burke)가 "미투운동(Me Too Movement)"을 제안하면서 공론화되기 시작하였다. 미투운동은 소수인종이나 여성, 아동 등 사회적 약자들이 자신의 피해를 드러낼 수 있도록 독려하고 그와 같은 경험을 공감하는 사람들이 연대하여 용기를 내어 사회의 변화를 이끌어 내자는 시민사회의 운동으로서 주목을 받기 시작하였고 #미투 해시태그를 통해서 세대와 공간을 초월하여 확산되어 오고 있다. 우리나라는 미투운동이 제안되기 훨씬 이전인 1990년대 초반 대학 내에서 발생한 직장 내 성희롱 사건이 폭로되면서 잠시 공론화되었다가 사라졌다. 이후 2016년 문화예술계 성추문 폭로사건, 2018년 공직자를 비롯한 검찰청 내부 성추문 사건 등으로 미투운동과 함께 정책적 대응체계 요구가 거세지기 시작하였다.

성희롱 · 성폭력 문제는 2인 이상이 모인 조직에서 힘의 불균형으로 인한 권력 관계에서 발생할 수 있다. 직장 내 성희롱의 성립은 직장 내 지위 이용 또는 업무 관련성이 있는 동시에 성적 언동 등으로 성적 굴욕감 또는 혐오감을 느끼게 한 경우 성립한다. 따라서 성희롱은 남성과 여성 모두에게 발생할 수 있지만, 피해자의 대부분이 여성이라는 점에서 젠더 기반 폭력으로 정의하기도 한다. 여성가족부는 「양성평등기본법」에 근거하여 3년마다 성희롱 실태조사를 실시하고 있는데 가장 최근 조사인 2021년 성희롱 실태조사에서 직장에 재직하는 동안 한 번이라도 성희롱 피해를 경험하였다고 응답한 응답자는 전체 응답자의 4.8%였으며 성별로 남성 2.9%, 여성 7.9%로 여성의 경험률이 2배 이상 높게 나타났다. 기관유형별로 공공기관 7.4%, 민간사업체 4.3%로 공공기관 응답자 경험률이 3.1%p 더 높게 나타났다(여성가족부, 2022. 6. 7).

직장 내 성희롱의 특징은 피해자 중 여성 비율이 높다는 점, 행위자는 조직의 상급자나 기관장 및 사업주라는 점에서 조직 내 위계적 권한 관계가 불평등한 상태에서 이뤄진다는 점과 성희롱을 경험한 경우 직장생활을 지속하는 데 한계가 있으며 신체적・정신적 피해로 인한 트라우마를 갖게 할 수 있다는 점에서 문제의 심각성이 있다. 무엇보다 공동의 목표 달성을 위한 조직이라는 일정한 공간에서 발생함으로써 개인의 정보 노출로 인한 2차 피해 발생으로 이어진다는 점에서 전 조직적인 차원에서의 예방 및 대응노력을 강화할 필요성이 있다. 직장 내 성희롱 방지를 위한 대안으로써 성평등한 '조직문화 조성'으로 접근하는 점도 이와 같은 관점에서다.

3. 조직의 젠더 다양성 증진 정책

1) 구성원 젠더 감수성 훈련 필요성

조직 역시 생성－성장－유지－확산－소멸 등 유기체적 특성을 갖는다고 할 수 있다. 건강한 조직은 지속가능한 조직이다. 조직이 지속가능할 수 있으려면 조직 내외부의 환경변화를 인식해야 할 뿐 아니라, 더 나아가 환경변화에 적극 대응할 수 있어야 한다. 조직 내부적으로 구성원의 다양성 특성에 대한 이해가 필요하다. 세대와 성별 등 특성이 다양한 구성원을 포함하고 있기 때문이다. 이를 위한 시도로서 젠더 다양성 인식에 대한 교육이 필요하다. 젠더 다양성 인식은 '젠더 감수성' 혹은 '성인지 감수성'이라고도 한다.

젠더 감수성이란 성별에 따른 차별과 불평등을 인식하고, 이를 개선하기 위한 민감성과 이해를 갖는 것이다. 여기에 '성별' 요인은 조직 구성원의 다양한 특성 중 하나이지만 이 외에도 연령이나 신체적 특성, 인종적 특성 등 구성원의 다양성을 포함하고 있으며 젠더 감수성 혹은 성인지 감수성이라 할 때, 이와 같은 다양한 특성에 대한 민감성을 내포하는 개념으로 이해할 수 있다.

젠더 감수성은 전통적인 조직 내에서 고려하지 않았던 구성원의 다양성 특성을 이해하는 것이기 때문에 별도의 교육과 훈련이 요구되는 이유이다. 여기에는 다음과 같은 훈련 내용을 포함한다. 첫째, 젠더의 다양성 개념, 성별 편견과 차별의 형태, 이러한 편견이 미치는 영향이 무엇인지 토론해 본다. 둘째, 모든 사람이 동등한 기회를 갖는 것의 중요성과 성별 등 요인에 따라 차별을 받지 않을 권리, 대응방법 등을 포함한다.

<표 5-2>는 공공부문 젠더 감수성 향상 교육 예시이다. 다양한 공적영역에 따라 적용할 수 있는 젠더 감수성의 사례는 다양할 수 있어 실제 조직현장에서 적용해 보는 훈련이 필요하다. 예를 들면, 문화예술, 언어, 스포츠 등 분야의 일상 속 성평등 실천을 위한 노력에는 어떠한 것이 있는지 다양한 경험과 사례를 공유하는 것이다.

<표 5-2> 성인지력 향상 교육-예시

구 분	내 용
목표	• 공무원 및 정책관계자 대상으로 개인-직무-조직 차원의 다양한 영역별 성인지 감수성 향상 • 공직사회 양성평등 조직문화 조성 및 정책수립·시행과정의 성인지 실천 역량강화
대상	중앙·지자체 및 교육청 소속 공무원, 정책관계자 등
주요 교육내용	• 일상 속 성평등 실천을 위한 성인지 감수성 교육(문화예술, 언어, 스포츠 등) • 공직가치 실천과 연계한 성인지 관점 적용(경제, 과학, 지역관광 등) • 다양성·조직문화와 성인지 감수성 교육(관리자, 실무자) • 기관 특화 성인지 교육(법무부, 국방부 등)

출처 : 한국양성평등교육진흥원 교육센터 홈페이지, https://demsnew.kigepe.or.kr/front/contents/view.act?pageCode=P010201 (검색일 : 2024. 12. 9).

2) 다양성 관리와 ESG 전략

(1) ESG 도입배경 및 의의

ESG(Environment, Social, Governance)는 세계화가 진전되면서 무분별하게 확장되기 시작한 자본주의의 부작용으로 대두된 노동착취와 환경오염, 그리고 소수민족이나 여성, 아동 등 사회적 취약계층에 대한 사회적 문제들이 제기되면서 UN이 기업활동에 대한 통제와 규제에 대한 필요성을 인식하게 되면서부터 등장하였다. UN은 2000년에 들어오면서 전 세계 기업들이 지속가능한 기업운영의 정책을 채택하고 실행하도록 장려하기 위해서 유엔글로벌컴팩트(UNGC : United Nations Global Compact)를 설치하고, 2004년 세계적 금융기관을 초청하여 환경, 사회 및 지배구조에 대한 가이드라인과 권고안을 작성하도록 요청하였다. 이후 2006년 ESG의 원활한 시행을 위해 책임투자원칙 여섯 가지를 발표하였고, 여기에 약 1,750개의 글로벌 투자회사가 참여하였으며, 그 이행은 그로부터 15년 후인 2021년부터 실행하였다.

※ UN의 책임투자원칙

1. ESG 이슈를 투자분석 및 의사결정에 적극반영할 것
2. 기업 ESG 이슈를 자산보유정책 및 실천에 적용할 것
3. 투자대상에 ESG 이슈에 대한 적절한 정보공개를 요구할 것
4. 투자 산업 내에서 원칙도입과 이행을 촉진할 것
5. 원칙이행에 대한 효과개선을 위해 협력할 것
6. 원칙이행을 위한 활동 및 진척사항을 보고할 것

우리나라의 경우 2010년대 초반에 ESG 개념이 소개되면서, 기업의 환경보호, 사회적 책임, 지배구조 개선의 중요성을 인식하는 한편, 정부는 2015년 기업의 ESG 적용을 확산하기 위해 탄소배출 감소나 에너지 효율성 향상 등 관련 정책을 적극 도입하기 시작하였다. 기업의 지속가능성과 사회적 책임을 강조하며 주로 공・사 조직의 전반적인 운영과 경영에 초점을 두는 기업의 지속가능 전략이라는 점에서 지구적 차원의 지속가능발전목표(SDGs)나 주로 인적자원관리나 조직문화에 초점을 둔 DEI(Diversity, Equity, Inclusion)와는 차이가 있다.

전통적인 조직에서의 목표는 주가 상승이나 이익의 극대화와 같은 주로 재무적 측면을 강조하였다면, ESG는 오늘날 조직 외적으로 다양한 고객의 수요

뿐 아니라, 기업의 상품이 사회에 미치는 영향까지 포함하여 복잡한 환경을 어떻게 관리하고 조직 내적으로 다양한 구성원의 요구 등 내부변화를 충분히 반영할 수 있어야 한다는 요구에 대응하는 것이다. 복잡한 조직 환경은 '다양성 관리(diversity management)'의 필요성을 강조하고 차이를 가진 다양한 노동력을 공평하고 효율적으로 활용하기 위한 조직의 모든 계획적 노력이나 과정을 통해서 조직목표를 달성할 수 있다(임희정외, 2008). 이러한 다양성 관리의 일환으로 폭넓게 주장되는 것이 ESG 전략이다. 즉, ESG란 기업의 비재무적 요소인 환경(Environment), 사회(Social), 지배구조(Governance)의 조직 내외적 요소를 포함하여 기업활동에 친환경, 사회적 책임경영, 지배구조 개선 등 투명 경영을 고려해야 지속가능한 발전이 가능하다는 것을 강조한다. 이것은 기업이 지속가능하고 사회적 책임을 다하는지를 평가하는 척도로 기능하며, 기업은 여기에 포함된 지표를 통해 장기적 성장과 사회적 신뢰를 확보할 수 있게 되는 순환적 관계를 형성함으로써 지속가능성을 확보할 수 있게 된다.

(2) ESG의 영역별 요소와 젠더 이슈

한국거래소는 ESG를 기업의 전략을 실행하고 가치를 높이기 위한 능력에 영향을 미칠 수 있는 환경, 사회 및 지배구조에 관한 요소를 포괄하는 개념으로 정의하고, 각 영역별 관련 핵심용어와 지표에 대한 구체적인 설명을 제시하였다(한국거래소, 2021).

환경(Environment)은 기후변화 대응, 탄소배출 저감, 자원절약, 재활용촉진 등과 같이 기후 환경과 관련 거시 환경요소를 포함하고 있으며, 특히 여성의 경우 환경보호와 지속가능성에 남성보다 민감한 경향이 있으므로 여성들이 조직의 의사결정과정에 더 많이 참여함으로써 환경보호와 지속가능성 목표를 더 효과적으로 달성할 수 있다. 사회(Social)와 관련한 핵심용어에는 노동환경 개선, 사회적 약자보호, 인권존중, 고용평등 및 다양성 등을 포함하며, 이와 같은 맥락에서 조직 내 젠더 이슈는 주로 '사회' 영역에 관련되고 있다. 국민연금의

ESG 평가지표, GRI Standard Index[3], 한국거래소의 정보공개 표준, WFE의 ESG Metrix 등과 한국기업지배구조원의 사회 평가 항목에서 젠더 이슈를 포함하고 있다. 구체적으로 살펴보면, 임직원 및 구성원 성별 현황, 성별 임금비율 및 성별 다양성 등이다(장민선, 2021 : 11－13). 거버넌스(Governance)는 투명한 기업경영, 법과 윤리 준수, 반부패 및 공정성 강화와 관련되어 있으며, 관련된 젠더 이슈로는 이사회 및 고위직 관리자 여성 비율 등 성별 대표성 제고를 포함하고 있다.

구 분	핵심 용어	관련 젠더 이슈	비 고
환경 (Environment)	기후변화 대응, 탄소배출 저감, 자원절약, 재활용촉진 등	– 환경에 대한 여성의 민감성 – 조직 의사결정에 여성의 참여	
사회 (Social)	노동환경 개선, 사회적 약자보호, 인권존중, 고용평등 및 다양성	– 임직원 현황 : 평등 및 다양성, 신규고용 및 이직, 육아휴직(한국거래소, 2021 : 31) – 성별 임금비율, 성별 다양성, 차별금지(WFE의 ESG Metrix) – 정규직 근로자 중 여성 비율, 남성 대비 여성평균 급여비율(한국기업지배구조원, 산업통상자원부 K–ESG, 가이드라인)	이 외에도 성희롱 및 차별금지에 대한 제재 및 조치 등 성평등, 일・가정 양립 환경을 포함할 수 있음
지배구조 (Governance)	투명한 기업경영, 고용평등, 법과 윤리 준수, 반부패 및 공정성 강화	– 이사회의 사회이사 구성현황(국민연금의 ESG 평가지표) – 최고의사결정기구 및 하위위원회 구성, 최고의사결정기구 의장(GRI Standard Index) – 이사 중 남성과 여성의 수, 위원회 위원장의 남성과 여성의 수(WFE의 ESG Metrix) – 조직 내 여성임원 현황(한국기업지배구조원)	

|그림 5-5| ESG의 구성요소와 관련 젠더 이슈

3 GRI 스탠다드 인덱스는 글로벌 리포팅 이니셔티브(Global Reporting Initiative)에서 개발한 보고 표준으로 조직이 경제, 환경, 사회 측면에서 미치는 영향을 보고하고 관리하는 방법을 투명하게 공개하는 것을 목표로 한다.

(3) ESG 전략의 성과와 한계

ESG 전략의 젠더 이슈 개선 성과로서 조직의 여성이사 비율 증가를 들 수 있다. 서구 선진국에서 ESG를 채택한 기업들의 여성이사 비율은 2024년 기준 프랑스의 경우 주요 상장기업 여성이사 비율 45.0%, 영국 FTSE 350기업은 34.3%, 호주 ASX 200기업은 약 33.6%(statista, 2024)를 차지하여 여성이사 비율 평균 30%를 훨씬 상회하고 있다. 그러나 우리나라는 2023년 기준 국내 매출액 상위 100개 기업 여성이사 비율이 약 6%에 불과하여 갈 길이 멀다. 고무적인 것은 2021년부터 자산 2조 원 이상인 상장기업은 최소 한 명 이상 여성이사를 두어야 한다는 법적 기준이 마련됨에 따라 여성이사 비율이 점차 증가할 것으로 기대하고 있다. 다만, 대부분 사외이사에 해당하는 경우가 많고 기업 내 여성근로자가 사내이사로 승진한 사례는 미흡한 것으로 나타나고(장민선, 2024) 있어 실질적인 의사결정구조의 변화를 가져올 수 있는 이사의 여성 비율 제고가 필요하다. 민간기업뿐 아니라 공공기관에서도 ESG가 조직의 경쟁력 강화와 지속가능성을 제고하기 위한 전략으로 2024년 현재 87개 공공기관(공기업 32개, 준정부기관 55개)이 ESG 전략을 수립하였다.

이와 같은 ESG 도입은 조직 수준에서 조직과 환경, 조직 내 구성원을 비롯한 조직체계의 건전성 확보를 위한 전략으로 세부지표에 대한 정기적 점검과 그 결과의 공표, 그리고 환류체계를 통한 조직 개선의 이정표를 제시할 수 있다는 점에서 의의가 있다. 다만, ESG의 도입은 매출이나 구성원 규모 등 일정 기준 이상의 대규모 조직에 적용된다는 점에서 영세 및 소규모 조직에는 적용할 수 없는 한계를 갖는다. 또한 기업 혹은 조직에 대한 ESG 평가는 평가기관에 따라 다른 기준을 적용함으로써 조직 간 비교가 어렵기도 하고, 기관이 제공하는 데이터에 의존한 ESG 평가의 신뢰성 등 한계가 있다. 향후 일관성 있는 ESG 평가를 위한 지표의 표준화 등 제도 보완이 필요하다.

3) 조직의 성별 대표성 제고

(1) 공공부문 성별 대표성 제고 계획

공공부문 여성대표성 제고 계획은 조직의 젠더 다양성 증진 정책의 일환으로 1990년대를 전후하여 여성공무원 채용목표제, 여성관리자(5급 이상) 임용목표제 및 양성평등 채용목표제 등으로 변화・시행되었다. 이후 2015년 「양성평등기본법」 전면 개정・시행으로 제21조 '정책결정과정 참여'의 근거 규정에 따라 제1차 공공부문 여성대표성 제고 계획(2015~2017)을 수립하고, 제2차 계획(2018~2022) 추진을 거쳐 현재 제3차 계획(2023~2027)이 추진되고 있다. 특히 제2차까지 공공부문 여성대표성 제고 계획이라는 제명을 유지하였으나, 제3차는 공공부문 '성별' 대표성 제고 계획에 따라 공공조직의 특정 성이 6할을 넘지 않도록 함으로써 여성의 진출 확대뿐 아니라, 남성 진출이 적은 영역에 동일하게 적용함으로써 조직의 성별 다양성 확대에 기여하고 있다.

제2차 계획(2018~2022) 추진으로 고위공무원 10%, 4급 이상 과장급 공무원 25%, 지방의 5급 이상 과장급 24.5%, 공공기관 관리자 28% 등으로 계획기간 동안 5~10%p의 증가율을 나타낸 반면 군인 및 경찰의 여성 비율은 10% 내외에 그치고 있다. 이에 제3차 계획기간에 군인의 경우 15%까지 대폭 확대하고, 경찰의 경우 새롭게 2026년 시행 예정인 통합 선발제도를 통해 경찰의 성별 균형이 개선될 것으로 기대하고 있다(여성가족부, 2023. 7. 18. 보도자료).

(2) 적극적 고용개선조치

적극적 고용개선조치는 적극적 조치(Affirmative Action)를 고용부문에 적용한 개념으로 국가, 지방자치단체 또는 사업주 등이 현존하는 고용상 차별을 해소하거나 고용 평등을 촉진하기 위하여 잠정적으로 취하는 모든 조치 및 그에 수반되는 절차를 의미한다. 법적 근거로 「남녀고용평등과 일・가정 양립 지원에 관한 법률」[4]에 의거하여 2006년 3월부터 시행해 오고 있으며, 이 제도의 대상 기업은 ①「공공기관의 운영에 관한 법률」 제4조에 따른 공공기관, ②「지방공기업법」 제49조 · 제76조에 따른 지방공사 및 지방공단, ③「독점규제 및 공정거래에 관한 법률」 제31조 제1항 및 동법시행령 제38조 제1항에 따른 상시근로자 수 300인 이상 공시대상 기업집단, ④ 상시근로자 수 500인 이상 민간기업이다.

이와 같은 적극적 고용개선조치의 적용을 받는 사업장의 여성 고용비율은 2024년 38.5%로 전년도에 비해 0.21%p 상승하여 거의 40%에 이르고 있으며, 여성관리자 비율은 전년도에 비해 0.36%p 상승한 22.47%로 민간부문의 성별 균형 현상도 개선되고 있다. 다만, 이와 같은 법적 적용대상에서 제외되어 있는 300인 미만 기업, 또는 500인 이하 기업에서의 성별 균형 확보를 위한 법적 적용 확대도 검토되어야 할 것이다.

4) 일 · 가정 양립 정책

일 · 가정 양립 환경 조성은 성평등한 사회 조성을 위한 기반이 된다. 오늘날 가정과 일(경제활동)에 있어서 여성과 남성의 동등한 기회와 권리가 강조되면서 제도 변화가 더욱 강화되고 있다.

일 · 가정 양립 환경 조성을 위한 정책은 크게 기업을 대상으로 한 가족친화인증제도와 조직 내 근로자 구성원에 대한 일 · 가정 양립 지원 정책으로 설명할 수 있다. 특히 가족친화인증제도는 개인이 속한 조직단위에서 법규가 정하고 있는 공통적인 기준 준수와 기업 특성에 따른 사업내용을 반영함으로써 일 · 가정 양립 환경 조성에 광범위하게 기여할 수 있다.

---

4 법 제17조의3 제3항 및 동법 시행령 제4조에 따른 공공기관과 지방공사 및 지방공단, 300인 이상 공시대상 기업집단, 500인 이상 민간기업은 해당연도 3월 31일 현재 재직하고 있는 근로자의 직종별 · 직급별 남녀근로자 현황 및 임금현황을 매년 4월 30일까지 제출한다(적극적 고용개선조치 홈페이지, https://www.aa-net.or.kr/user/about/decree(검색일 : 2024. 10. 26)).

(1) 가족친화인증제도

가족친화인증이란, 「가족친화 사회환경의 조성 촉진에 관한 법률」 제15조에 근거하여 자녀출산 및 양육지원, 유연근무제도, 가족친화직장문화조성 등을 모범적으로 운영하는 기업 및 공공기관에 대하여 심사를 통해 인증을 부여하는 제도로 인증 주체는 여성가족부 장관이다. 2008년부터 시행된 이래 2023년 12월 기준 가족친화인증기업은 총 5,911개사이며, 이 가운데 대기업이 668개(11.3%)이며 중소기업 4,110개(69.5%), 공공기관 1,133개(19.2%)로 구성된다.

<표 5-3> 가족친화인증기업 현황(2023. 12. 기준) (단위 : 개소)

구 분	전 체	대기업	중소기업	공공기관
계	5,911	668	4,110	1,133

출처 : 가족친화지원사업 홈페이지. https://www.ffsb.kr/ffm/ffmCertStatus.do?menuSeq=1151 에서 재구성(검색일 : 2024. 10. 26).

가족친화기업 인증을 위해서는 법에서 정하고 있는 근로시간, 18세 미만 근로자와 임산부에 대한 야간, 휴일근로제한, 보건휴가, 임산부 근로보호, 직장 내 성희롱 금지와 예방 교육, 직장 내 괴롭힘 금지 등 최소 요건을 충족하여야 하며, 이 외에 최고 경영층의 관심과 의지 등 리더십, 자녀출산양육 및 교육지원, 탄력적 근무제도, 근로자 및 부양가족지원제도, 가족친화 조직문화 등 가족친화제도 실행, 가족친화경영, 구성원 만족도 영역으로 구분하여 각 영역별 세부지표를 포함하고 있다. 가족친화인증 대상기업은 기업 규모에 따라 중소기업과 대기업 및 공공기관으로 구분하여 신규 인증기준을 정하고 있다.

<표 5-4> 가족친화인증제도 심사기준 및 근거규정

구 분	내 용	비 고
공통 (최소충족요건)	주 40시간 근로시간 준수	「근로기준법」
	18세 미만 근로자와 임산부에 대한 야간, 휴일근로제한	
	보건휴가(또는 생리휴가)	
	임산부 근로보호	
	임신기간 중 근로시간 단축 및 임신기 근무시간 변경	
	태아검진시간 허용 보장	
	유급수요시간 보장	
	난임치료 휴가	「남녀고용평등과 일·가정 양립 지원에 관한 법률」
	직장 내 성희롱 금지	
	직장 내 성희롱 예방 교육	
	배우자 출산휴가	
	육아휴직제도	
	육아기 근로시간 단축	
	가족돌봄 휴직 및 휴가, 가족돌봄 등 근로시간 단축제도	
	직장 내 괴롭힘 금지	「근로기준법」
최고 경영층의 리더십(10)	1.1 최고경영층의 관심 및 의지	※인증기준 –중소기업 : 100점 만점, 60점 이상 –대기업 : 100점 만점, 70점 이상 ※밑줄은 중소기업과 대기업 및 공공기관 공통 적용
가족친화제도 실행(70)	2.1. 자녀출산양육 및 교육지원제도 : 여성근로자의 육아휴직 또는 육아기 근로시간 단축 이용률, 남성근로자 육아휴직 이용률(대기업), 자녀교육지원제도(중소기업), 남녀근로자 육아휴직 및 출산전·후 휴가 후 고용유지율, 배우자 출산휴가 10일 이상 이용률 2.2. 탄력적 근무제도 : 유연근무제 활용률, 연차사용률 2.3. 근로자 및 부양가족지원제도 : 가족돌봄 휴직 이용 또는 가족돌봄 휴가 이용, 근로자 또는 가족 건강지원제도 운영 2.4. 가족친화 직장문화조성 : 가족여가활동지원, 가족참여 프로그램 운영, 가족친화 직장교육 실시	
가족친화경영 만족도(20)	3.1. 가족친화제도 실행 및 직장문화조성 관련 직원 만족도	

출처 : 가족친화지원사업 홈페이지. https://www.ffsb.kr/ffm/ffmCertEstLaw.do?menuSeq=2163 에서 재구성(검색일 : 2024. 10. 26).

(2) 일 · 가정 양립 지원 정책

일 · 가정 양립 정책은 근로자들이 직장생활과 가정생활을 조화롭게 병행할 수 있도록 지원하는 정책으로, 근로자에 대한 정책은 크게 모성보호 육아지원 정책과 유연근로제도 정책으로 구분할 수 있다. 이 중 모성보호 육아지원 정책은 출산전·후 휴가와 육아휴직, 육아기 근로시간 단축제도를 포함하고 있다. 이는 근로자가 육아로 인해 퇴직하는 것을 방지하고 직장과 가정생활을 양립할 수 있도록 지원하기 위한 것이다. 유연근무제는 시차출퇴근제, 선택근무제, 재량근무제, 재택근무제, 원격근무제 등을 포함하며 근로자와 사용자가 근로시간이나 근로 장소 등을 선택, 조정하여 일과 생활을 조화롭게 하고 인력활용의 효율성을 높일 수 있는 제도이다. 각 지원 정책의 최근 개정된 내용을 중심으로 살펴보면 다음과 같다.

육아휴직은 임신 중이거나 8세(또는 초등 2학년) 이하의 자녀를 둔 근로자가 자녀의 양육을 위하여 휴직할 수 있는 제도로 부모 각각 1년 사용할 수 있었으나 2025년 개편으로 부모 각각 1년 6개월 사용할 수 있게 되었고 분할 횟수도 3회(4번에 나눠 사용)로 확대되었다. 육아휴직제도가 강화되고 있지만 육아휴직 사용률의 성별 격차는 좀처럼 좁혀지지 않고 있다. 통계청 육아휴직 통계자료에 따르면 모의 사용률은 2023년 기준 73.2%인데 비해 부의 사용률은 7.4%에 그치고 있다. 이와 같은 육아휴직 사용률의 성별 격차 이유로 소득감소가 중요한 요소로 꼽히는 까닭에 육아휴직 급여도 점차 많아지고 있다. 즉, 사후지급이 없어지고 육아휴직 중 전액 지급하도록 하고, 첫 3개월은 통상입금의 100%, 250만 원까지 지급되며, 4~6개월 200만 원, 7~12개월 통상임금의 80%인 160만 원으로 확대하였다. 육아기 근로시간 단축제도는 어린이집 등 · 하원, 병원 방문 등 자녀돌봄을 위한 근로시간을 주당 5~25시간 단축하는 제도로 사용기간이 최대 3년으로 연장되었고, 대상 자녀연령도 만 12세(초등6년)로 연장되었다. 출산휴가는 여성 근로자가 출산전 · 후 사용할 수 있는 휴가로 최대 90일까지

(다태아의 경우 120일) 사용할 수 있다. 한편, 배우자 출산휴가는 기존 10일에서 20일로 확대되었고, 출산일로부터 120일 이내 사용 가능하다.

한편 일과 가정이 양립 가능하도록 근로시간이나 근로 장소 등을 선택할 수 있도록 한 유연근무제는 다양한 유형으로 구분된다. 시차출퇴근, 선택근무제, 근로시간 단축제는 근로시간을 유연하게 활용하는 한편, 재택근무나 원격근무는 장소를 유연하게 활용하는 근무형태이다.

5) 직장 내 성희롱 예방 및 대응

직장 내 성희롱 예방 및 대응과 관련한 정부 정책의 근거는 「양성평등기본법」, 「남녀고용평등과 일·가정 양립 지원에 관한 법률」에서 규정하고 있다. 각각의 법률을 구체적으로 살펴보면, 먼저 「양성평등기본법」은 국가, 지방자치단체, 공공기관 등의 성희롱 예방 교육 실시와 예방지침 마련, 성희롱 사건이 발생한 경우 재발방지대책 수립 및 시행 등 필요한 조치를 명시하고 있으며, 각 기관의 장은 조치결과를 여성가족부 장관 및 주무부처의 장에게 제출하도록 하였다.

반면, 민간부문에 적용되는 「남녀고용평등과 일·가정 양립 지원에 관한 법률」 제12조(직장 내 성희롱의 금지), 제13조(직장 내 성희롱 예방 교육 등), 제13조의2(성희롱 예방 교육의 위탁), 제14조 (직장 내 성희롱 발생 시 조치), 제14조의2(고객 등에 의한 성희롱 방지)에서 직장 내 성희롱 금지와 예방 교육, 발생 시 조치 사항 등 기초사항을 포함하고 있으나, 각 기업 스스로 책임과 의지를 갖고 구체적 조치사항을 명시하도록 적극적인 지침 개발과 제공이 필요하다. 공공부문에서는 2018년부터 여성가족부가 한국여성인권진흥원에 위탁하여 공공기관 성희롱 방지 조직문화 진단 사업을 체계적으로 추진하고 있다. 사업대상은 중앙과 지방의 행정기관, 공공기관으로 공기업 및 지방공기업, 교육기관 등을 포함하고 있으며 2018년 이후 2024년까지 약 890여 개의 기관에 대한 진단을 실시하였다. 주요 진단내용으로 성희롱 방지 상태 진단을 위해 성희롱 방지 및 대응체계, 사건처리 과정, 성희롱 대처 역량 등으로 세분화하여 기관별 진단과 전문가의 전문 컨설팅을 제공함으로써 공공부문의 조직 내 성희롱 방지와 대응활동을 강화하고 있다.

6) 공공부문 양성평등 조직문화 조성

조직 내 산발적으로 발생하는 젠더 문제를 완화하기 위해서는 전사적 차원의 접근이 필요하다. 고용노동부는 산하 공공기관과 함께 '성평등 조직문화 협의회'를 신설하였다. 이는 조직 내 성차별 요소를 없애고, 성평등한 조직문화 조성을 위해 2019년 8월 신설하여 성평등 현안에 대해 중앙부처 최초로 부처와 산하 공공기관이 함께 그 해결방안을 모색해 간다는 점에서 의미가 있다(고용노동부 공식 블로그, 2020. 7. 1).

여성가족부는 공공부문의 양성평등한 문화 조성 확산을 위하여 2020년 인천광역시와 제주특별자치도 2개 광역자치단체, 2021년 15개 광역자치단체와 2개의 기초자치단체 등 17개 광역자치단체와 5개 기초자치단체에 대한 시범사업을 시작으로 2022년부터 중앙부처, 2023년 공공기관 및 공직유관단체 등으로 확대하여 공공조직의 양성평등 조직문화 조성을 위한 점검을 확대하고 있다. 이 사업은 「양성평등기본법」 제37조 제1항[5]에 근거하여 공공부문 대상 조직문화 진단과 개선, 이행지원을 통해 기관 구성원의 인식 제고와 양성평등한 조직문화 조성을 목적으로 한다. 양성평등한 문화 조성 영역은 인사제도 운영, 성별 직무배치 및 일·생활 균형 제도, 조직 내 의사소통 양상 등 상호작용, 성희롱·성폭력 대응역량 등 조직문화 전반을 포함하고 있다(여성가족부, 2022. 4. 20).

5 「양성평등기본법」 제37조 제1항은 "국가와 지방자치단체는 양성평등한 문화 조성을 위한 효과적인 사업을 발굴하고 추진해야 한다"고 규정하고 있다.

광역자치단체 차원에서의 대표적 사례로, 서울시는 성평등 도시 구현을 위해 2017년 서울시 조직에 대한 젠더 다양성 증진 정책을 체계적으로 추진한 사례를 들 수 있다(서울특별시, 2017. 3. 29). 서울시정의 성인지 관점 반영을 위해 시 전 부서 및 한강사업본부 등 3개 사업본부, 44개 사업소에 총 270명의 젠더 책임관·젠더담당자를 지정하여 부서사업에 대한 성인지적 관점을 반영하도록 하였다. 또한 주요 정책을 심의·결정하는 위원회 여성 비율 40% 이상, 서울시 산하 서울시의 젠더 업무를 총괄하기 위한 법적 근거로 「서울시 성평등 기본조례」를 제정하고 시정의 운영부서에 젠더담당관 배치뿐 아니라 서울시 정책의 심의·결정에서 위원회 성별 균형을 위한 여성위원 비율 40% 달성 점검, 서울시 산하 21개 투자출연기관 여성 비상임이사 비율을 40%로 설정, 5급 이상 여성관리자 비율 지속 확대 등을 포함하는 종합계획을 수립하고 전 조직에 확산·적용하였다. 기초자치단체로 용인시는 성평등 조직문화 조성을 위해 팀 혹은 부서차원의 성역할 고정관념 깨기 실천, 민원인의 민원처리절차 마련, 인사과정의 공정성·투명성 제고, 성희롱·성폭력 대응 매뉴얼 개발 및 보급 등의 과제를 발굴하였다(조연숙, 2021).

4. 나오며 : 함의와 과제

조직의 젠더 관점 분석 필요성은 조직의 다양성을 인정하는 것에서 출발하며, 조직의 목표인 조직성과 혹은 생산성과의 연관성 외에도 동반성장, 형평성, 포용성 등 조직가치와 관련되고 있기 때문이다. 이 장에서는 조직과 젠더 문제는 긍정적 측면에서의 조직생산성, 성과와의 연관성, 부정적 차원이지만 개선 지향성을 갖는 성별 불균형 현상과 실태를 살펴보았다.

조직의 젠더 다양성과 성과 혹은 생산성의 관점에서 볼 때, 구성원의 다양성 특성이 성과에 긍정적 영향을 미치기도 하지만, 여전히 실증적 경험들을 더 축적해 갈 필요성이 있다. 이와 관련하여 공－사 조직을 막론하고 여성 진출이 보다 확대되어야 하며, 조직 구성원의 다양성 특성을 보완될 필요가 있다. 즉, 구성원의 성별 비중의 불균형, 근로자뿐 아니라 의사결정 권한을 가진 임원 및 관리자의 성별 다양성이 충분히 확보되고 있지 못한 것은 조직성과와의 관련성을 명확히 밝히는 데 한계로 작용하기 때문이다. 또한 조직의 다양성 특성은 성별 요인 외에도 출신 국가(지역), 연령, 장애 여부 등 다양한 구성원 특성을 반영함으로써 조직 다양성 특성을 확대해 나갈 수 있다.

다음으로 조직 내 성별 요인에 따른 문제로 불균형 현상과 함께 실태를 살펴보았다. 조직 내 권한과 지위와 관련하여 임원이나 관리자, 고위직 비율의 성별 불균형 현상은 적극적 개선이 필요하다. 공공부문을 포함하여 민간부문의 임원이나 관리자 여성 비율은 10~20%이거나 20%를 조금 웃도는 수준이고 OECD 국가 중 하위수준을 탈피하지 못하고 있다. 정책적으로 공공부문은 관리직 임용목표제를 통하여, 민간부문은 적극적 고용개선 조치 등을 통하여 임원 및 관리자 비율 제고에 기여하고 있으나 증가 속도는 더디다. 공공부문은 군인, 일반경찰, 해양경찰 등 대상범위를 확대하고 있으며, 민간기업의 경우에도 적극적 고용개선 조치의 적용을 받지 않는 중소기업 등까지 대상범위를 확대해 나갈 필요성이 있다. 수평적으로 직종이나 업종 간 성별 불균형 현상은 성역할 고정관념 및 인식개선뿐 아니라 직종 및 직무의 진입에서 공정한 기회를 제공할 필요성이 있다. 또한 최근 직장 내 성희롱·성폭력 관련하여 조직이 적극적으로 예방과 대응을 하고 있어 성희롱 등 피해 경험률은 감소하고 있음에도 여전히 피해자 보호 및 2차 피해 예방에 대한 요구와 개선이 필요하다.

이와 같은 조직의 젠더 다양성 증진을 위한 조직 차원의 과제로서 구성원 젠더 감수성 훈련 필요성, 전사적 차원의 다양성 관리를 위한 전략으로 ESG 도입 및 확산, 공－사 영역의 임원 및 관리직, 고위직 여성 대표성 제고, 일·가정 양립 정책, 성평등한 조직문화 조성 등을 제안하였다. 조직이 놓인 상황은 우리가 예측하는 것을 뛰어 넘어 훨씬 복잡하고 다양한 문제들을 포함하고 있다. 조직 내 젠더갈등은 일상적으로 직면하게 되는 문제이지만 갈등을 어떻게 관리해 나가느냐에 따라 혁신으로 갈 수도, 소멸로 갈 수도 있다. 그 선택은 우리에게 있다.

생각해볼 문제

1. 학교 졸업 후 진로로 선택한 기업 혹은 조직이 있다면 그 기관에 대해 자세히 조사해 보자. 조직 구성원과 관리자 성별 다양성을 포함하여 어떠한 조직문화를 갖는지 살펴보고 장래에 있을 조직생활을 상상해 보자. 해당 기관이 자신의 일과 생활을 보장할 수 있을 것인지를 동료와 함께 이야기해 보자.

2. 조직 내 다양성 관리를 위해서 성별 요인 외에 고려해야 할 다양성 요인에는 무엇이 있는지 논의해 보자. 명시적으로 드러나지 않지만, 조직의 다양성 요인으로 고려되어야 할 요인을 발굴해 보자.

3. 다양한 정책적 노력이 있지만 공공기관에 비해 민간기업의 참여와 변화를 끌어내는 데는 한계가 있다. 민간기업, 특히 소규모 기업도 참여를 독려하고 더 나은 조직문화를 만들어 내기 위한 현실적 방안에 대하여 고민해 보자.

참고문헌

권경득(2009). 공직내 여성의 대표성과 조직문화, 직무행태 및 조직성과에 관한 연구. 한국행정논집, 21(3), 795-819.

김보은(2019). 공공기관의 여성 비율이 조직성과에 미치는 영향 : 대표관료제, 적극적 고용개선조치 이론을 기반으로. 융합사회와 공공정책, 13(1), 104-136.

김수한(2015). 여성고용이 조직효과성에 미치는 영향. 한국사회학, 49(5), 45-76.

김원정 · 이동선 · 성민정 · 김선아 · 정윤미 · 이성준(2022). 공공부문 양성평등 조직문화 개선모델 개발 연구. 여성가족부.

여성가족부(2021. 4. 20). 여성가족부, 공공부문 양성평등 조직문화 진단 실시-중앙부처 · 기초 지자체 등 121개 기관 대상-. 보도자료.

여성가족부(2022. 6. 7). 직장 내 성희롱 피해 경험률 낮아졌으나, 피해자 보호 강화 · 조직문화 개선 요구 높아 -「2021년 성희롱 실태조사」 결과 발표-. 보도자료.

서울특별시(2017. 3. 29). 서울시 성평등 도시 구현위해 시 조직부터 확 바꾼다. 보도자료.

유종해 · 이덕로(2023). 현대조직관리. 서울 : 박영사.

장민선(2021). E.S.G. 젠더 이슈 현황과 과제. 사회적가치 이슈페이퍼 21-19-7, 한국법제연구원.

_____(2024). E.S.G. 젠더 이슈 관련 법적 과제. 한국젠더법학회 하계공동세미나.

장인봉(2020). 조직론. 서울 : 윤성사.

진종순 · 문미경(2018). 여성관리자 임용목표제가 공공조직에 미치는 효과. 한국인사행정학회보, 17(2), 1-23.

조연숙(2021). 용인시 성평등 조직문화 조성을 위한 특정성별영향평가. 용인시청.

조혜원 · 함인희(2016). 기업관리직의 젠더격차와 "유리천장" 분석. 한국사회정책, 23(2), 49-81.

한국거래소(2021). 2020 ESG 정보공개 가이던스.

Fields, D. L., & Blum, T. C.(1997). Employee satisfaction in work groups with different gender composition. *Journal of Organizational Behavior, 18*(2), 181-196.

Frink, D. D., Robinson, R. K., Reithel, B., Arthur, M. M., Ammeter, A. P., Ferris, G. R., Kaplan, D. M., & Morrisette, H. S.(2003). Gender Demography and Organization Performance : A Two-Study Investigation With Convergence. *Group & Organization Management, 28*(1), 127-147.

Gonzalez, A. & Denisi, S.(2009). Cross-level effects of demography and diversity climate on organizational attachment and firm effectiveness. *Journal of Organizational Behavior, 30*(1), 21-40.

Martin, Y.(1985). Group sex composition in work organizations : A structural normative view. In A. Bacharach & R. Mitchell(Eds.), *Research in the sociology of organizations.* Greenwich, CT : JAI.

고용노동부 공식 블로그(2020. 7. 1). '모두 함께 양성평등한 조직문화 만들어요'. https://m.blog.naver.com/molab_suda/222017954223 (검색일 : 2024. 10. 26).

고용노동부(각 연도). 「고용노동백서」. 성인지통계시스템. https://gsis.kwdi.re.kr/statHtml/statHtml.do?orgId=338&tblId=DT_GE0023_1&conn_path=I2&obj_var_id=null&itm_id=null (검색일 : 2024. 6. 7).

고용노동부(각 연도). 「고용형태별근로실태조사」. 성인지통계시스템. https://gsis.kwdi.re.kr/statHtml/statHtml.do?orgId=338&tblId=DT_1EC1110Y_1&conn_path=I2&obj_var_id=null&itm_id=null (검색일 : 2024. 11. 30).

고용노동부(각 연도). 「고용형태별근로실태조사」. KOSIS. https://kosis.kr/statHtml/statHtml.do?orgId=118&tblId=DT_118N_LCE0002&conn_path=I2 (검색일 : 2024. 11. 30).

국가전략정보포털(2024. 3. 8). 이코노미스트, '유리천장지수' 발표...한국은 조사 대상 29개국 중 꼴찌. https://nsp.nanet.go.kr/trend/latest/detail.do?listChk=list&latestTrendControlNo=TREN0000001882 (검색일 : 2024. 12. 13).

여성가족부(각 연도). 「중앙행정기관 및 지방자치단체 소속 여성위원 현황」. 성인지통계시스템. https://gsis.kwdi.re.kr/statHtml/statHtml.do?orgId=338&tblId=DT_1HB1309Y&conn_path=I2&obj_var_id=null&itm_id=null (검색일 : 2024. 6. 7).

저출산고령사회위원회(2024. 6. 19). 인구 국가비상사태 선언…저출생 비상대응 체제 가동. 대한민국 정책브리핑. https://www.korea.kr/news/policyNewsView.do?newsId=148930499 (검색일 : 2024. 10. 26).

행정안전부(각 연도). 「행정부국가공무원인사통계」, 「지방자치단체여성공무원통계」. 성인지통계시스템. https://gsis.kwdi.re.kr/statHtml/statHtml.do?orgId=338&tblId=DT_1HB0709N&conn_path=I2&obj_var_id=null&itm_id=null (검색일 : 2024. 11. 30).

statista(2024, Dec 1). Share of board members in major publicly traded companies in selected countries worldwide who are women from 2014 to 2024. https://www.statista.com/statistics/1534958/female-board-members-countries-world/ (검색일 : 2024. 12. 9).

CHAPTER 06

시간과 젠더

1. 시간 자원과 성별 관계

모든 사람에게 하루는 24시간이다. 정말 그런가? 자본주의 사회에서 시간은 화폐로 구입할 수 있는 재화가 되었다. 수도권 통근시간 평균이 83.2분이라고 하는데(뉴스1, 2023. 12. 21), 직장과 가까운 서울에 주택을 구입할 수 있어 통근 이동시간이 적은 사람은 누구일까? 질 좋은 돌봄서비스를 구입하거나 가족돌봄 지원을 받으면서 시장노동 참여에 제한을 받지 않는 사람은 누구일까? 이런 것을 보면 누구에게나 하루는 24시간이지만, 시간은 화폐로 구입도 가능하고 다른 사람의 필요를 충족시켜 줄 수도 있는 자원이라는 것을 알 수 있다.

시간이 자원이라는 의미는 그 시간 가치가 사람마다 달라질 수 있다는 의미이기도 하다. 한 사람의 시간 가치를 극명하게 보여주는 지표가 바로 시장노동에 대한 시간을 기준으로 한 임금평가이다. 그 사람의 시간 가치는 가족 안에서 누가 시장노동을 그만두거나 유급노동 시간을 줄이면서 무급의 가족돌봄을 수행해야 하는지 그 역할을 결정한다. 맞벌이 부부 중 누가 가족을 돌보는 역할을 할 것인지는 그 사람이 가진 시간당 임금 가치, 직업 위신, 기대되는 역할 등과 관련된다. 이것은 모든 사람의 시간 가치가 달리 평가되고 있고, 시간을 어떻게 사용해야 하는지는 그 사람에게 부여된 지위와 역할에 따라 달라질 수 있다는 것을 말한다.

시간을 중심으로 한 여성과 남성의 관계를 시간통제권으로 설명하기도 한다. 시간통제권은 시장의 유급노동 시간과 그 외의 생활시간을 스스로 조직할 권리이다(이소진, 2023 : 120). 장시간의 시장노동을 하는 사람은 가족생활과 여가, 수면 등에 할애할 시간이 줄어든다. 시장의 유급노동만 해도 되는 사람과 유급노동과 무급의 가족돌봄 노동을 동시에 책임지고 있는 사람의 시간통제권도 다르다. 책임으로부터 자유로운 시간을 어느 정도 확보할 수 있는지 다르기 때문이다. 시간통제권은 노동과 역할을 바라보는 사회 규범이나 인식이 무엇인지에 따라서도 영향을 받는다. 일본 환경미화원은 낮에 일하지만 우리나라 환경미화원은 밤이나 새벽에 일한다(한겨레, 2016. 9. 6). 우리나라는 다른 사람들의 출퇴근이나 활동 시간을 방해하지 말아야 한다는 효율성·생산성이라는 규범 아래 환경미화원의 노동시간표가 짜여지고 있는 것이다. 이에 환경미화원들은 위험한 야간 노동을 감수하고, 가족과 함께하는 시간이나 수면시간을 통제받고 있는 것이다. 이것은 무급의 가족돌봄 노동에 대한 가치인식이 낮다면 유급노동을 수행할 때보다 시간을 스스로 조직하거나 통제할 권리도 낮아질 수 있다는 것을 말한다.

그렇기에 우리 사회에서 여성과 남성이 어떻게 시간을 사용하고 있는지 알게 되면 우리 사회가 여성과 남성에게 어떤 시간 가치와 규범을 부여하고 있고, 일상 속에서 성별 관계가 어떻게 구조화되고 있는지도 알 수 있다. 이 장에서는 여성과 남성이 일상생활에서 어떤 시간을 경험하고 있는지 살펴보고, 그 시간 경험이 내포하고 있는 성별 관계나 역할과 관련된 성불평등에 대해 논의해 보고자 한다. 그리고 성평등 방향에서 시간을 재구조화하고자 하는 일·생활 균형 정책에 대해 알아보고자 한다. 특히 성별 시간에 대한 가치와 규범, 시간에 대한 통제권이 성평등한 방향에서 실현되기 위해 어떤 일·생활 균형(시간 균형) 정책이 필요한지 노동시장을 중심으로 생각해 보도록 하겠다.

2. 젠더화된 시간 경험

시간은 우리의 일상이다. 우리 일상생활은 매일같이 되풀이되는 주기적 시간 구조를 가지고 진행되고 있어서, 사회 구성원들이 그들의 시간을 어떻게 소비하는가 하는 것은 사회의 작동원리를 이해하는 단초를 제공한다. 개인이 시간을 어떻게 사용하고 있는가는 그 사람의 사회적 존재 위치와 관계들 속에서 그 구체적 내용이 각기 다르게 구성되기 때문이다(김영선, 2007 : 7). 시간 경험에는 사람들의 삶의 방식이 그대로 투영되어 있어서, 되풀이되는 시간 경험은 사회구조를 반영하고, 시간 경험은 되풀이되면서 그 안에서 살아가는 사람들의 관계를 재생산한다. 그렇기에 우리 사회에서 여성과 남성의 생활시간 사용과 그 경험을 살펴보면 그들의 사회·경제적 위치와 역할, 성별 관계, 일상생활과 성불평등이 어떻게 연결되어 재생산되는지 알 수 있다.

젠더화된 시간(gendered time)이란 성역할 규범에 근거하여 공적영역과 사적영역, 즉 시장노동 영역과 가족생활 영역, 유급노동과 무급노동 간 성별분업이 실행되는 일상생활에서의 시간 경험을 말한다. 즉, 제한된 시간 안에서 특정 시간을 누가 어떻게 사용하여야 하는지 사회적 규율과 성역할 규범이 작동하고 있고, 그 결과 여성과 남성은 다른 시간 경험을 하고 있다는 의미이다. 이러한 젠더화된 시간의 성불평등 요소를 이 장에서는 두 가지 측면에서 살펴보고자 한다. 첫째는 무급노동의 일차적 책임이 여성에게 편중되는 불평등한 시간 경험이다. 둘째는 가치 절하된 무급노동에 대한 시간 인식이다.

1) 유급노동과 무급노동의 성별 시간 격차

유배우 가구 중 맞벌이 부부의 비율이 증가하고 있다. <표 6-1>에서 보듯이 맞벌이 가구는 2015년 44.2%에서 2023년 48.2%로 소폭 증가하였다. 하지만 가구주의 연령 계층별로 보면 20·30세대 연령층에서, 그리고 막내자녀가

6세 이하인 경우에서 맞벌이 부부 비율이 가장 많이 증가하였다는 것을 알 수 있다. 자녀돌봄 부담이 많은 20 · 30세대를 중심으로 한 맞벌이 가구의 증가는 남성의 노동중심 생애과정, 여성의 가족중심 생애과정이 해체되고 있는 현실을 반영한다.

<표 6-1> 유배우 가구 중 맞벌이 가구 현황 (단위 : %)

구분	전체	가구주 연령					막내자녀 연령		
		29세 이하	30~ 39세	40~ 49세	50~ 59세	60세 이상	6세 이하	7~ 12세	13~ 17세
2015	44.2	36.6	43.5	51.1	51.3	30.8	38.1	51.6	57.5
2022	46.1	50.1	54.2	55.2	55.2	31.1	47.5	55.6	59.4
2023	48.2	52.6	58.9	57.9	58.0	32.5	51.5	58.6	62.6

출처 : 통계청(각 년도). 지역별 고용조사.

최근 연구들은 20 · 30세대에서는 남녀 모두 시장노동 중심 생애과정이 중요한 생애전망이라는 점을 말한다. 20 · 30 청년은 아예 자녀를 출산하지 않거나 출산하더라도 여성과 남성 모두 90% 이상이 전일제로 일하기를 원하였다. 출산 후에 시간제로 일하거나 일을 그만두고 싶다고 응답한 비율은 여성 10.4%, 남성 2.7%에 불과하였다. 20 · 30세대는 '삶의 과정 중요도'에서 여성과 남성 간 차이가 발견되지 않고 있다. 즉, 여성과 남성 모두 가장 중요한 생애과업은 일이며(여성 36.2%, 남성 35.9%), 다음은 개인생활(여성 29.5%, 남성 26.6%)이었다. 그다음이 파트너 관계(여성 21.7%, 남성 23.3%), 자녀(여성 12.6%, 남성 14.1%)의 순이었다. 청년들은 파트너 관계나 자녀보다 시장노동과 개인생활이 중요하고 이 둘의 조화가 중요하다고 말하고 있는 것이다(김은지 외, 2020 : 172-175).

여성의 유급노동 참여가 증가하면서 가족돌봄과 가사노동에서 성역할 규범도 변화되어 왔다. '가사분담'에 대한 태도를 보면 '부부가 공평하게 분담해야 한다'는 응답은 2008년 남성 27.0%, 여성 37.5%에서 2024년 남성 64.2%, 여성

73.6%로 높아졌다. 이렇게 '성역할 고정관념'이 약화되었다고 할지라도 현실에서 성역할 규범이 해체되는 방향으로 '실천'되고 있지는 않은 것으로 보인다. 2024년 '가사분담실태'를 보면 맞벌이 부부의 경우에도 '아내가 주로 하지만 남편도 분담' 52.1%, '아내가 전적으로 책임' 16.5%이고, '공평하게 분담하고 있다'는 응답은 27.6%에 불과하였다(통계청, 사회조사).

이런 성역할 규범이 일상생활에서 어떻게 작동하고 있는지 시간으로 살펴본 것이 <표 6-2>이다. 성별 시간 경험을 돌봄이 가장 집중되는 미취학 자녀를 둔 가구형태를 중심으로 살펴보았다. 표에서 보듯이 유급노동과 무급노동에서 생활시간의 성별 격차가 완화되고는 있으나, 급격한 변화를 보이지는 않는다. 1999년부터 2019년 약 20여 년 동안 맞벌이 가구 남성의 무급노동 시간은 하루평균 26분 증가하였고, 여성의 무급노동 시간은 38분 감소하였다.[1] 맞벌이 가구라 할지라도 여전히 여성의 무급노동 시간이 남성보다 1999년에는 하루평균 3시간 17분, 2019년에는 2시간 13분 많다. 이에 여성의 유급노동 시간이 남성보다 적다 할지라도 여성의 총 노동시간이 남성보다 길다. 2019년 맞벌이 가구에서 총 노동시간이 남성 6시간 48분, 여성 7시간 34분으로 여성이 46분 더 길다. 그만큼 여성의 여가와 휴식, 수면 등 개인이 자유롭게 통제할 수 있는 시간이 남성보다 적다는 것을 말한다. 특징적인 점은 아내가 외벌이하는 가구의 경우에도 여전히 여성의 무급노동 시간이 남성보다 더 길다는 점이다. 여성의 무급노동 시간이 1999년에는 40분, 2019년에는 37분으로 남성보다 더 길다. 이것은 여성이 시장노동에 참여해도 여성이 무급노동의 일차적 책임자라는 전통적인 성역할 인식이 아직 작동되고 있다는 것을 말한다.[2]

---

1 생활시간조사는 시간일기형태로 조사된다. 시간일기는 타임워치(time watch)와 같은 역할을 한다는 것을 이해하지 못하면 평균적인 시간량의 의미를 쉽게 이해할 수 없다. 직장에서 일하는 도중 가족과 통화하거나 은행업무를 보는 경우 전자는 여가시간의 교제활동에, 후자는 가사노동의 가정관리활동으로 나누어지는 것이다(손문금, 2005 : 158).

2 물론 부부의 교육수준, 주당 근무시간, 성역할 태도, 미취학 자녀 유무, 시장노동에서의 지위와 소득 등 다양한 요인이 맞벌이 가구의 성별 유급노동과 무급노동 시간에 영향을 미치고 있는 것으로 나타난다(이혜정, 2022 : 84).

<표 6-2> 가구형태 · 연령별 유급노동과 무급노동 시간의 변화(1999 · 2019년, 요일 평균)

[단위 : 하루 평균 시간(시간 : 분)]

구 분		무급노동								유급노동			
		가사노동				돌봄노동							
		2019		1999		2019		1999		2019		1999	
		남성	여성	남성	여성	남성	여성	남성	여성	남성	여성	남성	여성
가구형태	맞벌이	0:39	2:31	0:19	3:02	0:15	0:36	0:09	0:43	5:50	4:37	7:08	5:42
	외벌이(아내)	1:43	2:19	0:50	1:42	0:16	0:17	0:18	0:06	0:18	4:39	0:37	6:32
연령	20대	0:29	1:07	0:17	1:54	0:04	0:20	0:07	1:01	3:33	3:12	4:47	3:25
	30대	0:38	2:26	0:17	3:35	0:29	1:54	0:15	1:33	5:41	2:49	6:53	3:10
	40대	0:41	3:03	0:22	3:44	0:19	0:45	0:05	0:23	5:38	3:08	6:41	4:06
	50대	0:45	3:00	0:28	3:43	0:05	0:12	0:05	0:26	5:19	3:20	5:46	3:34

주 : 가구형태는 미취학 자녀가 있는 가구를 대상으로 하였으며, 무급노동은 가사노동(음식준비, 청소, 의류관리, 시장보기 등)과 돌봄노동(아동, 배우자, 부모 등)의 합을 말함.

출처 : 통계청(2019). 생활시간조사, 손문금(2005) 재구성.

하지만 연령에 따라 성역할 규범의 영향 정도는 다르다. 1999년과 비교하여 2019년에 모든 연령대에서 남성의 무급노동 시간은 증가하였고, 여성의 무급노동 시간은 감소하였다. 특히 자녀돌봄이 집중되는 30대와 40대에서 남성의 가사노동과 돌봄노동 시간이 20대와 50대보다 더 많이 증가하였다. 유급노동 시간을 보면 2019년 20대 여성의 유급노동 시간은 남성보다 단지 11분이 적어서, 1999년 남성보다 1시간 22분 적었던 것과 비교하면 그 격차가 크게 감소하였다. 1999년과 비교하여 30대와 40대에서도 성별 유급노동 시간의 격차는 감소하였다.

이렇게 개인의 사회 · 경제적 지위, 인구학적 배경, 가구 특성, 성역할 규범, 시간 인식 등에 따라 유급노동과 무급노동의 성별 시간 사용 형태는 다양하고, 성별 관계도 변화되어 왔다고 할 수 있다. 낸시 프레이저(Nancy Fraser)는 가족의 기능과 형태, 가족구성원의 역할을 시장과 국가가 어떻게 제도화시키고 있는지에 따라 성별 관계 체계를 네 가지로 분류하였다. 남성생계부양자모델(one breadwinner regime), 온건한 생계부양자모델(modified breadwinner regime), 이인소득자가족모델(dual earner family regime), 이인돌봄자가족모델(dual carerfamily regime)이 그것이다(Nancy Fraser, 1999). 이를 우리 사회에 적용하여 분석한 연구에 따르면, 우리 사회는 아직은 성평등한 생계부양－돌봄분담 모델(이인돌봄자가족모델)의 형성은 미약한 것으로 파악된다. 남성생계부양－여성돌봄전담 모델은 약화되고 있지만, 2인생계부양－여성이중부담 모델이나 1.5생계부양－여성돌봄부담 모델이 대다수를 차지하는 것으로 나타난다(이혜정, 2022 : 121－125).

유급노동 시간과 무급노동 시간을 남녀 간에 평등하게 배분하는 형태로 변화하고 있지만, 우리 사회에서 유급노동과 무급노동 영역에서 성역할 규범이 여전히 작동하고 있다는 점은 다른 나라의 생활시간과 비교해 보아도 알 수 있다. 모든 나라에서 여성은 남성보다 무급노동 시간이 길고, 유급노동과 무급노동을 합한 총 노동시간이 더 많다. 이에 여성은 남성보다 하루에 평균 25분 더 일하고 있다. 특히 한국 남성(15~64세)은 무급노동 시간이 하루평균 49분으로 일본 남성 47분과 함께 OECD 국가 중 가장 적은 무급노동 시간을 가지는 것으로 나타났다. OECD 국가 중 한국과 일본은 가사와 돌봄 무급노동 시간의 성별 격차가 가장 큰 국가이기도 하다. 여성이 남성보다 4배 이상 무급노동 시간이 길었다. 한국은 남성 49분, 여성 215분이었고, 일본은 남성 47분, 여성 208분이었다. 반면 덴마크는 무급노동 시간이 하루평균 남성 186분, 여성 243분으로 성별 격차가 가장 작았다(OECD, 2020, HOW'S LIFE? 2020 : 161－162).

성역할 규범에 따른 유급노동과 무급노동에 대한 생활시간 격차, 여성의 유급노동과 무급노동에 대한 이중부담은 성불평등을 보여주는 중요한 지표 중의 하나이다. 젠더화된 생활시간은 성별 역할분담에 따른 시간 할당으로 동일한 종류의 활동에 대해 동일한 통제권을 소유하지 못하도록 작용한다. 하루 24시간이라는 한계 내에서 무급노동을 위해 소비한 시간은 시장노동에 필요한 시간을 감소시키거나 스스로 희망직위를 낮추도록 작용하는 과정을 통해 유급노동에서의 성불평등을 재생산하는 기재로 작동하는 것이다. 무급노동 책임을 가진 상태에서 유급노동에 참여한 여성은 조직에서 요구하는 야근과 휴일근무, 장시간 노동을 무급노동에 대한 책임이 없는 노동자와 같은 조건으로 받아들일 수 없다. 아니면 조직이 무급노동에 일차 책임이 있는 노동자를 배제하거나, 배제하지는 않더라도 직무를 분리하며 그들을 다르게 대우하기도 할 것이다(이소진, 2022 : 128).

조직의 노동관행을 받아들이지 않는 노동자는 끝까지 살아남거나 승진하기 어렵다. 유급노동과 무급노동의 성별 생활시간 격차가 가져오는 결과는 15~54세 여성의 경력단절 경험으로 명확하게 나타난다. 우리 사회에서 18세 미만 자녀가 없는 기혼여성의 경우 7.5%만 경력단절을 경험하였다. 반면 6세 이하 자녀가 있는 경우 35.9%가 경력단절을 경험하였다고 응답하였다(통계청, 2023, 지역별고용조사). 또한 OECD 주요국에서 적어도 한 명 이상의 14세 이하 아이를 가진 15~64세 여성의 고용률을 보면 한국은 56.2%로 OECD 평균 71.4%보다 한참 낮다. 주요국의 여성 고용률은 스웨덴 82.9%, 네덜란드 81.8%, 핀란드 77.1%, 캐나다 76.8%, 일본 74.8%, 프랑스 73.9%, 독일 73.8%, 영국 74.2%, 미국 67.1% 등으로 나타났다(OECD, https://www.oecd.org/en/data/datasets/oecd-family-database.html#123456, 2021년 기준).

2) 성별화된 시간 인식과 가치 절하된 무급노동 시간

성별 생활시간의 격차는 시간 인식에 영향을 미친다. 유급노동과 무급노동의 총 노동시간이 길고 개인을 위해 남겨진 여가시간이나 수면, 씻기 등 개인유지 시간이 적다는 것은 시간부족 인식에 영향을 미치는 것으로 나타난다(손문금, 2004 : 163). 시간이 부족하다고 느끼는 사람들은 삶을 서두르고 시간에 대해 통제할 수 있다는 인식이 낮아지면서 삶의 만족도나 질에 영향을 미친다(J. Schor, 1991 : 22-24). 최근 연구에서도 총 노동시간의 성별 격차는 시간 사용에 대한 만족도와 상당히 강한 음의 상관관계를 가지고 있었다. 즉, 총 노동시간의 성별 격차가 큰 국가에서는 여성과 남성 모두 시간 사용 만족도가 낮게 나타나고, 유급노동과 무급노동 시간이 1시간 증가할 때마다 시간 사용 만족도는 0.59점씩 낮아졌다. 또한 여가 및 개인 유지 시간은 시간 사용에 대한 만족도와 관련이 없었지만, 여성이든 남성이든 총 노동시간이 긴 경우 생활시간 만족도가 낮은 것으로 나타났다(OECD, 2020 : 169−170).

유급노동과 무급노동으로 성별 분리된 시간 경험으로 인해 여성과 남성은 '가장 기분 좋지 않은 행동', '가장 스트레스받는 행동'에 대해서도 달리 응답하였다. <표 6−3>에서 보면 여성과 남성 모두 기분 좋지 않은 행동, 스트레스받는 행동으로 유급노동을 말하였다. 하지만 무급노동 부담을 가진 여성들의

<표 6-3> 행동에 대한 주관적 시간 인식(요일 평균) (단위 : %)

순위	기분 좋지 않은 행동		스트레스받는 행동	
	남성	여성	남성	여성
1	법인・정부기관 등의 일(17.2)	법인・정부기관 등의 일(8.2)	법인・정부기관 등의 일(22.4)	법인・정부기관 등의 일(11.0)
2	서비스업 관련 일(7.6)	서비스업 관련 일(6.5)	서비스업 관련 일(9.3)	서비스업 관련 일(7.9)
3	출근(6.8)	식사준비(6.4)	스스로 학습(5.5)	식사준비(6.5)
4	개인위생(4.5)	청소(5.7)	출근(3.5)	스스로 학습(5.1)
5	스스로 학습(4.2)	출근(4.2)	개인위생(2.1)	청소(4.8)
6	실시간 방송시청(2.8)	설거지・식후정리(4.2)	제조업 관련 일(2.1)	신체적 돌보기(4.0)
7	식사하기(2.6)	스스로 학습(3.6)	학원수강(2.0)	설거지・식후정리(3.4)
8	학습 관련 이동(2.2)	개인위생(3.2)	퇴근(2.0)	식사하기(2.1)
9	청소(2.1)	신체적 돌보기(2.8)	실시간 방송시청(1.9)	개인위생(2.1)
10	대면교제(2.1)	식사하기(2.7)	대면교제(1.9)	출근(2.1)

주 : 어떠한 행동을 할 때 기분이 가장 좋지 않았습니까? 어떠한 행동을 할 때 스트레스를 가장 많이 받았습니까? 질문에 매우 나쁨(매우 많이 받음)과 상당히 나쁨(상당히 받음)의 비중(%)임.

출처 : 통계청(2019). 생활시간조사 (검색일 : 2024. 7. 3).

경우 시장의 유급노동과 관련된 일이나 출근 행동 이외 '식사준비', '청소', '설거지 · 식후정리'와 같은 가사노동 행동이 가장 기분 좋지 않은 행동이나 스트레스받는 행동이라고 응답하였다.

여성이 유급노동과 무급노동을 모두 수행하는 부담, 성별 생활시간의 격차는 '시간부족 인식', '시간에 대한 통제 인식', '기분 좋지 않은 행동', '스트레스 받는 행동' 등 주관적 시간 인식에 영향을 미치고 있는 것이다.

무급노동과 유급노동에 대한 성별 역할은 각 행동별 시간 사용 만족감에도 차이를 가져온다. 미국에서 생활시간조사에 사용되는 행위들에 대해 1~10점 사이에서 즐거운 행위에 점수를 부여하도록 하였다. 그 결과 모든 행위에 대한 전체 평균이 7.0점으로 미국인들은 그들의 일상생활 행위에 대해 긍정적으로 평가하고 있었다. 가장 즐거운 행위는 '운동'(9.2점), '낚시'(9.1점), '미술 · 음악활동'(9.0점) 등 능동적인 여가활동이었다. 다음으로는 '아이와 함께 놀기'(8.8점), '아이들과 대화나 책읽기'(8.6점), '가족과 대화'(8.0점) 등 아이와 함께 놀아주는 행위가 즐겁다고 응답했다. 다음으로 '잠자기'(8.5점), '휴식시간(work break)'(8.2점), '점심시간'(7.9점), '집에서 식사하기'(7.8점) 행위였고, TV 보기 등 수동적 여가활동은 유급노동과 함께 7.0점으로 나타났다. 하지만 '요리'(6.6점), '가사노동'(6.6점), '아이 돌보기'(6.4점), '식료품 쇼핑'(5.5점), '집 관리 · 수리'(5.5점), '청소'(4.9점), '세탁'(4.8점) 등의 행위는 시간 사용 만족감의 평균 점수 이하였다. 그리고 '의료적 치료'(4.8점)와 '치과치료'(4.7점)가 가장 낮은 점수를 보였다(J. Robinson, 2000 : 241-246).

결국 여가활동이 가장 즐거운 활동에 속하고, 아이들과 함께 놀아주는 활동이 여가활동만큼 즐거운 활동이라는 것을 알 수 있다. 유급노동은 평균 점수를 보였지만 가사노동은 평균 이하이고 병원치료만큼 즐겁지 않은 일이라는 것을 알 수 있다. 이렇게 각 행위들에 대해 즐거움을 느끼는 정도가 다르다는 것은, 가사노동을 주로 담당해야 하는 사람들, 특히 유급노동도 하면서 가사노동을 떠맡아야 하는 사람들의 시간 만족도가 어떠할지 추론해 볼 수 있도록 한다.

시장의 유급노동이 중요하고 가족돌봄과 가사노동은 피해야 하고 하기 싫은 일이라고 생각하는 상황에서 무급노동이 평가절하되는 것은 당연하다. 자발적이든 비자발적이든 무급노동을 더 많이 수행하는 사회집단, 시장에서 유급으로 가족돌봄과 가사노동을 수행하는 사람들에 대한 감정과 느낌에도 영향을 줄 것이다. 또한 무급노동에 대한 인식은 무급노동을 수행하는 사람과 수행하지 않는 사람들의 관계에도 영향을 줄 수밖에 없다. 피하고 싶은 가치 절하된 무급노동을 해야 하는 사람이나 집단보다는 그렇지 않은 사람이나 집단들이 더 중요한 일을 하고 있다고 생각되고 존중받는 것이다. 시장노동에서 제대로 평가받지 못하거나 상대적으로 기여가 적다고 느끼는 사람, 휴식을 통해 내일의 시장노동을 준비해야 할 가치가 있다고 느끼는 사람보다는 그럴만한 가치가 적다고 느끼는 사람이 설거지와 아이 돌보기 시간을 확보하게 될 것이다.

무급노동보다는 화폐화된 시장노동이 더 중요하다는 인식, 무급노동은 즐겁지 않은 피해야 할 노동이라는 가치 절하는 성역할 인식과 상호작용하며 성별 관계를 재생산하는 기저를 이루고 있다.

3. 시간 균형 확보를 위한 일 · 생활 균형[3] 정책 현황

1) 성평등과 일 · 생활 균형 정책

젠더화된 시간 경험은 성평등 정책의 목표를 변화시켰다. 이전 성평등 논의에서는 가족의 무급노동을 사회화하고 여성과 남성이 모두 시장의 유급노동에 똑같이 참여하는 것이 성역할 혁명으로 생각되었다. 하지만 이제 성평등은 여성과 남성 모두의 유급노동과 무급노동의 관계를 재조정하는 것으로 목표를 삼게 되었다(J. Williams, 2001 : 41–42). 이것은 무급노동을 일차적으로 책임지던 여성이 유급노동에 참여하면서 가지게 되는 이중부담과 돌봄의 부재를 지원하는 정도에서 성평등 정책이 끝나지 않는다는 것을 말한다. 이제 유급노동과 무급노동은 여성과 남성 모두의 일이고, 어느 한쪽에 치우친 삶은 지속가능하지 않으며, 우리 삶을 영위하는 데 유급노동과 무급노동은 모두 중요하고 동등한 가치평가를 받아야 한다는 것을 말한다.

이러한 정책 방향을 실현시키기 위한 국가의 노력이 일 · 생활 균형 정책이라고 할 수 있다. 이제 여성과 남성 모두 시장노동자로 존재한다. 한 개인으로서 노동자는 가족돌봄뿐 아니라 시장노동을 벗어난 사회참여, 휴식, 교육훈련, 스스로에 대한 돌봄 등 삶의 전 영역에서 시간이 필요하고 중요하다. 즉, 노동시장 측면에서 일 · 생활 균형 정책은 시장노동자가 노동시장을 떠나서도 돌봄과 휴식 시간을 확보하고 생활수준을 유지할 수 있도록 하는 정책이다. 일 · 생활 균형 정책은 노동시장에 참여한 여성과 남성 모두를 대상으로 한다는 점에서 공/ 사 영역으로 구분된 성역할 규범을 변화시키고자 하는 정책이다. 그리고

---

3 일가족양립(work–family reconciliation) 개념에서 일과 가족을 양립시켜야 할 사람은 두 가지 영역에서 역할을 해내야 하는 여성이기 때문에 일 · 가족양립을 여성의 일로 국한시킨다는 비판을 받을 수 있다. 또한 양립 개념은 시장노동과 가족노동을 주어진 환경으로 보고 적응한다는 의미에서 비판받을 수 있다. 이에 양립보다는 시장영역과 생활영역의 무게중심의 균형을 구조적으로 바로잡는다는 의미에서 균형 개념이 더 적절하다. 이에 한 개인으로서 노동자가 삶의 전 영역에서 시간 균형이 필요하다는 의미를 담아 일 · 생활 균형(work–life balance) 개념을 사용하고자 한다(신경아, 2009 : 39–41).

성역할 규범 위에서 작동하고 있는 장시간의 시장노동과 여성의 노동시장 배제를 변화시키고자 하는 정책이다.

다른 한편 일·생활 균형 정책은 가족 측면에서도 생각해 볼 수 있다. 국가는 노동시장의 유연화, 여성의 고학력화와 노동시장 참여에 따른 젠더 관계의 변화, 저출산·고령화와 가족돌봄의 공백 등 탈산업사회의 신사회위험에 대응하여야 한다. 가족 입장에서 보면 이런 사회변화와 위험에 대응하는 국가의 정책이 일·생활 균형 정책이다. 즉, 가족을 돌보거나 노동력을 재생산하는 책임이 가족에게 주어지던 사회에서 가족이 더 이상 돌봄이나 노동력 재생산을 보장하는 장소도, 관계도 되지 못하게 되었다. 이에 국가가 가족의 역할을 사회화하여 개입하는 정책이 일·생활 균형 정책이라고 할 수 있다.

결국 일·생활 균형 정책은 여성과 남성 모두 유급노동과 가족생활, 휴식과 경력개발 등 어느 한쪽에 치우치지 않도록 삶의 시간 균형(time-balance)을 확보하고자 하는 정책이다. 또한 일·생활 균형 정책은 모든 노동자에게 시간 균형이 확보되도록 하는 과정에서 성역할 규범의 해체와 유급노동과 무급노동의 관계를 형평하게 변화시켜 나가는 목표를 가진 정책이다. 탈산업사회에서 이러한 젠더 관계의 재편은 여성과 남성 모두를 생계부양자이자 돌봄자로 인정하는 정도에 따라 다양한 층위를 가진다. 즉, 개인이 직면한 위험(질병, 실업 등 시장노동 이탈)에 대한 가족책임과 가족의 유지를 어느 정도 강조할지, 가족이 제공하던 복지와 돌봄을 국가 또는 시장서비스를 통해 어느 정도 제공할지, 노동자가 시장노동을 떠나서도(휴직이나 퇴직 등) 돌봄을 직접 제공하거나 돌봄을 받으며 어느 정도의 생활수준을 유지하도록 할 것인지, 무급노동의 사회적 가치를 어느 정도 인정하고 보상할지 등은 국가에 따라 여러 가지 층위의 정책이 시행될 수 있다. 이런 국가의 층위가 바로 앞에서 프레이저가 말한 이인돌봄자 모델을 추구하는 국가인지, 이인생계부양자로의 역할을 인정하되 복지와 돌봄을 가족 안에 남겨두는 여성이중부담모델 국가인지, 남성생계부양-여성돌봄부담 규범을 기반으로 여성의 시장노동 참여가 제한적으로 지원되는 국가인지 등 다양한 성별 관계의 국가로 구분된다.

2) 노동시장 중심 일·생활 균형 정책 현황

일·생활 균형 정책은 노동시장 중심 정책과 가족중심 정책으로 접근이 모두 가능하다. 노동시장 중심 접근은 노동시장에 참여한 모든 노동자에게 가족돌봄이나 교육·훈련 등이 필요할 때 노동시장으로부터 떠나 돌봄이나 휴식에 대응할 수 있도록 하기 위해 노동시장을 규제하거나 시간을 지원해 주는 정책이다. 가족중심 접근은 가족 또는 개인을 단위로 돌봄서비스나 수당 등을 다양한 방식으로 제공하여 가족돌봄이나 양육, 경력개발 등을 지원하고자 하는 정책이다(윤홍식 외, 2020 : 106－107). 이 소절에서는 유급노동에 참여한 노동자 권리로서 가족돌봄 시간을 확보하고자 하는 노동시장을 중심으로 한 일·생활 균형 정책의 현황을 살펴보고자 한다.[4]

노동시장을 중심으로 한 일·생활 균형 정책으로는 휴가·휴직을 통해 돌봄 시간을 확보하거나, 유급노동의 시간과 장소를 조절하면서 개인들이 돌봄 필요에 대응하도록 하는 정책이 있다. 구체적으로는 모·부성보호 시간지원 제도(태아검진시간 허용, 임신기간 근로시간 단축제, 출산휴가, 배우자 출산휴가, 수유시간 허용 등), 돌봄 시간지원 제도(육아휴직, 아빠육아휴직, 육아기 근로시간 단축, 가족돌봄휴가·휴직 등), 유연근로 시간지원 제도(시간선택제, 시차출퇴근제, 선택근무제, 재량근무제, 원격근무제, 재택근무제) 등이 있다. 노동시장 중심의 가족돌봄과 여가·휴식 시간확보를 위한 일·생활 균형 정책 중 주요 정책의 내용을 정리해 보면 <표 6－4>와 같다.

4 일·생활 균형 정책은 무급노동의 사회화를 통해 유급노동을 지속하도록 하는 정책과 유급노동을 하는 사람들이 필요하다면 무급노동을 직접 수행할 수 있도록 시간을 확보하는 정책 두 가지를 모두 포괄한다. 가족의 무급노동 사회화를 중심으로 한 접근에서는 다양한 가족을 대상으로 아동돌봄이나 노인돌봄 등 돌봄서비스 제도(영유아나 초등 돌봄시설서비스, 가정 내 돌봄지원서비스 등), 돌봄급여 제도(아동수당, 가정양육수당이나 부모수당 등) 등이 포함된다. 가족중심 일·생활 균형 정책은 제7장 '돌봄과 젠더'에서 논의되고 있다.

<표 6-4> 노동시장 중심 일·생활 균형 정책

구 분	정책명	내 용
모·부성 보호 시간지원 제도	출산휴가 · 모성휴가	• 대상 : 고용보장을 전제로 출산·입양을 전후로 엄마에게만 주어지는 휴가(일부 국가에서는 특정한 조건에서 다른 양육자에게 양도 가능하기도 함) • 목적 : 출산 직전과 출산 기간, 출산에 바로 붙여 사용하여 모성과 신생아의 건강을 보호하기 위한 보건·복지제도 • 한국 : 90일(둘 이상 120일, 미숙아 100일), 100% 임금대체, 휴가종료일 기준 피보험단위기간 180일 이상이 대상, 고용보험 미적용자의 취업여성은 총 150만 원의 출산급여 지원. 출산휴가 이외에도 모성보호를 위한 임신기 근로시간 단축제도, 태아검진시간 보장, 유·사산휴가제도 등이 시행 중임(근로기준법 제74조, 제74조의2 등) • 참고 : ILO는 최소 14주의 모성휴가 보장 제안, OECD 국가는 임금대체 급여 제공 중
	배우자 출산휴가 · 부성휴가	• 대상 : 배우자 출산 시 고용이 보장되는 아빠에게만 일반적으로 가능한 휴가 • 목적 : 배우자 출산 시기에 아빠가 배우자, 신생아, 다른 아이들과 함께 시간을 보낼 수 있도록 하는 제도 • 한국 : 20일, 3회 분할사용 가능, 100% 임금대체, 휴가종료일 기준 피보험단위기간 180일 이상(남녀고용평등법 제18조의2) • 참고 : 모성휴가보다 짧고 OECD 국가는 대부분 100%의 임금 보존 중
돌봄 시간지원 제도	육아휴직 부모휴가	• 대상 : 모성휴가 또는 부성휴가에 이어서 사용할 수 있는 휴가로 엄마와 아빠가 동등하게 사용(일부 국가에서는 동성 파트너도 사용 가능), 엄마와 아빠가 사용하는 방법은 여러 형태를 혼용하여 적용* *1) 양도 불가능한 개인적 권리 2) 파트너에게 양도 가능한 개인적 권리 3) 부모가 원하는 대로 나눌 수 있는 가구단위 권리 • 목적 : 출산휴가 종료 이후 부모 모두에게 어린 자녀를 돌보는 데에 평등한 기회를 주기 위한 돌봄제도 • 한국 : 만 8세 이하 또는 초등학교 2학년 이하의 자녀가 있는 근로자로 52주의 유급휴가 사용 가능(다만, 부모 모두 육아휴직을 각각 3개월 이상 사용한 경우의 부 또는 모는 6개월 연장 가능), 휴가종료일 기준 피보험단위기간 180일 이상, 통상임금의 80%, 최대 월 250만 원 지원(남녀고용평등법 제19조). 육아휴직 대신 육아기 근로시간 단축제도(남녀고용평등법 제19조의2) 사용 가능 • 참고 : 스웨덴 등 몇 개국을 제외한 대부분의 국가에서 부모휴가 이용자의 절대다수가 여성임

	아버지 할당제	• 목적 : 부모휴가기간 내에 배우자에게 양도할 수 없는 특정 유급 휴가기간을 아빠와 엄마에게 각각 부여하여 아빠의 부모휴가제도 참여 유도. 아빠나 엄마가 사용하지 않을 경우 자동으로 휴가기간 소멸 • 한국 : 할당제가 아닌 휴직급여에 대한 인센티브를 통해 참여 유도. 육아휴직 두 번째 사용자의 육아휴직 첫 6개월 통상임금의 100%(상한 450만 원), 나머지 기간 통상임금의 80%(상한 150만 원) 지원 • 참고 : 부모휴가제도가 여성의 전통적 성역할을 강화하는 역할을 한다는 비판에 대한 대안으로 제도화된 정책
	가족돌봄 휴직·휴가	• 대상 : 가족을 돌봐야 하는 노동자 • 목적 : 자녀나 가족구성원이 아프거나 돌봄이 필요한 경우 '양육·돌봄휴가('childcare leave' or 'home care leave')'를 제공하여 시간을 보장하기 위한 제도 • 한국 : 휴직은 연간 최대 90일(1회 30일 이상 사용)이고 국가의 별도 지원 없음, 휴가는 연간 최장 10일(한부모 20일, 1일 단위로 사용, 가족돌봄 휴가기간은 가족돌봄 휴직기간에 포함)이고 국가의 별도 지원 없음(남녀고용평등법 제22조, 제22조의2). 이 외에 가족돌봄 등을 위한 근로시간 단축제도(남녀고용평등법 제22조의3) 이용 가능 • 참고 : 노르웨이와 핀란드의 경우 공적 보육시설을 이용하지 않는 조건으로 가정양육휴가 이용권리를 부여하는 등 대상(자녀연령 등)과 급여수준 등 국가마다 다양한 운영 형태를 보임
유연근로 시간지원 제도	노동 시간의 유연화	• 목적 : 육아, 학업, 가족돌봄, 퇴직 준비 등의 사유가 있는 노동자에게 유연한 근로시간을 선택하거나 근로시간을 단축할 수 있도록 보장하는 제도 • 종류 : 시간선택제, 탄력근무제(시차출퇴근제), 재량근무제 등 노동자의 필요에 따라 일정 기간 동안 짧은 시간 근무하거나 출·퇴근시간 등을 조절하면서 근무하는 형태
	노동 장소의 유연화	• 목적 : 주거지(자택) 또는 근무편의를 위하여 마련된 장소에서 업무를 수행하도록 하여 돌봄, 학업 등 근로자에게 필요한 시간과 여건을 확보하는 제도 • 종류 : 재택근무제, 원격근무제

출처 : 고용노동부 일·생활 균형 홈페이지(worklife.kr), 국가법령정보센터(https://www.law.go.kr/), International Network on Leave Policies and Research(https://www.leavenetwork.org/).

4. 성평등한 시간 균형 확보 방안

1) 남성의 가족돌봄 휴가·휴직 참여 활성화

우리나라에서 8세 또는 초등학교 2학년 이하의 자녀가 있는 근로자 중 2023년에 육아휴직을 시작한 사람은 총 195,986명이었다. 이 중 여성이 74.3%, 남성이 25.7%로 나타난다. 2015년 육아휴직자 총 136,560명 중 여성이 94.0%, 남성이 6.0%였던 것과 비교하면 육아휴직자 수와 남성의 참여비율이 증가하였다는 것을 알 수 있다(통계청, 2023, 2022년 육아휴직통계결과). 그럼에도 OECD 주요국의 2021년 기준 육아휴직자 중 남성의 비율인 룩셈부르크 53.3%, 스웨덴 46.0%, 덴마크 44.9%, 노르웨이 43.2% 등과 비교하면 육아휴직에 남성 참여 비율은 한참 낮은 수치이다(OECD Family Database, https://www.oecd.org/els/family/OECD가족데이터베이스-OECD).

이런 상황은 시장노동 시간과 가족노동 시간을 조직하는 방식 중 성역할이 공고화되지 않도록 남성의 가족돌봄 휴직·휴가 사용 확대와 무급노동 참여 시간 확대 지원 정책이 필요하다는 것을 말한다. 노동시장을 떠나 가족을 돌볼 수 있는 제도가 여성중심으로 운영될 경우 이후에 노동시장의 사용자들은 여성고용을 꺼리게 된다고 말한다. 그 결과 이후 젊은 여성들의 경제활동 참여가 저해되는 요인이 될 수 있다는 것이다(J. Plantenga et al., 2008 : 60−61). 가족돌봄 휴가·휴직제도를 통해 성역할을 해체하고자 하는 정책적 노력 몇 가지 사례를 들어보면 다음과 같다.

스웨덴은 각 부모가 240일의 유급휴가를 사용할 수 있는데, 이 중 90일은 배우자에게 양도할 수 없도록 하고 있다. 이를 '어머니 할당량', '아버지 할당량'이라고도 부른다. 각 부모는 나머지 105일에 대해서는 다른 부모의 동의를 받아 양도하여 사용할 수 있다고 한다. 또한 스웨덴은 195일의 휴가기간에는 소득의 77.6%를 보존하는데, 최대 월 44,101유로(하루 93.75유로)를 지급하고, 나머지 45일 동안은 하루 최대 15.12유로를 지급하여 소득을 보장하고 있다(A. Koslowski et al., 2023 : 543-544). 이런 아버지 육아휴직 할당제와 소득대체율 보장을 통해 스웨덴은 남성의 육아휴직 돌봄 참여율을 확대하고 성역할 규범을 해체하기 위해 노력하고 있다.

우리나라의 경우에는 할당제보다는 인센티브 방식을 활용하고 있다. 부모 모두 육아휴직을 사용하는 경우 휴직급여를 상향시켜 보장하거나 육아휴직 기간을 연장하는 방식이다. 이 외에 경기도, 전남도, 광주광역시, 울산광역시 등 몇몇 지자체의 경우에는 '남성 육아휴직 장려 지원 조례'를 통해 일정 기간 동안 육아휴직급여 이외 별도의 금액을 지급하여 소득을 보전하고 있다(국가법령정보센터). 민간에서는 대기업을 중심으로 남성 직원에게 한 달 이상의 육아휴직을 의무화하거나 통상임금을 보전해 주는 제도를 자체적으로 운영하기도 한다(헤럴드경제, 2024. 5. 20).

2) 장시간 유급노동 문화의 개선

성별 유급노동과 무급노동 시간의 격차를 해체하기 위해서는 우선 장시간 시장노동 문화가 변화되어야 한다. 여성이 시장노동에 참여했지만 직장에서 장시간 노동을 하는 사람이 이상적인 노동자라는 기준이 바뀌지 않으면 돌봄 책임이 있는 여성은 서서히 노동시장에서 사라질 것이다. 시장노동이 서로를 돌볼 수 있는 시간을 확보할 수 있도록 재구조화되지 않는 한 가족 안에서 수행되어야 할 노동은 또 누군가에게 떠맡겨질 것이다. 떠맡길 수 없다면 한 개인이 자신을 희생하면서 수행하거나 아니면 한쪽을 포기할 수밖에 없는 구조이기 때문이다.

우리나라 시장노동 시간은 2023년 기준 연간 1,872시간으로 OECD 평균 1,742시간보다 길고, 멕시코의 2,207시간 등 몇 나라 다음으로 장시간 노동을 하는 것으로 나타났다. 연간 시장노동 시간이 가장 적은 독일 1,373시간, 덴마크 1,380시간과 비교하면 연 500시간 정도 노동시간이 길었다(Employment–Hours worked–OECD Data, https://www.oecd.org/en/data/indicators/hours-worked.html?oecdcontrol-d7f68dbeee-var3=2023).

그러면 왜 노동자들은 이러한 장시간 노동을 선택하거나 해야만 하는 것일까? 여기에는 '좋은 노동자란 누구인가? 내가 고용주라면 어떤 노동자를 고용할 것인가?' 하는 노동문화가 반영되어 있다. 우리는 일과 가족 사이에서 다중적 역할을 수행하는 노동자보다는 아프거나 가족에 대한 돌봄부담 없이 일에 집중하고, 회사에서 요구할 때 장소의 이동도 자유로운 노동자를 이상적인 노동자라고 생각하는 것은 아닌지 하는 것이다. 부서이동, 인사고과나 성과평가 권한을 가진 상사가 이런 인식을 가졌다면 우리는 당연히 직장에서 오랫동안 머무를 것이다. 우리는 직장동료나 상사에게 자신의 생산력이나 책임감에 대한 부정적 낙인이 찍히지 않도록 행동하려 하기 때문이다.

장시간 노동은 남성이 가족돌봄을 수행하지 못하는 이유이기도 하다. 경험적 연구결과에 따르면 우리나라 가족 내 시간배분에 가장 큰 영향을 미치는 것은 평일에는 '월평균소득'이라고 한다. 일요일에는 '성역할 의식'에 따라 남성의 가족돌봄이나 가사노동 참여 시간에 차이가 발생하였다. 또한 남녀 모두의 노동시간 단축은 가족 내에서 여성의 가사노동 시간을 줄이고 남성의 돌봄시간을 늘리면서 성평등 수준을 제고하는 것으로 나타났다(곽태원, 2017 : 59-62). 결국 노동시간의 단축은 남성의 무급노동 참여를 가져와 성별 시간 격차를 줄일 수 있는 중요한 정책적 과제라고 할 수 있다.

3) 유급노동과 무급노동에 대한 동등한 가치평가

가족 안에서 수행되는 돌봄과 가사노동에 대한 가치평가는 사회에 따라 다르다. 유연근무제도가 부모들이 자녀와 보내는 시간에 미치는 영향을 조사한 연구에 따르면, 남성의 근로시간은 보다 신성하여 보호받아야 할 영역으로 여겨진다고 한다. 이러한 인식으로 남성들은 재택근무를 할 때 자녀와 보내는 시간을 늘리지 않는 것으로 나타났다(Kim et al., 2018 : 56). 하지만 스웨덴처럼 유급노동과 같이 무급노동도 중요한 가치를 가지고 성역할 태도가 평등한 사회에서는 유연근로제를 활용할 경우 남녀 모두 집안일을 더 많이 하는 것으로 나타났다(정희정, 2018 : 56-57). 이렇게 유연근로제도가 남녀에 따라 다른 결과를 나타내는 것은 유연근로제 자체의 문제가 아니라는 것을 알 수 있다. 그것은 누구의 시간이 보호되어야 하는지, 유급노동과 무급노동 중 어떤 시간이 우선되어야 하는지에 대한 우리의 인식에 따라 성별 역할이 달라진다는 것을 보여준다.

이것은 정책이 유급노동과 무급노동, 두 가지 노동의 관계를 어떻게 만들어 갈 것인지에 대한 질문이다. 정책은 무급노동을 사회화하거나 가족돌봄을 수행할 시간을 확보하는 데에만 중점을 둘 수도 있다. 하지만 정책은 유급노동과 무급노동 모두 노동자에게 중요한 일이라는 가치의 변화를 위해 개입할 수도 있다. 이것은 우리가 사회·경제적 지위, 정체성과 존중을 얻는 방식이 유급노동에만 있지 않다는 노동에 대한 가치변화를 필요로 한다. 즉, 가족과 이웃을 돌보는 무급노동 또한 개인이 정체성과 존중을 획득하는 데 중요한 요소이고 우리 삶을 풍요롭게 하는 중심이 된다는 점을 사회에서 인정하도록 국가가 방향성을 가지고 개입한다는 것을 말한다.

이런 노력 중의 하나가 무급노동의 경제적 가치를 계산하여 가시화시키는 것이다. 무급노동이 시장경제 영역 밖에서 '가격'이 없다는 이유로 비가시화되었다는 점을 말하며, 화폐가치, 경제적 가치로 환산하여 보여주는 것이다. 이는 무급노동이 유급노동만큼 우리 사회에 필수적인 생산활동이자 서비스라는 점을 사람들에게 인식시키는 효과가 있다. 또한 이러한 무급노동에 대한 가치평가는 유급노동과 무급노동을 담당하고 있는 사람들의 불평등한 관계를 조정하는 성평등 노력이기도 하다.

4) 다양한 계층의 일·생활 균형 제도 활용 경험 파악 및 지원

고용보험에 기반한 모·부성보호나 부모휴가 등의 시간 균형 제도는 대상, 기간, 급여수준 등이 지속적으로 확대되어 왔다. 하지만 여전히 고용보험에 기반한 가족돌봄 시간 확보 제도는 미취업 전업주부, 무급가족종사자, 자영업자, 특수고용자, 일용근로자, 단시간 근로자들을 포괄하지 못한다는 문제점을 가진다.

한 연구는 고용보험 가입자이면서 육아휴직급여 적용대상인 경우는 전체 분만여성의 약 20% 수준에 불과하다고 한다. 별도의 임금체계를 통해 급여를 제공하는 공무원, 교직원을 포함해도 급여대상은 전체 분만여성의 약 25%를 다소 넘는 수준이다. 고용보험 가입자임에도 임신·출산으로 퇴직하는 비율이 전체 분만여성의 약 15%에 다다르고, 여러 가지 이유로 취업상태이긴 하나 고용보험의 적용대상이 아니거나 미가입자인 경우도 전체 분만여성의 약 15% 수준이다. 즉, 전체 분만여성의 약 30%는 일을 하고 있지만 지속취업 요건과 고용보험 비적용으로 인해 출산·휴가급여를 받지 못하고 있는 것으로 나타나고 있었다(류정희 외, 2018).

이러한 사각지대를 보호하기 위해 스웨덴은 육아휴직급여 제공 시 만약 소득 관련 육아휴직을 받을 수 없는 경우에 부모에게 240일 동안 하루에 250유로의 정액을 지급한다. 스웨덴의 경우 여성의 경제활동 참여가 높아 이런 정액급여를 받는 계층은 10대, 20대에 집중되어 있다고 한다(A. Koslowski et al., 2023 : 545). 우리나라도 아동수당이나 부모수당 등을 통해 기본급여가 제공된다고 할 수 있다. 하지만 아직 각종 수당의 급여수준이 낮고, 휴직급여와 각종 수당 제도가 어떤 방향에서 통합되어 운영되어야 하는지에 대한 논의는 더욱 진척시킬 필요가 있다.

또한 우리는 사각지대에 있는 다양한 여성들의 출산전·후 휴가나 가족돌봄과 관련된 그들의 경험과 일·생활 균형 정책에 대한 요구가 무엇인지 충분히 알 필요가 있다. 사각지대를 없애기 위해 지원대상의 범위나 우선순위, 보험에 대한 기여와 수급의 형평성 등 다양한 정책적 고려가 필요하다. 하지만 1인 자영업자, 피부미용사, 텔레마케터, 방송작가, 피부미용사 등 다양한 노동자가 모·부성 보호와 자녀·가족돌봄 시간을 확보하는 데 가지는 어려움이 무엇인지 가시화하는 것이 그러한 제도적 사각지대를 정책적으로 고려하도록 하는 시작이 될 것이다.

생각해볼 문제

1. 가족구성원들의 하루 일과를 10분 간격의 시간대별로 무엇을 하였는지 기록해서 비교해 보자. 성별이나 연령 등 가족 내 지위나 역할에 따라 얼마나 다르게 시간을 사용하고 있는지 이야기해 보자.

2. 본인의 어머니(이모 등 가까운 사람 가능)와 어머니의 생애가 연령별로 어떠했는지 인터뷰해 보자. 그리고 내가 생각하는 나의 생애와 어머니의 생애에 어떤 차이가 있을지 이야기해 보자.

3. 직장에서 남성들이 육아휴직·휴가, 가족돌봄 휴가 등을 어떻게 사용하고 있는지 알아보자. 그리고 이런 제도를 자유롭게 사용할 수 있도록 하는 정책 지원 방안에는 무엇이 있을지 생각해 보자.

참고문헌

곽태원(2017). 노동시간 단축이 맞벌이부부 시간배분 결정요인에 미친 영향 : 젠더효과와 비교우위효과 검정. 가족과 문화, 29(1), 37－66.

김영미(2014). 젠더와 계급의 교차성 관점에서 본 일－가족 양립정책. 社會科學硏究, 31(2), 1－26.

김영선(2007). 영남 양동마을의 양반가족, 香壇과 여성의 시/공간 통제. 여성과 역사, 제7집, 1－47.

김은지 외(2019). 저출산대응정책패러다임 전환연구(1) : 청년층의 젠더화된 생애전망과 정책 정합도 분석. 한국여성정책연구원.

류정희 외(2018). 출산육아지원사각지대 해소방안 연구. 저출산고령사회위원회.

손문금(2005). 맞벌이부부의 이중부담과 생활시간 특성. 한국학중앙연구원대학원 박사학위논문.

신경아(2009). 일－가족 양립논의의 현황과 쟁점, 일・가족・젠더. 경기 : 한울.

윤홍식・송다영・김인숙(2020). 가족정책 : 복지국가의 새로운 전망. 경기 : 공동체.

이소진(2023). 성평등한 시간주권 개념을 위한 탐색적 연구 : 2040여성의 노동환경을 중심으로, 한국여성학, 38(4), 119－154.

이혜정(2022). 1999~2019년 미성년 자녀를 둔 부부의 유급노동시간－무급노동시간변화와 유형화에 관한 연구. 인천대학교 대학원 사회복지학과 박사학위논문.

정희정(2019). 일생활균형 및 성평등 현안과 유연근로제의 한계, 한국보건사회연구원, 국제사회보장리뷰, 8, 49－60.

Alison Koslowski, Sonja Blum, Ivana Dobrotić, Gayle Kaufman and Peter Moss (Eds.)(2023). *International Review of Leave Policies and Related Research 2022.* International Network on Leave Policies and Research.

Nancy Fraser(1999). After the Family Wage : A Postindustrial Thought Experiment, Hobson, Barbara. *Gender and Citizenship in Transition.* Routledge.

J. Kim, J. M. Augustine, & M. Lee(2018). Parents' access to flexible work arrangements and time in active caregiving activities. *Journal of Family Issues, 45*(4), 992－1018.

J. Plantenga, C. Remery, & J. Rubery(2008). *Gender Mainstreaming of Employment Policies A Comparative Review of Thirty European Countries.* European Communities, https://www.researchgate.net/publication/265772372

Schor, Juliet B.(1991). *The Overworked American : The Unexpected Decline of Leisure.* Basic Books.

OECD(2020). *How's Life? 2020 : Measuring Well-being.* OECD Publishing, Paris.

뉴스1(2023. 12. 21). 박지현 기자, 나이 많을수록 출근 시간 빨라…수도권 통근시간 평균 83.2분.

한겨레(2016. 9. 6). 정은주 기자, 일본 청소차는 낮일..한국은 왜 밤에 할까.

헤럴드 경제(2024. 5. 20). 한달간 아빠 육아휴직...롯데그룹 임직원 출산율 2.05명 [0.7의 경고, 함께돌봄 2024].

고용노동부 일·생활균형 https://www.worklife.kr/

국가법령정보센터 https://www.law.go.kr/

통계청(2023). 2022년 육아휴직통계결과.

통계청. 생활시간조사, 지역별 고용조사, 사회조사, https://kosis.kr/index/index.do

https://data.oecd.org/emp/hours-worked.htm

https://doi.org/10.1787/9870c393-en.

https://www.kostat.go.kr/board.es?mid=a10301030600&bid=11814

International Network on Leave Policies and Research, https://www.leavenetwork.org/

OECD Family Database, https://www.oecd.org/els/family/database.htm

OECD Time Use database, https://stats.oecd.org/Index.aspx?DataSetCode=TIME_USE

OECD, Employment-Hours worked-OECD Data

OECD, LabourForce Statistics, https://stats.oecd.org, Average annual hours actually worked per worker

CHAPTER 07

돌봄과 젠더

1. 돌봄의 개념

1) 돌봄과 돌봄노동의 개념

돌봄은 인간이 살아가는 데 필수 요소이다. 아동에게 있어서 돌봄 없는 발달과 교육, 아픈 사람에게 있어서 돌봄 없는 치료(의료)는 불가능하며, 돌봄 없이는 인간다운 생활이 불가능하다. 양질의 돌봄은 건강, 교육, 경제성장, 성평등, 웰빙과 같은 발전적 요소에 필수 요소임을 누구도 부인하지 못할 것이다.

"돌봄"에 대한 개념은 쉬운 듯하지만 그 스펙트럼이 매우 폭넓어 한마디로 정의하기는 어렵다.

돌봄은 포괄 범위에 따라 협의의 돌봄, 광의의 돌봄 개념으로 나눌 수 있다. 달리(Daly, 2001 : 34)는 "돌봄이란 일반적으로 아픈 사람, 노인, 장애인, 아동(의존적 젊은이)을 돌보는 데 수반되는 활동과 관계"라고 주로 직접적 돌봄을 의미하는 협의적 개념으로 정의하기도 한다. 이러한 협의적 개념에서 한발 더 나아가 "교육, 의료, 공공안전, 사회복지 등 사회 구성원의 안녕과 유지를 위한 돌봄"(송다영, 2014) 또는 "돌봄은 우리 세계를 지속가능하게 하는 활동으로 우리가 살아갈 수 있도록 하는 모든 것을 포함하는 활동"(Tronto, 1993 : 67) 등의 광의의 개념까지 매우 폭넓게 정의되고 있다.

돌봄을 정의할 때 "관계적" 특성을 매우 강조하고 있다. 사라 러딕(Sara Ruddick)은 "돌봄이 노동인 만큼, 돌봄은 관계이다."라고 정의하였고, 디뮤트 부벡(Diemut Bubeck)은 "돌봄은 돌봄을 하는 사람과 돌봄을 받는 사람 사이의 직접적인 면대면 상호작용이 돌봄의 전체 활동에서 가장 중요한 요소로, 필요(needs)가 필요한 사람 자신이 직접 필요를 채울 수 없는 성격의 필요에 대해, 다른 누군가에 의해서 어떤 사람의 필요가 충족되는 것"(Held, 2006, 김희강・나상원 공역, 2017 : 71)으로 정의하고 있다. 더 나아가 헬드(Held, 2006)는 돌봄관계가 가족 또는 복지국가에서의 돌봄서비스를 넘어, 집단을 하나로 묶는 사회적 결속, 정치・사회제도를 구축할 수 있는 유대, 그리고 세계가 함께할 수 있는 지구적 관심사까지 확대 가능하다(김희강 외 공역, 2017)고 주장하고 있다.

돌봄(care)은 운영주체에 따라 공식돌봄(formal care)과 비공식돌봄(informal care), 돌봄노동의 대가에 따라 유급노동(paid work)과 무급노동(unpaid work)으로 구분되는데, 이 구분은 상호중첩되어 있다.

공식돌봄은 개인 또는 기관에서 전문적으로 훈련된 사람에 의해 제공되는 유급의 돌봄을 말하고, 비공식돌봄은 가족, 친척, 지인 등에 의해 제공되는 무급의 돌봄을 의미한다.

돌봄과 돌봄노동(care work) 개념은 구분 없이 쓰이기도 하지만 구분될 필요가 있다. 가족, 시장, 국가, 시민사회 등 여러 영역에서 다양한 수준과 양상의 돌봄을 모두 지칭할 때는 '돌봄(care)'이라는 용어를 쓰고, 공식화된 노동으로 이루어지고 경제적 보상이 수반되는 돌봄에 대하여 '돌봄노동(care work)'이라고 용어를 구분하여 사용하기도 한다(강민정 외, 2020 : 14). 최근 ILO(2018)에서는 노동을 무급 돌봄노동(unpaid care work)과 유급 돌봄노동(paid care work), 그리고 시장노동(유급노동)(paid work)으로 구분하고 있다. 그리고 돌봄노동을 직접적, 개인적, 그리고 관계적 돌봄활동(아이 우유 먹이기, 아픈 사람 간호 등)과 간접적인 돌봄활동(요리, 청소 등)으로 구분하고 있다(ILO, 2018 : xxvii). 좀 더 구체적으로 스탠딩(Standing)은 돌봄노동이란 "한 사람 또는 그 이상의 사람들에게 신체적, 심리적, 정서적, 그리고 발달의 필요를 채우는 노동"으로, 이를 위한 시간(소요시간+대기시간)+노력+기능+사회적 기술+정서적 투자+스트레스(돌봄을 받는 이의 니즈를 제대로 충족시켰는지에 대한 불안+감독자나 주위의 기대를 만족시켰는지에 대한 불안) 등을 포괄한 개념으로 정의하고 있다(Standing, 2001, 우에노 치즈코, 2000 : 60 재인용). 하지만 우에노 치즈코는 이 개념에는 보수(경제적, 사회적, 정서적 등) 항목이 빠져있고, 돌봄을 주는 사람에게만 귀속되는 행위로 "(돌봄)관계"를 간과하고 있다고 비판하고 있다(우에노 치즈코, 2000 : 60).

2) 돌봄민주사회와 돌봄주류화

최근 "좋은 돌봄(사회)", "돌봄민주사회"라는 돌봄윤리적,[1] 돌봄가치지향적 개념으로 논의가 활발하게 제기되고 있다. 마경희(2010)는 돌봄이 초래하는 부정의를 해결하고, 좋은 돌봄, 즉 여성에게 무급으로 전가해 온 돌봄의 책임을 탈가족화하고, 탈가족화된 돌봄에 대한 적절한 가치평가를 통해 젠더 정의가 실현되어야 한다고 주장하고, 이러한 사회로 가기 위해서는 국가의 역할과 책임이 중심이 되어야 한다고 주장한다. ILO(2018)에서는 괜찮은 돌봄(Desent Care Work)을 실현하기 위해서는 |그림 7-1|에서 볼 수 있듯이 5R's, 즉 무급 돌봄노동을 인지·축소, 재분배하고, 돌봄노동자를 위한 보상(노동환경개선, 사회적 보호 등), 돌봄노동자의 대표성, 사회적 대화 및 단체교섭 등의 정책이 필요하다고 권장하고 있다. 이러한 5R's 프레임워크는 공공정책에 대한 인권기반과 성인지적 접근으로 돌봄 관련 불평등을 완화하고, 여성의 유급노동 진입의 장애요인을 해결하고, 모든 돌봄노동자의 조건과 확대, 그리고 돌봄의 질을 향상시키는 선순환을 만들어낸다는 것이다(ILO, 2018 : xliv)

---

1 돌봄윤리는 칸티안 윤리와 공리주의 같은 주로 도덕이론이 갖는 젠더 편견에 대한 비판에서부터 비롯되었다. 주로 주류이론은 자율성, 독립성, 불간섭, 공정, 그리고 권리와 같은 가치를 우선시하는 것과 대조적으로 돌봄윤리는 사람들을 서로 연결하는 "돌봄관계"와 "상호 의존성"에 가치를 둔다(Held, 2006, 김희강·나상원 공역, 2017).

주요 정책분야	정책 방향	정책적 조치
돌봄정책 거시경제 정책 사회정책(사회적 보호)	무급 돌봄노동(unpaid care work)을 **인지**(Recognize)하고, **축소**(Reduce)하고, **재분배**(Redistribute)하기	• 모든 형태의 돌봄노동을 측정하고, 의사결정과정 시 무급 돌봄노동 반영 • 양질의 돌봄서비스, 돌봄정책 및 돌봄 관련 인프라에 투자 • 무급 돌봄자의 노동력에 대한 애착, 재통합 및 발전을 지원하는 적극적인 노동시장 정책 추진 • 모든 노동자를 위한 가족친화적 근무환경 마련을 위한 제도 마련 및 시행 • 더욱 성평등한 가정, 직장 및 사회를 위한 정보 및 교육 증진 • 양질의 돌봄서비스에 대한 보편적 접근권 보장 • 돌봄친화적이고 성인지적 사회적 보호 시스템 보장 • 모든 여성과 남성을 위한 성인지적이고, 공적휴가정책 실시(공적재정지원)
노동정책	돌봄노동자를 위한 더 많은 양질의 일자리로 **보상**(Reward)하기	• 모든 돌봄노동자들을 위한 적절한 고용조건의 규제와 적용, 동등한 가치의 일에 대한 동등한 임금 지급 • 여성과 남성 돌봄노동자 모두에게 안전하고 매력적이며 격려가 되는 노동환경 보장 • 이주돌봄노동자를 보호하기 위한 법 제정 및 조치 이행
이주정책	돌봄노동자를 위한 **대표성**(Representation), 사회적 대화(social dialogue), 단체 협약(collective bargaining)	• 정치, 경제 및 공공 생활에서 모든 수준의 의사결정에서 여성의 완전하고 효과적인 참여와 동등한 리더십 기회를 보장 • 돌봄노동자와 고용주의 결사의 자유를 증진 • 돌봄섹터에서 사회적 대화를 증진하고 단체교섭권을 강화 • 돌봄노동자를 대표하는 노동조합과 돌봄수혜자와 무급 돌봄제공자를 대표하는 시민사회단체 간의 동맹 구축 촉진

[그림 7-1] 괜찮은 돌봄(Desent Care Work) 실현을 위한 5R's

출처 : ILO(2018), p. xliv.

누스바움(Nussbaum, 2002)은 "정의로운 사회"는 돌봄을 필요로 하는 사람이 돌봄을 받을 수 있고, 돌봄을 제공하는 사람이 타인의 목적을 위한 수단으로 착취되지 않는 사회, 모든 사람이 타인과 평등하게 좋은 삶의 기회를 제공받고 인간 그 자체로 존중받는 사회라고 말한다(Nussbaum, 2002 : 39, 마경희 2010 : 328 재인용). 키테이(Kittay, 1999)는 민주사회에서 시민적 책임은 모든 사람이 돌봄책임을 평등하게 공유하는 것으로 돌봄을 주고받는 당사자 간 상호성이 중요하나 인간의 의존성에 기초한 사회질서로서의 상호성을 사고하기에 돌봄이 필요한 사람을 돌보는 사람에게 필요한 돌봄(지원)은 사회적으로 이루어지는 것이 타당하다고 주장한다(김희강 · 나상원 공역, 2016). 이와 달리 우에노 치즈코(2000)는 좋은 돌봄이란 당사자주권 관점에서 바라볼 필요가 있다고 주장하고, "표준화"할 수 없으며, 개별돌봄의 형태로 돌봄을 제공하는 사람도 받는 사람도 만족하는 돌봄이라고 말한다(조승미 외 역, 2024).

트론토(Tronto)는 모든 시민이 돌봄제공자이며 수혜자인 사회, 시민이 돌봄노동을 통해 국가에 기여하며 돌봄 수행(함께돌봄)은 시민권의 가장 중요한 기준이 되는 사회를 조직하는 원리로 이러한 사회를 돌봄민주주의라고 말한다(김희강 · 나상원 공역, 2016). 그리고 트론토(2013)는 돌봄을 공평하게 분배하고, 평등하게 책임지고, 돌봄과 관련된 당사자들이 의제 발굴과 결정에 참여할 때 돌봄 정의가 이루어지고, 돌봄민주주의를 통해 보다 나은 민주주의로 더 다가갈 수 있다고 주장한다(김희강 · 나상원 공역, 2014). 김희강(2022 : 84)은 돌봄민주주의를 "시장과 복지 모두에서 돌봄의 불평등을 생산, 재생산하고 영구화하는 위계질서를 지적하고 도전하는 변혁적인 움직임"이라고 정의하고 있다. 즉, 진정한 '돌봄'의 가치를 중심으로 재편된 민주주의를 의미한다. 결국, 돌봄민주주의는 돌봄 불평등한 구조, 돌봄 부정의한 사회를 개혁하는 것을 의미한다.

최근 "돌봄주류화"라는 개념이 등장하는데, 돌봄주류화란 인간의 전 생애가 돌봄을 주고받는 지속적인 과정으로 이루어졌다는 사실에 기반하여, 누구나 보편적 돌봄권을 충분히 누리고 향유할 수 있도록 사회정책을 만들어 가는 것이라고 정의하고 있다(송다영 외, 2024). 즉, 돌봄의 주류화는 인간이 살아가는데 필수재인 "돌봄"이라는 규범적 · 실천적 · 사회적 가치를 기반으로 공공정책을 기획, 실행, 평가하는 데 돌봄관점에서 접근하는 것을 의미한다. | 그림

7-2]에서도 볼 수 있듯이 돌봄을 필요로 하는 사람의 "욕구(Needs)"에 기반한 문제해결에서 "욕구(Needs)+돌봄(care)"을 기반으로 한 사회적 분담 및 공적 개입이 이루어져야 한다는 것을 의미한다.

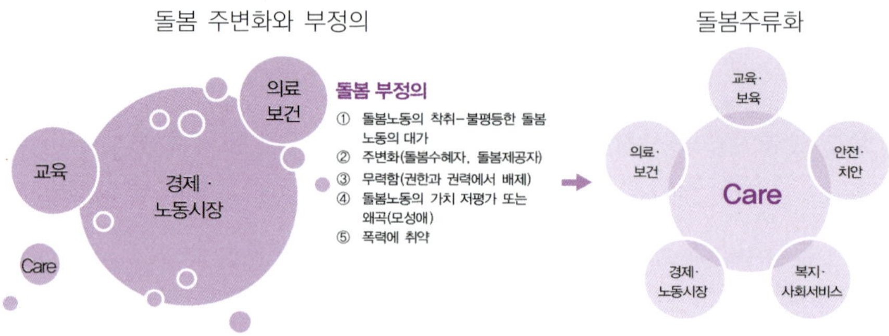

[그림 7-2] 돌봄 부정의와 주류화

주 : 돌봄 부정의 내용은 트론토(Tronto, 2013), 김희강(2022) 참조. 그림은 필자가 작성.

2. 돌봄과 젠더불평등

1) 돌봄의 여성화, 사회적 돌봄의 여성화

ILO(2018 : 172) 보고서에 따르면 전 세계 돌봄노동자 중 여성이 66%이다(여성 2억 4,900만 명, 남성 1억 3,200만 명). 유럽과 중앙 아시아에서는 돌봄부문 돌봄노동자의 79%, 가사노동자 89%가 여성, 미국에서는 각각 76%와 92%가 여성이다.

통계청(지역고용조사)에 따르면 우리나라 돌봄노동 종사자의 규모는 2023년 상반기 기준 125만 3천 명으로 전체 취업자의 4.4%를 차지하고 있고, 지난 10년간 22.2만 명(21.5%)이 증가하였다(남우근 · 김종권, 2024 : 51). 지역별 고용조사를 보면, 전체 노동자 중 여성노동자 비율은 43.9%인데, 돌봄부문은 여성이 91.8%로 압도적이고 "여성화"되어 있음을 알 수 있다(표 7-1 참조).

<표 7-1> 돌봄노동자의 월평균 임금 분포 (단위 : %)

구 분		전 체	비돌봄	돌 봄
성별	여성	43.9	41.7	91.8
	남성	56.1	58.3	8.2
연령대	20대	13.7	13.9	8.2
	30대	18.7	19.1	10.1
	40대	22.1	22.3	18.4
	50대	33.0	23.2	28.9
	60대	5.7	14.6	28.7
	70대 이상	6.9	6.9	5.7

※ 자료 : 통계청. 지역별고용조사(2023 상반기) 원자료.
출처 : 남우근 외(2024), p. 53.

2) 돌봄의 전문성 부정, 저평가, 저임금

돌봄노동 가격은 왜 이리 싼가? 이에 대한 답으로 우에노 치즈코(2000)는 다음 세 가지 이유를 제시하고 있다. 첫째, 돌봄의 유상화 그 자체가 갖는 딜레마 때문이다[돌봄의 숭고함의 정당성을 얻으려는 이데올로기 가격{시장 가격 거부(경멸) vs 생존권에 의한 저임금시간제 노동자 배제}]. 둘째, 돌봄노동이 감정노동이라는 데서 정당성을 찾으려는 것의 오류 때문이다. 셋째, 돌봄이 여성의 일로 여겨지고, 남성도 돌봄에 참여하고 있는데 보이지 않게끔 하거나, 공급원(주부층, 기혼여성)이 끊임없이 있다고 여겨지기 때문이다(조승미 외 역, 2024).

불평등한 돌봄의 악순환이 불평등한 돌봄을 더욱 깊숙이 강화시키고 고착시킨다는 것이다. 즉, 돌봄은 낮은 계급과 지위의 사람과 여성의 것으로 간주되어 오면서 저평가로 이어져 왔고, 권력의 할당이라는 측면에서 돌봄을 필요로 하는 취약한 사람(아동, 고령자, 장애인, 허약자 등)에게 돌봄이 필요하기 때문에 이를 충족시키기 위한 통제는 그렇지 않은 사람들의 손에 의해서 결정되기 때문이라는 것이다(Tronto, 2013, 김희강·나성원 공역, 2014).

실질적으로 직업별(협의의 돌봄종사자, 전문적 돌봄종사자, 서비스업, 제조업, 전체 노동자 비교) 월 임금액을 비교한 연구를 보면, <표 7-2>에서 볼 수 있듯이 스웨덴과 스페인을 제외하고 한국을 포함한 대부분 국가의 협의의 돌봄노동자 월평균 임금은 중위값보다 높지만, 비교집단에 비해 협의의 돌봄노동자의 임금이 상대적으로 저임금에 치우쳐져 있음을 알 수 있다. 한국의 경우 서비스업 뿐 아니라 전문적 돌봄, 제조업, 그리고 전체 노동자의 월 임금 중위값 대비 60% 수준도 미치지 못하는 것으로 나타났다(시간당 임금 또한 같은 양상).

<표 7-2> 직업별 월 임금액의 평균과 중위값 (단위 : USD)

		협의의 돌봄		전문적 돌봄		서비스업		제조업		전체 노동자	
		평균	중위값	평균	중위값	평균	중위값	평균	중위값	평균	중위값
북유럽 모델	Denmark	1710	1690	1480	1629	1140	923	2091	2007	1780	1796
	Finland	1450	1421	1886	1822	1473	1483	2093	1977	2013	1953
	Norway	1332	1298	1682	1930	1544	1316	2091	2000	2081	2000
	Sweden	1278	1382	1474	1511	1475	1521	2044	1814	1878	1767
대륙 모델	Belgium	1254	1287	1089	1089	1127	1188	1868	1782	1885	1705
	France	1301	1333	2046	1897	1313	1263	1951	1640	1804	1579
	Germany	1296	1281	1457	1383	1247	1091	2006	1844	1790	1629
	Netherlands	1054	962	1484	1496	1002	803	1994	1938	1736	1656
지중해 모델	Italy	1109	1178	1573	1513	1211	1125	1604	1513	1449	1396
	Portugal	792	749	1450	1068	948	821	971	828	1063	890
	Spain	1057	1070	1476	1448	1182	1086	1749	1520	1515	1376
앵글로 색슨 모델	Ireland	1636	1407	1024	1055	1199	1143	2244	2069	2028	1834
	UK	1096	1000	1487	1469	1065	820	2198	1959	1856	1592
	USA	3211	2500	4864	4333	4810	2292	5808	4125	4950	3167
	Korea	1329	972	2605	1767	2408	1856	2621	2165	2345	1767

※ 자료 : 산업안전보건연구원, 근로환경조사(2017). 유럽재단, 유럽근로환경조사(2010, 2015). 미국 Rand Labor and Population, 미국근로환경조사(2015), 원시자료를 저자가 분석. PPP-adjusted values.

출처 : 윤자영 외(2021), p. 152.

우리나라 비돌봄노동 종사자 대비 돌봄노동 종사자 임금 분포도를 보면 <표 7-3>에서 볼 수 있듯이 최저임금 2,010,580원(2023년 월급 기준)보다 낮은 종사자가 49.5%(비돌봄 19.3%)에 달한다.

<표 7-3> 돌봄노동자의 월평균 임금 분포 (단위 : %)

구분	100만 원 미만	100~ 150만 원 미만	150~ 200만 원 미만	200~ 250만 원 미만	250~ 300만 원 미만	300~ 350만 원 미만	350~ 400만 원 미만	400~ 450만 원 미만	450~ 500만 원 미만	500만 원 이상
비돌봄	8.4	4.4	6.5	18.1	15.0	14.5	7.7	7.5	3.3	14.6
돌봄	21.2	16.0	12.3	30.0	12.5	4.3	1.8	0.9	0.4	0.6

※ 자료 : 통계청. 지역별고용조사(2023 상반기) 원자료.
출처 : 남우근 외(2024), p. 54.

유급 돌봄노동에 대해 국가 간 비교 분석한 김태일 등(2022 : 71)의 연구에서도 우리나라는 유급 돌봄노동 규모가 다른 나라의 절반 수준이고, 돌봄직의 높은 연령과 짧은 근속년수, 높은 비정규직과 단시간 근로자 비율, 높은 임금격차(시간당 임금수준 낮음), 여성임금노동자 중에서도 돌봄직 임금이 낮으며, 비돌봄직과의 격차 또한 한국이 가장 큰 것으로 나타났다.

3) 돌봄노동의 패널티와 악순환 그리고 돌봄경제의 선순환 구조

전통적으로 돌봄을 수행하는 사람들이 계속해서 돌봄을 수행함에 따라 성별 규범이 강화된다. 성불평등 재생산의 중심기제로서 돌봄을 접근할 필요가 있다. ILO(2018)에서 제시한 무급 돌봄노동－유급 돌봄노동－유급노동의 순환구조를 이해할 필요가 있다. 즉, 무급 돌봄노동의 수준과 분배는 무급 돌봄제공자가 노동시장에 진입하는 조건, 돌봄노동자의 근로조건에 영향을 미친다는 것이다(그림 7－3 참조). 돌봄노동의 적절한 일자리와 수, 근로조건은 일의 세계에서 성평등, 무급 돌봄노동의 재분배에 기여한다는 것이다. 다음으로 노동시장 참여와 근로조건 등 노동시장의 성평등은 돌봄을 필요로 하는 사람(수혜자)에게 긍정적 효과를 미친다는 것이다.

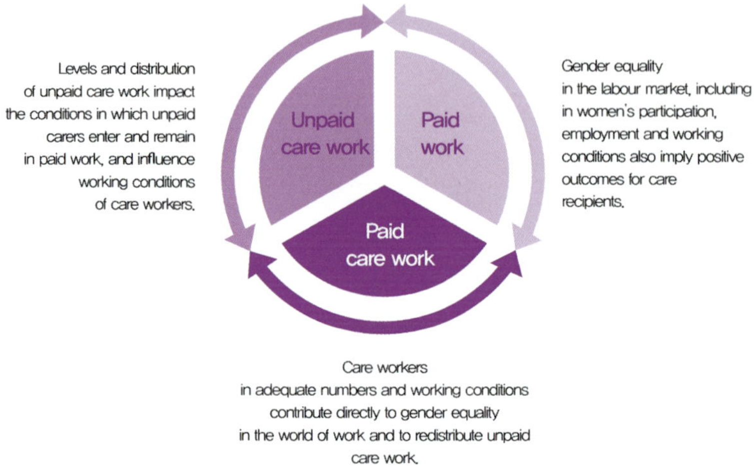

|그림 7-3| 무급 돌봄노동-유급 돌봄노동-유급노동의 구조

출처 : ILO(2018), p. 11.

그렇지만 |그림 7-4|에서 볼 수 있듯이 대부분의 국가에서 돌봄노동자는 상대적으로 낮은 저임금을 받고 있었고, 기술, 경험 또는 자격의 차이로 기인할 수 없는 시간당 임금격차가 있음을 확인할 수 있다. 미국의 경우, 여성은 14.2%, 남성 돌봄노동자의 경우 10. 6%의 패널티가 추산되었다. 부문별/ 직업별 여성화 정도와 공공부문 고용률과 같은 제도적 요인을 통제하면 프랑스에서는 여성 29%, 헝가리에서는 21.2% 패널티가 나타났다. 반대로, 스웨덴에서는 30%의 프리미엄(보너스)이 존재하였다(ILO, 2018 : 172-173). 그 이유는 북유럽국가(덴마크, 핀란드, 노르웨이, 스웨덴)와 네덜란드 등의 '돌봄고용 모델'은 전체 노동자의 20~25%를 차지하고 있고, 그중 2/3는 건강 및 사회복지분야에서, 1/3은 교육분야에서 일하고 있으며, 보편적 권리로서 돌봄서비스가 제공되고 있기 때문이다(ILO, 2018 : 196-197).

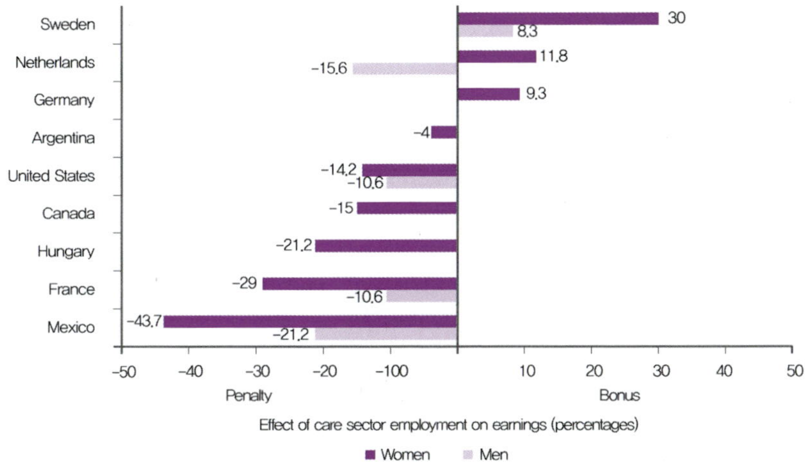

|그림 7-4| 돌봄노동의 패널티/ 보너스

출처 : ILO(2018), p. 173.

트론토(Tronto)는 '돌봄이 지위'에 기초한 사회·경제·정치적 불이익과 차별이 존재하여, 불평등한 돌봄책임의 분배 → 사회·경제적 불평등 → 정치적 불평등 → 사회·경제적인 불평등과 돌봄책임의 불평등으로 이어지는 "돌봄 불평등의 악순환"을 설명하고 있다(Tronto, 2013; 김희강, 2022 : 44 재인용).

단적인 예로, 우리나라의 경우 2022년 여성 고용률은 20대 후반 73.9%로 최고에 달하다가 30~34세 68.5%, 35~39세 구간에서 60.5%까지 급락하는 전형적인 M자형으로 완화되었다고는 하지만 여전히 유지되고 있다(그림 7-5 참조). 2022년 경력단절 여성 139만 7,000여 명 가운데 가장 많은 42.7%가 육아를 이유로 일을 그만둔 것으로 나타났다. 여성의 생애주기적 관점에서 보면 이러한 고용중지는 남성 대비 낮은 자산 및 소득, 낮은 노후보장 및 높은 빈곤율, 노동시장 재진입 시 불안정한 일자리 진입 등의 악순환 구조를 경험하게 된다.

(단위 : %)

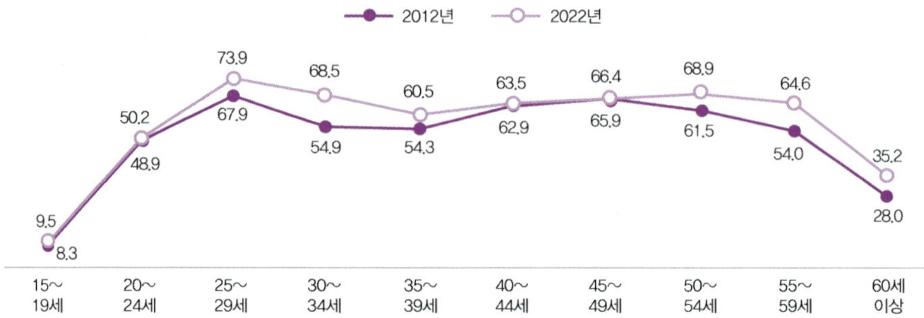

|그림 7-5| 연령별 여성 고용률 변화 추이

출처 : 여성가족부 · 고용노동부(2023). 여성경제활동백서.

그뿐만 아니라 코로나19 팬데믹을 경험하면서 "돌봄위기"론이 재등장하게 되었다. 과거 사적영역에서 돌봄의 공적영역화가 이루어졌지만, 코로나19로 인하여 돌봄은 가족 중 상대적으로 임금이 더 낮고 열악한 노동시장 지위를 갖는 여성의 임무로 여전히 부과됨으로써 불평등한 돌봄책임이 지속됨을 여실히 보여주었다는 것이다(김영란, 2020; 이동선, 2021; 여성가족부, 2021[2]).

특히 이숙진(2024)은 |그림 7-6|에서 볼 수 있듯이 여성 노동의 악순환 고리의 핵심인 "무급 돌봄노동의 성별화" 문제가 간과되었음을 비판하고 이에 대해 돌봄크레딧 제도 도입을 통한 무급 돌봄노동 가치 인정을 주장하고 있다. ILO(2018 : 252)에서는 |그림 7-7|에서 볼 수 있듯이 지속가능개발목표(SDGs) 달성에 돌봄노동은 매우 주요한 요인으로, 특히 공공 돌봄서비스 공급(SDG5 목표 5.4), 건강과 복지(SDG 3), 양질의 교육(SDG 4), 완전하고 생산적인 고용과 괜찮은 일(SDG8) 등을 제시하고 있다. 즉, 의료, 장기요양, 양질의 교육과 보육

2 2021년 양성평등실태조사 결과, '자녀에 대한 돌봄의 일차적 책임이 여성에게 있다'는 인식은 크게 감소했음에도 여전히 돌봄부담이 여성에게 과중되고 있으며 코로나19로 인해 이러한 현상이 심화되었다. '자녀에 대한 돌봄의 일차적 책임이 여성에게 있다'는 문항은 2016년 53.8%에서 2021년 17.4%로 감소했으나, 맞벌이 가정 내 돌봄시간은 남성 0.7시간, 여성 1.4시간이며 12세 이하 아동이 있는 경우 평일 돌봄에 여성(3.7시간)이 약 3배 더 많은 시간을 돌봄에 할애하는 것으로 나타났다(여성가족부 보도자료, 2022. 4. 20. 조간).

서비스를 확대하면 무급 돌봄노동 감소와 재분배로 이어지고, 여성 노동력 참가율이 증가하고, 경제성장, 간접적 일자리 창출 및 세수 확대로 이어지고, 다시 돌봄경제를 지원하게 되는 선순환 구조를 형성하게 된다는 것이다.

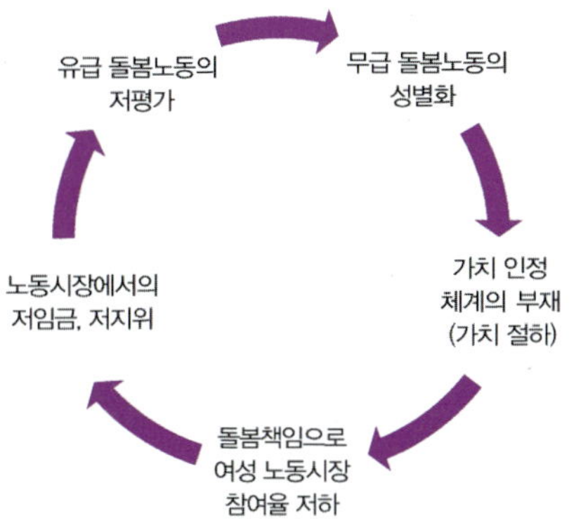

|그림 7-6| 여성 노동의 악순환 고리

출처 : 이숙진(2024), p. 37.

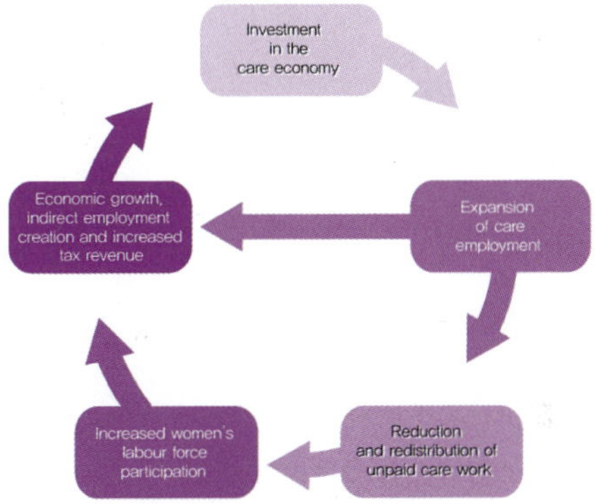

|그림 7-7| 돌봄경제의 선순환 구조

출처 : ILO(2018), p. 252.

3. 돌봄정책과 젠더

1) 사회적 돌봄과 돌봄의 사회화 방식

(1) 사회적 돌봄

사회적 돌봄(Social care)은 다차원적 개념으로 다음 세 가지 측면에서 고려된다. 첫째, '노동으로서 돌봄'이다. 일(work)과 일반적인 활동(activity) 모두의 본질에 주목하게 하고, 유급인지 무급인지, 공식적인지 비공식적인지, 그리고 이러한 경계와 다른 경계를 결정하는 데 있어 국가의 역할을 고려하게 한다. 둘째, '의무와 책임의 규범적 틀 내에서의 돌봄'이다. 돌봄의 노동(labour) 측면만을 고려하는 것은 부적절하며, 규범적 또는 윤리적 측면에서도 접근하여야 한다.[3] 셋째, 돌봄은 공적/ 사적 경계를 넘어 재정적, 정서적 비용이 포함된 활동으로 관련 비용이 개인, 가족 및 사회 전반에 어떻게 분담되는지에 초점을 맞추게 된다. 즉, 사회적 돌봄은 의존적인 성인과 아동의 신체적, 정서적 요구사항을 충족하는 활동과 관계, 그리고 이를 할당하고 수행하는 규범적, 경제적, 사회적 틀(frameworks)로 정의할 수 있다(Daly & Lewis, 2000 : 285).

최근, 과거 주변화된 사회적 돌봄노동을 넘어선 사회적 돌봄노동에 대한 재정립의 필요성이 제기되었다(강민정 외, 2021 : 28－34).

첫째, 필수 노동으로서의 사회적 돌봄노동이다. 코로나19 위기를 경험하면서 돌봄노동이 우리 삶에 필수 노동이며, 돌봄서비스 또한 우리 사회 유지를 위한 필수 요소임을 여실히 보여주었다. 따라서 이를 위해서는 돌봄노동자에 대한 고용과 노동안정화 방안이 재정비될 필요가 있다.

둘째, 보편적 사회보장으로서의 사회적 돌봄이다. 돌봄의 본질은 돌봄을 필요로 하는 사람과 돌봄을 제공하는 사람과의 관계인데, 돌봄을 제공하는 주체와 동기가 다르다면 돌봄관계 성격도 달라진다. 한 예로, 우리 사회에서 제도적·명목적·보편적으로 보장하는 사회적 돌봄(무상보육교육서비스, 노인장기요양서비스 등)을 보면, 공급은 수요를 초과하고 있지만, 돌봄노동자의 처우가 열악하고, 민간 공급비율이 높아 안정적이고 높은 질적 서비스 수준을 기대하기 어렵다. 그래서 사회적 돌봄은 사회보장급여로서 보장성을 높여야 하는데 노동집약적인 휴먼서비스인 만큼 결국 서비스 공급을 위한 인력기준을 높이고, 서비스 제공자의 교육·훈련 수준을 높일 필요가 있다.

셋째, 재분배 전략으로서의 사회적 돌봄이다. 사회정책으로서의 사회서비스 공공성을 돌봄윤리를 적용하여 재구조화할 필요가 있다. 사회서비스 정책이 이용자의 권리나 보장성, 서비스 질이나 전달체계 문제, 제공기관과 일자리 문제 등에 초점이 맞춰져 있는데, 사회 구성원 모두의 자율적 삶에 대한 형평성

---

3 규범적, 윤리적 초점은 돌봄의 사회적 및 사회적 관계, 그리고 돌봄에 대한 기존 규범을 약화시키거나 강화하는 국가의 역할에 초점을 맞추기 때문이다.

을 증진시키는 것을 목표로 생애주기에 따른 돌봄 필요를 사회적으로 보장하여 돌봄의 사회적 재분배를 달성할 수 있어야 한다는 것이다.

넷째, 젠더평등 기제로서의 사회적 돌봄노동이다. 돌봄의 사회화는 가족돌봄을 책임져 온 여성을 돌봄의무에서 자유롭게 하여 여성의 자율성을 높이고 고용유지를 가능하게 하는 것이다. 즉, 사회서비스 확대는 사회 구성원 모두의 역량를 강화하고, 노동시장 참여를 증진하여, 복지국가의 재정적 토대와 사회통합의 기초를 구축하는 데 기여하는 것이다.[4]

돌봄의 사회화는 가족 내에서 주로 여성이 무급으로 수행하던 돌봄노동을 공적영역으로 끌어내는 것(장지연, 2011) 또는 돌봄에 대한 사회적 분담 및 국가개입(공적 책임)을 의미한다. 김희강(2022)은 "돌봄의 사회화"를 돌봄윤리적 관점에서 ① 돌봄을 사회의 책임으로 인식함으로써 '돌봄=여성의 일'이라는 등식에 도전(젠더불평등에 도전), ② 돌봄을 재평가함으로써 기존에 저평가되었던 돌봄 가치 제고(돌봄저평가 가치 제고), ③ 돌봄에 기초해서 사회제도가 전면적으로 재편됨으로써 돌봄에 대한 사회적 인정을 이루는 것(돌봄의 사회적 인정)(김희강, 2022 : 293−294) 등을 포괄하는 것으로 정의하고, 기존의 돌봄정책이 돌봄민주국가 관점에서 바라볼 때 다음과 같은 한계점이 있다고 지적하고 있다. 첫째, 특정 집단(젠더, 계급, 인종)이 대부분의 돌봄을 담당하고 있는 현실에서 돌봄이 이들과 연계된 가치라는 점에서 편향되어 강화될 우려가 있다. 둘째, 돌봄이 국가의 임무로 치환될 수 있기 때문에 누군가가 대신해 주는 것으로 이해된다면 제대로 인정한다고 볼 수 없다. 셋째, 일·가정 양립이라는 제한된 범위에 머물러 있게 된다.

돌봄의 사회화 방식이 현재의 저평가된 돌봄노동의 가치, 돌봄의 책임을 국가의 책무로만 접근하는 문제, 일·가정 양립 또는 저출생 극복 목적으로의 접근을 넘어선 개념으로 재정의될 필요가 있다.

---

4 프레이저(Fraser, 2013)는 남녀 불문 노동중심의 이중생계부양자모델의 경우, 사회의 지속가능성을 확보할 수 없음을 역설하고, 노동과 동시에 돌봄이 함께 균형을 이룬 지향체로서의 "보편적 돌봄제공자모델(universal caregiver model)"을 제시하였다(임옥희 역, 2017).

(2) 돌봄의 사회화 방식(비용, 서비스, 시간)과 젠더평등

돌봄의 사회화는 크게 돌봄비용(현금지원), 서비스(현물지원), 시간 등의 세 가지 제도적·정책적 양상으로 실현된다.

① 현금(money)지원은 돌봄을 필요로 하는 자가 공식적 돌봄비용을 지불할 수 있는 현금, 돌보는 자가 휴가 기간에 필요로 하는 현금, 서비스에 쓰이는 직접적 지출이 가능하도록 지원하는 것을 의미한다.

② 서비스(service)는 국가에 의해 직접적으로, 혹은 독립 영역이나 피고용인에 의해 제공되는 아동 및 노인을 위한 돌봄서비스(지원)를 의미한다.

③ 시간(time)지원은 노동시간 관련 규정과 비공식 돌봄을 수행할 시간에 관한 규정을 의미한다.

이러한 세 가지 유형의 실질적인 돌봄정책은 다음과 같이 젠더불평등 문제를 해결할 수 있는 기반을 마련하는 데 핵심적이지만 실질적인 젠더평등을 이끌어 내는 데 한계가 있다. 즉, 돌봄정책만으로 낮은 돌봄노동의 가치평가, 돌봄노동의 여성화, 돌봄의 가치에 대한 낮은 시민의식 등의 문제를 해결하지는 못하기 때문이다. 앞서, ILO(2018)에서 제시한 괜찮은 돌봄(Desent Care Work) 환경을 만들기 위한 5R's 프레임워크에서도 볼 수 있듯이 사회적 보호 이외에 돌봄노동자의 대표성 등을 고려한 법적, 제도적 환경 마련과 |그림 7-8|에서와 같이 돌봄노동의 적정가치 평가 및 보장, "함께 돌봄" 사회 조성, 돌봄의 가치에 대한 시민적 인식 제고 등이 함께 조성될 때 진정한 젠더평등 환경이 마련될 수 있다.

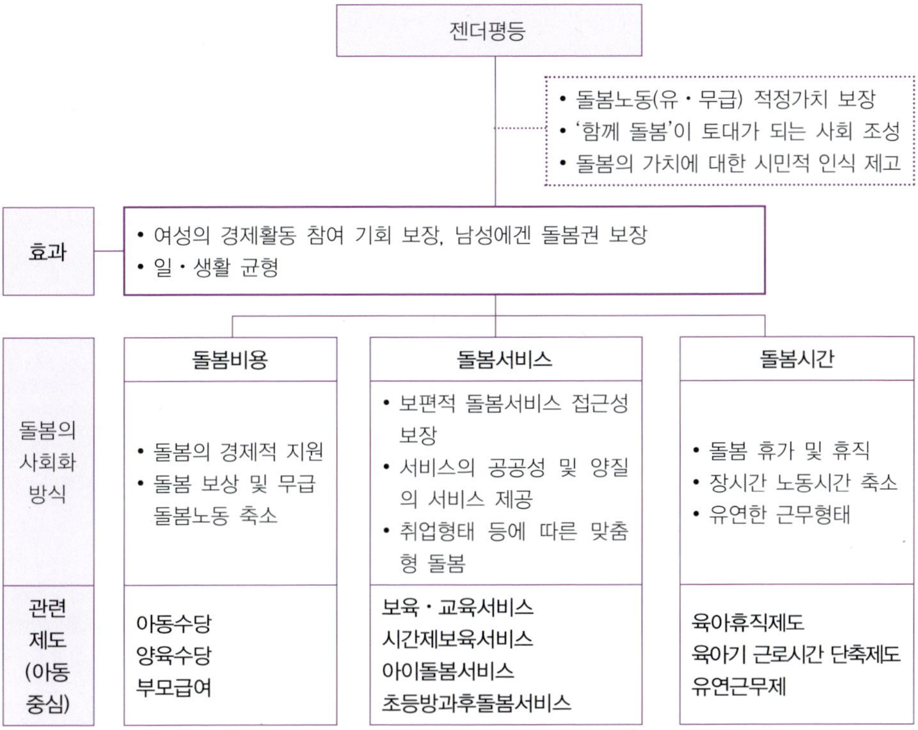

|그림 7-8| 돌봄의 사회화 방식(아동돌봄 중심으로)과 젠더평등

2) 아동돌봄정책의 특성과 쟁점

우리나라 돌봄의 사회화 구현 방식의 특성을 아동돌봄정책을 중심으로 살펴보면 <표 7-4>와 같다.

① 현금지원 방식은 첫만남이용권(바우처), 부모급여, 양육수당, 아동수당이 대표적이다.

② 공적 돌봄서비스 지원 방식은 크게 ②-1 기관중심 서비스와 ②-2 가정 내 지원 서비스로 구분된다. ②-1 기관중심 서비스로는 0~5세를 대상으로 한 보육서비스(어린이집), 유아교육서비스, 그리고 시간제보육서비스(기관 미이용 영아 중 필요시간만큼 이용), 초등학생을 대상으로 방과후 서비스

인 늘봄학교, 다함께돌봄센터, 지역아동센터 사업 등이 있다. ②－2 가정 내 돌봄지원 서비스는 아이돌봄서비스가 대표적이다.

③ 돌봄시간 지원서비스에는 육아휴직제도, 육아기 근로시간 단축제도, 가족돌봄휴가·휴직제도, 유연근무제 등이 있다.

<표 7-4> 돌봄의 사회화 : 비용, 서비스, 시간지원 유형

<table>
<tr><th>공적 지원 유형</th><th>제도명</th><th>근거 법</th><th>대 상</th><th>특 성</th></tr>
<tr><td rowspan="4">현금 지원</td><td>첫만남 이용권 (바우처)</td><td>저출산·고령사회 기본법 제10조 (경제적 부담의 경감)</td><td>2022년 1월 1일 이후 출생아</td><td>• 출생아 1인당 200만 원 이용권(국민행복카드 이용권(바우처) 지급)
• 출생신고 후 정상적으로 주민등록번호가 부여된 아동
– 대한민국 국적 보유 아동
– 아동양육시설 또는 공동생활가정 보호조치 아동으로 출생신고 전에 사회복지전산관리번호를 부여받은 아동</td></tr>
<tr><td>부모급여</td><td>아동수당법 제4조 제5항</td><td>대한민국 국적을 가진 0~1세 아동(2022년 이후 출생아부터 지원)</td><td>• (2024) 0세(출생~11개월) 월 100만 원, 1세(12~23개월) 월 50만 원
• 신청서비스에 따라 바우처(보육료 또는 종일제 아이돌봄서비스) 또는 현금지급(보육료 등 지급 후 차액 현금지급)</td></tr>
<tr><td>(가정) 양육수당</td><td>영유아 보육법 제34조의2 (양육수당)</td><td>어린이집·유치원(특수학교 포함)이나 종일제 아이돌봄서비스 미이용 아동으로 취학 전 86개월 미만 영유아
* 영아수당 도입으로 2022년 이후 출생아는 24개월부터 가정양육수당 지급</td><td><table><tr><th></th><th>만 2세 (24~35개월)</th><th>만 3세 (36~47개월)</th><th>만 4세부터 (48~86개월 미만</th></tr><tr><td>양육수당</td><td colspan="3">10만 원</td></tr><tr><td>농어촌양육수당</td><td>15만 6천 원</td><td>12만 9천 원</td><td>10만 원</td></tr><tr><td>장애아동양육수당</td><td>20만 원</td><td colspan="2">10만 원</td></tr></table></td></tr>
<tr><td>아동수당</td><td>아동수당법</td><td>만 8세 미만 아동(2022년 4월부터 적용)
*대한민국 국적 보유 아동
*정상적으로 주민등록번호가 부여된 아동</td><td>수급아동 1인당 월 10만 원 현금지급</td></tr>
</table>

	기관보육·교육(바우처)	보육서비스	영유아보육법	어린이집을 이용하는 6세 미만 아동	• 어린이집 이용 보육료 전액지원 • 연령별 표준보육비용 단가가 상이함
		유아교육서비스	유아교육법	유치원을 이용하는 만 3~6세 미만	• 유치원 이용 유아학비 지원(국공립과 사립 차등지원) • 3~5세 누리과정지원(유아학비)은 어린이집과 유치원 동일
	기관 미이용 지원	시간제 보육	영유아보육법 제26조의2 (시간제 보육 서비스)	어린이집과 유치원 미이용 6~36개월 미만의 부모급여 또는 양육수당을 수급 중인 영아	• 가정양육부모, 시간제근로자 자녀 등의 돌봄지원 • 시간제 보육료 이용단가 : 5천 원(2024년 기준)(부모부담 2천 원, 정부지원 3천 원) • 육아종합지원센터 및 지정 어린이집에서 서비스 제공
서비스 지원	가정 내 돌봄 서비스	아이 돌봄 서비스	아이돌봄 지원법	만 12세 이하 아동을 둔 맞벌이, 한부모가정, 장애부모가정, 장애아동가정, 청소년 부모가정	• 소득수준에 따라 차등지원 • 서비스 유형 : 영아종일제서비스(생후 3개월 이상~만 36개월 이하 영아), 시간제서비스(생후 3개월 이상~만 12세 이하 아동) • 타 서비스와 중복 불가 : 시간제서비스_보육교육서비스 이용아동과 중복지원 불가(단, 오후 4시 이후 이용 가능), 부모급여/ 종일제서비스_보육료, 유아학비, 양육수당, 시간제, 부모급여
	공간 지원 및 육아지원 서비스	공동 육아 나눔터	아이 돌봄 지원법 제19조 (공동육아 나눔터)	만 18세 미만 자녀를 둔 가정(자녀 및 보호자)	• 지원내용 : 공동육아공간 제공, 가족품앗이활동지원, 양육지원프로그램, 놀이활동 지원 등
		육아종합 지원센터	영유아 보육법 제7조	6세 미만의 취학 전 아동(어린이집 및 가정 내 양육가정)	• 지원내용 – 어린이집 지원사업 : 표준보육과정 교육, 대체교사 지원, 어린이집 맞춤 컨설팅, 장애아지원 교육, 보육교직원 교육 및 상담, 서울형 모아어린이집 운영지원 등 – 가정양육 지원사업 : 장난감도서관 운영, 시간제 보육관리, 우리동네 보육반장 운영지원 등

	초등 방과후 돌봄 서비스	늘봄학교	초·중등 교육 과정총론 교육부 고시	총 1~6학년 (초1 맞춤형 프로그램, 1~6학년 늘봄(방과후)프로그램, 늘봄(돌봄)프로그램)	• 초1 맞춤형 프로그램 : 초등학교 1학년 학교적응·성장 지원 및 놀이중심의 예·체능, 사회·정서 프로그램 등 • 늘봄(방과후)프로그램 : 기존 방과후학교 프로그램 개선·보완 • 늘봄(돌봄)프로그램 : 아침, 오후, 저녁 돌봄, 연계형 돌봄
		다함께 돌봄센터	아동 복지법 제44조의2 다함께 돌봄센터 설치 및 운영	만 6~12세	1. 아동의 안전한 보호 2. 안전하고 균형 있는 급식 및 간식의 제공 3. 등·하교 전후, 야간 또는 긴급상황 발생 시 돌봄서비스 제공 4. 체험활동 등 교육·문화·예술·체육 프로그램의 연계·제공 5. 돌봄 상담, 관련 정보의 제공 및 서비스의 연계 6. 그 밖에 보건복지부령으로 정하는 방과후 돌봄서비스의 제공
		지역아동 센터	아동 복지법 제52조8	만 18세 미만	지역사회 아동의 보호·교육, 건전한 놀이와 오락의 제공, 보호자와 지역사회의 연계 등 아동의 건전육성을 위하여 종합적인 아동복지서비스를 제공하는 시설
시간지원	육아휴직 제도	「남녀고용평등과 일·가정 양립 지원에 관한 법률」 「고용보험법」 제70조 제1항」		임신 중인 여성 근로자 만 8세 이하 또는 초등학교 2학년 이하의 자녀(입양한 자녀를 포함)를 양육하는 근로자	• 육아휴직급여 : 월 통상임금의 100분의 80(상한액 150만 원, 하한액 70만 원) • 육아휴직을 분할 사용 시 각각의 육아휴직 사용기간을 합산한 기간을 위에 따른 육아휴직급여의 지급대상 기간으로 봄
	육아기 근로시간 단축	「남녀고용평등과 일·가정 양립 지원에 관한 법률」 제19조의2 제1항 「고용보험법」 제73조의2		만 12세 이하 또는 초등학교 6학년 이하의 자녀(입양한 자녀를 포함한다. 이하 같다)를 양육하는 근로자 (2024. 10. 22. 개정)	• 해당 근로자에게 육아기 근로시간 단축을 허용하는 경우 단축 후 근로시간은 주당 15시간 이상이어야 하고 35시간을 넘어서는 아니 됨 • 육아기 근로시간 단축기간 : 1년 이내(육아휴직 미사용 기간은 그 기간의 두 배로 가산)

가족돌봄휴직·휴가제도	「남녀고용평등과 일·가정 양립 지원에 관한 법률」 제22조의2	조부모, 부모, 배우자, 배우자의 부모, 자녀 또는 손자녀(이하 "가족"이라 한다)의 질병, 사고, 노령으로 인하여 그 가족을 돌보는 근로자	• 휴직 : 연간 최대 90일 분할 사용 가능(1회 사용 시 최소 30일 이상 사용) • 휴가 : 연간 최대 10일 사용 가능(1일 단위로 사용 가능)-법 제22조의2 제4항 제3호에 따라 가족돌봄휴가 기간이 연장되는 경우 20일(한부모근로자는 25일) 사용 가능
유연근무제	「가족친화 사회환경의 조성 촉진에 관한 법률」 제2조 제3호가목 「국가공무원 복무규정」 제10조 제2항 「근로기준법」 제50조, 제51조 및 제51조의2	근로자, 공무원	• 가족친화제도 가. 탄력적 근무제도 : 시차출퇴근제, 재택근무제, 시간제 근무 등 나. 자녀의 출산·양육 및 교육 지원 제도 : 배우자 출산휴가제, 육아휴직제, 직장보육 지원, 자녀 교육지원 프로그램 등 다. 부양가족 지원제도 : 부모돌봄 서비스, 가족간호휴직제 등 • 근무시간 등의 변경(공무원) : 유연근무제(탄력근무제(시차출퇴근형, 근무시간 선택형, 집약근무형), 재량근무제, 원격근무제(재택근무형, 스마트워크)) • 3개월 이내/ 초과 탄력적 근로시간제, 선택적 근로시간제

주 : 관련법(법제처 홈페이지 https://www.law.go.kr/)과 소관부처에서 발행한 관련 사업안내(지침) 등을 토대로 작성함. 늘봄학교 자료는 교육부. 2024 늘봄학교 운영 가이드라인 참조.

돌봄의 사회화를 위한 정책적 선택의 쟁점은 다음과 같다.

첫째, 현금지원 vs 서비스지원 방식에 따른 젠더효과이다. 현금지원 방식에 대해 여성의 경제활동 참여에 부정적인 영향으로 반대하는 입장과 OECD 주요국 대비 현저하게 저조했던 현금급여의 비중을 확대한다는 점에서 가족지원 구성의 균형을 개선할 수 있는 정책적 진전(박선권, 2022)이라는 긍정적 입장으로 나뉜다. 현금지원 확대에 부정적인 입장은 돌봄의 가치를 반영한 현금지원 확대라기보다는 초저출산으로 인한 출산율 상승의 목적, 무급 돌봄노동을 축소(보상)하는 방안이기보다는 노동의 대가로 돌봄의 여성화를 지속·강화, 보편적이고 공공성을 담보할 수 있는 공적 돌봄 인프라는 축소하는 반면 상대적으로 현금지원 전략은 확대하고 있기 때문이다.

둘째, 0~5세 대상의 돌봄서비스가 보육서비스와 교육서비스로 이원화되어 있고, 돌봄보다는 교육을 우위로 보는 위계적인 문화로 인하여 돌봄의 가치 및 노동을 폄하하고 있다. 현재 유보통합이 추진 중이지만 교육과 돌봄의 가치가 통합될 수 있을지는 의문이다. 그뿐만 아니라 초등방과후 돌봄에서도 의무교육과 방과후 돌봄을 분리해서 접근하고, 이를 제공하는 노동자인 교사와 돌봄전담사 간 돌봄인식과 처우에 있어서 격차가 크다.

셋째, 우리나라 돌봄정책이 주로 대상자만의 욕구를 해결하는 데 집중하고, 돌봄노동자는 주변화됨으로써 노동환경은 매우 열악하다. 단적인 예로 <표 7-5>에서 볼 수 있듯이 돌봄을 목적으로 제공되는 서비스 제공 종사자의 자격은 중첩되기도 하지만 전달체계 기관의 성격(공립과 민간 등)에 따라 임금격차가 발생하고, 최저임금 수준과 큰 차이가 없다.

<표 7-5> 아동 대상 공적 돌봄노동자 현황과 처우기준

구 분	영유아 돌봄		아이돌봄지원 사업 아이돌보미	지역아동센터	초등방과후 돌봄	
	보육교사	유치원 교사			초등돌봄교실 돌봄교사	초등방과후 돌봄센터(다함께 돌봄센터)
소관부처	보건복지부/교육부	교육부/교육청	여성가족부	보건복지부	교육부	보건복지부
전달체계	어린이집	유치원	건강가정 지원센터 등 (위탁사무)	지역아동센터	초등돌봄교실	다함께돌봄센터 (우리동네키움센터(서울시))
종사자 자격 및 특성	보건복지부 장관이 자격증 검정·수여 (보육교사 2급 : 학점	교육부 장관이 자격증 검정·수여(유치원 교사 2급 : 학과제	아이돌보미 지정 교육기관에서 교육이수 (100시간교육+20시간실습)	생활복지사(사회복지사 3급 이상, 유, 초, 중등 학교교사 자격, 보육교사 1급)	초등돌봄전담사 (유, 초, 중등 학교 교사 정교사 1급 또는 2급 소지자 보육교사, 사회복지사,	돌봄교사(사회복지사, 보육교사, 청소년지도사 2급 이상 자격, 유치원, 초등 or 중등교사 자격,

	이수제 *2~4년제 대학 아동·보육학과, 기타학과* 사이버대, 방송통신대학, 학점은행제 포함)	*2~4년제 대학 유아교육과 등)	후 자격 부여(나라배움카드)/ 보육교사, 의료인, 교사 등 보수교육과 최소 현장실습만 하면 가능		청소년지도사 각 1, 2급 소지자, 학교근무경험경력 있는 자)	관련기관 2년 이상 종사경력)
노동자 수	302,800명 (보육교사 226,134명) (2023년 12월 기준)	55,404명 (정규직 4,802명) (유치원교사 36,844명) (2024년 4월 기준)	광역, 기초센터 인력 : 1,002명 아이돌보미 : 28,071명 (2023년 12월 기준)	5,380명 (생활복지사)/ 시설장 4,007명 (총 9,387명) (2022년 12월 기준)	14,970명 (1교실당 전담사 추계)	2,759명 (센터장+ 돌봄선생님) (2021년 자료로 현재 개소 수에 따라 추계)
임금체계 (처우 기준)	국공립_별도의 호봉제 vs 민간 최저임금(비용만 통제, 노동자 급여는 사용주에게 일임)	교육공무원 호봉 VS 단일(준)호봉 (6호봉+수당)	여성가족부 가이드라인 기준(시간당 인건비 단가+제수당)	정부보조금 (인건비 기준)_정액급여 (서울시와 제주시 등 지자체 단위에서 생활임금 수준)	교사와 분리된 "돌봄전담사"임금체계(공무직, 기간제 교원)	구립이지만 지배적인 시장화에 따른 임금 적용(단일임금)/서울시 사회복지시설 단일임금(호봉제) 적용

주 : 보육교직원 수는 정상운영 중인 임용, 출산휴가 상태인 보육교직원 수
보육교사는 담임교사, 대체교사, 야간연장교사, 누리과정보조교사, 보조교사, 대체교직원, 연장반전담교사, 비담임(선임)교사 포함

※ 자료 : 보건복지부(2023). 보육통계, 교육통계서비스(한국교육개발원 교육통계서비스(https://kess.kedi.re.kr))(2024. 4월 기준), 여성가족부(2024). 2024년도 아이돌봄지원사업 안내.
초등돌봄교실(https://www.afterschool.go.kr/intro/state/state1.do)
다함께돌봄센터, 지역아동센터(https://www.ncrc.or.kr/ncrc/cs/cnter/selectCnterList.do?mi=1122)
아이돌봄서비스(https://idolbom.go.kr/front/biz/stts), 내부자료.
출처 : 김현경 외(2024 미발간).

4. 젠더 관점에서의 돌봄정책 대안 찾기

1) 혁신적 돌봄정책의 기본 프레임

ILO(2018 : 116－117)에서는 국제노동기준과 국가 차원에서의 실행에 있어서 모범사례를 바탕으로 다음의 네 가지 핵심 원칙을 도출・제시하였다. 돌봄정책의 설계, 실행 및 평가에 이 원칙을 적용하면 혁신적 돌봄정책 측면의 돌봄 제공과 수혜자의 인권, 주체성 및 웰빙을 뒷받침하는 정책이 도출된다는 것이다. 이러한 혁신적인 돌봄정책은 거버넌스, 시민권, 사회적 책임에 전반적으로 긍정적인 영향을 미친다고 주장한다.

(1) 돌봄정책은 성인지적이고 인권에 기반하여야 한다

돌봄정책은 가정, 직장, 사회에서 차별금지 및 젠더평등에 대해 적극적이고 체계적으로 장려하여야 한다. 돌봄정책과 다른 정책분야(그림 7－1 참조)와의 연계는 여성과 남성의 권리, 역량 및 선택을 확대하고, 민족, 출신, 장애와 관련된 다른 차원의 불평등을 완화할 수 있다. 이러한 정책이 여성의 여성성, 모성의 전통적인 역할에 국한될 수 있기 때문에 정책설계와 효과적인 실행은 돌봄정책이 실질적인 성평등과 여성의 경제적 권한부여 달성에 기여하도록 하는 데 핵심적이다.

(2) 돌봄정책은 보편적이어야 하며, 적절하고 공평한 혜택을 제공하여야 한다

돌봄정책은 모든 여성과 남성, 특히 소외될 가능성이 가장 높은 사람들에게 혜택이 제공될 수 있도록 전체 인구에게 유사하고 고품질의 공공 서비스와 관대한 이전이 이루어져야 한다.

(3) 돌봄정책은 국가가 전반적이고 일차적인 책임을 져야 한다

이 요구는 사회적 재화로서 돌봄의 원칙에 근거한다. 국가의 주요 역할은 서비스 수준(benefits)을 정하는 것, 서비스 품질 규정(수급조건, 수준, 자격, 재원, 전달체계, 모니터링 및 평가)을 마련, 실행하는 것, 시장의 효과적인 규제, 공적 및 핵심 자금 조달, 공공부문 돌봄노동자의 직접제공자 및 고용주로서 역할을 포함한다.

(4) 돌봄정책은 사회적 대화와 대표에 기반을 두어야 한다

이는 핵심 거버넌스 원칙이다. 돌봄정책은 돌봄수혜자, 무급 돌봄제공자 및 (유급) 돌봄노동자의 권리, 주체성, 자율성 및 복지(웰빙)를 강화하고 보장할 수 있는 잠재력을 가지고 있기 때문에 정책수립 시 이해관계자(돌봄수혜자, 무급 돌봄제공자, (유급) 돌봄노동자 대표와 국가 간 대화 필요)(ILO 국제노동기준)의 목소리를 반영하고 참여하도록 하여야 한다. 이들은 돌봄정책을 설계, 실행, 모니터링 및 평가, 적절성 여부, 지속가능한 재정 지원을 보장하는 데 중요한 역할을 한다.

2) 돌봄기본법 제정

우리나라 돌봄정책은 부처별로, 대상별로 분절적으로 추진되고 있고, 돌봄노동에 대한 가치평가 없이 또는 과거 수십년 동안 큰 변화가 없었던 "사회복지시설 임금가이드라인"에 준용하여 임금 기준이 마련되고 있다. 돌봄노동의 저임금 구조, 여전히 높은 무급 돌봄노동 비율 등의 개선을 위한 방안 마련이 필요하다. 하나의 대안으로 돌봄기본법 제정이 필요하다(이숙진 외, 2023).[5] 생존권적이고 핵심적 사회재(social goods)인 돌봄은 보편적으로 적절하고 공평하게 제시될 수 있는 법적, 제도적 마련이 되어야 한다.

---

5 김태일 등(2022 : 159−169)의 연구에서 이정희 등(2021)의 연구의 '돌봄정책기본법안'과 '돌봄노동자 기본법안'을 인용하여 돌봄기본법안의 필요성을 제시하였지만, 돌봄임금을 최저임금액의 130% 이상으로 지급하라는 기준은 본 연구에서 제시한 사회복지시설 종사자 임금가이드라인을 일괄 적용하는 것과 같은 맥락으로 동의하기 어렵다. 또한 돌봄기본법은 해당 국가의 돌봄노동에 대한 가치를 보여준다는 의미에서 성평등한 돌봄, 권리로서의 돌봄에 대한 가치가 반영된 조문으로 구성되어야 하고, 이를 기반으로 국가의 역할과 책무, 노동권 보장, 돌봄제공자와 필요로 하는 사람 간 상호존중할 수 있는 돌봄관계가 형성되어야 한다.

돌봄기본법의 기본 방향은 기본권으로서의 돌봄 인식, 돌봄(노동)의 가치 인식, 성평등 돌봄·함께 돌봄 사회 실현을 기본원칙으로 제시될 필요가 있다. 이를 바탕으로 다음의 내용을 포함하여야 한다. 첫째, 돌봄에 대한 국가 및 지자체, 사회적 책임을 구체화하고 강화하여 명시할 필요가 있다(예 괜찮은 돌봄노동의 국가적 기준 지표 마련 등). 둘째, 돌봄으로 인한 사회·경제적 차별 금지이다. 돌봄제공자의 인권보장뿐 아니라 돌봄노동자 노동권 보장 또한 제도적 장치가 필요하고 이를 위한 대표성, 사회적 합의체가 마련되어야 한다. 셋째, 돌봄노동 가치평가를 위한 국가 차원의 노동가치 조정위원회 설치 및 가치평가 정례화를 위한 법적, 제도적 근거 마련이다. 돌봄 일자리는 지속적으로 확대될 것이고, 다양한 노동형태로 나타나는데 이에 대한 임금 불평등 및 젠더격차 문제를 해결하기 위한 실질적인 실행기구 마련이 포함될 필요가 있다.

3) 돌봄노동 직종별 임금가이드라인 마련 및 직무가치 평가

구미영 등(2021)은 국가에서 사회서비스 돌봄노동의 직종별 표준 임금기준표를 적용한다면, 직무가치 평가를 활용하는 방안을 고려해 볼 수 있다고 주장한다. 직무가치 평가란 기술, 노력, 책임, 작업조건의 4요소를 기준으로 해당 직무를 수행할 때 필요한 능력과 자격, 수행상의 난이도 등을 평가하는 것으로, 호주, 영국 등 돌봄노동 분야에 적용하는 사례가 늘고 있어 이에 대한 도입 필요성을 제안하고 있다.[6] [7]

---

6 호주는 직무가치 분석에 근거하여 사회서비스 돌봄노동자의 임금 인상 정책을 실제로 시행한 사례로 정부는 공공부문에 직접 고용되어 돌봄노동자와 유사한 업무를 수행하는 노동자 집단을 선정하고 이들의 임금보다 얼마나 낮은지를 노동조합과 공동으로 분석하여 일정 이상의 격차가 발생할 경우 이에 대해 개선노력을 한다는 점이다.

7 윤자영 등(2021 : 182−186, 199)의 연구에서 제안하는 공공과 민간, 소속시설 구분을 넘어선 사회서비스업종 표준임금체계에 대해서는 동의하지만 돌봄노동 저평가 개선과 일자리 창출을 위해 최저임금 120%, 145% 증가 또는 서울시 생활임금 수준 등의 기준은 진정한 돌봄노동의 가치 산정이 전제되지 않는다면 새로운 일자리, 정책 신설 시마다 또 다른 불평등 양상 또는 그 트랙에 갇히게 될 수 있다.

동일노동 동일임금에 대한 재구조화(재점화)가 필요하다. 현재 사회서비스, 돌봄서비스, 사회복지 분야 임금결정은 사회복지시설종사자 임금가이드라인에 매몰되어 있어, 이 기준의 적정성 여부, 돌봄노동의 적정가치 평가 논의로 이어지지 않고 있다. 돌봄노동 가치에 대한 사회적 합의 및 실질적인 가치 산정을 토대로 재구조화될 필요가 있다.

생각해볼 문제

1. 돌봄 관련 사회적 이슈에 대해 논의해 보자.

> 예 2021년 5월, 뇌출혈로 쓰러진 아버지의 독박 간병을 비관하며, 끝내 아버지를 방치해 죽음에 이르게 했다는 오명(?)으로 "영케어러"가 사회적으로 이슈화되었던 사례
>
> 예 교육과 돌봄의 위계적인 인식과 돌봄의 가치 및 노동을 폄하하는 사고
>
> 예 코로나19로 위한 돌봄위기는 위기가 아닌 돌봄의 문제를 여전히 가족과 여성의 문제로 지속되어 오고 있었다는 반증임

2. 우리가 지향하는 "좋은 돌봄", "돌봄민주사회", "함께 돌봄"이란 무엇인지 토론해 보고, 이를 달성하기 위한 선결조건은 무엇인지 논의해 보자.

참고문헌

강민정・김은지・구미영・노우리・양난주・안현미・남우근(2020). 사회적 돌봄노동의 가치 제고를 위한 연구. 저출산고령사회위원회.

김영란(2020). 코로나 19로 인한 가족의 변화와 정책과제. KWDI 브리프. 한국여성정책연구원.

김태일・김현경・서주연・최혜진・신영민(2022). 돌봄경제활성화방안. 저출산고령사회위원회.

김현경・박세경・안수란・이지혜・양난주・안현미・하은솔(2024 미발간). 돌봄인력 수급전망 및 추계를 위한 기초연구. 한국보건사회연구원.

김희강(2022). **돌봄 민주국가**. 서울 : 박영사.

교육부(2024). 2024 늘봄학교 운영가이드라인. 교육부.

남우근・김종권(2024). 방문돌봄 노동자의 노동실태 및 임금체계 개선방안. 돌봄사회실현을 위한 토론회 자료집. 보건복지자원연구원 정책연구위원회.

마경희(2010). 돌봄의 정치적 윤리 : 여성주의 복지정치를 위한 시론. **페미니즘 연구**, 11(2), 85−116.

송다영(2014). 사회복지부문 돌봄 관련 일자리의 질 저하에 관한 연구. **젠더와 문화**, 7(1), 7−42.

송다영・백경흔・장수정(2024). 돌봄주류화관점에서의 저출산고령사회기본법과 기본계획의 예산 추이 분석 및 평가 : 저출산부문을 중심으로. **비판사회정책** vol.−No.83s.

여성가족부 보도자료(2022. 4. 20. 조간).

여성가족부・고용노동부(2023). 여성경제활동백서.

우에노 치즈코(2000). 돌봄의 사회학. 조승미・이혜진・공영주 공역(2024). **돌봄의 사회학**. 경기 : 오월의봄.

윤자영・윤정향・함선유・서주연・임은재・전보경(2021). 돌봄노동저평가개선방안연구. 저출산고령사회위원회.

이동선(2021). 코로나19 1년−여성의 일돌봄변화와 전망_코로나19 이후 일돌봄변화와 돌봄정책 개선과제. KWDI 브리프 제64호. 한국여성정책연구원.

이숙진(2024). 돌봄민주주의가 해결해야 할 무급 돌봄노동의 보상 및 분배방향. 돌봄사회실현을 위한 토론회 자료집. 보건복지자원연구원 정책연구위원회.

장지연(2011). 돌봄노동의 사회화 유형과 여성노동권. **페미니즘연구**, 11(2), 1−47.

통계청(2022). 지역고용조사 원자료.

Daly(2001). Care Work : The Quest for Security. Mary E. Daly 편집

Daly, M., & Lewis, J.(2000). The concept of social care and the analysis of contemporary welfare states. *The British journal of sociology, 51*(2), 281－298.

Fraser, N.(2013). 임옥희 역(2017). **전진하는 페미니즘**. 경기 : 돌베개.

Held(2006). 김희강 · 나성원 역(2017). **돌봄: 돌봄윤리-개인적, 정치적, 지구적**. 서울 : 박영사.

ILO(2018). Care work and Care jobs : For the future of decent work. Geneva : ILO.

Kittay(1999). 김희강 · 나성원 역(2016). **돌봄: 사랑의 노동-여성, 평등, 그리고 의존에 관한 에세이**. 서울 : 박영사.

Tronto(2013). 김희강 · 나상원 역(2014). **돌봄 민주주의**. 서울 : 아포리아.

Tronto, J. C.(1993). *Moral Boundaries : A Political Argument for an Ethic of Care.* New York : Routledge.

법제처 https://www.law.go.kr/

CHAPTER 08

폭력과 젠더

1. 젠더폭력의 개념과 흐름

젠더폭력은 일반 폭력과 다른 성별에 기반한 폭력을 말한다. 2008년 여성부가 발간한 유엔사무총장 보고서 「여성폭력 종식-담론에서 행동으로」에 따르면 '여성폭력'은 인권침해이면서 성차별의 원인이자 결과이기도 하다. 요즈음은 '여성폭력'이라는 용어 대신 젠더폭력이라는 용어를 많이 사용하는데, 그 본질적인 의미는 같다. 현재 우리나라의 「여성폭력방지기본법」(약칭 : 여성폭력방지법)에서도 '여성폭력'이라는 용어를 사용하고 있다. 여성폭력방지법에 따르면 '여성폭력'의 범위에는 가정폭력, 성폭력, 성매매, 성희롱, 지속적 괴롭힘(스토킹), 그 밖에 친밀한 관계에 의한 폭력(교제폭력), 정보통신망을 이용한 성별에 기반한 폭력(디지털 성폭력) 등이 포함된다.

> 제3조(정의) 이 법에서 사용하는 용어의 뜻은 다음과 같다.
> 1. "여성폭력"이란 성별에 기반한 여성에 대한 폭력으로 신체적·정신적 안녕과 안전할 수 있는 권리 등을 침해하는 행위로서 관계 법률에서 정하는 바에 따른 가정폭력, 성폭력, 성매매, 성희롱, 지속적 괴롭힘 행위와 그밖에 친밀한 관계에 의한 폭력, 정보통신망을 이용한 폭력 등을 말한다.

그런데 법 규정을 자세히 들여다보면 정의 규정에서 '여성폭력'은 여성에 대한 폭력으로 좁혀져 있다. 이러한 정의는 한계를 갖는다. 성별에 기반한 폭력이 여성에게만 발생하는 것은 아니다. 상대적으로 소수이지만 남성에게도 발생한다. 성별에 기반한 폭력은 남성과 성소수자들의 폭력 피해 문제도 포함하고 현재 '여성폭력'의 각 유형과 관련된 개별법들은 성별을 가리지 않고 모두를 대상으로 한다. 따라서 이러한 정의 규정은 혼란을 주기 때문에 수정될 필요가 있다. 이 글에서는 아직 법률 용어는 아니지만 좀 더 포괄적인 의미를 갖는 젠더폭력으로 사용하고자 한다.

젠더폭력이 성별에 기반한 폭력으로 정의되는 이유는 그것이 성불평등 또는 성차별의 원인이자 결과이기 때문이다. 불평등한 성별 권력 관계나 지위, 혹은 성별 고정 관념에 기반하여 젠더폭력이 야기되며 젠더폭력으로 인해 차별과 불평등이 재생산된다. 이러한 젠더폭력의 개념이 탄생하기까지에는 국제사회의 오랜 노력이 있었다. 1980년 코펜하겐에서 열린 제2차 세계여성회의에서는 신체적, 정신적 학대를 받은 여성에 대한 보호 프로그램을 개발할 것을 촉구하는 가정폭력에 관한 결의안이 채택되었는데 그것이 시작이라고 볼 수 있다. 1985년 제3차 세계여성회의(나이로비)에서는 한걸음 더 나아가 가정폭력, 인신매매, 강제 성매매, 무력분쟁하의 여성 문제 등 다양한 젠더폭력 행위들을 확인한 바 있다. 1993년 비엔나에서 열린 세계인권대회에서는 문제의식이 더 커졌다. 128개국 50만 명이 여성폭력을 여성에 대한 인권침해로 인식할 것을 요구하는 서명서를 제출했고, 그 결과 비엔나 선언과 행동계획은 성폭력 철폐를 촉구하게 되었다. 또 같은 해 유엔 총회에서는 이러한 국제적 흐름을 반영하여 <여성폭력 철폐 선언>을 채택하게 되었다. <여성폭력 철폐 선언>에서 '여성폭력'은 다음과 같이 정의되고 있다.

> "여성폭력은 사적, 공적영역에서 일어나는 여성에 대한 신체적, 성적, 심리적 해악과 여성에게 고통을 주거나 위협하는 강제와 자유의 일방적 박탈 등 성에 근거한 모든 폭력행위를 의미한다."

이어 1995년 북경 제4차 세계여성회의에서 채택된 북경선언 및 행동강령의 12개 주요 관심 분야에 '여성폭력' 어젠다가 포함되었고 이후 '여성폭력'은 세계 젠더정책의 주요 의제로 지속적으로 다루어지고 있다.

2. 젠더폭력 방지 정책의 기본 방향과 성인지 감수성

1) 젠더폭력 방지 정책의 기본 틀

젠더폭력 방지 정책은 예방(prevention), 보호(protection), 기소와 처벌(prosecution and punishment)이라는 3P 정책 틀로 구성된다. 젠더폭력 사건이 발생하지 않도록 예방하기 위한 교육 등 예방정책, 젠더폭력 사건이 발생했을 때 피해자를 보호·지원하는 보호정책, 가해자를 기소하고 처벌하기 위한 형사정책이 그것이다.

성폭력의 경우, 기본적으로 「성폭력범죄의 처벌 등에 관한 특례법」(약칭 : 성폭력처벌법)과 「성폭력방지 및 피해자보호 등에 관한 법률」(약칭 : 성폭력방지법)로 구성되어 있고, 가정폭력의 경우, 「가정폭력범죄의 처벌 등에 관한 특례법」(약칭 : 가정폭력처벌법)과 「가정폭력방지 및 피해자보호 등에 관한 법률」(약칭 : 가정폭력방지법)로, 성매매의 경우, 「성매매알선 등 행위의 처벌에 관한 법률」(약칭 : 성매매처벌법)과 「성매매방지 및 피해자보호 등에 관한 법률」(약칭 : 성매매방지법)로 구성되어 있다. 스토킹에 관해서도 「스토킹범죄의 처벌 등에 관한 법률」(약칭 : 스토킹폭력처벌법)과 「스토킹방지 및 피해자보호 등에 관한 법률」(약칭 :

스토킹방지법)로 입법되었다. 이러한 정책들을 추진하기 위해 형사정책은 법무부가, 예방정책과 피해자 보호정책은 여성가족부가 나누어서 맡고 있다.

2) 젠더폭력 방지 정책의 방향

젠더폭력 방지 정책의 방향은 여성폭력방지법에 잘 나타나 있다. 먼저 피해자의 권리 보장에 관한 것이다. 피해자는 국가로부터 구제, 보호, 회복 등을 위한 지원을 받을 권리가 있다. 보호와 지원은 성별과 연령, 장애, 이주 배경 등 피해자가 처한 상황과 특성에 따라 필요한 조치가 이루어져야 한다. 이와 같은 교차적 권리 접근은 피해자에게 실질적인 권리 보장을 제공한다는 점에서 주요한 접근 방법이다.

> 제14조(피해자의 권리) 피해자에게는 다음 각호의 권리가 보장된다.
> 1. 여성폭력 피해로부터 구제, 보호, 회복 및 자립·자활을 위한 지원을 받을 권리
> 2. 성별, 연령, 장애, 이주 배경 등의 특성에 따라 필요한 보호와 지원을 받을 권리
> 3. 2차 피해로부터 보호받을 권리

나아가 2차 피해로부터 보호받을 권리도 보장된다. 2차 피해란 수사·재판 과정이나 보호, 진료, 언론 보도 과정에서 입는 정신적·신체적·경제적 피해나 집단 따돌림, 폭행이나 폭언 등 정신적·신체적 손상을 가져오는 행위, 그리고 사용자가 폭력 피해 신고를 이유로 불이익 조치를 하는 경우를 말한다. 피해자들의 2차 피해에 대한 우려는 여전히 적지 않다. 여성가족부가 수행한 2022년도 성폭력안전실태조사 연구에서 성폭력 문제해결을 위한 정책 수요 1순위 응답이 '피해자의 2차 피해 방지를 위한 정책 마련'이었다는 점은 성폭력 피해자에 대한 통념이나 고정관념이 여전히 작동하고 있음을 가리킨다. 2차 피해에 대한 우려는 피해자로 하여금 신고도 주저하게 한다. 법은 국가와 지방

자치단체가 이러한 2차 피해를 방지하기 위해 지침을 마련하고 수사기관의 업무 관련자에게 교육을 시키며, 2차 피해가 발생할 경우 피해를 최소화할 수 있는 조치를 취할 것을 책무로 부여하고 있다.

3) 성인지 감수성

젠더폭력 판단과 관련하여 대법원에서는 사건이 발생한 맥락에서 성차별 문제를 이해할 것과 양성평등 실현과의 관련성을 염두에 둔 '성인지 감수성' 기준을 제시한 바 있다. 2018년 4월, 대법원이 세운 성인지 감수성이라는 새로운 판단기준은 다음과 같다.

> (사건번호 2017두74702)
> "법원이 성희롱 관련 소송의 심리를 할 때에는 그 사건이 발생한 맥락에서 성차별 문제를 이해하고 양성평등을 실현할 수 있도록 '성인지 감수성'을 잃지 않아야 한다...... 우리 사회의 가해자 중심적인 문화와 인식, 구조 등으로 인하여 피해자가 성희롱 사실을 알리고 문제 삼는 과정에서 오히려 부정적인 반응이나 여론, 불이익한 처우 또는 그로 인한 정신적 피해 등에 노출되는 이른바 '2차 피해'를 입을 수 있다는 점을 유념하여야 한다......"

법원이 판결을 할 때, 피해자가 2차 피해를 염려하는 등 성차별 상황이 작동하는 맥락의 문제를 파악하고 고려할 필요가 있다는 성인지 감수성의 요청은, 한편으로는 젠더폭력을 성차별과의 연관하에 파악해야 함을 잘 드러내 주고 있으며, 나아가 그 판단이 성평등 실현과도 연결되어야 함을 시사한다. 이러한 성인지 감수성은 무조건 피해자의 주장이 옳다는 얘기가 아니다. 가해의 존재 여부를 피해자에게 가정되는 적절한 피해자의 모습, 즉 '피해자다움'을 가지고 재단하지 말고 피해자가 처한 상황과 그 사람의 위치에서 왜 그렇게 말하고 행동했는지의 문제를 살펴보는 신중한 과정이 필요하다는 뜻이다. 이는 피해 여부의 판단을 현존하는 문화와 인식, 구조와 연결하여 사고해야 함을 요청하는 것으로, 비단 성희롱 사건만이 아니라 젠더폭력 사건 전반에 대하여 숙고해야 할 개념으로 정립되게 되었다.

3. 젠더폭력 방지 정책과 현황[1]

이 절에서는 젠더폭력의 여러 유형 중 성폭력 등 성범죄와 가정폭력 등 '친밀한' 관계에서 범죄, 그리고 성매매와 인신매매 범죄와 관련된 실태와 정책을 파악해 보고, 역사 속의 젠더폭력인 '일본군위안부' 피해 문제와 정책에 대해서도 알아본다.

1) 성폭력과 디지털 성범죄 방지 정책

(1) 성폭력범죄

성폭력범죄는 암수범죄다. 암수범죄란 범죄가 실제로 발생하였지만 신고를 꺼려 수사기관에 인지되지 않거나 용의자의 신원파악이 용이하지 않은 속성을 가진 범죄를 가리킨다(신현기 외, 2012). 이러한 성폭력범죄의 규모를 살펴보면 성폭력 검거인원은 2022년에 약 4만 명에 달하며, 재범자도 약 2,200명 정도로 나타나고 있다(그림 8-1). 그러나 신고율을 고려하면 실제 성폭력범죄의 발생 건수는 상당할 것으로 추정된다.[2]

1 성희롱은 제5장 '조직과 젠더'에서 다룬다.

2 2022년도 성폭력 실태조사에 따르면 성폭력 피해 상황에서 한 번이라도 경찰에 신고한 적이 있는지에 대한 질문에서 여성 응답자의 3.2%, 남성 응답자의 1.4%만이 신고한 적이 있다는 응답이 있었다(여성가족부 2022년도 성폭력안전실태조사).

[그림 8-1] 성폭력 검거인원과 동종재범자

출처 : 여성가족부(2024), p. 50 재인용.

성폭력의 종류는 형사법의 기본법인 「형법」과 개별 처벌법들에서 알 수 있다. 「형법」 제32장 강간과 추행의 죄에서는 강간, 유사강간, 강제추행, 준강간, 준강제추행, 미성년자 또는 심신미약자에 대한 간음(성관계), 자기의 보호 또는 감독을 받는 사람에 대한 업무상 위력에 의한 간음(성관계)을 규정하고 있다. 성폭력처벌법에서는 친족 간의 강간과 장애인에 대한 강간, 13세 미만 미성년자에 대한 강간과 강제추행 등을 강하게 처벌하고, 업무상 위력에 의한 추행, 성적 목적을 위한 다중이용장소 침입행위, 통신매체 이용 음란 행위, 카메라 등을 이용한 촬영과 유포, 허위 영상물의 편집과 반포 등 형법에서 미처 다루지 못한 성폭력범죄를 추가하여 규정하고 있다. 「아동청소년의 성보호에 관한 법률」(약칭 : 청소년성보호법)에서는 13세 이상 19세 미만의 아동청소년의 성폭력범죄에 대하여 형법보다는 높고(예컨대, 형법상 강간죄는 3년 이상 유기징역이지만 동법에서는 5년 이상), 만 13세 미만(10년 이상)보다는 낮은 처벌 형량을 규정하고 있다. 이는 성장의 단계별로 피해의 심각성을 감안하기 위해서이다.

(2) 디지털 성범죄

온라인상에서 이루어지는 디지털 성범죄가 직접적인 신체적 피해를 야기하지 않는다고 해서 가벼운 범죄로 보면 곤란하다. 디지털 성범죄 피해는 짧은 시간 안에 광범위하게 확산되며 온-오프 연결고리를 통해 다양한 범죄 간 결합 방식으로 변형되기도 한다. 이러한 디지털 성범죄의 종류는 성폭력처벌법과 청소년성보호법에서 알 수 있다. 성폭력처벌법에서는 통신매체 이용 음란행위, 카메라 등을 이용한 촬영과 유포, 허위 영상물의 편집과 반포 등 형법에서 다루지 못한 성폭력범죄를 추가하여 규정하고 있다. 청소년성보호법에서는 아동청소년 성착취물의 제작, 배포, 정보통신망을 이용한 아동청소년에 대한 성착취 목적의 대화, 아동청소년의 의사에 반한 카메라를 이용한 촬영, 반포 등의 범죄가 있다.

사회의 디지털 전환이 진전됨에 따라 디지털 성범죄(사이버성폭력)의 발생건수도 늘어나고 있다. |그림 8-2|를 살펴보면, 아동성착취물 사건과 불법 촬영물 사건이 늘어나는 경향을 보이고 있고, 불법 성영상물은 상대적으로 줄고 있다. 무엇보다도 아동성착취물의 비중이 증가하고 있다는 점은 매우 우려가 되는 부분이다. 아동성착취물 발생건수 비중의 증가는 실질적 증가에 의해서 또는 위장수사 등 정책적 노력에 의해서도 나타날 수 있기 때문에 증가 원인에 대하여는 여러 해석이 가능하지만, 이 사안은 아동의 안전과 직결되는 문제이므로 보다 집중적으로 살펴야 할 필요가 있다.[3]

2024년에는 허위영상물(딥페이크) 성범죄 사건이 대대적으로 보도된 바 있다. 가해자가 10대 청소년부터 청년층이 주를 이루고 그 대상이 과거 연예인에서 대학 동기나 가족 또는 잘 알고 지내는 여성들까지 확대되고 있다는 점에서 많은 사람들을 놀라게 했다. 특히 외국에서는 한국이 이 허위영상물의 세계적인 배포의 주 진원지로 인식할 정도이다. 이를 계기로 성폭력처벌법과 관련법

3 아동청소년의 성보호에 관한 법률에서는 아동청소년 대상 디지털 성범죄의 수사특례로 사법경찰관리의 신분위장수사를 허용하고 있다(제25조의2).

들이 개정되어 허위영상물을 소지, 구입, 시청하거나 편집물을 이용하여 협박하거나 강요하는 사람 모두 처벌하도록 하고, 또 아동청소년 피해 사건의 경우에만 적용하던 위장수사를 성인도 가능하도록 수사 제도가 확대되기도 했다.

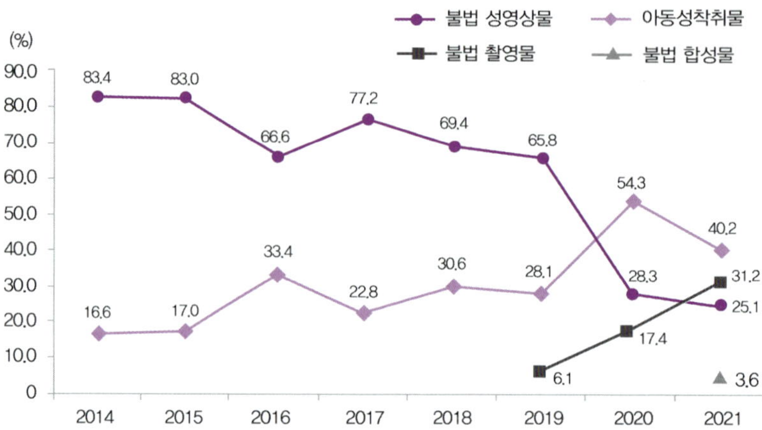

|그림 8-2| 디지털 성범죄 발생건수 비중

주 : 원본에서는 디지털 성범죄가 아닌 사이버성폭력으로 되어 있음.
출처 : 여성가족부(2023), p. 61 재인용.

(3) 성폭력범죄 피해 현황

성폭력범죄의 처벌도 중요하지만 피해자에 대한 보호·지원도 중요한 영역이다. 물론 피해자의 진정한 회복을 위해서는 정당한 처벌이 이루어질 필요가 있다는 점에서 처벌과 피해 회복은 연결되어 있는 문제이고 예방정책의 강화를 통해 사건의 발생도 최소화해 나갈 필요도 있다.

강력범죄 중 성범죄 관련 피해자 현황을 살펴보면, 강간과 유사강간, 강제추행의 피해자는 2022년 강제추행이 약 16,000여 건으로 가장 많고, 강간이 5,500여 건, 유사강간이 950여 건 순으로 강간과 유사강간은 전반적으로 증가 추세이고 강제추행은 줄어들다가 다시 늘어나는 모습을 보이고 있다. 남성 피해자도 소수이지만 존재하며 강제추행의 경우 여성 피해자의 약 10% 정도의 규모를 보여준다(표 8-1). 또 디지털 성범죄 피해도 적지 않다. 2022년도 성폭력 실태조사 중 평생 동안의 성폭력 피해율 중 디지털 성범죄 피해의 제반 유형(통신매체, 불법촬영, 영상물 유포)의 피해도 디지털 전환의 진전과 함께 같이 증가할 가능성이 있다(표 8-2).

<표 8-1> 강력범죄 중 성범죄 관련 피해자 현황 (단위 : 명)

	강 간			유사강간			강제추행			기타 강간·강제추행 등		
	전체	여성	남성	전체	여성	남성	전체	여성	남성	전체	여성	남성
2017	5,223	5,176	25	636	553	68	17,947	16,257	1,356	304	293	7
2018	5,293	5,206	39	776	669	93	17,053	15,205	1,406	356	333	16
2019	5,310	5,245	34	782	686	86	17,120	15,303	1,489	325	313	7
2020	5,313	5,248	35	823	739	82	15,344	13,835	1,310	237	229	6
2021	5,263	5,175	40	814	724	85	13,962	12,327	1,248	238	227	8
2022	5,467	5,426	41	947	830	117	15,864	14,386	1,478	225	221	4
'17년 대비	224	250	16	311	277	49	-2,083	-1,871	122	-79	-72	-3
(증가율)	(4.7)	(4.8)	(64.0)	(48.9)	(50.1)	(72.1)	(-11.6)	(-11.5)	(9.0)	(-26.0)	(-24.6)	(-42.9)
'21년 대비	204	251	1	133	106	32	1,902	2,059	230	-13	-6	-4
(증가율)	(3.9)	(4.9)	(2.5)	(16.3)	(14.6)	(37.6)	(13.6)	(16.7)	(18.4)	(-5.5)	(-2.6)	(-50.0)

※ 자료 : 경찰청, 「경찰통계연보」, 각 연도

주 : 1) 전체 피해자 수에 '불상' 값이 포함됨

2) 피해자 현황은 2017년부터 통계표 작성 가능함

출처 : 여성가족부(2024), p. 52 재인용.

<표 8-2> 평생 동안 성폭력 피해율 (단위 : %, 명)

구 분	PC, 휴대전화 등 통신매체를 이용한 피해	불법촬영 피해	촬영물이나 허위 영상물 등의 유포 피해	성기노출 피해	성추행 피해	강간 (미수 포함) 피해	(응답 인원)
전체	9.8	0.3	0.3	9.3	3.9	0.2	(10,020)
성별							
여성	9.2	0.4	0.3	16.6	7.0	0.4	(7,505)
남성	10.3	0.2	0.3	2.4	0.9	0.0	(2,515)
연령							
19세~35세 미만	12.9	0.4	0.3	5.5	3.9	0.1	(2,833)
35세~50세 미만	10.0	0.3	0.3	9.9	3.8	0.1	(3,145)
50세~65세 미만	7.0	0.2	0.3	11.9	4.0	0.3	(4,042)
여성 * 연령							
19세~35세 미만	13.3	0.8	0.4	9.7	7.0	0.2	(2,057)
35세~50세 미만	9.0	0.3	0.2	17.6	6.8	0.2	(2,385)
50세~65세 미만	6.0	0.1	0.2	20.9	7.2	0.6	(3,063)
남성 * 연령							
19세~35세 미만	12.5	–	0.2	1.8	1.2	0.1	(776)
35세~50세 미만	11.0	0.3	0.3	1.7	0.6	–	(760)
50세~65세 미만	7.9	0.2	0.4	3.4	0.9	–	(979)

출처 : 황정임 외(2022), 표 6 재인용.

2) '친밀한' 관계의 젠더폭력

가족관계, 연인관계 등 사회적으로 '친밀한' 관계로 인식되는 경우에도 폭력이 발생한다. '친밀한' 관계에서 성별에 기반하여 발생하는 폭력은 그 자체로 모순적이기도 하다. 교제폭력, 가정폭력, 스토킹 등이 그 예다.

(1) 교제폭력

교제폭력은 '친밀한' 관계에서의 젠더폭력으로 여성폭력방지법에 정의되어 있지만 아직 처벌과 피해자 보호에 관한 개별법 또는 관련 규정은 마련되지 못한 상태다. 이러한 상황에서 2024년 상반기에만도 강남구, 거제도, 하남에서 관계의 거절을 이유로 한 교제 살인사건이 연이어 보도된 바 있다. 경찰청 집계에 따르면 2023년 기준 신고건수가 7만 7천여 건에 이르고, 그중 폭행과 상해, 감금과 협박, 성폭력이 1만 1천여 건이 넘게 발생하고 있다(표 8-3).

<표 8-3> 교제폭력 발생 현황 (단위 : 건, 명, %)

구 분	신고건수	현장종결(건)	검거인원(명)	피해유형			
				폭행·상해	체포·감금·협박	성폭력	경범 등 기타
2017	**36,267**	20,417(56.3)	10,236	7,552	1,189	138	1,357
2018	46,689	26,635(57.0)	10,203	7,461	1,089	99	1,554
2019	50,581	27,857(55.1)	9,823	7,003	1,067	84	1,669
2020	49,225	26,868(54.6)	8,951	6,416	898	51	1,586
2021	57,305	30,906(53.9)	10,538	7,507	1,000	145	1,886
2022	70,790	37,910(53.6)	12,828	9,068	1,154	274	2,332
2023	**77,150**	41,955(54.4)	13,939	9,448	1,258	453	2,780

※ 자료 : 경찰청 제출자료(2024. 5. 22).
출처 : 허민숙(2024), 표 1 재인용.

그럼에도 처분 현황을 보면 현장종결이 54.4%에 이르고, 형사입건 중 구속 비율이 2.2%에 불과해 피해의 예방도 피해 이후의 안전도 계속 위협받고 있는 상황이다(표 8-4). 교제폭력은 가정폭력과 유사하게 친밀한 관계에서 사적인 정보를 상당히 알고 있는 상황에서 발생하기 때문에 피해자의 보호를 위해서는 스토킹처벌법상의 응급조치나 행위자에 대한 잠정조치, 또는 가정폭력처벌법상의 접근금지와 같은 임시조치들이 필요하다. 교제폭력 처벌을 위한 입법의 필요성 또한 제19대 국회인 2016년부터 법안으로 꾸준히 제기되고 있는 상태이다.

<표 8-4> 교제폭력 처분 현황 (단위 : 명, %)

구 분	신고건수(건)	형사입건(명)		
		계	구속/비율	불구속
2017	36,267	10,236	357(3.5)	9,879
2018	46,689	10,203	354(3.5)	9,849
2019	50,581	9,823	290(3.0)	9,533
2020	49,225	8,951	212(2.4)	8,739
2021	57,305	10,538	216(2.0)	10,322
2022	70,790	12,828	214(1.7)	12,614
2023	77,150	13,939	310(2.2)	13,629

※ 자료 : 경찰청 제출자료(2024. 4. 3).
출처 : 허민숙(2024), 표 2 재인용.

(2) 가정폭력

가정폭력처벌법에 따르면 가정폭력은 가족구성원 사이에 신체적, 정신적 또는 재산상 피해를 수반하는 행위로 가족구성원 간 성범죄도 포함하며, 협박, 감금, 재물 손괴 등도 포함된다. 가정폭력 사건에서 피해자는 부모, 배우자, 자녀 모두 해당될 수 있다. 2023년도를 기준으로 약 23만 건의 신고가 있으며 전체적으로 줄었다가 다시 늘어나는 모습을 보이고 있다. 신고건수 중 검거는 1만 1천 명으로 적고, 사건을 종결하거나(52%) 경찰이 출동하지 않는 비율(약 22%)도 상당하다(표 8-5).

<표 8-5> 가정폭력 신고 및 처리 현황 (단위 : 건, %)

구 분	계	실신고건수				출동 중 종결	허위·오인	비출동	기타
		소 계	검 거	인계종결	현장종결				
2017	279,106	197,866	19,773	18,926	159,167(57.0)	3,523	12,003	65,694(23.5)	20
2018	249,450	180,137	17,302	24,806	138,029(55.3)	2,584	7,659	59,058(23.7)	12
2019	240,594	178,105	17,122	35,548	125,435(52.1)	1,578	3,666	57,238(23.8)	7
2020	221,824	163,725	11,856	34,948	116,921(52.7)	1,566	2,183	54,347(24.5)	3
2021	218,680	169,930	12,050	45,007	112,873(51.6)	1,008	1,944	45,778(20.9)	20
2022	225,609	175,138	11,342	46,453	117,343(52.0)	745	1,511	48,201(21.4)	14
2023	230,830	178,486	11,427	47,083	119,976(52.0)	560	1,363	50,405(21.8)	16

※ 자료 : 경찰청 제출자료(2024. 5. 21).
출처 : 허민숙(2024), 표 3 재인용.

가정폭력 사건의 처분 현황을 살펴보면, 구속은 1% 남짓하고 불구속 기소나 불기소, 가정보호사건으로 처리되는 것이 대부분이다(표 8-6). 가정보호사건으로 처리된다는 것은 형사법정이 아닌 가정법원에서 보호처분을 받는 것이 적절하다는 의미인데, 피해자에 대한 접근을 제한하거나 가해자의 교육, 상담, 치료와 같은 처분을 내리게 된다.

'친밀한' 관계에서의 폭력은 그렇지 않은 관계에서의 폭력보다도 불안과 공포의 시간이 길고, 반복되거나 지속되면서 살해와 같은 심각한 상황도 초래할 수 있다. 개인의 정보를 속속들이 알고 있는 상황에서 피해자의 안전 확보는 더 심각하게 다루어져야 하는 문제이기도 하다.

<표 8-6> 가정폭력 처분 현황 (단위 : 명, %)

구 분	검거인원	기 소			불기소	가정보호사건	기 타
		계	구 속	불구속			
2017	45,264	11,752	384(0.8)	11,368	16,868	15,979(35.3)	665
2018	43,576	11,778	355(0.8)	11,423	16,431	14,689(33.7)	678
2019	59,472	15,422	490(0.8)	14,932	21,592	21,228(35.7)	1,230
2020	52,431	13,100	330(0.6)	12,770	18,437	19,379(37.0)	1,515
2021	53,985	16,364	410(0.8)	15,954	10,507	24,867(46.1)	2,247
2022	52,146	14,997	496(1.0)	14,501	9,789	25,319(48.6)	2,041
2023	55,247	17,049	575(1.0)	16,474	15,626	21,151(38.3)	1,421

※ 자료 : 경찰청 제출자료(2024. 4. 3).
출처 : 허민숙(2024), 표 5 재인용.

(3) 스토킹

스토킹처벌법의 정의에 따르면 스토킹범죄란 상대방의 의사에 반하여 따라다니거나, 기다리거나, 정보통신망을 이용하여 물건이나 글, 그림, 영상 등을 도달하게 하는 행위를 지속적·반복적으로 함으로써 상대방에게 불안감이나 공포심을 일으키는 행위를 말한다. 스토킹처벌법은 2021년에 제정, 시행되었고, 스토킹방지법은 2023년에 제정, 시행되었기 때문에 실태자료는 아직 충분하지 않은 상태다.[4] 장미혜 등(2022)이 2021년 여성폭력 실태조사 결과를 재분석하여 정리한 자료를 살펴보면, 가해자의 성별은 주로 남성이고, 장소도 온/오프를 가리지 않는다. 초기 제정법인 스토킹처벌법에서 반의사불벌죄가 2023년 개정에서 폐지된 것은 다행스러운 일이다. 이로써 피해자의 의사를 묻지 않고 범죄행위 그 자체에 대하여 처벌할 수 있게 되었다. 「형법」상 일반적인 폭력행위는 반의사불벌죄인데, 반의사불벌죄란 피해자의 명시한 의사에 반하여 공소를 제기하지 않는, 즉 피해자에게 처벌할 의사가 있는지 물어보는 제도다.

4 스토킹 실태조사는 피해자 보호법에서 3년마다 시행하도록 되어 있으며, 이 법은 2023년 7월에 시행되었다.

하지만 젠더폭력의 경우 신고율이 매우 낮아 범죄의 처벌 여부에 대한 결정의 부담을 피해자에게 전가하는 것에 대하여는 많은 비판이 있어 왔다.

스토킹범죄는 친밀하지 않은 관계에도 발생하지만 '친밀한' 관계에서도 발생하며, 교제폭력이나 가정폭력과 같이 사회적으로 '친밀한' 관계라고 규정되는 관계에서의 스토킹은 더 위험한 상황을 초래할 수도 있다.[5] 허민숙(2022)에 따르면 스토킹에 있어 '친밀성'은 가족관계였거나 현재 가족관계인 자에게 치명적인 요인이며, 피해자를 고립시키거나 취약하게 만든다. <표 8-7>은 가족관계에서의 스토킹 조사 결과이지만, '친밀한' 관계로 보이는 교제관계에서의 폭력에서도 유사하게 나타날 수 있다.

<표 8-7> 배우자로부터 경험한 스토킹 피해(중복응답) (단위 : %)

피해 내용	응답률
내가 원하지 않는데도 나에게 지속적 또는 반복적으로 연락하거나 찾아왔다.	48.8
내가 원하지 않는데도 나의 가족 또는 나와 함께 지내는 가족에게 지속적 또는 반복적으로 연락하거나 찾아갔다.	32.6
내가 원하지 않는데도 나의 친구 등 지인에게 지속적 또는 반복적으로 연락하거나 찾아갔다.	30.2

※ 자료 : 여성가족부. 「2019년 가정폭력 피해자 및 지원기관 수사기관 조사」. 2019.
출처 : 허민숙(2022), 표 2 재인용.

5 친밀한 관계에서 스토킹범죄가 발생할 경우, 살인사건으로 귀결될 확률이 친밀한 관계가 아닌 경우에 비해 세 배가량 높다는 해외 연구 결과가 있다(허민숙, 2022).

<표 8-8> 가정폭력 피해자가 경험한 직장 관련 괴롭힘 유형 (단위 : %)

피해 내용	응답률
출퇴근 시간에 맞춰 나를 기다렸다.	48.8
전화 및 이메일로 업무를 방해했다.	32.6
출근하지 못하게 했다.	30.2
동료 및 상사에게 무례하게 굴었다.	25.6
사무실에 난입했다.	20.9
직장 사람들에게 나에 대한 악의적인 소문을 퍼뜨렸다.	16.3
동료 및 상사에게 폭력을 휘둘렀다.	7.0
기타	23.3

※ 자료 : 여성가족부. 「2019년 가정폭력 피해자 및 지원기관 수사기관 조사」. 2019.
출처 : 허민숙(2022). 표 3 재인용.

3) 성매매와 인신매매 방지 정책

(1) 성매매

성매매처벌법에 따르면, 성매매란 불특정인을 상대로 금품이나 그 밖의 재산상의 이익을 수수하거나 수수하기로 약속하고 성교행위 또는 유사성교행위를 하는 것을 가리킨다. 성매매처벌법은 이 외에도 성매매 목적의 인신매매와 성매매 알선, 유인, 강요 및 장소 제공, 고용, 모집, 소개 등의 행위도 금지하고 있다. 성매매처벌법은 파는 자와 사는 자 양자를 모두 처벌하며, 다만 미성년자나 장애가 있는 사람, 강요당하거나 성매매 목적의 인신매매를 당한 사람의 경우는 피해자로 보아 처벌하지 않는다.

2022년 정부의 성매매 실태조사에서 나타난 바와 같이 그 규모는 상당히 광범위하며 사회 전반의 디지털전환 과정에서 IT 기술을 매개로 한 성매매가 늘어나고 있다. 2019년 4월 검거된 국내 최대 성매매업소사이트로 알려진 모 사이트는 전국 2,613개 성매매업소와 제휴관계를 맺고 운영을 했는데 그 회원

수는 70만 명, 1일 접속인원은 10만 명이었다고 한다(김지선 외, 2022 : 5). 스마트폰 등 모바일 기기의 광범위한 보급은 특히 청소년에 대한 성적 유인과 성적 그루밍 피해를 늘리고 있으며 가해자에게는 성착취를 위한 최적의 환경을 제공해 주기도 한다. 이처럼 성매매업소는 인터넷 등 '기술'을 활용하여 점포 없이 이동하는 형태로 운용되고 있어 앞으로도 그 규모 및 비중이 확대될 것으로 예측할 수 있다(김지선 외, 2022 : 4).

3년마다 이루어지는 성매매 실태조사 결과의 흐름을 보았을 때, 평생 성구매 경험률이 줄어들고 있는 것은 일견 긍정적인 현상으로 보인다(표 8-9). 특히 2022년 조사에서는 20대와 30대에서 경험률이 각각 14.8%와 28.1%로 나타나고, 50대의 성매매 경험률이 55.5%로 나타났다는 점도 주목할 만하다. 다만, 최초의 성구매가 호기심, 회식 후, 군 입대 등 특별한 일 관련, 친구나 선배의 권유 그리고 성적 요구 해소를 위해 이루어지고 있다는 점은 여전히 성구매 문제에 대한 올바른 인식을 요하는 부분이다(표 8-10).

<표 8-9> 남성응답자 본인의 평생 동안 성구매 경험 여부 (단위 : 명)

구 분	2016 (N=1,050)	2019 (N=1,500)	2022 (N=1,500)	증감률
경험 있음	532(50.7)	631(42.1)	561(37.4)	▼13.3%p
경험 없음	518(49.3)	869(57.9)	939(62.6)	

출처 : 김지선 외(2022), 표 3-5 재인용.

<표 8-10> 최초 성구매 동기(복수응답) [단위 : 명(케이스 중 %)]

구 분	2016	2019	2022
호기심에	229(43.0)	282(44.7)	223(39.8)
군입대 등 특별한 일을 앞두고	176(33.1)	201(31.9)	147(26.2)
성적 욕구 해소를 위해	135(25.4)	140(22.2)	146(26.0)
스트레스 해소를 위해	40(7.5)	22(3.5)	45(8.0)
회식 등 술자리 후 모두 함께 가서	166(31.2)	187(29.6)	156(27.8)
친구, 동료, 선배들의 권유로	94(17.7)	101(16.0)	140(25.0)
업소 여성의 적극적 유혹으로	27(5.1)	21(3.3)	25(4.5)
접대 관행상	27(5.1)	27(4.3)	25(4.5)
해외여행 및 출장 중 기회가 생겨서	10(1.9)	6(1.0)	4(0.7)
전체	532(170.7)	987(156.4)	911(162.4)

주1. 반응 기준 다중응답분석 결과임

주2. 2016년, 2019년도 조사에서 '친구, 동료, 선배들의 압력으로'가 2022년도에 '친구, 동료, 선배들의 권유로'로 표현 수정됨

출처 : 김지선 외(2022), 표 3-9 재인용.

다만, 다른 젠더폭력 유형과 달리 성매매처벌 인식에 있어서는 성판매자와 구매자를 모두 처벌하거나 모두 합법화하자는 데 찬성비율이 38~39%로 유사했으며, 성판매 행위만 또는 성구매 행위만 합법화하자는 의견은 모두 약 10%로, 성매매처벌에 대한 서로 다른 견해는 팽팽한 것으로 나타났다.

여기서 생각해 볼 문제는 바로 성매매의 본질에 관한 것이다. 성매매의 본질은 무엇일까? 성의 상품화인가? 성노동인가? 성은 인격이기 때문에 판매가 불가능하다. 인격은 상품이나 노동으로 대체될 수 없다. 그럼에도 오랜 기간 동안 사회 일각에서는 성매매를 성서비스 제공 행위 또는 극한적으로 생계가 위협받는 상황에서 불가피하게 있어 왔던 것으로 여겨져 온 측면도 있다. 우리 사회는 2004년부터 이를 법적인 문제로 규정하고 예방과 처벌, 그리고 피해자 보호조치를 펴고 있음에도 이 상품화를 긍정적으로 보는 시각이 사회 일각에

서 여전히 존재한다. 세계적으로 보면 성매매와 관련하여 다양한 정책 모델이 있는데, 성매매 행위 자체를 완전 금지하는 금지주의, 성구매만 금지하여 성매매를 축소하는 스웨덴이 정립한 노르딕 모델, 그리고 성노동을 인정하면서 성노동의 근로조건을 규제하는 독일의 합법화 모델 등이 있다. 노르딕 모델은 성매매의 규모를 축소했다는 긍정적인 평을 받는 반면, 합법화 모델에서는 지속적으로 인권침해의 문제가 제기되고 있다(페르 안데르센 수네손, 2018).

(2) 인신매매

성매매 문제 안에는 인신매매 문제도 깊이 연결되어 있다. 성매매 목적의 인신매매 규정은 성매매처벌법에서 규정해 왔었는데, 동 규정에 따르면 성매매 목적의 인신매매는 위계, 위력 등으로 대상자를 지배, 관리하면서 제3자에게 인계하는 행위로 정의되어 왔고, 인신매매 행위에 대한 처벌은 별도의 처벌법 없이 「형법」에 규정되어 있다. 「형법」에서 인신매매 처벌 규정은 2013년에 가서야 마련되었는데, 여기서 인신매매는 일반적인 사람의 매매와 추행, 간음, 결혼 또는 영리 목적, 노동력 착취, 장기적출, 그리고 성매매와 성적 착취를 목적으로 한 인신매매로 규정되어 있다. 그런데 이러한 인신매매 규정은 국제사회와 시민사회의 지적을 받아왔다. 행위의 요건이 단순 매매를 중심으로 협소하게 되어 있기 때문이다. 그래서 2021년 제정된 「인신매매등 방지 및 피해자보호 등에 관한 법률」(약칭 : 인신매매방지법)에서나마 이 정의를 넓혀 인신매매에 수반되는 제반 행위도 인신매매범죄에 포함되는 것으로 규정했다. 즉, 모집, 운송, 전달, 은닉, 인계 또는 인수 행위도 인신매매 범죄행위 유형임을 명확히 하였다. 이러한 인신매매 관련 법률의 제정과 개념의 확대적용은 국내 시민사회의 요청과 국제협약이 미친 영향이 컸는데, 2000년 우리나라는 「국제연합국제조직범죄방지협약」에 서명하고 이후 이 협약의 부속 인신매매방지의정서를 비준하였기 때문이다.

그런데 현실에서 인신매매범죄로 파악된 사건은 미미하다. 장응혁과 전진성(2023)에 따르면 2014년 3건, 2015년 6건, 2016년 8건, 2017년 3건, 2018년 2건, 2019년 3건에 불과하다. 아직 인신매매방지법 시행이 초기단계임을 고려할 때 범죄 자체가 적어서라기보다는 성매매 목적의 인신매매가 제대로 식별되고 있는지 여부에 따른 것으로 보인다. 유흥업계 외국인 취업 비자인 E-6-2 비자 또는 취업비자로 국내에 유입된 외국인 여성들의 일부가 성매매 피해자가 되는 사건들이 가끔씩 보도되고 있는 실정이다. 따라서 인신매매 식별 규정이 실제 피해자를 잘 발견하거나 피해자 본인이 인지할 수 있는 방식으로 만들어져 보급되고 사용될 필요가 있으며 관계자 교육도 잘 이루어져야 한다.

4) 젠더폭력 피해자의 보호·지원과 예방

피해자 보호·지원과 젠더폭력 예방을 위해 국가와 지방자치단체는 책무를 지고 있다. 국가와 지방자치단체는 젠더폭력 피해자를 위해 신고체계를 구축·운영해야 하고, 예방을 위한 조사·연구 및 교육·홍보 사업을 실시해야 하며, 피해자를 보호·지원하기 위한 시설을 설치·운영하고, 피해자에 대한 주거지원, 직업훈련 및 법률구조 등 사회복귀 지원을 위해 일해야 한다. 또 피해자에 대한 보호·지원을 원활히 하기 위하여 관련 기관 간 협력체계를 구축·운영하고, 예방을 위한 유해환경 개선과 함께 피해자 보호·지원을 위한 관계법령의 정비와 각종 정책을 수립·시행·평가해야 한다. 이러한 정책적 책무를 이행하기 위해 국가는 긴급전화 1366을 운영하고 있고, 피해자 전문기관인 해바라기센터를 지역 대학병원을 중심으로 설치, 운영하고 있다. 또 상담소 등 관련 시설을 보조하고, 한국여성인권진흥원을 설치·운영하고 있으며, 한국여성정책연구원 등 국책연구기관을 통해 정기적인 실태조사를 실시하고 있다.

그런데 젠더폭력 피해로 각 기관이나 단체에 상담하는 건수는 앞서 살펴본 경찰청 등에의 신고건수와는 많은 차이가 있다. 2021년 통계에서만도 가정폭력 상담건수는 51만 건이 넘으며 성폭력은 약 25만 건, 성매매는 약 7만 5천 건, 교제폭력과 스토킹은 각각 1만 7천여 건과 5천 500여 건으로 집계되고 있다. 상담에 이르지 않은 건까지 고려하면 그 숫자는 이보다 더 많을 것이다(그림 8-3).

일반폭력도 그러하지만 젠더폭력은 특히 개인의 인격과 존엄이 침해되는 경험 속에서 깊은 트라우마와 불안을 남기게 된다. 나아가 스스로의 활동의 자유 역시 제약시키기도 한다. 김중곤·추지현(2023)의 연구 결과에 따르면 실제 청년 여성들은 경험하거나 보거나 들은 여러 사건들, 즉 성범죄, 이별 폭력과 살해, 공중화장실 이용과 불법촬영 등에 대하여 일상의 두려움과 불안이 컸다. 이 중 피해경험을 가진 사람의 경우에는 이러한 두려움과 불안이 더 크게 나타났으며, 경제적으로 하층의 경우에도 더 크게 나타났다. 따라서 피해의 예방과 피해자 보호지원 정책을 1인 가구 지원으로 기계적으로 접근할 것이 아니라 연령과 계층 변수를 고려하여 세심하게 짤 필요가 있다고 본다.

젠더폭력을 예방하기 위해 가장 기본적으로 이루어져 온 것은 성교육과 젠더폭력방지 교육이다. 국가와 지방자치단체, 공공기관과 학교는 젠더폭력방지 교육을 매해 의무적으로 실시하고 있지만, 초·중등학교 교육과정에서는 아직도 정규 교과목으로 체계화되지 못하고 있다. 게다가 무엇이 올바른 성교육인가에 대해 사회적 논란이 지속되는 가운데, 유네스코가 세계적으로 보급하고 있는 포괄적 성교육의 방향 또한 우리 교육에서 정립하지 못하고 있는 실정이다.[6]

---

6 포괄적 성교육(CSE : Comprehensive Sexuality Educatioin)은 유네스코 국제성교육 가이드가 제시하는 것으로 인간관계, 가치, 권리, 문화, 젠더이해, 폭력과 안전, 건강과 복지, 신체 발달, 성적 행동, 성과 재생산 건강에 대한 정보와 지식을 연령과 발달단계에 맞게 종합적 관점에서 교육하고 올바른 선택에 필요한 능력을 기르는 것을 특징으로 한다.

(단위 : 건)

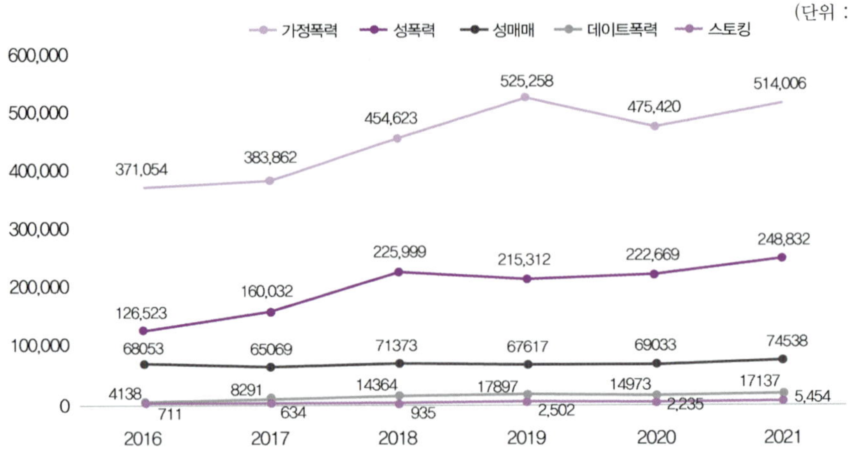

|그림 8-3| 폭력 유형별 상담건수

출처 : 여성가족부(2023), p. 63 재인용.

5) 역사 속의 젠더폭력('일본군위안부')

'일본군위안부' 피해 문제가 시민사회의 노력 끝에 법적으로 규정된 것은 1993년이다. 역사 속의 젠더폭력이 법으로 인정받은 첫 사례라고 볼 수 있다. 정부는 1993년 국회가 제정한 「일제하일본군위안부에대한생활안정지원법」을 통해 등록과 보호 및 지원을 해왔다. 2002년에는 일제하 일본군위안부 피해자에 대한 경제적, 의료적 보호·지원과 더불어 기념사업을 포함하는 법률로 개정하고 실태조사와 기념사업들을 벌여 왔다. 매년 8월 14일을 피해자 기림의 날로 기념하고, 피해자의 명예훼손 등에 대한 소송대리도 지원하고 있다. 연구자들은 그동안 피해자를 약 20만 명으로 추정해 왔으나 정부에 등록된 피해자는 240명이고, 생존피해자는 2024년 현재 8명이다.

'일본군위안부' 피해 문제는 유엔을 비롯한 국제사회의 공감을 얻어 왔다. 이 문제는 한국과 일본의 과거사의 문제일 뿐 아니라 현존하는 전시 성폭력의 극단적 유형일 수 있기 때문이다. 국내뿐 아니라 독일, 이탈리아, 미국, 호주 등 여러 나라에서 이를 상징하는 소녀상이 설치되었고, 이를 통해 전시 성폭력에 대한 경각심을 일깨우고 있다.

4. 정책 과제들

전국성폭력상담소협의회의 조사와 한국여성정책연구원 조사에 따르면 약 60~70%의 피해경험 응답자가 「형법」상의 강간 규정에 부합하지 않는 형태로 성폭력을 경험한 것으로 나타난다. 이에 대하여 장다혜(2018)는 아직 우리 법이 완전하게 성적 자기결정권 침해를 규제하지 못하고 있다는 것을 반증한다고 지적한다. 즉, 폭행과 협박을 동반하지는 않지만 비동의 또는 의사에 반하는 성폭력 문제가 남아있다는 것을 의미한다. 1953년 「형법」 제정 시 강간은 여성의 정조권 침해로 보았지만 현재는 '강간과 추행의 죄'로 규정되어 있고 인격권의 침해이자 성적 자기결정권을 침해하는 행위로 공히 인식되고 있다. 헌법재판소는 이러한 성적 자기결정권을 헌법 제10조 인간의 존엄과 행복추구권에서 도출하기도 한다. 그럼에도 불구하고 비동의 강간죄 신설 여부에 대한 반론도 적지 않다. 과도하게 국가형벌권을 부여하게 된다는 비판, 의사소통의 문제일 뿐이라는 시각, 무고 가능성의 문제 등이 제기되기도 한다. 하지만 다른 나라의 사례를 들여다보면 독일, 영국, 스웨덴 등의 경우에는 의사에 반한 강간죄 또는 비동의 강간죄를 입법하여 규율하고 있다. 이 문제에 대한 지속적 논의가 필요하다.

또 가정폭력처벌법의 개정 과제도 있다. 이 법의 명백한 한계는 가정폭력 사건에 대하여 피해자의 처벌 의사를 묻는다는 점이다. 가정보호사건이라는 명명에서 알 수 있듯이 가정폭력처벌법이 가해자에 대한 보호처분을 통해서 '건강한 가정'을 가꾸는 것이 피해자의 인권보호보다 주된 목적으로 설계되어 있다는 점에 대하여는 오랜 비판을 받아왔다.[7] 가정폭력에 대한 이런 관점은 상담조건부 기소유예제도를 통해서도 나타난다. 이와 같은 법 규정 문제를 개선

7 가정폭력처벌법 제1조(목적). 이 법은 가정폭력범죄의 형사처벌 절차에 관한 특례를 정하고 가정폭력범죄를 범한 사람에 대하여 환경의 조정과 성행(性行)의 교정을 위한 보호처분을 함으로써 가정폭력범죄로 파괴된 가정의 평화와 안정을 회복하고 건강한 가정을 가꾸며 피해자와 가족구성원의 인권을 보호함을 목적으로 한다.

하기 위하여 법안이 지속적으로 발의되고 가정폭력 피해자를 돕는 지원 단체들도 오래 요구해 왔으나 아직 개정의 성과를 보지 못하고 있다. '친밀한' 관계에서의 폭력은 드러나기 어렵고 또 지속성이 길다는 면에서 더 많은 관심이 필요하다. 교제폭력에 대한 입법 또한 제22대 국회에 상정되어 있는 과제이기도 하다. 이 외에도 진주 편의점 사건이나 서울대생 딥페이크 성범죄 판결문에서 적시되었듯이 혐오(증오)의 문제도 점점 더 사회 문제로 부각되고 있다는 점에 주목할 필요가 있다. 혐오의 문제는 단지 혐오표현에서 끝나는 것이 아니라 폭력이 되고, 일자리에서 배제당하는 사유가 되기도 한다. 표현에 있어 검열을 하게 되거나, 딥페이크 성범죄 등의 문제로 나타나기도 한다. 혐오표현과 혐오범죄의 심각성에 대한 사회적 논의와 대책 마련에 대한 고민도 깊어질 필요가 있다.

앞서 얘기한 것처럼 젠더폭력을 포괄하고 있는 여성폭력방지법의 정비도 필요한데 여성폭력을 '여성을 대상으로 하는 성별에 기반한 폭력'으로 정의하는 문제는 개별법들이 남, 녀 피해자 모두를 지원하고 있는 것과 배치되는 것이기도 하다. 이 문제는 어떻게 해결하면 좋을까? 법을 전면 개정하여 여성폭력을 젠더폭력으로 포괄하여 바꾸는 방법과 현행법을 내용적으로 개정하는 방법이 있을 수 있다. 참고로, 미국의 경우에도 우리와 유사하게 여성폭력방지법(VAWA : Violence Against Women Act)을 제정 운영하고 있는데, 법률의 개정과정을 통해서 여성폭력 피해에 대한 지원에서 추가로 남성들의 젠더폭력 피해를 지원하고 또 이후에는 성소수자에 대한 젠더폭력 피해를 지원하는 순차적 개정으로 법의 한계를 개선해 왔던 점도 참조해 볼 수 있다.

그 밖에 역사 속의 젠더폭력에도 주목할 필요가 있다. 2022년 대법원은 주한미군 상대 '위안부' 피해자들에 대한 판결에서 기지촌에서 위안소를 운영한 것에 대하여, 국가가 적극적으로 기지촌을 운영하고 성매매 여성들을 강제 격리하는 등 성매매를 조장했다는 점을 인정한 판결을 내렸다. 이러한 판결이 있기까지 시민사회의 10여 년간의 노력이 있었고, 경기도와 파주시는 판결 이전인

2020년부터 기지촌 여성 지원에 관한 조례를 만들어 피해자들을 지원해 왔다.[8] 우리 역사 속의 젠더폭력들에 대해서도 정책적으로 다양한 관심을 가져 보자.

> "대법원은 이날 김 씨를 포함해 한국 주둔 미군을 상대로 성매매에 종사한 '위안부' 피해자들이 국가를 상대로 낸 손해배상청구소송에서 "원고들에게 각 300만~700만 원씩 지급하라"고 판결한 원심을 확정했다. 기지촌 위안소를 운영한 것이 정부 주도의 국가폭력이었다는 사실을 인정한 것이다. 기지촌이 조성된 때로부터 65년, 기지촌 여성들을 위한 기지촌인권여성연대가 발족한 지 10년, 손해배상청구소송이 제기된 지 8년 3개월 만이다. 2014년 122명이던 원고는 그사이에 24명이 세상을 떠나고 일부가 소를 취하하면서 95명으로 줄었다…………
> 원고들에게 여전히 아쉬운 점은 있다. 원고 쪽은 강제격리 여부에 따라 피해자별로 배상액이 다른 점, 재판부가 국가가 적극적으로 기지촌을 운영하고 성매매를 조장했다고 인정하면서도 국가의 보호의무 위반은 인정하지 않은 점, 공무원들이 성매매알선업자들과 유착관계에 있는 등 불법행위를 했다는 주장이 인정되지 않은 점 등을 지적했다.
> 1990년대 경기 의정부에서 기지촌 보건소 의사로 일했던 문정주 전 서울대 의대 교수는 공무원과 경찰들은 여성들에게 자행되는 폭력과 착취, 고통은 단속하지 않고 성매매를 강요하는 업소의 불법에 눈감거나 협조하기까지 했다"고 지적했다. ……
>
> 한겨레(2022. 9. 29). 이우연 기자.

---

8 제1조(목적). 이 조례는 1945년 9월 8일 미합중국 군대가 대한민국에 주둔한 이후부터 2004년 9월 23일 「성매매알선 등 행위의 처벌에 관한 법률」이 시행되기 전까지 경기도 내 주한 미합중국 군대 기지촌 여성을 보호·지원함으로써 이들의 생활안정과 복지증진을 꾀하고 경기도민의 올바른 역사관 정립과 인권증진에 이바지함을 목적으로 한다.

생각해볼 문제

1. 2024년 5월에 있었던 유엔여성차별철폐위원회는 우리나라의 젠더폭력 문제에 대하여 많은 권고를 하였다. 다음 자료를 읽어 보고 각자 중요하게 생각되는 과제에 대하여 이야기해 보자.

〈관련자료〉 유엔여성차별철폐위원회 심의와 권고[9]

<젠더폭력 관련 권고 주요 내용>

(총괄)

- 여성과 소녀 대상 혐오표현에 대한 포괄적 정책 도입, 정책 이행을 위한 공공-민간 기관 협력
- 젠더폭력 신고 장려, 신고에 대한 보복으로부터 피해자 보호, 사법절차에서 피해자 성 이력 증거 채택 금지 미디어 캠페인 실시
- 젠더폭력 관련 법 집행 공무원 의무적, 지속적 역량 강화
- 국가 운영 젠더폭력 쉼터 강화 및 민간 쉼터 예산 지원
- 여성과 소녀에 대한 AI 기반 젠더폭력 해결을 위한 교육 마련, 기술기업 규제를 위한 AI 위험관리 프레임 워크 수립
- 이민청 직원 대상 성인지적 면접 기법 교육 실시 등 성인지적 망명절차 적용, 보호 사유로 젠더폭력 인정

(성폭력)

- 국제 인권 기준에 따라 배우자 강간 및 모든 비동의 강간을 포괄하여 동의 여부로 강간을 정의하도록 형법 개정*
- 온라인 성폭력 처벌, 예방 조치 강화 및 플랫폼 제공 유통업체 책임 강화

(가정폭력)

- 피해자 안전보장을 위해 가정폭력 처벌법 상담조건부 기소유예 폐지
- 젠더폭력을 철저히 처벌하고 재발방지를 위해 가정폭력 사건에서 화해 및 조정이 필요하지 않음을 법으로 명시적 보장, 사법부 구성원이 아동

9 유엔여성차별철폐위원회 심의는 유엔여성차별철폐협약에 근거한 것으로 4년마다 정례적으로 심사를 하도록 되어 있으나, 전체 일정에 따라 미루어지기도 한다.

양육권 사건에서 가정폭력을 고려해야 한다는 의무교육을 받고 가족 화해 보다 기소를 우선시할 것

(성매매, 인신매매)

- ○ 공무원 의료인 등을 대상으로 인신매매 피해자 조기 식별 교육 및 관련 서비스, 제도에 관한 평가 실시
- ○ E 6−2 비자 개정, 외국인 여성고용 유흥업소 모니터링 강화 및 착취적 고용주, 인신매매범 신속한 조사 및 처벌
- ○ 모든 인신매매 피해 여성과 소녀에게 G−1 비자 적용
- ○ 성매매 여성 비범죄화 및 성매매 수요 차단, 탈성매매 원하는 여성에게 대체소득 기회를 포함한 탈성매매 지원

(일본군위안부)

- ○ 생존 '일본군위안부' 피해자에 대한 의료, 심리, 사회적 지원에 관한 완전한 접근 보장
- ○ '일본군위안부' 피해 배상과 공식 사과, 재활 서비스 등을 포함하여 '일본군위안부' 피해자/ 생존자에 대한 완전하고 효과적인 구제 및 배상*

* 권고의 이행 상황을 2년 이내 추가 보고

2. 비동의 강간죄를 도입하고 있는 나라들은 어떻게 이 규정을 도입할 수 있었고 각 나라들이 채택한 '동의' 여부에 대한 판단 기준은 어떠한지 조사해 보자.

3. 혐오표현과 혐오범죄의 심각성에 대하여 토론해 보자.

참고문헌

권김현영 외(2011). 성폭력 뒤집기 -한국성폭력상담소 20년의 회고와 전망. 서울 : 이매진.

김은경 외(2008). 가정폭력-여성인권의 관점에서. 한국여성의전화연합 기획. 경기 : 한울아카데미.

김중곤 · 추지현(2023). 청년 여성들의 젠더폭력에 대한 구체적 두려움. 피해자학연구, 31(1), 59−83.

김지선 외(2002). 2022 성매매 실태 및 대응방안 연구. 연구기관 한국형사법무정책연구원. 여성가족부.

대법원 판례. 사건번호2017두74702. 2018. 4.1 2. 선고.

신현기 외(2012). 경찰학 사전. 경기 : 법문사.

여성가족부(2023). 2023 통계로 보는 남녀의 삶.

여성가족부(2024). 2024 통계로 보는 남녀의 삶.

유엔 사무총장(2008). 여성 폭력 종식 -담론에서 행동으로. 여성가족부 역.

유엔여성차별철폐위원회(2024). 제9차 대한민국 이행보고서 심의 최종견해문.

유엔여성차별철폐협약 제9차 한국정부심의 대응 관련 26개 여성시민사회단체 및 네트워크(2024). 유엔여성차별철폐위원회 제9차 한국정부 심의 최종견해에 관한 논평.

장다혜(2018). 형법상 성평등 법체계의 개선방향 : 성적 자기결정권 의미구성을 중심으로. 이화여대. 여성학 논총, 35(2), 37−85.

장미혜 외(2022). 스토킹에 대한 정책적 대응방안. 한국여성정책연구원 연구보고서, 11.

장응혁 · 정진성(2022). 인신매매 피해자 식별기준에 대한 시론. 여성연구, 113(2), 229−252.

전윤정(2024). 여성 5대 폭력 피해자 통합지원사업 운영과 과제−복합 · 다변화하는 여성폭력 피해자 중심의 통합지원 필요. 국회입법조사처 이슈와 논점 제2232호.

페르 안데르센 수네손(2018). 스웨덴의 성구매 금지와 법의 영향. 정부의 개입 및 지지활동. 여성과 인권 2018년 하반기 통권 제20호.

허민숙(2022). 가족 관계 등에서의 스토킹범죄 : 친밀한 관계에서의 스토킹범죄 위험과 입법과제. 국회입법조사처 이슈와 논점, 제2005호.

허민숙(2024). '거절 살인', 친밀한 관계 폭력 규율에 실패해 온 이유 : 강압적 통제행위 범죄화를 위한 입법과제. 국회입법조사처 2024. 6. 4. 현안분석 제322호.

황정임 외(2022). 2022년 성폭력 안전실태조사 연구, 연구기관 한국여성정책연구원. 여성가족부.

CHAPTER 09

건강과 젠더

1. 모두의 건강을 위한 성인지적 관점

1) 건강할 권리

현대 사회에서 건강은 점점 더 중요한 정책적 현안으로 주목을 받고 있다. 건강은 누구에게나 중요한 삶의 가치이자, 더 좋은 삶을 향해 나아가기 위한 수단이기도 하다. 정치철학자 마사 누스바움(Martha Nussbaum)과 아마티아 센(Amartya Sen)은 사람들이 자신이 성취하고자 하는 삶을 살기 위한 자유를 누리고 기회를 얻는 데에 필요한 핵심 역량(capability) 중 하나로 건강을 꼽는다(Nussbaum & Sen, 1993). 따라서 국가와 사회는 모든 구성원의 건강권 보장을 위해 적극 개입하고 대응해야 할 책무를 가진다. 지난 몇 년간 전 세계인의 삶을 바꿔 놓았던 코로나19 대유행의 사례에서 알 수 있듯, 인구집단 건강은 생물학적 요인과 사회구조적 요인 모두의 영향을 받는다. 개인 수준에서든, 인구집단 수준에서든, 건강에 대한 위험이 어떻게 발생할지 사전에 예상하기 어렵다는 사실은 사람들이 건강 문제에 대해 스스로 대응하기 어렵게 만든다. 따라서 현대 사회의 정부는 사람들이 질병과 장애, 사고 등으로 인해 겪는 건강의 상실과 부담을 최소화하기 위한 다양한 사회 정책을 수립, 집행하게 된다.

건강은 주로 신체적 몸(physical body)의 특성으로 여겨지는 경우가 많다. 하지만 1948년 세계보건기구(WHO : World Health Organization) 헌장은 건강의 총체적 성격을 강조하며 신체적 강건성 외에도 건강의 더 넓은 차원을 열어냈다. WHO는 건강을 "단순히 질병이나 허약함이 없는 상태가 아니라 완전한 신체적, 정신적, 사회적으로 안녕한 상태(Health is a state of complete physical, mental and social well-being and not merely the absence of disease or infirmity)"로 정의한다(WHO, 1995). 신체적 요인 외에도 정신적이고 사회적 요인이 한 사람의 건강, 더 나아가 인구집단의 건강에 매우 중요하다는 의미다. 건강 정책 역시 신체적 몸과 질병을 넘어 더 넓고 다양한 영역을 다루게 된다는 의미다.

2) 건강 정책에서 섹스와 젠더

(1) 섹스와 젠더

국립국어원에서 성(性)을 검색하면 여러 가지 의미가 제시되지만, 그중 앞의 세 가지를 살펴보면 다음과 같다. 제일 앞에는 "사람이나 사물 따위의 본성이나 본바탕"이라는 정의가 제시된다. 두 번째는 성별에 해당하는 내용으로, "남성과 여성, 수컷과 암컷의 구별 또는 그 생물학적 특징"이 제시된다. 세 번째는 성교에 대한 것으로 "남녀의 육체적 관계 또는 그에 관련된 일"이라는 의미다.

2024년의 한국어는 양자의 의미를 구분하는 별도의 단어를 가지고 있지 않지만, 건강과 관련한 논의를 전개할 때에 섹스(sex)와 젠더(gender)를 구분하는 일은 매우 중요하다. 이 두 개념은 종종 혼용되지만 건강과 질병에 미치는 영향이 다르고, 이는 그와 관련한 건강 문제를 개선하는 방안을 찾는 데에도 중요하다.

섹스는 국립국어원이 제시한 성의 두 번째 정의와 부응하는 개념이다. 섹스는 염색체와 호르몬의 작동, 생식기관 등 생물학적 특성에 따라 인간과 유성생식을 하는 다른 동물들을 구분하는 범주다. 국립국어원의 정의는 생물학적 성별을 남성과 여성 두 범주로 구분하는 이분법적(binary) 접근을 취하지만 인간의 성/ 섹스를 구분하는 방법은 하나가 아니다. 전통적인 이분법적 접근은 생식기의 외형, 성 염색체(XX/ XY), 그리고 주요 성 호르몬(테스토스테론/ 에스트로겐)을 기준으로 성별을 두 가지로 구분한다. 하지만 남성과 여성의 전형적인 생물학적 특성에 근거한 구분이 어려운 사람들이 있다. 그 원인 역시 다양한데, 해부학적 특성이나 염색체 구성, 유전자 발현에서 생물학적 이분법 범주에 포함하기 어려운 사람들을 간성(intersex)이라고 부른다. 유엔인권최고대표사무소(OHCHR : Office of the United Nations High Commissioner for Human Rights)는 간성으로 태어나는 사람이 전체 인구의 최대 1.7%가량에 이를 것으로 추정한다(OHCHR). 일각에서는 생물학적 성 범주의 개수를 따지지 않고 성/ 섹스를 연속적인 스펙트럼으로 보자고 제안하기도 한다. 이는 개인의 고유성을 가장 포괄적으로 인정하는 방식이라는 장점이 있지만, 정량화와 분류가 어려워지는 것은 단점이다. 예를 들어, 성별에 따른 우울증의 유병률, 자살시도율을 파악하는 일은 정신건강을 위한 정책을 수립할 때 성인지적 접근을 하기 위한 기본 자료로서 의미가 있다. 성소수자의 범주를 추가하여 조사를 한다면 성소수자의 정신건강을 파악할 수도 있다. 반면 성/ 섹스를 스펙트럼으로 두어 범주화할 수 없다고 본다면 이들의 차이를 파악하기 위한 도구를 잃는 셈이다. 성별에 대한 이분법적 범주가 모든 경우에 가장 유용한 분류라고 볼 수는 없다. 다만, 전통적이고 사람들의 관념에 익숙하다는 점에서 현대 의학의 성별화된 건강 논의나 국가 정책과 정보체계는 대부분 이분법적 성별 범주를 활용한다.

그렇다면 젠더는 어떻게 규정되고 있을까? 국립국어원은 젠더(gender)가 "사회적 의미의 성을 나타내는 말"로, "생물학적 의미의 성인 섹스와 비교되는 개념"이라고 설명한다. 젠더는 사회적으로 구성된 성별에 따른 역할, 정체성, 관계, 규범을 포괄하는 개념이다. 여성은 태어나는 것이 아니라 만들어지는 것이라는 시몬 드 보부아르(Simone de Beauvoir)의 말이 지시하는 사회문화적 특질로서의 속성을 의미한다. 문화에 기반한 관념, 역할, 행위, 관계 등이 젠더를 작동하게 만든다는 반면 생물학적 성인 섹스는 태어날 때에 부여된 특질의 발현과 관련이 있다. 여성이 남성보다 가사노동에 더 많은 시간을 쓰는 것은 주로 젠더와 관련이 있다면 대부분 국가에서 여성의 평균수명이 남성보다 더 긴 데에는 생물학적 차이인 섹스와의 관련이 더 크다.

|그림 9-1| 섹스와 젠더의 차원

출처 : 미국 국립의료원 홈페이지(https://orwh.od.nih.gov/sex-gender).

(2) 건강, 섹스, 젠더

섹스와 관련한 생물학적 특성은 건강에 다양한 경로로 영향을 미친다. 여성과 남성의 평균적인 신체 조건(키, 몸무게 등 체격) 차이, 생식기관과 기능의 차이는 여성과 남성의 건강과 긴밀한 관련이 있다. 여성은 난소와 자궁을 가지고 있고, 임신과 출산을 할 수 있는 몸을 가지고 살아간다. 여성은 남성이 겪지 않는 초경과 월경, 폐경을 겪고, 초경부터 폐경 사이 기간 동안에는 임신이 될 가능성이 있다. 생리전증후군, 월경통과 같은 월경 관련 증상을 경험하거나 다낭성난소증후군, 자궁내막증, 자궁근종과 같은 여성생식기계에 발생하는 만성 질환을 앓기도 한다. 생물학적 조건으로 인해 여성만 겪을 수 있는 건강 문제들이 있고, 이는 주로 가임기에 몰려 있다.

생식기계의 질환 말고도 여성에서 남성보다 더 많이 발생하거나, 남성과는 양상이 다른 질환들이 있다. 예를 들어, 대부분의 자가면역질환은 여성의 발병률이 남성보다 더 높고, 이는 X염색체와 에스트로겐 대사가 면역 반응에 관여하기 때문이다. 약물 반응에서도 여성과 남성은 차이를 보인다. 여성은 남성에 비해 대부분의 약물 대사를 담당하는 간의 크기와 혈류량이 더 작다. 알코올을 분해하는 효소의 활성화도 성별에 따라 다르다. 그 결과 체중이 비슷한 경우에도 똑같은 양의 알코올을 섭취하였을 때에 여성의 혈중 알코올 농도가 더 높아지고, 동량의 알코올을 섭취한다면 여성에서 간 질환과 심혈관 질환, 유방암과 같은 질환의 발병 위험이 남성보다 더 높아진다. 여성과 남성에서 적정 음주 권장량의 차이가 나는 이유다.

하지만 여성에게 주로 발생하는 질환이라고 해서 반드시 그 원인이 여성호르몬과 임신·출산 같은 생물학적 요인 때문인 것은 아니다. 대표적인 오해를 받았던 질환이 색소를 생성하는 피부 세포인 멜라닌 세포에서 시작되는 피부암인 흑색종(melanoma)이다. 1980년대 이전 흑색종은 임신과 관련이 있는 것으로 여겨졌다. 임신 중 호르몬 변화는 종종 색소 침착으로 이어지는데, 의료계에서는 에스트로겐과 프로게스테론 등 여성호르몬이 멜라닌 세포를 자극해 흑색종의 성장도 촉진할 수 있을 것이라고 여겼다. 실제 임신을 여러 번 경험한 여성에서 임신을 하지 않거나 적게 한 여성에 비해 흑색종 발병률이 높다는 연구는 이런 가설을 뒷받침했고, 흑색종은 여성호르몬과 관련이 있을 것이라는 짐작을 토대로 치료법도 시도되었다. 그러나 1980년대 이후 진행된 더 큰 규모의 연구에서 자녀가 여럿 있는 남성들도 자녀가 없거나 적은 남성보다 흑색종 발병률이 더 높다는 사실을 알게 됐다. 임신을 할 수 없는 남성들이 여성호르몬 증가로 인해 흑색종 발병 위험이 커졌을 리는 없었다. 후속 연구에서 자녀 수가 많은 여성과 남성들이 흑색종 발병 위험이 높은 이유가 여성호르몬이 아니라 사회·경제적 계급, 그리고 야외 노동과 관련이 있다는 사실이 알려졌다. 상대적으로 육체 노동을 하지 않고 따라서 야외에서 자외선 노출이 없는 계층의 남성과 여성이 더욱 피임에 적극적이고, 자녀 수가 적었기에 교란 효과(confounding effect)가 발생했던 것이다. 여성의 질환을 호르몬 대사와 함부로 연결지어서는 안 된다는 교훈을 얻은 사례다.

젠더도 다양한 방식으로 건강에 영향을 미친다. 대표적인 예시로 여성에서 바늘찔림사고(needle stick injury)와 각막염(keratitis)이 더 많이 발생하는 이유를 생각해 볼 수 있다. 바늘찔림사고는 주로 의료 현장에서 발생하는 사고로, 사용한 주사바늘이나 날카로운 의료 기구에 의해 피부가 관통되는 경우를 의미한다. 이는 HIV, B형 간염, C형 간염 등 혈액매개 감염병의 위험이 있기에 적절한 대응이 무척 중요한데, 압도적으로 여성에서 더 많이 발생한다. 그 이유는 무엇일까? 주사바늘을 다루는 업무를 하는 사람들이 주로 여성이기 때문이다. 간호사와 간호조무사 직종의 절대다수를 여성이 차지하니, 바늘찔림사고의 발생률은 여성에서 남성보다 훨씬 높다. 각막염의 경우에도 비슷하다. 콘택트렌즈 착용 과정에서 렌즈를 부적절하게 관리하거나 너무 오래 착용하는 경우 각막염 발생 위험이 높아진다. 남성보다 여성들이 콘택트렌즈를 더 많이 착용하므로, 인구집단 단위에서 각막염 발생률은 여성이 더 높다. 바늘찔림사고는 성별화된 직업 구조와, 각막염은 성별화된 상품 사용이 건강 문제의 성차로 이어지는데, 두 건 모두 생물학적 성차보다는 젠더 규범으로 인한 차이임을 알 수 있다.

섹스와 젠더는 각각 독립적으로 건강에 영향을 미치는 동시에 상호작용하면서 교차적으로 건강과 연관을 가진다. 이를 보여주는 대표적 사례가 친밀한 관계 폭력(Intimate Partner Violence)이다. 여성은 남성에 비해 평균적으로 육체적 힘이 더 약하고 몸이 작기에 폭력의 가해자가 되기보다는 피해자가 되기 쉽다(섹스). 동시에 여성들은 근력을 기를 수 있는 운동에 덜 노출되고, 폭력을 통해 원하는 것을 얻을 수 있다는 경험도 덜 한다(젠더). 그 결과 친밀한 관계 폭력의 가해자 다수는 남성, 피해자 다수는 여성이 된다. 친밀한 관계 폭력이 섹스와 젠더가 동시에 작동하는 건강 문제라는 의미다.

이렇게 생물학적 성차로서 섹스와 사회적 구성물로 젠더는 서로 구분해 활용해야 하는 개념이다. 여성과 남성, 성차라고 말했을 때에 섹스와 젠더의 요소가 섞여 있는 방식으로 활용되는 경우가 많은 것도 사실이다. 그러나 몸의 생물학적 특성에 개입이 필요한 경우가 많은 건강 영역에서 두 개념을 섞어서 혼용하는 일은 건강 문제의 원인을 제대로 파악하지 못하게 만들고, 더 나아가 건강 문제 해결을 어렵게 만든다. 생물학적 특성에 따른 차이와 사회적 젠더 관계에 기반한 차이를 구분하여 생각하기 위한 노력이 필요한 이유다.

이 소절에서는 건강과 관련한 이슈를 다루기 위해 섹스와 젠더를 구분하여 생각하는 방식에 대해 논의했다. 그러나 여기에서의 설명은 건강 정책을 위한 기초적인 논의를 위한 것으로, 많은 경우 섹스와 젠더는 이분법적으로 나눌 수 없는 복잡한 개념임을 짚어둔다. 생물학적 성차가 사회적 젠더 규범을 어떻게 정당화하는지, 동시에 사회적 성별 규범과 성별화된 인식이 과학의 생물학적 성차 범주를 어떻게 구획하는지에 대한 보다 심화된 이해는 이 책의 범위를 넘어선다. 물론 이는 여성건강을 위한 사회 변화와 정책을 고민하는 데에 깊이 생각해 볼 만한 매우 중요한 주제다.

2. 한국 여성건강 정책의 주요 현안

1) 낙태죄 폐지 이후 새로운 방향 : 성과 재생산 건강과 권리

(1) 인공임신중절시술과 낙태죄

2019년 4월, 헌법재판소는 형법상 낙태죄 조항에 대해 헌법불합치 결정을 내렸다. 한국은 1953년 형법을 최초 만들면서 낙태죄를 도입했고, 1973년 제정된 모자보건법은 인공임신중절이 허용되는 예외적 사유를 명시했다. 가족계획의 산아조절의 일환으로 광범위하게 인공임신중절이 이루어지던 현실과는 달리, 한국의 여성들은 오랜 기간 원치않는 임신을 하였을 때에 이를 중단할 권리를 가지고 있지 못했다.

의학계에서는 인위적 개입을 통해 임신을 중단하는 의학적 시술을 인공임신중절이라고 부른다. 1953년 제정된 형법에서는 이를 낙태(落胎)라고 호명했다. 달이 차지 않은 태아를 떨어뜨린다는 의미인데, 다소 부정적인 가치판단을 담고 있는 표현이다. 낙태죄 폐지를 위한 운동을 이끌었던 시민들이 66년 동안 형법상 범죄로 여겨졌던 낙태 대신 임신중단, 혹은 여성의 의지를 담아 임신중지라는 단어를 사용하는 데에는 이런 맥락이 놓여 있다.

2019년 헌법재판소는 "태아와 임신한 여성의 안위가 깊은 관계가 있고, 태아의 생명을 보호한다는 언명은 임신한 여성의 신체적·사회적 보호를 포함할 때 실질적 의미를 가질 수 있다"고 판결했다. 판결문에서는 임신 초기의 낙태까지 전면적, 일률적으로 금지하는 기존의 형법이 여성들이 임신을 유지하고 출산을 하도록 강제함으로써 여성의 자기결정을 과도하게 침해하므로 헌법에 위배된다고 판단했다. 이를 규정하는 형법의 내용과 형법상 낙태죄에도 불구하고 인공임신중절의 허용 사유를 명시한 모자보건법의 내용은 <표 9-1> 과 같다.

<표 9-1> 형법상 낙태죄 규정과 모자보건법의 인공임신중절 허용 사유

법 률	내 용
형법에서 낙태죄 규정	제269조(낙태) ① 부녀가 약물 기타 방법으로 낙태한 때에는 1년 이하의 징역 또는 200만 원 이하의 벌금에 처한다. ② 부녀의 촉탁 또는 승낙을 받아 낙태하게 한 자도 제1항의 형과 같다. 제270조(의사 등의 낙태, 부동의낙태) ① 의사, 한의사, 조산사, 약제사 또는 약종상이 부녀의 촉탁 또는 승낙을 받아 낙태하게 한 때에는 2년 이하의 징역에 처한다.
모자 보건법에서 인공임신중절 수술 허용 사유	제14조(인공임신중절수술의 허용한계) ① 의사는 다음 각호의 어느 하나에 해당되는 경우에만 본인과 배우자(사실상의 혼인관계에 있는 사람을 포함한다. 이하 같다)의 동의를 받아 인공임신중절수술을 할 수 있다. 1. 본인이나 배우자가 대통령령으로 정하는 우생학적(優生學的) 또는 유전학적 정신장애나 신체질환이 있는 경우 2. 본인이나 배우자가 대통령령으로 정하는 전염성 질환이 있는 경우 3. 강간 또는 준강간(準强姦)에 의하여 임신된 경우 4. 법률상 혼인할 수 없는 혈족 또는 인척 간에 임신된 경우 5. 임신의 지속이 보건의학적 이유로 모체의 건강을 심각하게 해치고 있거나 해칠 우려가 있는 경우

헌법재판소는 2019년 4월 판결에서 단순위헌결정을 하였을 때에 발생할 수 있는 법적 공백을 방지하기 위해 2020년 12월 31일까지 개선입법을 실행할 것을 주문했다. 그러나 이 글을 작성하는 2024년 연말까지도 입법의 책무를 지는 대한민국 국회는 모자보건법을 개정하지도, 임신중지를 보장하기 위한 별도의 입법을 하지도 않았다. 다만, 헌법재판소가 제시한 2020년 연말을 기준으로 형법 제269조는 그 효력을 상실했고, 임신중지를 처벌하던 법률은 사라졌다.

여성의 임신을 중단할 권리와 이와 관련한 정부의 법, 제도는 많은 국가에서 논쟁적인 이슈다. 임신중지는 또한 여성의 건강권 및 인권의 최전선으로 여겨지는 문제다. 이상적으로 모든 여성들이 안전하고 주체적인 성 생활을 하고, 피임을 위한 정보와 자원을 충분히 제공함으로써 그 누구도 원치 않는 임신을 하지 않는 편이 가장 바람직하다. 그러나 연애와 성 관계, 임신 모두를 사전에 계획하고 통제하는 삶이란 불가능하며, 인구집단에서는 더욱 그러하다. 피임을 한다고 해도 계획하지 않은 임신의 가능성은 언제나 있다. 그렇다면 원치 않는 임신을 한 여성에게 어떤 선택권이 주어지는지는 한 사회에서 여성의 인권을 가늠하는 핵심 요건인 셈이다.

한국에서는 2019년 이전까지 형법상 낙태죄가 존치, 임신중지가 불법으로 여겨졌다. 그러나 매우 많은 사람이 인공임신중절을 하고, 대부분의 경우 여성과 의사 모두 수사나 처벌을 받지 않았다. 형법상 낙태죄가 명목상의 조항일 뿐 이에 대한 법 집행이 거의 이루어지지 않았기 때문이다. 1980년대까지는 가족계획사업의 일환으로 월경조절술을 무료로 제공하는 센터들이 운영되었고, 많은 한국 여성이 이를 경험했다. 가족계획사업이 중단된 이후에도 많은 의료기관이 인공임신중절 서비스를 제공했다. 많은 의료기관에서 임신중지는 건강보험이 적용되지 않는 비급여 서비스로 수익성이 좋은 상품으로 여겨졌고, 역설적으로 이는 불법의 상태에서도 의료접근성을 높였다.

정부의 인공임신중절 실태조사에 의하면 한국의 인공임신중절 시술 건수는 2005년에 약 34만 건, 2011년에는 약 17만 건, 2019년에는 약 5만 건으로 추정된다. 2005년과 2011년, 2019년의 출생아가 각각 약 44만 건, 47만 건, 30만 건이었음을 고려하면 전체 임신 중 상당한 비율의 임신이 인공임신중절로 중단되고 있음을 의미한다. 일각에서는 실태조사보다 실제 인공임신중절 건수가 더 많을 것이라고 추정하기도 한다. 실제 시술 건수에 대한 조사가 아니라 사후적 보고를 활용한 집계이며 임신중절에 대한 낙인이 여전하다는 사실을 고려하면, 실태조사가 집계한 인공임신중절 건수가 과소추정된 결과일 가능성도 적지 않아 보인다(김새롬 외, 2019).

임신중지를 불법으로 두는 사회에서 형법상의 처벌을 받지 않는다고 하더라도 여성들은 원치 않는 임신을 하였을 때에 여전히 두루 곤란한 상황에 처하게 된다. 가장 먼저 부딪히는 문제는 사회문화적 낙인과 법적 처벌의 두려움이다. 자연스럽게 여성들은 상황을 주변에 알리고 도움을 요청하기 어려워진다. 성에 대한 억압과 임신중지에 대한 낙인이 만연하다 보니 원치 않는 임신을 하게 된 여성은 가장 친밀한 사람인 가족에게도 이 문제를 논의하거나 도움을 구하기 어렵다. 둘째, 결심을 하고 인공임신중절을 하려고 할 때, 어떤 의료기관에서 어떻게 시술을 받을 수 있는지에 대한 좋은 정보를 얻기 어렵다. 임신·출산과 관련한 정보에 비하면 임신중지와 관련한 양질의 정보는 턱없이 부족하다. 임신중절시술은 건강보험이 적용되지 않을 뿐 아니라 국가에 의한 서비스의 질 관리도 이루어지지 않는다. 지인의 도움 등으로 마음에 드는 병원을 쉽게 찾을 수도 있겠지만, 서비스를 제공하는 의료기관을 찾아내는 데까지 여러모로 어려움을 겪는 경우가 많다. 비공식, 비합법 의료라는 이유로 현금 결제를 요구하고, 파트너 남성의 시술 동의를 요구하거나 미성년인 경우에는 보호자의 동의를 강제하기도 한다. 의료 서비스 그 자체의 질이나 가격 역시 변이가 크다. 더 큰 문제는 인공임신중절의 시술 시기가 늦어질수록 여성의 몸에 부담이 커진다는 사실이다. 해외 많은 국가들은 임신중지를 국가가 필수의료로 보장한다. 세계보건기구 역시 임신중지를 필수의료로서 보장하고 임신중지를 위한 의약품(미페프리스톤과 미소프로스톨)을 필수의약품으로 지정했다. 대조적으로 한국 정부는 가임기 여성이 경험하는 가장 흔한 시술 중 하나인 인공임신중절을 쉬쉬하며 비공식 의료 시장에 둠으로써 여성들의 중요한 건강 문제를 외면하는 중이다(김새롬 외, 2022).

임신중지가 오랜 기간 처벌받을 죄로 여겨지면서 남겨져 있는 관계적이고 사회적인 위협과 부정의도 문제다. 무엇보다도 임신은 여성 홀로 할 수 있는 일이 아니다. 그럼에도 형법상 낙태죄는 여성만을 책임과 처벌의 대상으로 설정, 남성의 책임을 면제했다. 현실적으로 많은 여성은 성 관계와 피임과 관련해서 온전히 자기결정권을 행사하기 어려운 상황에 놓여있다. 그런데도 여성만을 처벌, 책임을 부과하는 법률은 명백히 성차별적인 것이었다. 법적 성차별의 구조를 적극 활용하며 폭력을 저지르는 이들도 있었다. 사귀던 당시 인공임신중절을 하였던 과거를 빌미로 여성을 괴롭히거나 협박을 하는 사건들이 다수 발생했다. 국가가 규정한 낙태의 죄가 헤어지고자 하는 여성과 관계를 유지하고자 하는 남성, 이미 헤어진 여성에게 금전적 요구를 하는 남성의 무기가 되어왔던 셈이다(한겨레, 2019. 10. 19). 이런 현실은 한 사회가 법적으로 원치 않는 임신을 유지, 출산까지 할 것을 강제하는 일이 정당화될 수 있는지에 대한 의문과 분노로 이어졌다. 헌법재판소의 2019년 판결과 여론의 변화는 일정하게 이런 문제들을 고려하는 것이었다.

2019년 헌법재판소가 형법상 낙태죄의 위헌성을 인정함으로써 한국에서는 임신중지의 비범죄화(de-criminalization)가 이루어졌다. 이는 더 이상 한국 사회에서 임신중지는 형사 처벌의 대상이 아니다. 그러나 현재 한국에서 임신중지의 합법화(legalization), 제도화가 이루어졌다고 보기는 어렵다. 오랜 기간 임신중지를 불법으로 여겨왔던 사회에서 임신중지를 안전하게 보장하기 위해서는 다양한 문화적·사회적 장벽을 넘어 좋은 의료를 이용할 수 있게끔 하는 정책이 필요하다. 예컨대, 의료시설에서 안전하게 임신중지시술을 받을 수 있도록 건강보험을 적용하고, 수술적 방법 대신 사용되는 임신중지 약물을 사용할 수 있게끔 의료진에 대한 교육·훈련을 제공하는 등의 조치가 대표적이다. 그러나 한국의 의회는 이 책이 작성되는 2025년 초까지도 헌법재판소가 주문한 대로 모자보건법을 개정하지도, 임신중지를 포함하는 포괄적 여성건강 보장을 위한 입법을 하지도 않았다. 여성건강 보장을 위한 입법기관의 책무 방기다. 그러나 정치인들은 사회적으로 임신중지에 대한 정치적 대립이 여전하고, 산부인과 의사회 등 주요 행위자 역시 건강보험 급여화나 내과적 임신중지 의약품 도입을 반대하고 있다는 점을 이유로 들며 입법을 계속해서 미루고 있다.

미국에서 임신중지는 매우 중요한 정치적 쟁점이다. 대선에 출마한 민주당과 공화당의 대권후보가 각자 임신중지 합법화에 대한 입장을 밝히고 이 주제에 대한 정치적 논쟁을 벌이는 일이 흔하다. 임신중지는 많은 사회에서 치열한 정치적 쟁점이 되는 이슈다. 태아의 생명권을 인정할 것인지, 태아가 인간과 동등한 생명으로서 법적 보호를 받는 시점은 언제부터인지, 개인적 신념에 의해 임신중지에 동의하지 않는 의료인의 의무는 어디까지인지, 성 감별이나 우생학적 목적으로 임신중지를 악용하는 경우에 대해 어떤 사회적 제재를 해야 하는지 등 논의와 고민이 필요한 윤리적, 철학적 쟁점이 다수 포진해 있다.

다만, 확실하게 해야 하는 지점은 임신중지를 법으로 금지한다고 해서 원치 않는 임신과 임신중지가 줄어들지 않는다는 사실이다. 전 세계적으로 약 4건의 임신 중 한 건 정도가 임신중지를 통해 종결된다. 이런 상황에서 임신중지에 대한 낙인과 제한은 여성의 건강에 부정적인 영향을 미칠 뿐이다. 모든 사람이 신체적 자율성을 가지고, 여성 스스로 자신의 삶을 결정하고 기획할 권리가 있다면, 임신중지의 권리는 여성의 건강과 인권보장을 위한 기본권이다. 이런 점에서 임신중지 이슈는 여성건강을 위해 고민하고 노력하는 활동가와 시민들의 노력이 결집하는 영역이기도 하다. 한국 사회에서 임신중지를 권리로서 의제화하고 안전하고 합법적인 임신중지를 보장해야 할 국가의 책무를 알리는 데에 기여한 "모두를 위한 낙태죄 폐지 공동행동"의 활동이 대표적이다(모두를위한낙태죄폐지공동행동, 2022).

|그림 9-2| 낙태죄 폐지를 촉구하는 집회 포스터

출처 : 한국여성단체연합 홈페이지(https://women21.or.kr/notice/11367).

한국과 미국을 포함해 여러 국가에서 임신중지를 둘러싼 법·제도적 과제가 남아있다. 대표적으로 보수 정당이 집권한 폴란드에서 헌법재판소는 2020년 이전에는 합법이었던 태아의 선천적 결함을 이유로 하는 임신중지를 금지하는 판결을 내렸다. 그럼에도 불구하고 임신중지가 여성이 인간으로서 좋은 삶을 살기 위해 보장되어야 할 필수의료서비스이자 권리임에 대한 국제적 합의는 분명하다. 세계보건기구와 유엔 여성과 같은 유엔 산하 기구들이 각국의 임신중지 합법화, 의료 보장을 권고한다. 여성의 건강, 더 나아가 태어날 아이들의 건강을 위해서라도 여성들은 자신이 원하는 때에 자신이 원하는 방식으로 임신과 출산을 경험할 수 있어야 한다. 임신중지를 둘러싼 제반의 문제들을 성과 재생산 건강과 권리의 차원에서 바라보아야 한다고 설명하는 것도 같은 맥락이다.

2) 성과 재생산 건강과 권리

성・재생산 건강과 권리는 상호 연관되어 있는 네 가지 영역, 즉 성 건강(Sexual Health)과 재생산 건강(Reproductive Health), 성적 권리(Sexual Rights)와 재생산 권리(Reproductive Rights)를 포괄하는 개념이다. 국제학술지 란셋의 성・재생산 건강과 권리 위원회의 연구(Starrs et al., 2018)는 다음과 같이 4개 영역에 대한 정의를 제시한다.

- 성적 권리(Sexual rights)는 모든 개인이 차별, 강압, 폭력으로부터 자유로운 가운데 가능한 최고 수준의 성적 건강을 달성할 권리를 의미함
- 성적 건강(Sexual health)은 성과 관련한 신체적, 정신적, 정서적, 사회적 웰빙 상태를 의미. 이는 단순히 질병이나 장애, 허약함을 피하는 상태가 아니며 성과 성 관계에 대한 즐겁고 안전한 성 경험을 추구할 수 있는 상태를 의미. 성적 건강을 달성하기 위해서는 모든 사람의 성적 권리가 존중되고 보호, 충족되어야 함
- 재생산 권리(Reproductive rights)는 모든 개인과 커플이 자녀의 수, 출산 간격, 출산 시기를 자유롭고 책임감 있게 결정할 기본적인 권리와 이를 가능하게 하는 정보와 수단을 가질 권리를 의미함. 이는 특히 여성이 언제 누구와 아이를 가질 것인가를 스스로 결정할 권리를 공식화한다는 점에서 여성의 자기결정(self-determination) 권리와 긴밀히 연결됨
- 재생산 건강(Reproductive health)은 생식기계와 그 기능과 과정과 관련한 모든 측면에서 단순히 질병이나 장애, 허약함을 피하는 상태가 아니라, 재생산과 관련하여 완전한 신체적, 정신적, 사회적 웰빙 상태를 의미함

성·재생산 건강과 권리는 종종 한 사회에서 인권이 보장되는 수준을 보여주는 대리 지표(proxy measure)라고 일컬어진다. 말하기 어렵고 드러내기 어렵지만 매우 커다란 어려움을 발생시킬 수 있는 영역이라는 점에서 취약한 인구집단의 성·재생산 건강과 권리 보장은 한 사회가 인권을 보장하는 실력을 반영하는 것이기도 하다. 예컨대, 청소년, 난민과 이주민, 성 소수자, 장애인, 성노동자, 빈곤층, 농어촌 거주자 등 소수자(minority)의 성적 권리와 재생산 건강이 침해되는 경우가 빈번하고, 사회적으로도 이를 공론화하기는 매우 어렵다.

성·재생산 건강과 권리는 현대적 인권담론과 성평등, 지역사회 개발, 그리고 공중보건 영역 등에서 중요하게 다루어지는 주요 권리 중 하나다. 여성의 삶에서 스스로 자신의 생물학적 재생산과 관련하여 스스로 결정을 내리고 실행에 옮길 수 있는 권한과 자원을 가지는지 여부는 너무나도 중요하다. 그러나 많은 사회에서 여성들은 각자 소속된 가족과 공동체, 사회적 관계망 속에서 이와 관련한 자율성을 행사하기 어려운 조건 속에 놓여 있다. 성인이 되면 당연히 결혼을 하고 아이를 낳아야 한다고 생각하는 환경에서 자란 여성이 홀로 다른 생각을 가지기는 어렵고, 이를 관철시키기란 더욱 어렵다.

한국 정부는 1960~1980년대에는 가족계획의 일환으로 여성들의 출산을 막기 위한 정책을 펼쳤고, 2000년대 이후부터는 저출생 정책을 통해 출산을 적극 장려하는 각종 정책을 모색하고 있다. 그러나 여성의 재생산 능력을 단지 생물학적 기능으로 여기며 국가와 사회가 판단하기에 바람직한 방향으로 여성의 출산 결정을 특정한 방향으로 지지하는 인구정책은 여성의 성·재생산 건강을 보장하는 정책이라고 보기 어렵다. 실제로 성·재생산 건강과 권리 담론은 여성의 생식 능력을 국가주의적 인구정책이나 가족의 도구로 삼는 것에 반대하는 과정에서 발전되었다. 제대로 된 설명과 동의 없이 난관과 정관 결찰술과 같은 비영구적 피임 시술을 강제하거나, 아이를 낳고 싶은 비혼 여성에게 보조생식 의료를 이용할 수 없게 하는 일은 모두 여성의 재생산 권리를 침해하는 조치다. 여성 인권을 보장하고 여성의 사회적·정치적·경제적 지위를 평등하게 보장하는 데에 성·재생산 건강과 권리를 사회권으로 보장해야 한다는 국제사회의 합의(Shalev, 2000)가 성적 활동과 재생산을 둘러싼 여성의 자기결정권을 강조하게 되는 까닭이 여기에 있다.

성적 권리와 성적 건강, 재생산 권리와 재생산 건강 측면에서 사회적 논의와 정책적 진전이 필요한 영역은 넓고 다양하다. 몇 가지 예시를 들어 보자. 모든 사람이 낙인과 차별로부터 자유롭게 안전하고 즐거운 성 생활을 추구할 권리를 보장하기 위해서는 어떤 사회적 조건이 갖춰져야 할까? 이를 위해서는 우선 어린 시절부터 연령에 맞는 포괄적 성교육이 이루어져야 한다. 다양성과 동의, 안전한 성관계에 대한 정보를 제공하고 이를 통해 각자의 성적 지향과 정체성에 대한 자연스러운 인지와 발달이 필요하다. 어린 시절부터 성적 지향이나 정체성에 따른 사회적 차별을 막기 위한 규제나 광범위한 교육도 필요하다. 성폭력에 대한 엄격한 법 집행과 사법적 지지를 통해 성적 착취와 폭력이 발생할 위험을 줄이는 일도 국가의 책임이다. 보건의료가 담당해야 하는 영역도 좁지 않다. 성적 욕구와 이에 영향을 미치는 신체적 조건 역시 다양하기에 여기에 반응하는 차별 없는 보건 교육과 의료 접근성 보장이 중요해진다. 성 건강과 관련한 의료 서비스가 더 다각화되어 성 소수자를 포함해 다양한 사람들의 건강 필요에 부응하고, 성병검사와 치료, 피임 등 흔하지만 의료이용이 늦어져 건강 문제를 키우기 쉬운 의료에 대해 예방 서비스가 제공되어야 한다. 성적 불안이나 트라우마가 있는 사람, 성 정체성과 관련한 고민을 겪는 사람의 좋은 성 생활을 위해 정신건강 서비스나 호르몬 치료와 성확정 수술 등 성별확정의료(gender-affirming care)도 필요에 비해 공급이 부족하다.

|그림 9-3| 영국 국민건강서비스의 성건강클리닉 홍보 포스터

재생산 건강의 중요한 영역 중 하나로 폐경기 여성의 건강 문제를 예방하고 대응하려고 한다면 어떻게 해야 할까? 한국에서는 폐경기의 여성들이 겪는 다양한 증상과 그로 인한 일상 영향에 대한 논의가 아직 본격화되지 못했다. 그러나 해외에서는 이 시기의 여성들이 겪는 몸의 변화가 여성들의 삶에 커다란 영향을 미치며 더 좋은 정책적 대응이 필요하다는 합의가 모아지고 있다. 여성의 폐경(menopause)[1]은 의학적으로 12개월 연속으로 월경이 없는 상태를 의미한다. 통상은 45~55세 사이에 폐경을 하게 되지만, 사람에 따라서는 더 이른 시기에 월경이 멈추기도 한다. 매달 규칙적으로 월경을 하다가 갑자기 한 번에 멈추는 경우는 거의 없다. 대부분 월경주기가 불규칙해지면서 폐경 증상이 시

1 일각에서는 월경을 더 이상 하지 않는다는 의미를 가진 폐경(閉經)의 부정적 어감에 대해 비판하며 폐경 대신 완경(完經)을 대체어로 사용하자고 제안하고 실천하기도 한다. 하지만 여성의 존엄함은 아이를 낳을 수 있는 몸을 가지고 있다는 데에서 비롯되지 않는다. 월경을 하지 않는 몸이 되었다는 사실을 슬퍼하거나 아쉬워할 이유가 없다면 폐경이라는 단어 역시 부정적 어감을 가질 이유가 없지 않을까?

작되고, 점진적으로 폐경이 진행된다. 이러한 시기를 통틀어 폐경기라고 부르는데 이 시기의 여성들은 여성 호르몬 대사의 변화로 인해 안면 홍조와 야간 발한, 질 건조증과 성교통, 불면과 두통, 피부건조증이나 가려움증 등 다양한 증상을 겪는다. 증상의 정도는 사람마다 다르지만 평균적으로 폐경기를 겪으며 여성들은 체중이 증가하고 근육량과 골밀도가 감소한다. 요실금과 요로감염 등 비뇨생식기계 질환의 발병률이 늘어나고 우울감과 불안, 집중력 저하와 기분 불안정과 같은 정서적 증상이 심각한 경우도 적지 않다.

한국에서는 폐경기의 신체 변화와 증상에 대한 사회적 관심이 그리 크지 않고, 각자 알아서 해결해야 하는 문제로 여겨지는 경향이 크지만 이런 상황을 바꾸고자 노력을 기울이는 국가들도 있다. 예를 들어, 최근 아일랜드와 영국에서는 폐경과 관련한 치료를 더 잘하기 위해 전문 클리닉을 설치, 운영한다. 폐경기 증상으로 인한 어려움에 대응할 수 있도록 폐경기 여성의 유연근무제를 도입하거나 폐경과 관련한 휴가 제도도 논의되고 있다. 회사 차원에서 열감과 홍조 증상이 있는 여성들이 일하기 적절하도록 작업장 온도를 조절하거나, 폐경기 이후에 증가하는 심혈관질환이나 골다공증 예방을 위한 맞춤형 운동 프로그램을 제공할 수도 있다. 폐경으로 인한 정서적·신체적 변화로 인해 어려움을 겪는 가족의 상황을 더 잘 이해하고 도울 수 있게끔 학교 성교육에서 폐경을 다루고 대중매체를 통해 폐경에 대한 인식 개선 캠페인을 하기도 한다. 한국의 경우에도 보건소 등 보건기관에서 폐경과 관련한 교육과 인식 개선 캠페인을 하거나, 폐경기 여성들을 위한 운동, 영양 교육 또는 자조집단 운영을 계획할 수 있을 것이다.

성·재생산 건강과 관련한 문제는 많은 사람이 이미 겪고 있지만 드러내어 고통을 호소하거나 도움을 요청하기 어려운 경우가 많다. 임신하고 출산하는 몸을 가지고 사는 것이 생물학적 조건에 대한 것이라면, 여성들이 성 생활이나 이와 관련한 어려움을 드러내어 말하거나 도움을 요청하기 어려운 상황은 젠더화된 사회적 규범과 관련이 깊다. 다양한 구조적 장벽이 소수자성을 가지고 있는 청소년과 노인, 성 소수자, 장애인, 성 노동자, 난민과 이주민 등의 성·재생산 건강과 권리가 보장되기 어렵게 만든다. 예컨대, 청소년과 장애인은 진료실에서도 자신을 대리해서 말하는 사람들에 의해 의료 필요를 말하게 되는 등 성적 자기결정권을 존중받기 어려운 상황에 처하기 쉽다. 성 건강과 관련하여 이해하기 쉬운 정보를 습득하거나 자신을 존중하는 의료인을 만나기도 더 어렵다. 이처럼 성·재생산 건강은 사회적 불평등에 깊숙이 관여하며, 섹스와 젠더 모두가 복합적으로 작동하는 영역이자 여성의 인권에 영향을 미치는 핵심적인 이슈다.

3. 여성건강과 사회 - 현황과 과제

1) 여성의 몸을 바라보는 어떤 시선과 강박

(1) 한국 사람들은 왜 성형수술을 많이 할까

한국은 전 세계에서 가장 많은 성형수술을 하는 국가 중 하나다. 2013년 경제지 이코노미스트지는 국제미용성형외과의사협회(ISAPS : International Society of Aesthetic Plastic Surgeons)의 국제통계자료를 인용하면서 한국의 인구당 성형수술과 시술률이 인구 1만 명당 6.5명으로 가장 높다고 발표했다(그림 9-4). 이후 국내에서도 이 보도를 소개하면서 한국의 성형수술 실태에 대한 언론 보도와 이를 둘러싼 다양한 문제가 조명되었다.

2013~2014년 사이 공론화된 성형수술을 둘러싼 가장 심각한 문제는 사망사고를 비롯한 다양하고 심각한 부작용이 발생하고 있다는 점이었다. 이는 미용성형 산업의 과열과도 관련이 있는데, 당시 각종 취재와 조사를 통해 경쟁적인 미용성형 시장에서 의료기관들이 가능한 비용을 줄이면서 더 많은 수술을 하려다 보니 안전을 담보하지 못하는 상황들이 드러났다. 충분한 자격과 경험

을 갖추지 못한 의료인이 시술을 하거나, 환자의 합의 없이 다른 의사나 비의사 인력이 대리 수술을 하는 소위 유령수술, 마취와 회복 과정을 담당할 전문인력이 없는 상태에서 수술을 하는 등의 문제가 반복되고 있다는 사실이 알려졌다.

이에 정부는 2014년 "수술 환자의 권리보호 및 안전관리 강화" 대책을 내어놓았다. 미용성형수술과 관련하여 수술동의서를 받도록 의무화하고, 수술실 내에 CCTV 설치 정책을 추진했다. 미용성형수술의 안전성을 평가하기 위해 한국에서 미용성형수술과 시술이 얼마나 이루어지고 있는지, 그 결과는 어떠한지에 대해 실태조사를 시행하겠다는 약속을 했지만 의사들의 반대로 인해 이는 실현되지 못했다. 본디 국제미용성형외과의사협회의 통계집에는 한국의 성형 수술·시술 건수가 실려있었는데, 2011년 통계가 2013년 이코노미스트지에 인용된 이후부터는 한국의 통계가 삭제되었다. 이후 성형미용수술을 받다가 사망하는 환자의 수가 얼마나 되는지에 대한 정보가 여전히 수집, 공개되지 않으면서 한국의 실태를 조사하기는커녕 짐작하기도 어려워진 상황이 지속되고 있다.

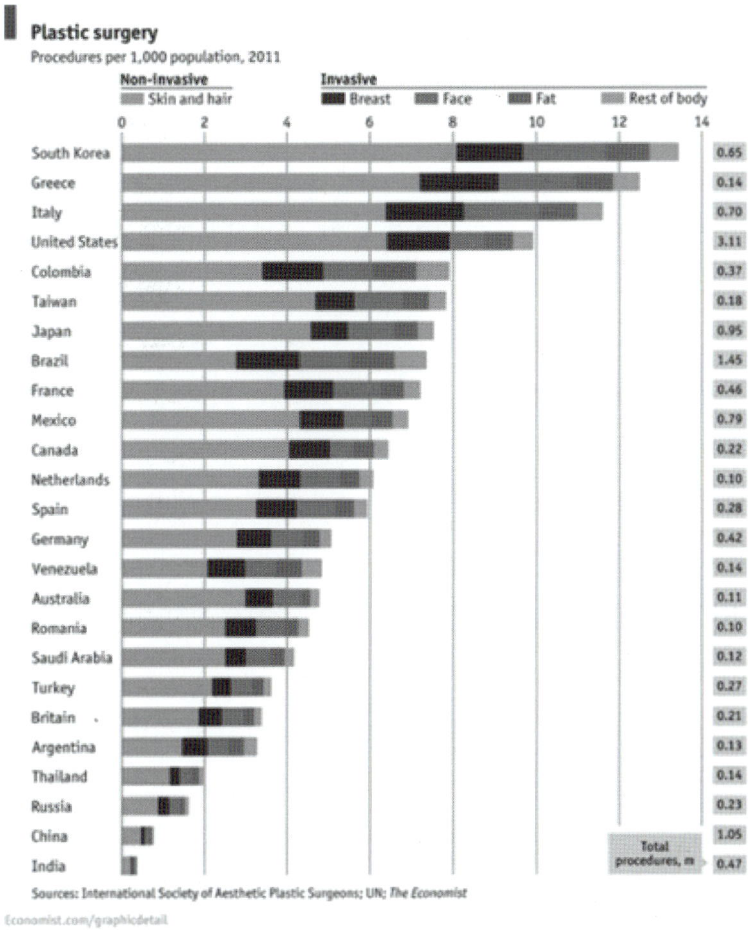

|그림 9-4| 국가별 인구 1,000명당 성형 수술·시술 건수(2011)

출처 : Economist(Jan 30th, 2013). Daily chart – Plastic makes perfect. https://www.economist.com/graphic-detail/2013/01/30/plastic-makes-perfect

한국이 미용성형의료 강대국이 된 것은 어째서일까? 한 성형외과 전문의는 필수 의료로는 돈을 벌기 어려운 상황에서 의사들이 상업화되고 비윤리적 미용·성형수술 시장으로 뛰어들고 있다고 말한다(청년의사, 2020. 11. 4). 건강보험이 적용되지 않는 비급여 의료 영역을 개척하여 미용성형의료 시장을 일궈낸 의사들의 노력이 중요한 역할을 하였음은 분명하지만 이것만으로 현재의 상황을 설명하기는 어렵다. 미용과 성형에 대한 사람들의 욕구가 없었다면 그런 종류의 시장이 창출되기는 어려웠을 것이기 때문이다.

한국 미용성형 산업의 팽창을 연구한 한 연구에서는 여성 월간지를 분석하면서 1995년 이전까지 한 호당 평균 1~2개에 불과했던 광고가 2000년에는 잡지 한 호당 약 27개가 될 정도로 급격히 팽창, 완벽하지 않은 몸에 대한 콤플렉스를 조장하고 수술을 치료책으로 권유하고 있다고 설명한다(임인숙, 2002). 또 다른 연구에서는 여성의 주체성을 강조하는 해석을 제시한다. 한국에서 미용성형 의료가 여성 개개인이 자신의 의지에 따라 더 나은 몸과 자아를 '선택'하고, 미용성형에 의해 '변신'할 수 있도록 하는 자기계발의 장치로 여겨지고 있다는 설명이다(태희원, 2012). 성형수술이 더 이상 치료가 아닌 몸의 심미적 가치 향상을 위한 개입으로 인간 향상(human enhancement) 기술로서의 가치를 가진다며 주체적 선택으로 성형수술을 보다 긍정적으로 받아들이는 입장도 있다(임소연 외, 2019).

위의 설명들은 미용시술과 성형수술을 통해 심미적 만족감과 자신감을 얻고자 하는 개인적 동기와 맥락에 주로 집중한다. 그러나 이 같은 설명은 왜 한국이 전 세계 어느 나라보다도 더 많은 성형수술을 하는 국가가 되었는지를 설명하지는 못한다. 한국 보건의료체계의 특성이 미용과 성형수술과 같은 돈이 되는 의료를 촉진할 수 있는 토양을 만들어 냈다고 하더라도, 성형과 미용 시술을 통해 바뀐 몸과 얼굴을 찬탄하며 이를 다시 욕망하도록 만드는 사회문화적 구조는 어떤 연원을 가지는지에 대한 보다 심층적인 탐색이 필요한 이유다. 한국이 왜 유독 아름답고 건강한 몸을 자산(asset)으로 여기는지, 이런 경쟁 속에서 의료적 개입을 통한 인간 향상을 추구하는 일이 개인을 넘어 사회적 차원에서 바람직한지에 대한 논의 역시 남아있는 과제다.

한류 문화로 여겨지는 미용성형 산업의 발달이 야기하는 부작용도 잊어서는 안 된다. 의사들이 필수의료에 종사하는 대신 미용성형 시장에 뛰어듦으로써 발생하는 의료인력 배치의 불균형 문제나, 미용성형수술과 관련한 건강 피해가 대표적이다. 앞서 인용한 기사에 등장한 성형외과 전문의는 2000년대 중반부터 성형수술 중 사망사건이 다수 발생하고 있지만 이런 사건들이 사회적으로 공론화되지 못하고 피해자의 가족들은 병원의 매뉴얼에 따라 침묵 당하고 있다고 강력하게 주장한다. 한국 정부가 성형수술을 의료산업의 일환으로 활성화하는 데에만 관심이 있을 뿐, 의료서비스의 질적 안전성과 피해 보장에는 나서지 않고 있다는 비판도 눈여겨 보아야 할 지점이다. 여성의 건강을 중심에 둔다면 미용성형의료에 대한 정부의 역할과 정책은 어떠하여야 할지, 진지한 논의와 고민이 필요하지 않을까?

(2) 먹지 않는 여성들

한국은 일본과 함께 OECD 회원국 중 비만율이 가장 낮은 국가다. 국제적으로 키(m)를 체중(kg)의 제곱으로 나누어 산출하는 체질량지수(BMI : Body Mass Index)가 30이 넘으면 비만으로 분류한다. 2023년 OECD 건강통계 보고서에서 한국은 일본 다음으로 비만과 과체중(BMI 25kg/m^2 이상)이 적은 국가였다(그림 9-5). OECD 평균 비만율이 26%, 가장 비만율이 높은 미국에서 비만율이 43%일 때, 한국의 비만율은 7%에 불과했다.

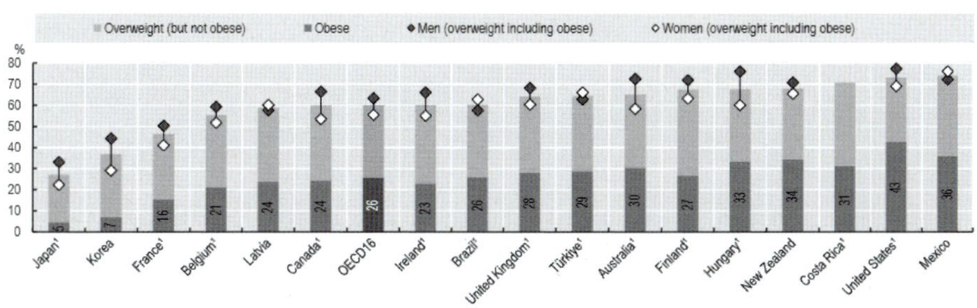

[그림 9-5] 성별에 따른 과체중과 비만율(2021)

출처 : OECD Health Statistics 2023.

그럼에도 한국에서 비만은 온 사회가 관심을 기울이는 문제다. 많은 사람들이 끊임없이 체중을 줄이기 위한 노력을 기울인다. 한국과 일본은 전반적인 비만율이 높지 않아 서구 국가에서는 과체중으로 분류하는 BMI 25를 넘기면 이를 비만으로 분류하기도 하는데, 이 기준에 따르면 한국의 비만 인구는 꾸준히 증가 중이다. 2013년 전체 인구 중 31.8%였던 비만 인구는 2022년 37.2%로 증가했다.

하지만 성별을 구분해서 상황을 파악하면 상황은 조금 다르게 보인다. 2013년 남성과 여성의 비만율은 각각 37.7%와 25.1%였다. 십 년이 지난 2022년 남성과 여성의 비만율은 각각 47.7%와 25.7%였다. 전체 인구집단에서 비만율 증가를 견인하는 인구집단은 주로 남성으로, 특히 20대와 30대 남성의 비만율 증가 속도가 빠르다(표 9-2).

<표 9-2> 성별에 따른 비만율 추이(2013~2022)

	2013	2014	2015	2016	2017	2018	2019	2020	2021	2022
전체	31.8	30.9	33.2	34.8	34.1	34.6	33.8	38.3	37.1	37.2
남성	37.7	37.8	39.7	42.2	41.6	42.8	41.8	48.0	46.3	47.7
여성	25.1	23.3	25.9	26.4	25.6	25.5	25.0	27.7	26.9	25.7

주 : 비만율 = (만 19세 이상 체질량지수(BMI, kg/m^2) 25 이상인 응답자수 ÷ 만 19세 이상 조사대상자수) × 100

출처 : 질병관리청. 국민건강영양조사.

상황을 더 구체적으로 살펴본 한 연구는 한국에서 체중 양극화 현상이 심각하다고 말한다. 남성의 비만율이 계속 증가해 남성 중 절반이 비만인 반면에 여성, 특히 20대 여성의 저체중(BMI 18.5kg/m^2 미만) 유병률이 빠르게 증가해 2021년에는 15.1%에 도달했기 때문이다. 그러나 주관적 비만 인지율, 즉 실제의 체중과 키와 무관하게 스스로 느끼기에 자신이 비만이라고 생각하는지에 대한 질문은 현실과 다른 인식을 보여준다. 여성의 비만 인지율은 남성의 비만

인지율보다 더 높고, 체중 감량 시도를 하는 사람도 여성에서 더 많다(김도연 외, 2024). 여성들이 날씬한 몸에 대한 더 높은 기준을 요구받고 이를 내면화하고 있음을 알 수 있는 대목이다.

20대 여성의 저체중 유병률 증가는 차츰 더 마른 체형을 추구하는 최근의 사회문화적 경향과 무관하지 않다. 이와 관련한 극단적인 사례로, 건강에 나쁜 영향을 미칠 정도로 심각한 저체중의 마른 체형을 추구하는 '프로아나(pro-ana)' 현상이 있다. 프로아나는 거식증을 추구(promotion of anorexia)한다는 의미의 합성어다. 이들은 엄격한 칼로리 제한과 과도한 운동으로 체중을 감량하고, 건강에 해로울 정도로 낮은 체중을 유지하는 강박적 행동이 병의 증상이 아니라 라이프스타일이라고 주장한다. 프로아나는 1990년대 후반 미국에서 인터넷 웹사이트와 블로그 등을 통해 체중 감량을 위한 정보를 공유하고 정서적 지지를 제공하는 관계들이 만들어지면서 만들어진 신조어였는데, 이제는 이런 종류의 신념과 믿음을 공유하는 공동체를 지칭하는 단어로 쓰인다. 프로아나의 "아나"는 섭식 장애(eating disorder)의 하나인 거식증(anorexia)을 어원으로 한다. 거식증 또는 신경성 식욕부진증(Anorexia Nervosa)은 초기에 적절한 치료를 받지 않으면 사망률이 상당히 높은 매우 심각한 정신질환이다. 프로아나는 거식증과 일부 겹쳐 있는 현상으로, 프로아나 공동체에 소속된 사람들이 모두 거식증 환자인 것은 아니다. 프로아나 커뮤니티는 매우 마른 여성, 특히 유명인의 이미지나 비디오를 공유하면서 목표 체중에 도달할 수 있도록 서로 격려하고 일상을 공유, 또 경쟁한다. 일반적으로 의학계에서는 프로아나 공동체에 참여하거나 프로아나 정보를 공유하는 웹사이트를 보는 일이 여성들의 섭식장애를 부추긴다는 점에서 부정적인 영향을 미칠 가능성이 크다고 본다(Mento et al, 2021). 다만, 여성들의 주체적 자기 돌봄과 상호관계를 통해 도달할 수 있는 회복이나 임파워먼트의 가능성을 고려하면, 섭식 장애 증상이 있는 여성들의 공동체를 무조건 부정하는 것 역시 타당하다고 보기는 어렵다(Yeshua-Katz, 2012).

노골적으로 마르고 작은 몸을 추구하는 사회에서 섭식 장애 유병률은 어떻게 변화할까? 근래 섭식 장애 환자가 늘어나는 상황은 한국 사회를 살아가는 여성들이 자신의 몸을 인식, 통제하는 방식을 보여주는 하나의 단면일지 모른다. 최근 5년간(2017~2021년) 신경성 폭식증으로 진료받은 인원은 총 1만 1,630명으로, 2017년에 비해 2021년에 40.9% 증가했다. 여성 환자는 남성의 13배로 여성이 다수를 차지했고 전체 환자 중 20대 여성은 44.4%에 달했다(시사인, 2023. 2. 15). 저체중 그 자체가 건강에 미치는 부정적 영향도 작지 않은데, 한국 여성들은 체중 감량을 위한 약물도 매우 적극적으로 사용하고 있다. 대표적인 예가 펜터민(일명 나비약)이다. 이 약물은 중독과 의존의 위험이 있어 마약류 약물로 분류되고, 유럽에서는 아예 판매 승인 허가가 이루어지지 않았다. 그러나 한국에서는 체중 감량용 약물로 널리 처방된다. 식품의약품안전처가 2024년부터 공개하기 시작한 의료용 마약류 월간동향에 따르면 2020년 한국 20대 여성 중 약 12만 6천 명, 30대 여성 중 약 22만 4천 명이 펜터민(소위 나비약, 중추신경계에 작용하는 식욕억제제)을 처방받았다. 이는 20대와 30대 여성 중 각각 4.0%, 7.0%에 해당하는 숫자다.

각종 부작용과 중독 위험에도 불구하고 식욕억제제를 처방받아 복용하는 여성이 이렇게나 많은 이유는 무엇일까? 우선은 사람들의 건강상 위해를 고려해 이런 약물을 아예 판매할 수 없게끔 한 유럽의약품청과는 달리 다양한 사건사고가 발생했던 약물을 허가하고, 비만이 아닌 환자들에게도 원하기만 한다면 식욕억제제를 처방해 주는 의료의 문제가 있다. 과거 널리 처방되던 식욕억제제가 발암 가능성과 심혈관 부작용 등으로 시장에서 퇴출되었던 사례(예 로카세린, 시부트라민)가 이미 여러 건 있었다. 그러나 여전히 한국 정부는 여러 부작용이 예상되는 비만치료제를 비만이 아닌 사람들에게도 판매하며, 이러한 데에는 한국의 상업화된 의료체계의 특성이 강하게 작동한다. 하지만 의료를 넘어서는 질문도 던져볼 수 있다. 특정 식욕억제제를 사용할 수 없게 만든다고 해서 사람들이 체중을 감량하기 위한 노력을 중단할까? 비교적 오래된 약물로 각종 부작용이 알려진 식욕억제제를 대체할 수 있는 다른 비만치료제(예 위고비 등)가 높은 기대 속에서 도입되고 있다. 마찬가지로 비만이 아닌 사람들이 이 약을 사용할 가능성이 크고, 건강보험이 적용되지 않는 고가의 의약품을 이용한 체중 감량 시도는 예상되는 일이다.

더 날씬한, 더 완벽한 몸을 향한 한국 사회의 노력은 다소 과도해 보이는 측면이 있으나 이 열광은 앞으로 쉬이 가라앉을 것 같지 않다. 한국의 문화적 욕망을 반영하는 대표 상품인 케이팝에서도 이런 상황을 엿볼 수 있다. 케이팝은 매우 마른 몸을 이상적인 몸으로 내세우며 잘 규율된 몸을 규범으로 여긴다. 이미 해외 연구자들은 국제적으로 케이팝이 유행하게 되면서, 이를 따라가는 청소년, 그리고 여성들에게 부정적인 신체 이미지를 형성하고, 섭식 장애의 가능성을 높일 수 있다는 우려를 내어놓고 있다(Achilles et al., 2023; Habibah et al., 2021). 반면 케이팝에 더 익숙한 한국 사회에서는 위험한 식욕억제제가 광범위하게 처방되고, 먹지 않는 여성들의 건강을 고민하는 노력은 충분하지 않다. 비만을 넘어 저체중과 섭식 장애, 건강한 먹기에 대한 고민이 필요하지 않을까.

2) 재생산 건강의 주요 의제

(1) 난임 시술 지원과 여성의 몸

피임 없이 정기적으로 성 관계를 가짐에도 1년 이상 임신이 되지 않는 상태를 의학적 용어로 불임(infertility)[2]이라고 부른다. 불임의 원인은 다양하다. 배란장애와 나팔관 폐쇄, 자궁내막증, 면역학적 요인 등 여성 요인이 약 40%, 정

---

2 2000년대 초반부터 당사자 단체를 중심으로 불임이라는 단어에 내포된 부정적인 어감을 완화하기 위해 난임이라는 단어로 대체하자는 주장이 제기되었다. 2012년 모자보건법이 개정 이후에는 정부 정책에서도 불임 대신 난임을 사용하고 있다. 그러나 앞서 폐경-완경 용어에 대한 문제 제기에서와 마찬가지로, 임신을 할 수 없거나 하기 어려운 상태의 몸이 그렇지 않은 몸과 비교해 열등할 이유가 전혀 없다고 본다면 불임이라는 용어가 낙인이 될 이유도 없지 않을까? 여기에서는 불임이라는 단어가 뒤집어쓴 낙인 그 자체에 반대하는 입장에서 의학용어로 불임을 그대로 사용한다.

자 생산이나 정자 기능 장애 등 남성 요인이 약 40%, 원인불명인 경우가 약 20~30% 정도라고 알려져 있다. 이런 불임의 가능성은 임신을 시도하는 여성과 남성의 나이가 많아질수록 높아진다.

과거 한국 사회에서는 불임에 대한 낙인이 매우 심했다. 임신을 하기 위해 보조생식술(Assisted Reproductive Technology)을 받고자 하는 사람들이 자신의 불임 상태를 알려지는 일을 원치 않아 의료기관을 찾기를 꺼릴 정도였다. 이에 당사자 단체는 임신이 되지 않는다는 의미를 가진 한자어인 불임(不姙) 대신 난임(難姙)이라고 부를 것을 강력히 요구했고(한겨레21, 2007. 6. 1), 최근에는 법률 용어와 국립국어원의 사전 모두에서 의학적 불임의 상태를 난임이라고 호명하게 되었다(베이비뉴스, 2020. 3. 18).

보조생식술은 임신을 돕기 위해 사용되는 의학적 기술들을 총칭하는 단어다. 난임 커플이 임신을 원할 때 이용하게 되는 의료는 다양하다. 처리된 정자를 직접 자궁 내에 주입하는 비교적 간단한 시술이라고 볼 수 있는 자궁 내 수정(IUI : Intrauterine Insemination)부터 난자를 채취하여 실험실에서 정자와 수정시킨 후 자궁에 이식하는 체외수정(IVF : In Vitro Fertilization), 심각한 남성 불임 요인이 있는 경우 정자를 직접 난자 내부에 주입해 수정시키는 난자세포질내 정자주입술(Intra-cytoplasmic Sperm Injection)까지 다양한 시술이 개발되어 있다. 각각의 시술 중 어떤 시술을 받는 것이 적합한지는 난임의 원인에 따라 달라진다. 체외수정을 통해 태어난 첫 번째 시험관 아기(test-tube baby)는 1978년 태어났고, 한국의 최초 시험관 아기는 1985년에 태어났다. 약 40년 정도의 기간이 지났으니 새로운 기술이라고 보기는 어렵지만, 전체 출생아 중 보조생식술을 통해 태어난 아이의 수가 급격하게 증가한 것은 더 최근의 현상이다.

과거 난임 시술은 생명에 지장을 미치는 질병에 대한 의료가 아니라는 이유로 건강보험이 적용되지 않아 비용장벽이 컸다. 차츰 2000년대 중반 들어 저출산이 사회적으로 커다란 문제로 여겨지기 시작하면서, 그리고 난임 시술을 받고자 하는 커플들의 사회적 지원 요구가 지속되면서 이에 대한 의료비 지원이 이루어지게 되었다. 정부는 <제1차 저출산 고령사회 기본계획>을 세우면서 난임 커플에게 보조생식술 비용을 지원하는 정책을 도입했다. 그러나 도입 당시의 사업은 법률혼 부부만을 대상으로 하였다는 점에서 정상가족만을 부모의 자격으로 인정하고, 여성과 아이의 건강과 권리보다는 출산장려를 주로 목표로 삼았다는 비판을 받는다(하정옥, 2015)

20여 년이 흘러 2024년 현재 한국은 전 세계에서 난임에 대한 가장 많은 지원을 하는 국가가 되었다. 건강보험에서 난임서비스에 대한 건강보험 급여가 적용되고, 비급여 항목과 본인부담금과 관련해서도 별도의 의료비 지원이 제공된다. 임신 별로 체외수정 최대 20회, 인공수정 최대 5회에 대한 의료비를 지원, 파격적인 지원이 이루어지게 되었다. 국제적으로 여성의 연령이 45세를 넘어서면 난임 시술의 성공률이 가파르게 떨어진다는 점에서 난임 시술 지원은 여성 연령에 대한 제한을 두는 경우가 많다. 통상 이때 연령 제한은 여성 연령 40~45세 정도를 기준으로 삼게 되며, 이는 난임 시술이 여성 몸에 주는 부담에 대한 위해와 시술을 통해 얻을 수 있는 이득을 따져본 결과다. 그러나 한국에서는 2019년 연령에 따른 제한을 없애는 파격적인 결정을 내렸다. 저출생 극복이 가장 중요한 목적이 되다 보니 과거와 달리 사실혼 관계가 확인된다면 법적 혼인상태에 있지 않은 커플에게, 또 부부 중 한 사람이 한국 국적이 아닌 경우에도 난임 시술을 지원한다.

임신과 출산을 원하는 데 아이가 생기지 않는 사람이 보조생식기술을 통해 아이를 낳아 키울 수 있도록 하는 일은 이들의 재생산 권리를 보장하는 일이다. 이는 개인 수준에서는 낳을 권리의 보장이고, 사회적으로는 출생아 수를 늘림으로써 급격한 인구구조 변화로 인한 사회적 충격을 완화하는 데에 도움이 될 수 있다. 하지만 매우 광범위하게 난임 시술을 지원하고, 아이 낳기를 권장하는 사회 정책을 적극 추진하는 일은 개별 여성들의 삶에 어떤 영향을 미칠까?

먼저 난임 시술을 받을지에 대한 의사결정은 아이를 낳을지에 대한 의사결정과 동일하게 여성 개인의 독자적인 판단에 의해 이루어진다고 보기 어렵다. 여성들은 각자 자신의 삶 기획과 커리어 단계, 파트너와의 관계, 부모나 시부모 같은 확대가족의 의견, 경제적 조건 등 복합적인 상황을 고려해 임신 그리고 난임 시술 여부를 결정한다. 정부의 난임 시술비 지원은 경제적 부담과 사회적 낙인을 줄여 난임 시술을 결정한 사람들을 도울 수 있다. 동시에 시술을 고민하는 이들에게 국가가 지원하는 난임 시술을 가급적 빨리 더 많이 시행하게끔 만드는 역할을 하기도 한다. 특히 여성 당사자가 임신과 관련한 의견이 파트너나 시부모 등 확대가족과 반드시 같지 않을 때, 난임 시술에 대한 전폭적인 지원을 포함하는 출생주의 정책은 여성들의 부담을 높이는 쪽으로 작동한다.

난임 시술을 한다고 해서 모두 성공하는 것이 아니라는 점도 문제를 복잡하게 만든다. 반복적인 난임 시술을 통해 성공적으로 임신을 할 확률은 20~30% 수준에 그치며, 개별 시술별 성공 건수는 훨씬 낮다. 이런 상황에서 여성들은 일상에 매우 커다란 영향을 미치는 난임 시술을 받으면서 대인관계에서 위축되고, 난임으로 인한 우울을 경험하게 된다. 한 연구에서는 난임 시술을 받는 여성의 약 84.2%가 우울을 경험하고 있는 것으로 보고했다. 이는 난임을 본인의 여성성에 대한 실패, 상실로 여기는 심리적 압박과 더불어 난임 시술 과정의 영향과 관련이 있다. 난임 치료에서 겪는 반복적인 침습적 절차와 치료에 사용되는 호르몬 약물로 인한 정서적 영향, 난임 시술 실패로 인한 좌절감, 시술 성공 후에 지속되는 불안감, 배우자와의 관계 변화 및 임신을 위해 자신의 삶을 제한하는 과정에서 겪는 무력감 등이다(황나미, 2013). 더불어 한국의 돌봄 없는 의료는 난임 시술에 임하는 여성들을 더욱 좌절시키는 측면이 있는 것으로 보인다. 한국 의료는 다른 나라들에 비해 비해 의사와의 상담 시간이 매우 짧고 기술과 술기가 중심이 된다. 이런 가운데 난임 시술을 받는 여성들은 의료인으로부터 난임 시술과 관련해서 겪게 될 의료의 과정에 대해 충분히 설명을 듣기 어렵고, 대부분 인터넷을 검색하거나 주변 지인을 통해 정보를 얻는다. 진단과 치료 모두에서 의료에 대한 자기결정권을 충분히 행사하기 어렵다고 느끼고, 의사-환자 사이에 위계적 관계에 대해 불만을 가지기도 한다(전혜상 · 김동식, 2022).

난임 시술이 여성의 몸에 미치는 영향에 대한 고민도 필요하다. 자궁 내 정자 주입술을 제외한 난임 시술들은 배란을 촉진시켜 여성에게서 난자를 채취하는 과정을 거친다. 이를 위해서 여성들은 배란을 유도하기 위한 호르몬 주사를 10일~12일 동안 주사해야 하고, 여기서 채취한 난자로 임신을 하지 못하는 경우 이 과정을 반복하게 된다. 배란유도제를 사용할 때 발생하는 증상은 사람마다 다르지만, 두통과 복통, 복부 팽만, 오심 등 증상은 비교적 흔하며, 주사 부위 통증과 불편감도 적지 않다. 배란 유도 주사를 맞는 여성 중 0.1~2% 정도에서는 너무 많은 난포가 자라면서 복강 내에 복수가 생기거나 피가 고이는 등 전신선 부종을 동반하는 중증의 난소 과자극 증후군과 같은 심각한 부작용이 발생하기도 하며, 중증으로 진행되지는 않더라도 난소 과자극으로 인한 합병증을 겪는 사람들은 더 많다(Vloeberghs et al., 2009).

정부의 적극적인 난임지원 정책에 힘입어 한국의 불임진단과 난임 시술은 계속해서 증가하고 있다. 난임 시술을 받는 커플은 2018년 12만 1천 명 정도에서 2022년 14만 5백여 명으로 5년 사이에 16.0% 증가했다. 전체 신생아 중 난임 시술을 통해 태어나는 아이 역시 빠르게 증가해 2021년 기준 8.1%를 차지했다. 비슷한 시기 난임 시술 출생아가 약 2.0%인 미국, 2.8%인 프랑스, 2.9%인 영국에 비해 한참 높은 수치다. 난임 시술 출생아 비율이 높은 편인 이스라엘과 그리스에서도 이 비율은 5~6% 정도이다(김은정, 2023).

최근 정부와 지방자치단체들은 난임 시술을 지원하는 것을 넘어 난임을 예방하는 정책을 도입 중이다. 미혼 여성의 난자를 채취해 동결, 보관하는 사업을 지원하거나, 난소 나이를 가늠하는 혈액검사를 지원한다. 이는 여성들이 경력을 쌓아 안정적인 조건을 확보한 후에 출산 기회를 담보한다는 점에서, 또 미래의 불임에 대한 불안을 줄일 수 있다는 점에서 선택지를 늘려주는 측면이 있다. 하지만 난임 시술에 각종 부작용이 따르는 것처럼, 난자를 채취하는 과정에서도 신체적 부담이 발생한다. 내 몸의 난소와 난자가 노화를 겪는 것과 마찬가지로, 냉동하였던 난자를 해동해 임신에 도달하는 데에도 불확실성이 있다. 무엇보다도 미래의 내가 임신을 하고 싶을지를 예상하지 못한다고 하더라도 일단은 돈을 써서 미래의 출산 가능성을 구매하라고 권장하는 일은, 재생산 역량을 상품화한다는 문제가 있다. 난임의 가능성을 고려해 각종 부작용과 합병증에서 자유롭지 않은 난자 채취를 진행하는 일이 바람직한 것처럼 불안을 부추기는 일 역시 문제적이다. 여성의 꿈과 성취는 개인의 몫으로 남겨두면서도 아이를 낳는 미래를 강력하게 제안하고 지지하는 국가의 정책이 과연 여성의 성과 재생산 건강과 권리를 지원하는 정책이라고 볼 수 있을지, 진지한 논의가 필요해 보인다.

(2) 성 소수자의 건강과 의료

성 수수자(Sexual Minority)란 주류사회에서 일반적으로 인식되는 성 정체성(identity), 성적 지향(sexual orientation), 성별 표현과 다른 특성을 가진 개인을 총칭하는 용어다. 성적 지향에 따라서 동성애자인 게이(gay)와 레즈비언(lesbian), 양성애자(bisexual), 범성애자(pansexual)를 구분하거나 성적 정체성에 따라 출생 시 지정된 성별과 다른 성 정체성을 가진 사람을 트랜스젠더(transgender), 이분법적 성별 구분에 속하지 않는다고 느끼는 사람들을 논바이너리(non−binary), 전통적 성별 구분에 속하지 않는다고 느끼는 사람들을 젠더퀴어(genderqueer)라고 구분하기도 한다. 남성 또는 여성의 전형적 정의에 맞지 않는 신체적·생물학적 조건을 가진 사람을 간성(intersex)으로, 타인에 대한 성적 끌림을 거의 느끼지 않는 사람을 무성애자(asexual)로 부른다. 이런 정의는 각 개인의 정체성이 복잡하고 유동적이라는 점에서 임의적, 잠정적이며 사회마다 다르다. LGBTQIA+는 레즈비언, 게이, 바이섹슈얼, 트랜스젠더, 퀴어, 인터섹스, 무성애자, 그리고 더 다양한 사람들을 지칭하는 약어이자 성 소수자를 표현하는 약어로 주로 미국을 중심으로 널리 활용된다.

과거 동성애는 의학적 분류체계 내에서 정신질환으로 간주되며 성적 일탈(sexual deviation)로 분류되기도 했다. 그러나 미국의 스톤월 항쟁과 같은 사회정치적 운동은 동성애가 질병으로 분류되어서는 안 되는 다양한 삶의 형식이자 존재임을 주장했고, 1973년 질병편람에서 동성애가 공식적으로 삭제되었다. 성적 소수자들이 겪는 차별에 대항하는 인권운동이 활발히 전개됨에 따라 성 소수자에 대한 사회적 인식을 제고하고 제도적 차별을 줄이기 위한 다양한 노력이 전개되게 되었다.

성 소수자에 대한 사회적 차별과 낙인은 이들의 건강에 영향을 미친다. 대표적으로 드러나는 영역은 성 소수자들의 정신건강 문제다. 영국 국민건강서비스(National Health Service)는 정기적으로 국민들의 건강 상황을 살펴보는 조사를 진행한다. 이에 따르면 2011년부터 2018년 사이 영국건강조사에서 레즈비언, 게이, 양성애자라고 답한 사람은 약 2%였고, 이들의 장기적 정신건강 문제 경험률은 이성애자들에 비해 2배 이상 높았다. 특히 여성 성 소수자의 정신건강 지표는 모든 집단 중 가장 낮았고, 알코올 문제를 겪을 위험도 높았다(BBC NEWS 코리아, 2021. 7. 9).

성 소수자 집단은 정상 규범에서 어긋나는 성별 규범과 몸에 대해 혼란을 겪는다. 사회적 적대나 차별을 경험하면서 정신건강에 부정적인 영향을 받게 되는 경우도 많다. 의료이용 과정에서 장벽이 더 높고, 이는 특히 성과 재생산 건강 영역에서 더욱 그러하다. 의료진의 편견과 무지로 인해 부적절한 대우를 받거나, 의료진이 성 소수자의 특유한 건강 문제를 이해하지 못해 제대로 된 치료를 받지 못하는 상황도 발생한다. 환자 입장에서도 의료진에게 자신의 정체성을 밝히기가 꺼려지기 때문에 매우 중요한 의료 정보를 말하지 않고, 그로 인해 오진이 발생하기도 한다. 사회적·제도적 문제들도 어려움을 보탠다. 동성혼을 허용하지 않는 한국 사회에서 동성 배우자는 제도적으로 가족으로서 인정받지 못하고, 환자의 돌봄과 의료와 관련한 결정에 참여하기 어렵다. 제도적 차별은 파트너가 사망하였을 때 장례를 치르고 사망 이후의 유산을 분배하는 과정에서도 마찬가지로 작동한다.

트랜스젠더는 자신이 가지고 태어난 생물학적 성별과 그로 인한 몸에 대해 성별불쾌감(gender dysphoria)을 느낀다. 이로 인한 고통을 줄이기 위한 호르몬 치료와 상담, 성확정 치료(gender–affirming care)[3]는 이들의 신체적・정신적 건강에 매우 중요하다. 그러나 한국에 이와 같은 치료를 제공하는 의료기관은 매우 드물다. 성 소수자 의료에 대한 많은 정보를 가지고 있거나, 환자가 병원에 방문했을 때 적절한 의료기관으로 연결해 줄 수 있는 의료인 역시 부족하다. 모든 트랜스젠더가 성별불쾌감을 가지는 것도 아니고, 모두가 동일한 수술적 치료를 원하는 것은 아니다. 모든 사람이 자신의 건강에서 그러하듯 트랜스젠더인 사람들도 사회적 조건과 개인적 삶의 궤적에 따라 자신에게 맞는 적절한 의료를 필요로 한다. 그러나 한국에는 성 소수자의 의학적 필요를 충족할 수 있는 좋은 의료를 제공하는 의료기관이 드물고, 대부분 의료기관에서 이런 의료에 대한 이해 수준이 부족하다. 게다가 성확정 치료를 비롯한 성적 지향과 정체성과 관련한 의료는 건강보험이 적용되지 않아 상당한 경제적 부담을 지게 된다.

그렇다면 한국에서 이런 필요가 있는 인구집단의 비율은 얼마나 될까? 성 소수자 운동, 더 나아가 성 소수자 정치가 가장 활발한 미국에서는 스스로 LGBTQ+로 정체화하는 집단이 계속해서 늘어나는 추세다. 2023년 조사에 따르면 미국에서 스스로 성 소수자로 정체화하는 집단은 7.6%로, 1997년부터 2012년 사이에 태어난 집단을 지칭하는 Z세대의 성 소수자 비율은 22.3%에 달한다(Gallup, 2024. 5. 13). 그러나 한국에서는 스스로를 성 소수자로 정체화하는 인구집단의 비율에 대한 공식적인 집계가 이루어지지 않았다. 영국이나 미

3 같은 치료를 성전환 치료(gender–transformation care)라고도 부르고, 한국의 성별정정에 대한 법률에서도 이 치료를 성전환이라고 부른다. 근래에는 성을 바꾸는 것이 아니라 자신이 자연스럽다고 여기는 성별로 신체적 몸을 변화시키는 의미를 담아 이를 성전환 대신 성확정 치료라고 부르는 추세다.

국에서처럼 국가의 공식 건강 조사에서 이와 성적 지향과 정체성을 묻지 않기 때문이다.

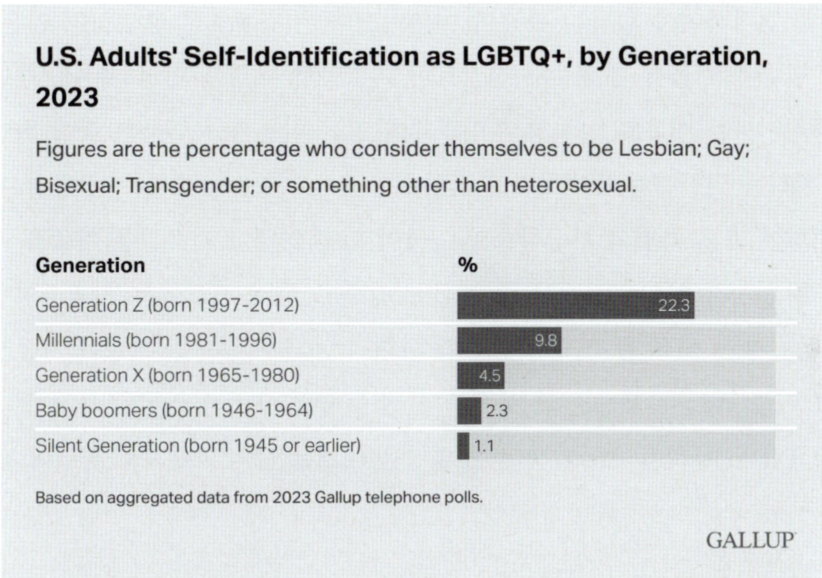

|그림 9-6| 세대별 스스로 성 소수자로 정체화하는 집단의 비율, 미국(2023)

출처 : Gallup(2024).

국가가 정책 근거를 생산하기 위해 수행하는 조사에서 성별 정체성과 지향을 물어보는 일은 성 소수자들이 처한 상황을 살펴보는 데에 매우 중요하다. 어떤 집단의 신체적 건강과 정신건강, 근로환경, 노동조건, 사회·경제적 여건이 어떠한지를 확인하는 일은 이들의 사회권이 침해되고 있지는 않은지 확인할 수 있게 해주는 기본적인 정보를 수집함으로써 여기에 대처할 수 있게 해주기 때문이다. 국제적 시장조사컨설팅 회사인 입소스(Ipsos)가 2023년 조사한 바에 따르면 한국은 전 세계 평균(8%)보다 다소 낮은 6%의 응답자가 스스로를 성 소수자로 정체화하고 있는 것으로 나타났다. 같은 조사에서는 지인 중에 성 소수자가 있는지를 물었는데, 한국은 일본과 함께 성 소수자 지인이 있는 사람이 가장 적은 국가로 나타났다. 그만큼 한국에서는 성 소수자들이 자신을 드러내지 못하고, 일상에서 이들의 삶이 가시화되어 있지 못하다는 의미다.

최근 건강보험과 관련한 대법원 판결에서 동성 배우자의 건강보험 피부양자 자격을 인정하여야 한다는 판결이 이루어졌다. 건강보험은 혼인하지 않은 사실혼 관계의 커플에 대해서도 건강보험 피부양자 자격을 인정하는데, 대법원은 동성이라는 이유로 사실상 혼인관계에 있는 이들을 차별하는 것이 헌법상 평등원칙을 위반하여 위법하다고 판단했다(비마이너, 2024. 7. 19). 이 판결은 성적 지향에 따른 차별의 부당함을 확인하며 더 다양하고 자유로운 가족을 꾸릴 권리를 인정하였다는 점에서 중요하다. 앞으로 한국 사회에는 차별금지법과 생활동반자법 제정 등 의제가 중요한 사회적 논의 지점으로 부상할 가능성이 크다. 이들 법안과 정책은 그 자체로 성 소수자의 사회적 권리를 보장하는 데에 중요하며, 동시에 이들의 건강에 영향을 미치는 삶의 조건과도 관련이 깊다.

4. 나가며

이 장에서는 한국 사회에서 여성건강과 젠더와 관련한 이슈들을 살펴보고 향후 과제에 대해서 논의하였다. 가족계획사업에서 저출생 대책으로 이어지는 한국의 여성건강 정책은 여성의 건강권보다는 국가 발전을 위한 인구 통제에 초점을 맞춰 왔다. 여성의 건강할 권리는 안전하게 임신하고 출산할 권리를 포함하지만 이보다 훨씬 더 넓고 광범위한 영역에 걸쳐져 있다. 최근 성과 재생산 건강과 권리 개념이 도입되면서 여성의 살만한 삶을 보장하는 건강 정책에 대한 관심과 요구가 더욱 커지고 있다. 그러나 여전히 한국 사회에서 여성의 몸에 부과되는 압박 수준은 매우 높다. 미용성형 산업의 과열, 극단적인 다이어트 문화, 선별적인 보조생식술 지원 등 여성의 몸을 특정 방향으로 이끄는 의학적 기술의 발달이 역설적으로 여성건강을 위협하는 것은 아닌지에 대한 고민이 필요한 시점이다.

성 소수자의 건강권 보장과 생애주기에 따른 여성의 성·재생산권 보장처럼 새로운 과제들이 등장하고 있다. 정부의 정책이 여성의 진정한 건강과 권리 향상으로 이어지기 위해서는 여성을 단순히 출산의 도구로 보는 시각에서 벗어나 개인의 자율성과 다양성을 존중하는 방향으로 나아가야 한다. 여성의 건강을 보다 넓은 사회적 맥락에서 파악하는 일도 중요한 과제다. 이 장에서는 본격적으로 다루지 못했지만 산업안전보건 정책의 남성중심성, 불안정 노동과 여성의 정신건강, 여성 당사자의 건강을 넘어 그 자손에게 영향을 미치는 태아 산업재해 등 일하는 여성의 건강을 보호하기 위한 정책에 대한 고민이 동반되어야 한다.

여성의 건강, 더 나아가 모두의 건강은 보다 건강한 삶을 영위할 수 있는 사회적 환경을 조성함으로써 가능하다. 여기에는 여성의 전 생애를 아우르는 포괄적 접근, 사회·경제적 불평등이 건강에 미치는 영향을 고려하는 건강형평성 접근이 필요하다. 이를 위해서는 전문가와 관료가 중심이 되는 정책의사결정을 넘어 보다 다양한 정체성과 경험을 가진 사람들의 목소리가 건강 정책에 반영되어야 한다. 정부 정책이 여성들의 목소리를 반영하고 보다 성인지 감수성 있는 대안으로 나아가게 만드는 데에는 정책 논의에 보다 적극적으로 참여하고 연대하는 시민들의 역할이 무엇보다도 중요하다.

생각해볼 문제

1. 한국 여성들은 다른 고소득 국가에 비해 비만율이 매우 낮음에도 불구하고 스스로 비만이라고 생각하거나 체중 감량을 시도하는 경우가 많다. 그 이유는 무엇이고 이런 문화의 장단점은 무엇일까?

> **참고** 경향신문(2024. 1. 8) 20대 여성 15%는 저체중... 비만 아닌데도 46% 다이어트
>
> - 한국 20대 여성 6~7명 중 1명은 저체중이고 절반 이상이 정상체중, 그러나 저체중이나 정상 체중에 속하는 20대 여성의 절반가량이 다이어트를 시도
> - 20대 여성들은 전체 인구집단 중 체중 감량을 가장 많이 시도하는 집단
> - 정상체중인 사람이 반복적으로 다이어트를 하는 경우 체중이 증감하는 과정에서 혈압, 지질수치, 혈당, 인슐린이 상승하며 심혈관계에 악영향을 미칠 수 있음

2. 한국의 건강보험은 난임 시술에 대해서는 건강보험을 적용하는 한편, 임신중지와 피임에 대해서는 건강보험을 적용하지 않고 있다. 성과 재생산 건강과 권리 측면에서 이를 어떻게 평가할 수 있을까? 더 나아가 이런 상황을 바꾸기 위해서 우리는 어떤 노력을 기울일 수 있을까?

> **참고** 연구공동체 건강과 대안 : 우리가 만드는 피임사전
>
> - 피임은 왜 필요한 걸까요? 내 몸에, 내가 맺는 관계에 잘 맞는 피임법은 무엇일까요?
> - 누가 피임을 하고 얼마나 피임을 해야 하는 걸까요? 파트너와 정신적으로 육체적으로 건강한 관계를 맺는 데에 피임은 어떤 역할을 할까요?
> - 연구공동체 건강과 대안이 발행한 소책자 『우리가 만드는 피임사전』을 참조해 위의 질문들에 대해 생각해 봅시다.

3. 성 소수자 집단은 일반인구집단에 비해 신체적, 정신적 건강 수준이 더 나쁜 경우가 많다. 그 이유는 무엇이고 이들의 건강을 위해서는 어떤 정책이 마련되어야 할까? 정부가 해야 할 일과 회사, 학교가 해야 할 일들을 각각 논의해 보자.

참고 이호림 · 이혜민 · 박주영 · 최보경 · 김승섭(2017). 한국 동성애자 · 양성애자의 건강불평등 : 레인보우 커넥션프로젝트 I. 대한역학회지, 39, 1–11.

- 한국 성인 동성애자 · 양성애자의 전반적 건강 수준은 일반인구에 비해 취약함. 연구 결과 동성애자 · 양성애자의 지난 12개월간 자살생각 유병률은 일반인구에 비해 6.25배(동성애자 여성)~10.93배(양성애자 남성) 더 높았으며, 자살시도는 7.11배(동성애자 여성)~37.65배(양성애자 남성) 더 높았음
- 저자들은 성 소수자들에게 적대적인 사회 환경으로 인해 성 소수자가 경험하는 소수자 스트레스가 이들의 건강에 부정적인 영향을 미치고 있을 것이라고 보고 소수자 스트레스 과형 모형(Minority stress process model)을 제시하였음

참고문헌

김도연・김윤정・김혜진・오경원(2024). 우리나라 성인의 체질량지수 분류에 따른 체중감소 시도율 및 관련요인, 2013-2021년. Public Health Weekly Report, 17(1), 1−16.

김새롬 외(2019). 임신중지와 재생산정의. 시민건강이슈 2019−04. 시민건강연구소.

김새롬 외(2022). 성・재생산 건강 연속기획 I - 임신중지를 의료로서 보장하기. 시민건강이슈 2022−10. 시민건강연구소.

김새롬 외(2023). 성・재생산 건강 연속기획 Ⅱ – "입법공백"이라는 핑계는 이제 그만. 시민건강이슈 2023—02. 시민건강연구소.

김은정(2023). 생식건강, 난임, 그리고 난임시술 이용 현황. 성인지통계시스템 분석리포트 23−3. 한국여성정책연구원 성인지통계시스템.

모두를위한낙태죄폐지공동행동(2022). 모두를위한낙태죄폐지공동행동 활동 아카이브.

유진성(2022). 소득계층별 출산율 분석과 정책적 함의. 한국사회과학연구, 41(3), 233−258.

이철희(2022). 저출산 대응정책 효과의 이질성 분석 : 현금지원 및 보육지원 정책의 소득분위별 효과. 한국경제포럼, 15(3), 53−85.

배은경(2005). 가족계획 사업과 여성의 몸−1960~70년대 출산조절 보급 과정을 통해 본 여성과 "근대". 사회와 역사(구 한국사회사학회논문집), 67, 260−302.

소현숙(2020). 우생학의 재림과 '정상/비정상'의 폭력—가족계획사업과 장애인 강제불임수술. 역사비평, 제132권, 259−294.

인구정책50년사 편찬위원회(2016). 출산억제에서 출산장려로 - 한국 인구정책 50년. 세종 : 보건복지부/한국보건사회연구원.

임소연(2017). 성괴를 위한 변명 : 사이보그 프로젝트로서의 성형수술. 한국과학기술학회 학술대회, 88−98.

임인숙(2002). 한국사회의 몸 프로젝트 : 미용성형 산업의 팽창을 중심으로 : 미용성형 산업의 팽창을 중심으로. 한국사회학, 36(3), 183−204.

전혜상・김동식(2022). 여성의 난임시술 경험에 관한 고찰 : 의료환경을 중심으로. 아시아여성연구, 61(1), 211−246.

조은주(2018). 가족과 통치. 경기 : 창비.

지역보건의료발전을 위한 모임(2012). 지역보건 60년의 발자취. 서울 : ETC커뮤니케이션즈.

태희원(2012). 신자유주의적 통치성과 자기계발로서의 미용성형 소비. 페미니즘 연구, 12(1), 157−191.

하정옥(2015). 재생산의 문화변동과 국가의 개입 : <난임부부 시술비 지원사업>을 통해 본 인구정책의 한계. 한국여성학, 31(2), 257−297.

홍성봉・김용욱(1992). 한국의 모성사망에 관한 연구. 대한산부인과학회지, 35(7), 957−972.

황나미 외(2019). 난임치료 확대 등 난임지원을 위한 실태 및 제도 개선 방안. 한국보건사회연구원. 세종 : 보건복지부·한국보건사회연구원.

Achilles, L., Mandl, T., & Womser－Hacker, C.(2023). Body like an idol : K－pop fitspira－tion on Tumblr-an analysis of texts and images. *Finnish Journal of eHealth and eWelfare, 15*(3), 380－394.

Habibah, N. U., Tsani, A. F. A., & Sumarni, D. W.(2021). The effect of Korean wave on body image and eating disorders among female adolescents in Yogyakarta, Indonesia. *Jurnal Gizi Klinik Indonesia, 18*(2), 78－85.

Mento, C., Silvestri, M. C., Muscatello, M. R. A., Rizzo, A., Celebre, L., Praticò, M., ... & Bruno, A.(2021). Psychological impact of pro－anorexia and pro－eating disorder websites on adolescent females : A systematic review. *International journal of en－vironmental research and public health, 18*(4), 2186.

Shalev, C.(2000). Rights to sexual and reproductive health : The ICPD and the convention on the elimination of all forms of discrimination against women. *Health and Human Rights,* 38－66.

Souza, J. P., Day, L. T., Rezende－Gomes, A. C., Zhang, J., Mori, R., Baguiya, A., ... & Oladapo, O. T.(2024). A global analysis of the determinants of maternal health and transitions in maternal mortality. *The Lancet Global Health, 12*(2), e306－e316.

Vloeberghs, V., Peeraer, K., Pexsters, A., & D'Hooghe, T.(2009). Ovarian hyperstimulation syndrome and complications of ART. *Best practice & research Clinical obstetrics & gynaecology, 23*(5), 691－709.

Yeshua－Katz, D., & Martins, N. (2013). Communicating stigma : The pro－ana paradox. *Health communication, 28*(5), 499－508.

국립국어원 표준어대사전. “성” https://stdict.korean.go.kr/search/searchView.do?word_no=448562&searchKeywordTo=3 (접속일 2024. 9. 23).

베이비뉴스. “여전히 난임 아닌 불임 표기... 바로 고쳐주세요” https://www.ibabynews.com/news/articleView.html?idxno=83532 (접속일 2024. 10. 8).

비마이너. “사랑이 이겼다”… 대법원, 동성 배우자의 건강보험 피부양자 지위 인정 https://www.beminor.com/news/articleView.html?idxno=26692 (접속일 2024. 10. 8).

시사인(2023.02.15.) “섭식장애로 미끄러진 당사자가 만든 지지대” https://www.sisain.co.kr/news/articleView.html?idxno=49601 (접속일 2024. 10. 6).

한국경제(2022.12.03.) “덮어놓고 낳다보면 거지꼴 못 면한다”…최악 출산율 부른 ‘표어’ https://www.hankyung.com/article/202207315945i (접속일 2024. 9. 23).

한겨레(2007. 6. 1). ”불임이 아니라 난임입니다’. https://h21.hani.co.kr/arti/cover/cover_general/19899.html (접속일 2024. 10. 8).

한겨레(2019. 10. 19). “낙태 상담 12건중 10건 남성의 고소·협박 관련”. https://www.hani.co.kr/arti/society/women/610243.html (접속일 2024. 10. 1).

현대건강신문(2020. 11. 4). “성형외과 의사 국회서 “2006년 이후 유령수술로 3백명 이상 사망””. http://hnews.kr/news/view.php?no=54582 (접속일 2024. 10. 5).

BBC NEWS 코리아(2021. 7. 9). LGBT : 성소수자, 정신건강 문제 겪을 가능성 더 높다. https://www.bbc.com/korean/international-57762656 (접속일 2024. 10. 8).

Gallup(Mar. 13. 2024). LGBTQ+ Identification in U.S. Now at 7.6%. Social & Policy issues, https://news.gallup.com/poll/611864/lgbtq-identification.aspx (접속일 2024. 10. 8).

OHCHR. Intersex people. https://www.ohchr.org/en/sexual-orientation-and-gender-identity/intersex-people (접속일 2024. 9. 23).

CHAPTER 10

과학기술과 젠더

1. 과학기술과 젠더 이슈

과학기술에서의 젠더 이슈는 크게 연구개발 분야에 여성의 참여율, 연구개발의 모든 과정에 성별 특성을 반영하여 데이터를 생산하고 지식을 창출하는 연구혁신과 연구개발 현장의 성평등 문화 정착을 위한 법 제도 정책 등 세 가지로 나눌 수 있다. 성평등은 모두를 위한 더 좋은 과학, 기술, 공학, 수학(STEM)의 초석이며, 이는 과학기술을 통해 사회의 형평성, 다양성, 포용성(EDI) 증진을 촉진할 수 있다.

과학기술은 전통적으로 남성 중심이었다. 위대한 과학자의 대부분은 남성이고, 2023년까지 노벨 수상자 중 여성 비율은 6.6%이다. 또 2019년 발표 자료에 의하면 STEM 분야의 최고 경영자 100인 중 여성은 18명에 불과하며 대부분이 백인 남성이다(HUFFPOST, 2024. 12. 12 조회). 글로벌 젠더 격차 보고서에 의하면 146개국에서 STEM 인력의 여성 비율은 29.4%에 불과하다. 경력이 올라갈수록 여성 비율은 줄어들어서 최고경영자급은 12.4% 수준이다(SWE Global STEM Workforce, 2024. 12. 12 검색). 우리나라의 경우 2022년 기준으로 과학기술연구개발인력 중 여성 비율은 22.7%로 OECD 국가 중에서 일본을 제외하면 최하위이다(2022년도 여성과학기술인력 활용 실태조사보고서). 즉, 전 세계적으로 과학기술 연구는 남성에 의해 주도되고 남성이 만들어 남성에게 테스트된 기술을 남녀 모두가 사용하고 있다고 해도 과언이 아니다. 여성의 특성과 관점이 반영되기 어려운 환경이다.

한편 남성 중심의 과학기술 연구개발 결과를 여성에게 적용하면 때로 여성에게 불리한 사례가 생길 수 있다는 사실이 과학적으로 증명되기 시작했다. 가장 주목을 받은 것이 약의 부작용에서 남녀 차이가 컸다는 것이다. 1998년부터 2000년 사이에 미국 시장에서 퇴출된 10개의 약 중에서 8개가 여성에게 부작용이 더 컸고 그중 4개는 남녀에게 비슷한 비율로 처방된 약이었다. 미국 감사원의 조사 결과 원인은 약의 개발 과정에서 동물 실험은 수컷 위주로, 임상시험은 건강한 남성 위주로 이루어졌기 때문이라고 밝혀졌다. 이후 약의 효과성에도 남녀 차이가 존재하며 약의 복용량도 남녀가 달라야 한다는 사실이 속속 밝혀졌다(성차과학, 성차약학, 2022). 특히 심혈관 질환은 여성의 과소 대표성으로 인해 여성에게 불리한 진단과 처방이 이루어졌으며, 반대로 골다공증의 경우는 남성의 과소 대표성으로 인해 남성에게 불리한 진단과 처방이 이루어진 것이 밝혀졌다. 이후 과학기술의 거의 전 분야에서 남성과 여성의 특성이 반영되어야 연구의 재현이 가능하고, 따라서 연구의 수월성을 높일 수 있다는 사실이 과학적 증거로 제시되기 시작했다.

STEM 분야에서 성평등을 뒷받침하는 세 가지 핵심 요소인 연구개발팀의 다양성과 대표성, 성별 특성을 반영한 연구혁신, 법 제도에 기반한 기관의 공평한 시스템은 독립된 것이 아니라 서로 긴밀하게 연결되어 상호작용을 하면서 과학기술의 성평등 문화를 주도한다고 볼 수 있다.

일과 삶의 균형을 장려

- 연구팀의 다양성과 함께 직책에 따른 대표성과 독립성을 보장하고 참여를 인정
- 성별 등 특성에 따른 다양한 관점과 경험을 연구개발에 반영하여 수요자의 요구를 선제적으로 수용하는 기술혁신 체계를 구축

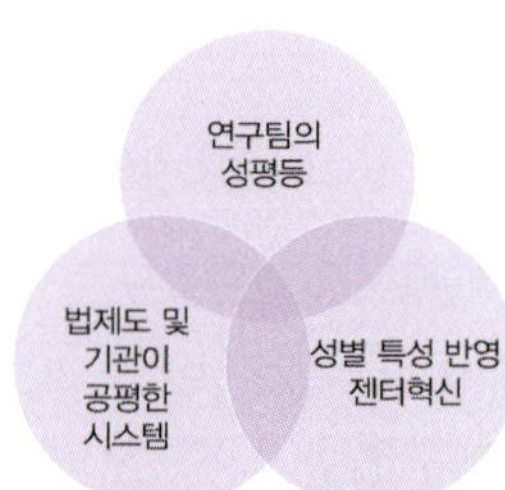

- 법제도 및 정책 프레임워크를 수립하여 STEM 교육, 취업, 연구비 지원에서 성별 형평성을 위해 적극적 조치를 도입하고, 일·삶 균형을 장려하고 모든 사람을 대상으로 포용적이고, 존중하며, 안전한 연구 환경을 조성하는 기관의 연구문화 정착

정부의 과학기술정책은 기관의 성평등을 달성하는 데 필수적이다. 이 세 가지 핵심 요소를 상호 연계하여 정책을 수립하고 성과를 주기적으로 모니터링하면 STEM 분야 연구개발을 통해 모든 사람을 위해 보다 공평하고 포용적인 미래를 만드는데 이바지할 수 있다. 나아가 성별 등 특성을 고려한 획기적인 발견과 기술 개발을 통해 사회 전체에 이바지할 수 있을 것이다.

2. 과학기술과 젠더혁신

1) 과학기술 젠더혁신의 정의

성별은 생물학적 성과 사회적 성을 일컫는 젠더를 모두 포함하거나 둘 중 하나를 의미하고 성별 등 특성에서의 '등'은 성별 이외의 다양한 교차적 측면(인종, 민족, 성적 지향, 장애, 나이 등)을 의미한다. 또한 성별 특성 분석(SGBA : Sex and Gender Based Analysis)은 남녀의 생물학적 성별 및 사회문화적 성별 차이를 체계적으로 조사하는 접근 방식을 의미한다. 과학기술 젠더혁신은 연구개발의 전 과정에 성별 특성 분석을 고려하여 연구의 수월성을 높이고, 남녀 모두에게 이로운 지식을 창출하며, 나아가 그 결과를 활용하여 새로운 기술 개발과 상품 및 서비스를 생산하여 경제·사회 전반에 지속가능한 포용적 가치를 창출하는 혁신 전략이다. 다시 말해 남성과 여성의 특성과 차이를 반영하여 편견을 배제하고, 이를 바탕으로 더욱 정확한 지식을 창출하여 사회 전체를 이롭게 하는

혁신 전략이다. 이해를 돕기 위해 과학기술 젠더혁신의 중요성을 사례를 통해 알아보자.

2) 과학기술 젠더혁신이 필요한 사례

(1) 약의 부작용과 용량에서의 남녀 차이

약의 부작용에서 남녀 차이가 나는 이유는 개발 단계에서 성별 특성을 반영하지 않았기 때문임이 밝혀졌다. 그러나 제약회사는 아직도 약 개발에서 성별 특성을 제대로 고려하지 않고 있다. 일례로 2024년 네이처에 발표된 아티클에 의하면 '레카네맙'이라는 약물은 알츠하이머병 환자의 인지 저하를 늦출 수 있다는 중대한 발견으로 극찬을 받았으나 데이터를 면밀히 조사한 결과 이 약물이 남성에게는 효과가 있으나 여성에게는 효과가 없다는 것이 밝혀졌다(Nature Comment, 2024). 더욱이 여성의 알츠하이머병 발생률이 남성의 2배가 됨을 고려할 때 젠더 편향성의 영향은 더욱 크다 할 수 있다. 또한 수면제로 복용하는 졸피뎀은 남녀가 같은 양을 복용하면 여성은 다음 날 아침 졸음운전으로 적발되는 사례가 빈번했다. 그 후 여성에게는 남성의 복용량의 반 정도가 적절하다는 것이 밝혀지면서 미국에서는 여성에게 남성의 처방량의 반만 처방한다. 우리나라를 비롯한 많은 나라에서 아직도 남녀에게 같은 양의 약물을 처방하는 것으로 알려졌다. 성별 특성 연구 결과를 적용하면 효과 없는 약물을 복용할 필요가 없고, 필요 이상으로 복용하지 않아도 되어 건강 형평성에 도움이 될 뿐만 아니라 결과적으로 보건 의료비를 절감할 수 있다.

(2) 질병에서의 남녀 차이

정신건강 측면에서도 남녀의 차이가 두드러진다. 자폐성 질환 발생률은 남성이 여성의 4배에 이르고 우울증 환자는 전 연령대에서 남성보다 여성이 훨씬 많다. 따라서 정신건강을 위해서 성별로 데이터를 분리해서 분석하고 대처

방안을 모색해야 할 것이다. 질병에 의한 사망 원인도 남녀가 다르고 암의 발생 현황도 남녀 차이가 크다(Current status and significance of research on sex differences in neuroscience : a narrative review and bibliometric analysis. 김혜진 외, 2024). 성별 특성을 고려하고 여성건강 데이터로 제대로 연구하면 남녀의 건강 격차를 줄일 수 있다.

맥킨지 헬스의 연구보고서에 의하면 심장마비 증상으로 응급실을 찾은 여성의 사망 확률이 남성보다 7배 더 높았다. 이는 심혈관 질환에서 여성의 과소대표성으로 여성은 진단이 늦어져서 제대로 치료받지 못한 탓이다. 남성보다 열악한 '여성건강 격차'를 해소한다면 2040년까지 전 세계적으로 경제 규모를 연간 1조 달러까지 증가시킬 수 있다고 예측했다(McKinsey Health, 2024).

골다공증은 남성에게 편향된 사례이다. 이 질환은 폐경기 여성질환으로 인식되어 젊고 건강한 백인 여성의 골밀도를 기준으로 골다공증 여부를 진단한 결과, 남성의 경우 진단이 지연되었다. 성별 특성을 적용한 연구로 성 스테로이드는 남성의 뼈 건강에 중요하며 남성의 골다공증에 맞는 과칼슘뇨증치료법이 발견되었다. 이는 성공적인 젠더혁신 사례의 하나이다. 실제로 골다공증은 남성보다 여성에게 흔하지만 골절로 인한 사망률은 남성이 높고 2차성 골다공증은 남성이 여성보다 많다고 알려졌다(Gendered Innovations, Stanford university).

(3) AI 기반 의료기기 및 인공지능의 젠더 편향 사례

최근 한 연구(Nature Medicine, 2024)에 따르면, AI 기반 의료기기 521개를 조사한 결과 FDA 승인을 받은 기기 중에 무작위 대조 시험을 통해 정확도를 극대화한 기기는 22개(4%)에 불과했고, 승인된 기기의 43%는 임상 검증 데이터가 공개되지 않았다. 이 연구는 일부 승인된 기기는 실제 환자 데이터 대신 컴퓨터 생성 이미지에 의존했으며, 적절한 임상 검증 기준에 미치지 못했다고 발표했다. 따라서 의료 AI 기기의 정확성, 과학적 수용성 및 설명 가능성 부족에 대한 우려가 발생했으며 사용자가 FDA 승인을 효과의 지표로 신뢰하려면 장치 제조업체에게 임상 검증 데이터를 요구해야 할 것이다. 약의 부작용 사례와 같이 일부 과소 대표 그룹에 미치는 영향이 더욱 클 수 있음이 예측된다. 빅데이터나 또는 과학적 데이터를 학습 데이터로 사용한 인공지능의 젠더 편향 사례는 점점 더 큰 문제를 불러일으킬 수 있다.

<인공지능의 젠더 편향 사례>

〈사례 ① 생성형 AI의 젠더 편향성(UNESCO, 2024)〉

유네스코 보고서에 따르면 대규모 언어모델 생성형 AI 시스템에게 남성과 여성에 대한 얘기를 만들라고 한 결과 큰 젠더 편향성이 나타났다. ChatGPT는 남성에게는 엔지니어, 과학자, 교사, 의사와 같은 전문직을 부여하는 경우가 많았고 여성에게는 가사도우미 요리사, 매춘부와 같이 전통적으로 과소평가되거나 사회적으로 오명이 붙은 역할을 할당하는 경우가 많았다. LLaMA2는 소년과 남성은 “보물”, “숲”, “바다”, “모험심”, “결정” 및 “발견”이라는 단어를 주로 사용했다. 여성과 관련해서는 “정원”, “사랑”, “느낌”, “부드러움”, “머리카락” 및 “남편”이라는 단어를 가장 많이 사용했다. 이런 젠더 편향성은 AI 학습 데이터에 우리 사회가 축적한 남성과 여성에 대한 고정관념이 반영되었기 때문이다.

〈사례 ② Apple Card의 젠더 편향〉

2019년 11월 15일 뉴욕타임즈는 Apple Card가 여성의 신용한도를 남성보다 낮게 주었다며 성차별이라는 남편의 기사를 올렸다. 특히 이 여성은 남편보다 실제 신용한도가 20배인데 남편이 아내의 20배 신용한도를 받았다는 것이다. 다른 사람들이 비슷한 경험을 공유하자 뉴욕주 규제당국이 조사를 실시하였고 애플은 파트너은행인 골드만삭스에 책임을 돌렸고 골드만삭스는 알고리즘을 비난했다. 기술이 더 우수하고 효과적이라는 기술 쇼비니즘이 문제라는 지적이 나왔다. 그러나 더 큰 문제는 이런 편향이 개인에게 폐해가 한참 진행된 후에 알려지고 완전한 해결책도 없다는 것이다.

〈사례 ③ 아마존 채용 알고리즘의 젠더 편향〉

Amazon의 채용 알고리즘의 훈련 데이터가 주로 남성의 이력서여서 여성 지원자보다 남성 지원자를 선호한 것은 널리 알려진 사례이다. 문제는 알고리즘이 이미 남성 지원자를 선호하는 법을 배워서 개발자들은 이를 수정할 수 없어서 폐기했다.

그러나 채용 알고리즘은 이미 널리 사용되고 있고 알려지지 않은 젠더 편향을 가진 알고리즘은 채용 과정에서 성별 불평등을 강화하고 영속시킬 수 있다.

〈사례 ④ 기계 번역 알고리즘의 젠더 편향〉
번역 알고리즘은 젠더 편견을 나타낸 좋은 예이다. 구글은 '간호사'와 같은 용어는 일관되게 여성이라고 번역하고 '의사'와 같은 용어는 남성이라고 일관되게 번역하다가 항의를 받고 지금은 모두 남성 대명사를 사용한다. 반면에 네이버 파파고는 여전히 간호사는 여성으로, 의사는 남성 대명사로 번역한다. 이는 전통적인 성별 규범과 기대를 강화하면서 성 고정관념을 영속시킬 수 있다.

〈사례 ⑤ 건강 챗봇의 젠더 편향〉
영국 바빌론 헬스 회사가 2019년에 개발한 건강 챗봇은 사람 의사보다 40% 빠르게 진단할 수 있고 영국의사시험에 사람의 평균보다 높은 점수로 합격했다. 또 누구나 원격 진료를 받을 수 있다는 장점 때문에 2021년 가치가 42억 달러로 치솟았으나 많은 이유로 2023년 파산했다. 이 챗봇은 젠더 편향도 보였다. 흡연자이고 생활 습관이 똑같은 가상의 59세 남성과 여성이 팔과 흉통 그리고 메스꺼움을 호소하자 남성에게는 즉시 응급실로 가라고 조언했고 여성에게는 며칠 기다려서 증상이 호전되지 않으면 가정의를 만나라고 조언했다. 이유는 이 챗봇이 남성은 심장마비의 위험이 있다고 진단했으며 여성은 우울증이나 공황장애라고 진단했기 때문이다. 이는 심혈관 질환에서 성별 특성이 반영되지 않은 의료 데이터를 사용했기 때문이다. 젠더혁신의 가장 성공적인 사례인 심혈관 질환에서의 성별 특성을 반영한 최신의 자료를 사용하지 않았거나 훈련 데이터가 제대로 반영되지 못한 결과일 수도 있다. 과학적 지식과 데이터의 편향 사례가 알고리즘에 반영된 결과로 이런 사례는 앞으로도 계속 나올 수 있다.

(4) 인공지능의 젠더 편향 원인 및 성 편견 완화 전략

알고리즘의 편향성은 편향된 데이터나 결함 있는 데이터로 학습되어 세상에 나올 수 있다. 또한 편향된 의사결정과정이 알고리즘에 나타날 수 있다. 특히 의료, 금융, 채용, 형사, 사법 분야 등에 편향된 알고리즘은 심각한 결과를 초래할 수 있다. 젠더 편향된 의료 AI 모델은 특정 그룹 사람들의 생명에 영향을 미칠 수 있고 이는 건강 격차를 심화시킬 수 있다. 편향된 금융 알고리즘은 성별에 따른 임금격차를 강화하거나 특정 인구집단에 대한 금융 서비스를 제한할 수 있다. 이와 같은 사례는 젠더혁신의 필요성과 중요성이 시급함을 증명한다.

AI 기술의 성 편견 완화 전략은 젠더혁신과 맥을 같이한다. 첫째로, 데이터와 알고리즘의 다양화이다. 이는 광범위한 성별 특성과 경험을 나타내는 데이터세트를 적극적으로 포함하고 통합하는 것을 포함한다. 또한 개발자는 AI 시스템의 의사결정 프로세스에서 성별 기반 불평등을 식별하고 편견을 발견하고, 공정성과 형평성을 증진하는 조치를 취해야 한다. 둘째, AI 시스템의 성 편견을 해소하려면 AI 개발팀의 젠더를 포함한 다양성과 포용성을 촉진하는 것이 필수적이다. 셋째, AI 시스템의 젠더 편향성을 완화하기 위해서는 투명성을 강화하고 윤리적 기준을 강화하고 나아가 거버넌스 구조를 확립하는 것이 매우 중요하다. 넷째, AI 시스템이 젠더 편향성을 가질 수 있다는 정보를 사용자에게 제공하고 교육을 제공하는 것이 필요하다. 사용자에게서 나오는 피드백을 모니터링해서 AI 시스템에 지속적으로 반영한다면 보다 신뢰받는 기술로 발전할 수 있을 것이다. AI의 젠더 편향성 해결은 개발자와 사용자만의 일이 아니다. 연구개발자, 정책 입안자, 투자자, 노동자, 산업계 리더, 사용자 등 모두가 젠더 편향성에 관심을 가질 때 진전을 이룰 수 있을 것이다.

3) 과학기술 젠더혁신 관련 유용한 자료

과학기술 젠더혁신의 필요성은 사례를 통해 과학기술 전 분야에서 나타난다. 60여 명의 전문가가 참여하여 만든 다음 2개의 보고서와 스탠퍼드대학교의 젠더혁신 웹사이트, 한국과학기술젠더혁신센터(GISTeR)의 유튜브에서 다양한 분야의 사례를 참고할 수 있다.

 Gendered innovations : How gender analysis contributes to research https://op.europa.eu/en/publication-detail/-/publication/d15a85d6-cd2d-4fbc-b998-42e53a73a449	 Gendered innovations 2 : How inclusive analysis contributes to research and innovation : policy review https://op.europa.eu/en/publication-detail/-/publication/33b4c99f-2e66-11eb-b27b-01aa75ed71a1/language-en
 과학기술 젠더혁신 관련 동영상 238건 (2025년 1월 기준) https://www.youtube.com/@gister9795/videos	 스탠퍼드대학교 젠더혁신 웹사이트 : 젠더혁신에 대한 정의, 4개 분야에 대한 심층적 사례, 연구방법론, 정책 등이 풍부하게 제공됨 https://genderedinnovations.stanford.edu/

3. 과학기술과 성평등 정책

1) 과학기술의 성평등 현황 및 유럽연합의 성평등 정책

(1) 과학기술의 성평등 현황

각국은 과학기술에서 여성의 참여를 촉진하기 위하여 여성과학기술인 양성과 육성 정책을 수립하고 다양한 노력을 기울여왔다. 그 결과 여성과학기술인 비율이 차츰 늘고 있으나 그림 10-1과 같이 아직 만족할 만한 수준은 아니다.

[그림 10-1] 경력별 STEM 분야 여성인력 비율, 2023

출처 : SWE Global STEM Workforce.

(2) 우리나라 과학기술의 여성 참여율(2000년 이전 통계)

우리나라는 1997년 경제위기로 많은 과학기술인이 연구 현장을 떠났고 우수 과학기술인재 확보에 비상이 걸린 적이 있었다. 1998년 STEM 분야 여성 연구자 비율은 전체의 9%에 불과했다(표 10-1). 또한 2000년 과학기술 연차보고서에 의하면 이공계 대학의 여성 교수 비율은 10.6%, 교수급은 8%로 학생들이 여성과학기술인 역할 모델을 만날 가능성은 매우 희박하였다(Jhon G., Lee H.,

& Lee K., 2006). 이런 상황에서 여성과학기술인 양성 및 활용에 대한 체계적이고 지속적인 지원책이 필요했고, 따라서 여성과학기술인 육성 및 지원에 관한 법률 제정의 필요성이 제기되었다.

<표 10-1> STEM 분야 남녀 연구자 수

연 도	1995	1996	1997	1998	1999
남성	118,080	120,857	125,893	117,450	121,559
여성	10,235	11,166	12,545	12,317	13,009

(3) 유럽연합의 과학기술의 성평등 정책

유럽위원회(European Commission)는 연구 및 혁신(Horizon Europe)에서 성평등을 촉진하기 위해 모든 유럽연합(EU) 정책에서 평등을 향한 광범위한 공약을 명시한 성평등 전략 2020–2025의 일부로 Horizon Europe의 성평등 계획(GEP : Gender Equality Plan)을 도입하여 연구개발에 참여하려는 모든 기관에 다음 네 가지를 필수로 요구한다.

▸ GEP의 필수 요구사항

① GEP는 최고 경영진이 서명하고 기관 내에 배포되는 공식 문서여야 하며 성평등에 대한 지원과, 명확한 목표와 이를 달성하기 위한 세부적인 조치 및 대책을 설정하고 공개 문서로 공지해야 한다.

② GEP 설계, 구현 및 모니터링 등 성평등 증진을 위한 전담 부서를 설치하고 자금 및 행정지원과 필요한 교육을 실시한다.

③ GEP는 증거 기반이어야 하며 이를 위해 성별로 구분된 기준 데이터를 기반으로 데이터 수집 및 모니터링을 위한 준비, GEP의 목표 및 타깃, 지표, 진행 상황에 대한 지속적인 평가에 정보를 제공해야 한다.

④ 성평등과 무의식적인 성 편견을 해결하기 위한 역량 강화 교육 및 훈련 프로그램을 지원해야 한다. 여기에는 성평등 관련 특정 주제에 집중하는

그룹 구성, 워크숍 및 커뮤니케이션 활동을 통한 인식 제고 프로그램 등이 포함된다.

GEP는 이러한 필수 요구사항 외에도 ① 일과 삶의 균형과 조직 문화, ② 리더십과 의사결정에서의 성별 균형, ③ 채용 및 경력 발전에서의 성평등, ④ 연구 및 교육 내용에 성별 차원 통합, ⑤ 성희롱을 포함한 젠더 기반 폭력에 대한 대책의 다섯 가지 영역을 권장한다.

유럽위원회는 3년마다 보고서 "She Figures"를 발간하여, 유럽 연합과 Horizon Europe의 연구 및 혁신(R&I) 분야에서의 성평등 현황을 포괄적으로 다룬다(She figures, 2024). 이 보고서는 다양한 지표를 통해 여성의 진전 상황과 지속적인 과제를 추적하며, 성별 불균형 문제를 해결하기 위한 증거 기반 정책 수립에 활용한다. She Figures의 주요 내용은 다음과 같이 요약할 수 있다.

① **데이터 및 통계** : 교육, 고용, 의사결정, 연구 성과 등 여러 측면에서 성평등 상태를 비교할 수 있는 데이터를 제공하며, 약 88개의 지표를 포함한다.

② **연대기적 여정** : 박사 학위 과정부터 경력 발전 및 리더십 직책에 이르기까지 여성의 경로를 추적하여 불평등이 발생하는 지점을 파악한다.

③ **근무 조건 및 산출물** : 연구 자금, 출판물 등에서 남녀 간 근무 조건과 결과 차이를 분석한다.

④ **정책 모니터링** : 성평등 증진을 목표로 하는 정책 효과를 모니터링하고 평가하는 도구로 활용된다.

보고서 "She Figures"는 연구자, 정책 입안자 및 관련 이해관계자들에게 귀중한 자료로서, 의미와 중요성은 다음과 같다. 첫째, 연구혁신 분야의 젠더불균형 문제 해결을 위한 정책 개발에 필요한 정보를 제공하여 증거 기반 정책 수립에 활용할 수 있다. 둘째, 여성들이 직면한 어려움을 조명하고 성평등 활동을 장려하여 성평등에 대한 인식을 제고할 수 있다. 셋째, 진행 상황을 추적하여 성평등 진전 상황을 평가하고 개선 방향을 제시할 수 있다. 마지막으로 특정 분야에서 여성의 과소 대표성 및 저평가 문제를 강조하여 다양성을 강화한다. 특히 데이터 기반 분석을 통해 보다 공정하고 포괄적인 R&D 환경 조성에 기여할 수 있다.

2) 과학기술 성평등 정책 추진체계

우리나라 과학기술인 성평등 정책 추진체계의 변천 과정은 1997년 국가의 외환위기 사태에 따른 과학기술인력의 대거 유출로 인해 여성과학기술인에게 관심을 돌린 것이 분기점이 되었다 할 수 있다. 1995년부터 여성과학기술인재에 대한 보고서가 나오기 시작했고, 특히 2001년 '여성부' 설립으로 성평등 정책이 체계적으로 추진되면서 시너지 효과를 낼 수 있었다. <표 10-2>는 「여성과학기술인 육성 및 지원에 관한 법률」 제정에 이르기까지의 여성과학기술인 지원에 대한 보고서와 대표적인 시행 정책이다.

<표 10-2> 여성과학기술인 육성 정책 변천 과정에서의 주요 이벤트

연 도	형 태	주요 내용	역 할
1995	보고서	여성인력의 첨단과학기술 분야 진출 활성화 방안	김명자 외
1995	보고서	여성공학교육 및 인력 활용에 관한 연구	모혜정 외
1996	보고서	지식기반경제에서의 여성과학기술인력 양성과 활용방안	김영옥
1998	보고서	여성과학기술인력 개발을 위한 정책과제	김정자 외
1999	보고서	지식기반사회 여성인력 육성을 위한 중장기계획 개발	정진화
2001	정책시행	여성과학기술인상 제도 도입	과학기술부
2001	지원사업	여학생 멘토링 프로그램 WISE 프로그램 운영	이혜숙
2001	정책	출연(연) 여성 비율 20%까지 확대하는 채용목표제 도입 선언	김영환
2002	보고서	지식기반사회를 위한 여성과학기술인 활용방안 정책연구	전길자 외

위의 일련의 여성과학기술인 육성 프로그램의 필요성에 대한 연구보고서와 관련 사업에 대한 평가를 바탕으로 2002년에 '여성과학기술인 육성 및 지원에 관한 법률'이 제정되었다. 특히 법률 제정에는 2001년 5월 11일 과학기술부 김영환 장관이 노벨화학상 수상자인 앨런 맥더미드 교수와 장상 이화여자대학교 총장과의 인터뷰에서 2003년까지 국책연구소와 국·공립 대학의 여성과학자의 비중을 10%, 2010년까지 20%로 끌어 올리고 'WISE 프로그램'은 올해 시범 실시를 해본 후 결과에 따라 확대 적용할 방침이라고 발표(매일경제, 2001. 5. 11.) 한 것이 기폭제가 되었다. 여기서 특기할 사항은 2001년에 정부 출연연구원의 여성과학자 비율이 10% 미만이었다는 현실을 다 같이 인식하는 자리였다는 것이다. 그러나 실제로 법률 제정과 함께 이 날의 채용 목표는 |그림 10-2|와 같이 일부 달성되었다.

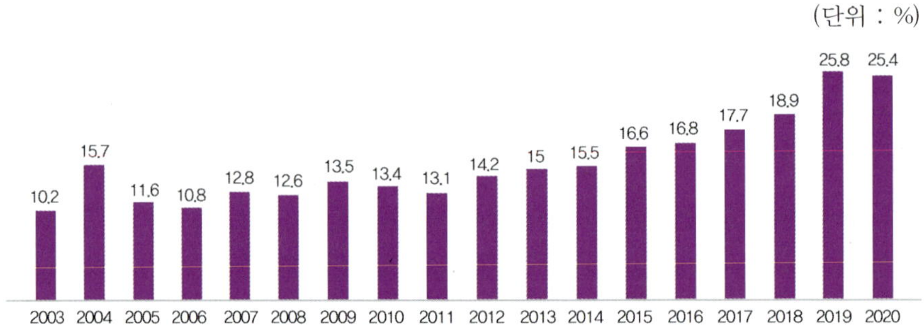

|그림 10-2| 연도별 채용 변화 실태조사

출처 : https://www.wiset.or.kr/kor/sub02_01_02.do

여성과학기술인 육성 및 지원에 관한 법률은 여성의 과학기술 역량 강화와 국가의 과학기술 발전을 위해 2002년 제정된 법으로, 여성과학기술인을 위한 지원 정책의 법적 근거가 되는 최상위 법이며, 기본 개요는 <표 10-3>과 같다.

<표 10-3> 여성과학기술인 육성 및 지원에 관한 법률 개요

입법 목적	이 법은 여성과학기술인의 양성·활용 및 그들에 대한 지원 시책을 마련하고, 여성과학기술인이 그 자질과 능력을 충분히 발휘할 수 있도록 지원함으로써 여성의 과학기술 역량 강화와 국가의 과학기술 발전에 이바지함을 목적으로 함
타 법률과의 관계	이 법은 여성과학기술인의 양성·활용·지원에 관하여 다른 법률에 우선하여 적용된다. 다만, 다른 법률을 적용하는 것이 여성과학기술인에게 유리한 경우에는 그 법률을 적용함 〈개정 2024. 1. 30.〉
법률 개요	이 법은 다른 법률과의 관계, 기본계획, 연도별 시행계획 등 실태 조사, 이공계 진학 및 진출의 촉진, 이공계 대학 등의 여학생 비율의 적정 유지 등 이공계 여학생에 대한 지원, 여성과학기술인에 대한 지원, 적극적 조치, 여성과학기술인 담당관의 지정, 취업·재취업 지원, 여성과학기술인 지원센터의 설치, 재원의 조달, 권한의 위탁 등을 규정하고 있음
주요 개정 내용	• 여성과기인의 직업활동 활성화를 위한 적극적 조치의 실시내용으로 기존의 채용목표 비율과 직급별 승진목표 비율 외에 '재직목표 비율'을 추가함으로써 적극적 조치를 강화함 : ③ 관계 중앙행정기관의 장 및 지방자치단체의 장은 제1항에 따른 적극적 조치를 한 경우 그 추진 결과를 과학기술정보통신부장관에게 통보하여야 한다. 〈개정 2013. 3. 23., 2017. 7. 26., 2024. 1. 30.〉 • 여성과학기술인 관련 업무를 수행하는 직원의 호칭을 '여성과학기술인 담당관'으로 하고, 담당 업무 중 '일·가정 양립 연구문화 환경 조성 및 그 밖에 여성과학기술인을 위한 지원 업무'를 추가함으로써 여성과학기술인 업무를 보다 효과적으로 추진함 : ③ 제1항에 따른 공공기관의 범위와 담당관의 지정 및 업무, 제2항에 따른 전문위원회 또는 특별위원회 등에 관하여 필요한 사항은 대통령령으로 정한다. 〈개정 2017. 12. 19., 2024. 1. 30.〉 • 과학기술정보통신부장관은 여성과학기술인의 육성·지원을 위하여 한국여성과학기술인육성재단(이하 "재단"이라 한다)을 설립하고 다음 각호의 업무를 수행한다. 〈신설 2024. 1. 30.〉 1. 여성과학기술인의 육성 및 지원에 관한 정책 개발을 위한 조사·연구 2. 여성과학기술인을 위한 교육·훈련·연수 및 상담 3. 과학기술 관련 직종의 취업 정보 등의 제공 4. 그 밖에 여성과학기술인 및 여성과학기술인단체의 활동지원 ⑤ 시·도지사는 재단의 업무 수행을 지원하기 위하여 한국여성과학기술인 지역지원센터(이하 "지역지원센터"라 한다)를 설치할 수 있다. ⑦ 국가 및 지방자치단체는 재단의 설립·운영 및 지역지원센터의 설치·운영에 필요한 비용의 전부 또는 일부를 출연하거나 보조할 수 있다.

출처 : 법령정보 여성과학기술인 육성 및 지원에 관한 법률(https://www.law.go.kr/lsInfoP.do?lsiSeq=259457&efYd=20240731#0000).

정부는 이 법의 의거하여 여성과학기술인지원센터(WIST, 현재는 WISET)를 설치하고 이를 통해서 과학기술계의 성평등 정책을 적극적으로 추진하였다. 그 성과를 요약하면 <표 10-4>와 같다.

<표 10-4> 과학기술 성평등 정책 성과

연 도	주요 실적
2001~2003	• 국내 최초로 과학기술계의 전국 규모의 체계적인 멘토링사업 시작(2001) • 여성과학기술인 육성 및 지원에 관한 법률 제정(2002) • 전국여성과학기술인지원센터 설립(2003)
2004~2008	• 제1차 여성과학기술인 육성·지원 기본계획 수립(2004) • 여성과학기술인 실태조사보고서 최초 발행(2004)
2009~2013	• WATCH 21 프로그램 시작 • 공대 여학생 지원프로그램(WIE) 사업 시작 • 한국여성과학기술인지원센터(WISET) 출범 : 4W(WIST, WISE, WATCH 21, WIE) 통합 → 여성과학기술인 지원 전담 조직의 기틀 마련, 경력복귀 프로그램 시범사업 추진(2011) • 공익법인 WISET 설립(2013) 및 체계적인 경력복귀 프로그램 시작
2014~2018	• 제3차 여성과학기술인 육성·지원 기본계획(2014~2018) • WISET : 과학기술정보통신부 산하 기타공공기관 지정(2017. 1.)
2019~2023	• 한국여성과학기술인육성재단으로 기관명 변경 : 사업수행 중심 조직에서 정책 선도기관으로 역할 강화 • 정책센터 설립(2021) • W-Bridge 플랫폼 서비스 시작(2021) : STEM 여성 지원
2024~현재	• 여성과학기술인육성재단 다양성 위원회 협의체 운영

법에 제시된 모든 정책이 중요하나 특히 매년 여성과학기술인 실태조사보고서를 발행하는 것의 의미와 효과는 매우 크다. 매년 실태조사를 통해서 성과를 점검하고 현황을 파악하는 것만으로도 여성의 대표성이 얼마나 낮은지, 얼마나 열악한지를 정확한 통계 수치를 통해서 정책 입안자를 포함해서 과학기술계의 모든 이해당사자들 그리고 대중이 알 수 있기 때문이다. 또한 국제 비교를 통해서도 성공사례를 활용하여 정부의 실천 과제를 효과적으로 수립하고

지원정책을 펴나갈 수 있었다.

여기서는 여성과학기술인 담당관 제도와 경력복귀 프로그램에 대해 살펴본다. 여성과학기술인 담당관은 과학기술분야 공공연구기관 및 국공립대학에서 지정된 담당관이 기관 내 여성과학기술인의 지위향상과 채용촉진을 위한 다양한 활동을 수행하고 일·생활 균형 연구문화가 기관 전반에 확산하여 구성원 모두가 혜택을 받을 수 있도록 제도 개선하는 역할을 맡고 있다. 담당관의 역할은 채용목표제 달성과 젠더 포용적인 연구문화 조성에 기여한 바가 크다고 평가할 수 있다. 2005년에 30개 기관에서 담당관을 두었으나 2023년에는 147개 기관에서 담당관 제도를 운영하고 있다(WISET, 2024 담당관제).

2022년 기준 채용목표는 인력양성 대비 합리적으로 보인다. 문제는 경력단절 등으로 재직자 비율이 낮아지고, 특히 관리자 및 책임자급에서 젠더 격차가 더 크게 벌어진다는 것이다. 원인은 출산과 육아로 인한 경력단절에 있고, 특히 과학기술발전 속도가 워낙 빨라서 경력복귀가 쉽지 않은 것이 원인이다.

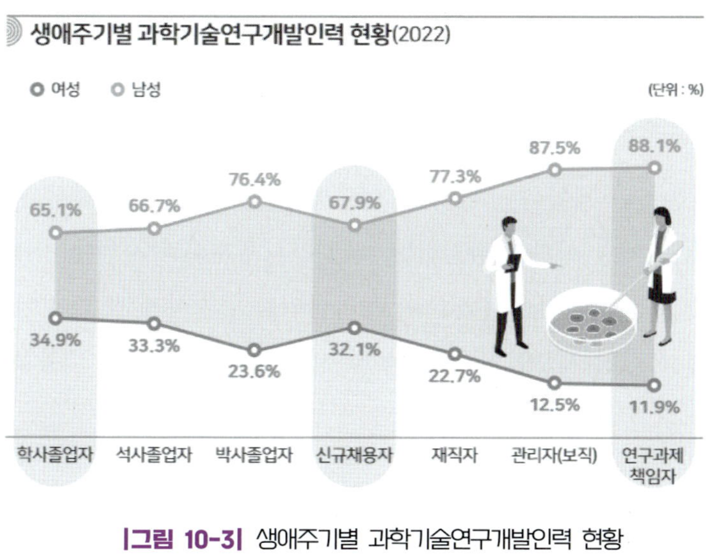

|그림 10-3| 생애주기별 과학기술연구개발인력 현황

출처 : WISET. 2022 남녀 과학기술인력 현황.

원인은 다음 이공계 연령대별 남녀 경제활동참가율(2022) 그림에서 더욱 분명해진다.

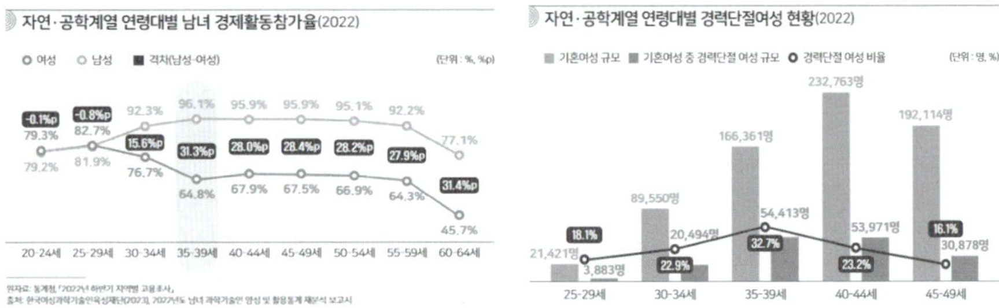

|그림 10-4| 자연·공학계열 연령대별 남녀 경제활동참가율

출처 : WISET. 2022 남녀 과학기술인력 현황.

3) 여성과학기술인 육성·지원 기본계획 및 성과

여성과학기술인 육성 및 지원에 관한 법률은 제정 목적을 효율적으로 달성하기 위하여 여성과학기술인의 육성 및 지원에 관한 중·장기 정책목표 및 방향을 설정하고, 이에 따른 여성과학기술인의 육성 및 지원에 관한 기본계획(이하 "기본계획"이라 한다)을 세워 추진하여야 한다고 명시하고 있다. 기본계획의 중요한 의의는 5년 계획을 수립하고, 연도별로 시행계획을 세워서 관련된 예산을 투입하고, 매년 성과를 점검하여 차년도 시행계획과 사업에 반영하는 형식으로 지난 20년간 사업을 추진하여 성과관리를 철저하게 해온 것이다. 여기서는 2004년 시작된 제1차 기본계획부터 제5차 기본계획까지 내용을 간단하게 살펴본다.

(1) 여성과학기술인 육성·지원 기본계획 제1차부터 제4차 내용 및 성과

여성과학기술인 육성 및 지원에 관한 법률 제4조 제3항

〈여성과학기술인 육성·지원 기본계획 필수 포함 사항〉

○ 여성과학기술인의 육성 및 지원을 위한 기본 목표와 추진 방향
○ 여성과학기술인의 활동 및 지원에 관한 사항
○ 제11조에 따른 적극적 조치에 관한 사항
○ 여성과학기술인의 일·생활 균형 지원에 관한 사항
○ 지역 여성과학기술인의 육성에 관한 사항
○ 여성과학기술인단체의 육성에 관한 사항
○ 그 밖에 과학기술정보통신부장관이 정하는 여성과학기술인의 육성 및 지원에 관한 중요 사항

<표 10-5> 제1~제4차 여성과학기술인 육성·지원 기본계획의 변화 추이

구분	제1차(2004~2008)	제2차(2009~2013)	제3차(2014~2018)	제4차(2019~2023)
비전	여성과학기술인과 함께하는 조화로운 과학기술중심사회 구현	여성과학기술인이 선도하는 창의적 과학기술사회 구현	양성(兩性)이 함께 이끄는 과학기술과 창조경제	여성과학기술인의 창의적 역량 및 잠재가치가 발현되는 사회
추진 전략 및 추진 과제	4대 추진전략 9개 정책과제	6대 추진전략 12개 정책과제	5대 추진전략 11개 정책과제	4대 추진전략 10개 정책과제
	여성의 과학기술분야 진출 촉진을 통한 과학기술 인력 활용 극대화 1. 여학생 친화적인 과학교육 프로그램 추진 2. 이공계대학 등의 여학생 비율 적정유지 3. 여성과학기술인의 활용 촉진을 위한 적극적 조치 시행	여학생의 이공계 분야 진출 촉진 1. 여학생 친화적 교육환경 조성 2. 이공계 여대생의 경쟁력 제공	우수한 여성인재의 유입 및 활용 촉진 1. 여학생에 대한 과학기술분야 진로비전 제시 2. 이공계 여학생의 연구·산업 현장 진출 강화	미래도전을 위한 과학기술역량 확충 1. 미래 여성과학기술인으로 유입 촉진 2. 신산업 분야 여성과학기술인 양성 강화

여성과학기술인 역량제고를 통한 과학기술경쟁력 강화 4. 이공계 여학생의 역량 강화 5. 여성과학기술인 경쟁력 제고 6. 여성과학기술인의 재교육, 연수확대를 통한 고용창출 촉진	**고급 여성과학기술인재의 전략적 양성** 3. 여학생 과학 영재의 체계적 지원 4. 미래유망기술분야 고급 여성과학기술인 양성	**여성과학기술인의 글로벌 경쟁력 제고** 3. 여성과학기술인의 역량 강화 및 R&D 참여 확대 4. 여성과학기술인 글로벌 네트워크 강화	**혁신이 활발히 일어나는 과학기술 생태계 조성** 3. 여성연구원의 R&D 활동지원 확대 4. 여성과학기술인 기술기반 창업 지원 5. 여성과학기술인의 글로벌 경쟁력 확대
여성과학기술인 지원 인프라 구축 7. 여성과학기술인 지원센터 설치 등 지원 인프라 구축	**여성과학기술인 친화적 일자리 창출** 5. 다양한 근로형태 도입 및 일자리 확대 6. 고용서비스 및 통계 인프라 확충	**여성과학기술인을 위한 좋은 일자리 확충** 5. 과학기술분야 여성 친화형 일자리 창출 6. 여성과학기술인의 창업 촉진	**과학기술이 선도하는 신산업·일자리 창출** 6. 여성과학기술인의 경력 개발 및 경로 다양화 촉진 7. 일·가정 양립 환경 조성 및 질 좋은 일자리 확대 8. 여성과학기술인 리더 성장 사다리 조성
여성과학기술인에 대한 긍정적 사회문화 형성 및 지역 균형 발전 8. 긍정적 사회문화 형성 및 사기진작 9. 지역기반 여성과학기술인 양성 및 활용 추진	**여성과학기술인 경력개발 촉진 및 활용 다변화** 7. 여성과학기술인 경력개발 촉진 8. 고급 여성과학기술인 활용 강화	**과학기술 일자리의 생활 친화성 강화** 7. 경력단절 여성과학기술인의 경력복귀 지원 8. 일과 가정이 양립하는 직장문화 조성	**과학기술로 모두가 행복한 삶 구현** 9. 창의적 젠더혁신 연구 확대 및 인식 확산 10. 국가연구개발사업 젠더혁신 활성화를 위한 기반 확충
	여성과학기술인 연구·사회환경 개선 9. 안전한 연구환경 조성 10. 가족친화적 문화 조성	**양성이 조화로운 과학기술 환경 조성** 9. 과학기술분야 여성리더 확충 10. 과학기술 활동의 성별 특성 인식 확산 11. 성 다양성 기반 확충 및 성인지적 R&D 분석·평가 도입	

	지속적인 투자 확대 및 추진체계 정비 11. 여성과학기술인 관련 사업 및 예산의 지속적 확충 12. 여성과학기술인 지원 사업추진체계 정비		

출처 : WISET 법 기본계획 5차 기본계획(https://www.wiset.or.kr/kor/sub02_01_01.do).

제1~4차 기본계획 수립에 있어서, 성과가 미흡한 부분을 차기 기본계획에 강조하여 반영하였고, 생애주기적인 지원 체제를 지속하였으며, 특히 글로벌 젠더 정책 흐름을 반영한 것을 알 수 있다. 또한 전략추진 과제와 중점 추진 과제를 명확히 하여 성과관리를 수월하게 한 것도 좋은 전략이라고 평가할 수 있다.

지난 20년간 성과를 간단히 살펴보면, 채용목표제 등 적극적 조치로 여성 신규 채용 비율이 증가하여 졸업 31.0%－채용 32.1%로 졸업과 채용 간에 균형이 달성되었다(WISET 2024년, 제5차 여성과학기술인 육성지원 기본계획). 경력복귀 사업으로 40대 여성과학기술인들의 경제활동참가율이 5년간 6.4%로 증가한 것은 중요한 성과이다(표 10－7). 그러나 아직 재직 비율은 20%대로 심각한 누수 현상은 해결되어야 할 과제이다. 또한 여성의 이공계 대학 진입이 30%대에 정체되어 있는 것도 시급하게 해결해야 할 과제이다.

(2) 제5차 여성과학기술인 육성 · 지원 기본계획

저출산 고령화 기술중심시대에 여성인재 확보는 1997년 경제위기에 이어 제2의 국가적 과학기술인재 육성 정책과제이다. 이러한 과제를 제5차 기본계획을 통해서 해결하고자 하는 의지를 담아 여성과학기술인과 함께 열어가는 대한민국의 지속가능한 미래라는 비전을 수립하고 여학생들이 과학기술분야에 꿈을 키우고 여성과학기술인들이 출산 · 육아 등 걱정 없이 경력을 키울 수 있는 환경 조성이라는 목표를 세우고 4대 추진전략 및 10대 추진과제를 <표 10-6>과 같이 세웠다. 제4차 기본계획과의 차이점은 다음과 같다. 첫째, 여성과학기술인재 조기 발굴을 위해, 중고생 위주의 진로 교육을 초등단계로부터 조기 진로 교육으로 전환하고 공학분야로 여학생 유입을 확대하기 위해 교육환경에 성별 특성을 반영하는 것이다. 둘째, 여성과학기술인력의 지속적인 경력 유지를 위해 경력복귀 프로그램을 경력단절 예방 프로그램으로 확대 전환하는 것이다. 셋째, 유망기술분야 여성 인재 참여 및 국제협력 강화를 위해 지역과 민간 연계 협력망 구축 및 국제협력 기반을 우선 조성하는 것이다. 넷째, 포용적 문화확산 및 사회적 기여확대를 위해 여성 위주의 정책을 다양성 포용성 연구문화 조성으로 확대 개편하고 젠더혁신에 대한 인식 확산을 유럽 수준으로 높이는 것이다.

<표 10-6> 제5차 여성과학기술인 육성·지원 기본계획

비전	여성과학기술인과 함께 열어가는 대한민국의 지속가능한 미래			
목표	여학생들이 과학기술분야에 꿈을 키우고 여성과학기술인들이 출산·육아 등 걱정 없이 경력을 키울 수 있는 환경 조성			
4대 전략	1. 유입	2. 성장	3. 진출	4. 확산
	STEM 분야 여성 인재 조기발굴 및 유입 촉진	여성과학기술인 지속활약 기반 확충	유망기술분야 여성 인재 참여 및 국제협력 강화	포용적 문화확산 및 사회적 기여확대
중점 추진 과제	초·중등 여학생의 STEM 분야 진로탐색 기회 확대	연구·육아 병행이 가능한 근무환경 조성	유망기술 분야 여성 인재 양성 및 지역 일자리 연계 강화	과학기술분야 포용적 문화확산을 위한 기반 조성
	이공계 여대학(원)생의 과학기술 분야 진출 지원	여성과학기술인의 경력 다변화 및 연구 환경 개선	국제협력 기반 조성 및 고도화를 통한 글로벌 경쟁력 제고	젠더혁신 실효성 제고 및 사회적 인식 확산
	여학생 지속성장을 위한 진로 기반 확충	여성 대표성 제고를 위한 적극적 조치 강화	여성과학기술인 기술 기반 창업 활성화	여성과학기술인의 사회적 역할 제고 및 기여 확대

출처 : WISET 법 기본계획(https://www.wiset.or.kr/kor/sub02_01_01.do).

향후 5년간 제5차 기본계획의 목표달성을 위해 세운 대표적인 정량적 성과지표는 <표 10-7>과 같다. 다만, 성과의 질을 제고하기 위해서는 정성적 지표개발을 개발 제시하는 것이 필요하다.

<표 10-7> 제5차 기본계획('24~'28) 성과지표 설명 및 제4차 기본계획 실적에 따른 산출 근거

영역 (자료년도)	추진목적 : 성과지표(보조지표)	'19년 실적 ('18)	'23년 실적 ('22)	'28년(목표)
유입	여학생 이공계 진학 제고 : 여학생 입학 비율(학사)	33.3%	33.1%	35%
	여학생 취업경쟁력 제고 : 졸업 직후 취업률 성별 격차(학사)	7.6%p	4.8%p	3%p
성장	여성과학기술인 경력복귀 확대 : 40대 여성과학기술인의 경제활동참가율	61.3%	67.7%	75%
	R&D 분야 여성 경력유지 제고 : 여성 재직 비율	20.0%	22.7%	25%
	여성 과소 대표성 해소 : 여성 중간관리자 비율(중간관리자 이상)	10.0%	12.5%	15%
진출	신산업분야 여성 인재 양성 : 신산업 교육훈련 수혜자	1,354명	약3천 명	7,000명
	연구개발분야 여성 진출 촉진 : 여성 신규채용 비율(정규직)	24.7%	28.1%	30%
	글로벌 네트워크 강화 : 국제 여성과학기술인 교류지원 플랫폼(WWST) 회원 수	-	440명 (36개국)	1,000명
확산	다양성·포용성 문화 확산 : 과학기술계 DE&I 보고서 발간(매년, 5년간)	-	-	5권
	일·생활 균형 문화확산 : 자율적 제도* 운영률	44.6%	55.9%	65.0%

* 자율적 제도 : 불임휴직제, 보육료 지원, 대체인력, 유연(주5일, 주5일 미만)·탄력·재택근무제, 일반휴직, 가족친화프로그램 등

출처 : WISET 법 기본계획(https://www.wiset.or.kr/kor/sub02_01_01.do).

4. 과학기술 젠더혁신 지원 정책

1) 과학기술 젠더혁신 확산을 위한 해외의 법 제도, 정책

연구개발의 전 과정에 성별 등 특성을 반영하여 남녀 모두에게 더 좋은 과학기술 지식과 데이터를 만들어 내려는 젠더혁신은 과학기술연구의 패러다임 전환으로 시급성에 비해서 실행이 느린 편이다. 따라서 성별특성분석이 필요한 모든 분야의 연구개발에 전면적으로 적용되려면 과거와 다른 연구지원 체재와 성과평가제도의 도입 등 선행되어야 할 요건이 많다.

(1) 유럽의 젠더혁신 연구 문화 조성을 위한 법 제도, 정책

과학기술 젠더혁신의 중요성을 간파하고 연구기금 프로그램에 도입한 유럽연합은 호라이즌 2020(2014~2020)에서 연구제안서 제출에 성별특성반영을 권장하고 선정 평가에도 반영하였다. 또한 연구계의 젠더혁신에 대한 인식 확산을 위해서 2013년과 2020년에 젠더혁신에 관한 보고서를 출판하는 등 많은 노력을 한 후에 2021년부터 시행되는 연구기금 프로그램인 호라이즌 유럽(2021−2027)에서 성별특성반영을 필수 요건으로 명시하였다(NST, 2024).

(2) 캐나다의 젠더혁신 연구 문화 조성을 위한 법 제도, 정책

캐나다는 국립보건연구원(CIHR)의 IGH(Institute of Gender Health)를 통해서 성별특성반영 연구를 의무화한 후에 현재는 국가의 과학기술정책으로 전면 도입 추진 중이다. 특히 캐나다는 성별 특성 기반 연구혁신을 EDI정책으로 확대하여 연구팀 및 연구방법론 전반에 적용하고 있으며 고등교육기관의 교육에까지 확대하고 있다.

(3) 미국의 젠더혁신 연구 문화 조성을 위한 법 제도, 정책

미국은 국립보건원(NIH)을 통해서 2016년부터 성별 특성 반영 연구를 연구비 지원의 필수조건으로 명시하고 있다. 특히 연구방법론 개발을 위해서 "모든 세포는 성을 가지고 있다"는 것을 연구계에 계속 주지시키면서 왜 성별 특성을 반영해야 하는지에 대한 교육 훈련에 앞장서고 있다. 이는 바이든 행정부에서 대통령의 "여성건강 행정명령"으로까지 이어졌다. 그러나 트럼프 정부에서 이러한 이슈는 모두 재검토되는 상황으로 과학자들이 추이를 주목하고 있다.

(4) 저명 학술지의 성별 특성 반영 편집 정책

Nature, Cell, Lancet 등 세계적인 저명 학술지들도 더 좋은 연구를 위해서 편집 정책에서 성별 특성 반영을 강력하게 권장하고 SAGER(Sex and Gender Equity in Research) 가이드라인을 준용한 안내 및 지침 등을 제시하고 있다.

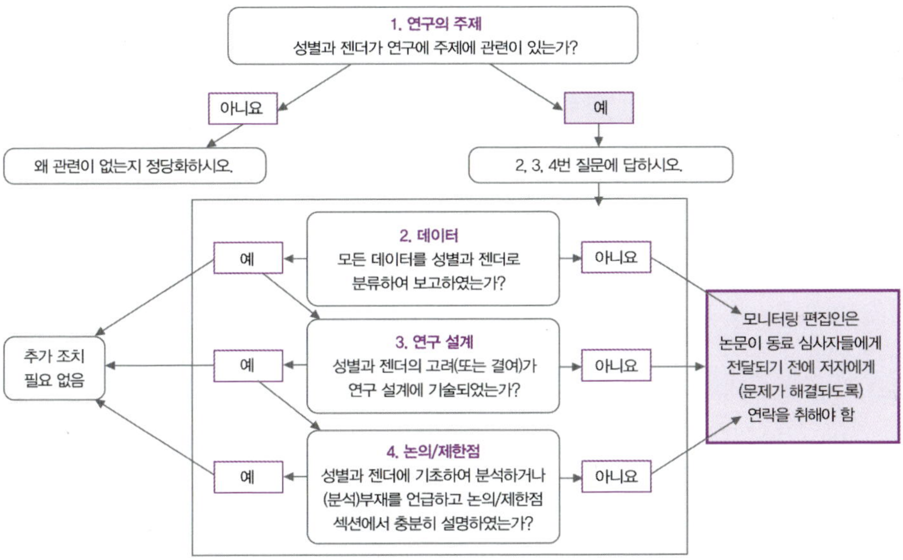

|그림 10-5| 성별특성반영 연구 가이드라인(SAGER 지침)

출처 : Sex and Gender Equity in Research(SAGER) : rationale for the SAGER guidelines and recommended use : a Korean translation.

이러한 일련의 세계적 흐름을 고려할 때 연구개발을 위한 공적자금은 성별 등 특성을 고려하는 것이 당연하고, 이를 확산하기 위한 법 제도를 정비하고 관련 정책을 추진하는 것이 필수적이라 할 수 있다.

2) 과학기술 젠더혁신 확산을 위한 우리나라의 법 제도, 정책

(1) 과학기술 젠더혁신 연구 문화 조성을 위한 우리나라의 법과 제도

2014년 젠더혁신에 대한 최초의 사례연구보고서(WISET, 2014, 과학과 엔지니어링에서의 젠더를 반영한 연구개발 혁신 방안 연구)가 발간된 후에 이어서 국가과학기술자문회의에서 젠더혁신에 대한 정책연구보고서(문미옥, 2014, 과학기술연구개발 및 지식확산에서의 '젠더혁신' 방안)가 발간되어 젠더혁신에 대한 체계적인 소개가 이루어졌다. 이어서 2015년 8월 아시아 태평양 지역 최초로 과학기술 젠더혁신을 주제로 'Gender Summit Asia Pacific'이 서울에서 개최되어 연구개발에서의 성별특성반영의 필요성이 제기되었고 관련 연구보고서가 나왔다(WISET, Portia, 2015). 이후 정부의 지원으로 2016년부터 2020년까지 <젠더혁신을 통한 과학기술연구의 수월성 및 실용성 증진> 프로젝트가 수행되어 다양한 연구사례와 정책 개발 및 어젠다가 도출되었다. 2020년 서울에서 개최된 'Gender Summit Global for SDGs'에서 2030 유엔의 지속가능목표달성을 위해 젠더혁신의 필요성이 발표되었고 관련 정책, 지표개발 등 다양한 어젠다가 제시되었다(GISTeR, Portia, 2020). 일련의 과정에서 우리나라에서 젠더혁신을 효과적으로 확산하기 위해서 법적 기반 필요성이 제기되었고 2021년 성별 등 특성을 반영한 과학기술기본법이 아래와 같이 개정되었다.

- ○ (과학기술기본법 제7조(과학기술기본계획) 제3항 제15의4호) 성별 등 특성을 고려하고 사회적 가치를 증진하기 위한 과학기술의 구현을 명시하였다. 여기서 성별 등은 성별과 함께 연령, 사회경제적 지위, 민족성, 지리적 위치 등 교차요소를 반영하는 것을 의미한다.
- ○ (과학기술기본법 제14조(기술영향평가 및 기술수준평가) 제3항) 새로운 과학기술의 발전이 경제, 사회, 문화, 윤리, 환경 등에 미치는 영향을 사전에 평가할 때 대상 기술의 성격을 고려하여 성별 등 특성을 반영하도록 명시하였다. 이는 과학기술의 성과를 성별에 관계없이 공평하게 향유할 수 있

는 기반을 마련하려는 취지이며, 동법 시행령을 통해 자세한 사항이 명시되었다.

○ (과학기술기본법 제26조의2(과학기술통계와 지표의 조사·분석) 제3항) 개별 과학기술통계와 지표의 특성을 고려하여 성별 등 특성이 반영될 수 있도록 명시하였다. 이는 성별 등 특성에 따른 차이를 분석하기 위해 필요한 단계로, 과학기술 통계를 정확하게 집계하고 지표로 구축하기 위한 조치로 과학기술기본법 시행령에서 구체적인 사항이 명시되었다.

<표 10-8> 성별 등 특성이 반영된 과학기술기본법 및 시행령

구 분		내 용
과학기술 기본법	제7조 (과학기술기본계획)	③ 기본계획에는 다음 각호의 사항이 포함되어야 한다. 15의4. 성별 등 특성을 고려하고 사회적 가치를 증진하기 위한 과학기술의 구현 〈개정 2021. 4. 20.〉
	제14조 (기술영향평가 및 기술수준평가)	③ 정부는 기술영향평가를 실시하는 경우 대상기술의 성격을 고려하여 성별 등 특성분석이 반영될 수 있도록 하여야 한다. 〈신설 2021. 4. 20.〉
	제26조의2 (과학기술통계와 지표의 조사·분석)	③ 정부는 제1항에 따라 과학기술통계와 지표를 조사·분석하는 경우 개별 과학기술통계와 지표의 특성을 고려하여 성별 등 특성분석이 반영될 수 있도록 하여야 한다. 〈신설 2021. 4. 20.〉
과학기술 기본법 시행령	제23조 (기술영향평가의 범위 및 절차)	② 기술영향평가에는 다음 각호의 사항이 포함되어야 한다. 〈개정 2021. 11. 23.〉 4. 해당 기술의 성격과 파급효과가 성별 등 특성에 미치는 영향
	제40조의2 (과학기술통계와 지표의 조사·분석)	② 법제26조의2 제3항에 따라 성별 등 특성에 따른 차이를 분석하기 위한 과학기술통계와 지표는 다음 각호와 같다. 〈신설 2021. 11. 23.〉 5. 그 밖에 성별 등 특성분석의 필요성이 인정되는 통계 및 지표

출처 : 법제처 국가법령정보센터.

과학기술기본법 개정으로 연구지원정책, 기술영향평가, 과학기술통계 및 지표조사 등에 변화가 있을 것으로 기대하였으나, 성별 등 특성반영 여부를 판단할 실태조사는 어려운 일이다. 이에 「국가연구개발사업 등의 성과관리에 관한 법률」(약칭 : 연구성과평가법)에도 성별특성반영 필요성이 제기되었고 아래와 같이 성별 등 특성반영 연구의 수월성 증진을 위한 고려사항으로 반영하였다.

○ **(연구성과평가법 제3조(성과평가 및 성과관리의 기본원칙) 제7항 신설)** 정부가 성과평가를 실시할 때 연구개발사업의 성격을 감안하여 성별 등 특성이 연구결과에 미치는 영향을 분석하고 그 결과를 반영하였는지 여부를 고려하도록 명시하였다. 이는 연구개발사업의 추진과정에서 성별 등 특성을 반영하여 연구의 수월성 증진뿐만 아니라 과학기술 젠더혁신 연구문화 확산을 위한 제도 개선까지 도모하려는 취지이나 적용되기 위해서는 연구지원이 선행되어야 한다. 특히 성과평가는 사전에 설정된 성과 목표를 달성했는가에 대한 평가로서 국가연구개발사업에 성별 등 특성을 어떻게 반영할 것인지 계획해야만 성과평가가 가능하다. 이 법은 아직은 선언적 내용으로 2022년 6월 29일 시행되었으나 이 조항에 따른 가시적 변화는 없다.

<표 10-9> 성별 등 특성이 반영된 연구성과평가법

구 분		내 용
연구성과평가법	제3조 (성과평가 및 성과관리의 기본원칙)	⑦ 정부는 성과평가를 실시할 때 연구개발사업의 성격을 고려하여 성별 등 특성을 반영하였는지 여부를 고려하여야 한다. 〈시행 2022. 6. 29.〉

출처 : 법제처 국가법령정보센터.

(2) 제5차 과학기술 기본계획의 의미와 도전 과제

성별 특성을 고려한 연구지원에 대해 과학기술분야의 최상위 정책인 제5차 과학기술기본계획에 반영할 것을 <표 10-10>과 같이 명시하고 있다.

<표 10-10> 성별 등 특성이 반영된 과학기술 기본계획

구 분		내 용
과학기술 기본법	제7조 (과학기술기본계획)	③기본계획에는 다음 각호의 사항이 포함되어야 한다. 제15의4. 성별 등 특성을 고려하고 사회적 가치를 증진하기 위한 과학기술의 구현 〈개정 2021. 4. 20.〉

출처 : 법제처 국가법령정보센터.

특히 과학기술기본법 제7조 제15의4호는 제5차 과학기술기본계획에 <표 10-11>과 같이 반영되었다.

<표 10-11> 제5차 과학기술기본계획('23~'27)의 과학기술 젠더혁신 관련 사항

<table>
<tr><th colspan="2">구 분</th><th>내 용</th></tr>
<tr><td>전략 1</td><td>과제 2</td><td rowspan="2">• 성별 특성을 반영하는 연구기반 확보 및 적용
– 성별 분석을 통해 새로운 지식창출에 기여할 수 있는 연구분야 지원 확대
※ (예시) 성별에 따른 차이가 명확한 분야의 발병 및 치료법에 대한 치료 효과 상승 및 추후 치료제 개발을 위한 기초연구 지원
– 성별 특성이 반영된 연구성과의 상용화를 위한 후속 연구 지원 강화
※ (예시) 의·생명분야 기초연구를 대상으로 성별 특성을 반영한 연구결과의 DB 구축·공유, 의료기기 및 의료보조기구 개발 지원 등</td></tr>
<tr><td>질적 성장을 위한 과학기술 체계 고도화</td><td>자율과 창의를 높이는 연구환경 개선</td></tr>
</table>

출처 : 제5차 과학기술기본계획('23~'27).

성별 등 특성과 관련하여 제5차 과학기술기본계획의 의의는 성별 분석을 통해 새로운 지식창출에 기여할 수 있는 연구분야에 대한 지원을 확대하고, 성별 특성이 반영된 연구성과의 상용화를 위해서는 후속 연구에 대한 지원을 강화함으로써 성별특성분석 연구 기반을 수립하고자 하는 것으로, 과학기술 젠더 혁신 관련 정책이 기본계획에 담겨진 것은 '제5차 과학기술기본계획'이 최초이다. 그동안은 '여성과학기술인 육성・지원 기본계획(제4차와 제5차)'에 반영되고 있다.

그러나 본 기본계획은 법령에 근거하여 행정기관이 정책을 종합적으로 조정하고 수립하는 중장기적 계획으로 성별 특성 고려 연구의 활성화를 위한 시행계획이 필요하나 아직은 부족한 상태이다. 따라서 연구현장에서 이행될 수 있는 예산사업도 없고 연구자의 자율에 맡긴 상태이다. 제5차 기본계획이 조금이라도 성과를 내려면 우선 시행계획을 세우고 특화된 분야에 대한 예산 배정이 필요하다. 유럽의 경우 권장 기간인 호라이즌 2020에도 Gender Flagship 프로그램으로 성별 특성 연구에 특화된 예산이 있었다.

<표 10-12> 성별 특성 반영 연구에 대한 호라이즌 유럽과 한국의 정책 비교

구 분	한 국	호라이즌 유럽
성별 특성 고려	연구자 선택 사항	필수 사항
평가	고려 안 함	필수 사항
연구 내용의 성별특성반영	일부 지침을 통한 안내	연구에 중요한 경우 필수 평가 기준으로 작용
연구팀 내의 성별 균형	명시적 표기 없음	동점 상황 발생 시 결정적 평가 기준으로 작용
교육 및 훈련 지원	명시적 표기 없음	필수 사항, 성별 특성 전문성 개발 및 공유 강조

출처 : NST(2024). 과학기술분야 R&D 수행에 있어서 연구대상의 성별 특성 반영을 위한 기반 검토 연구.

3) 과학기술 젠더혁신 인식 확산 사례

정부는 과학기술 젠더혁신에 대한 인식 개선과 역량 강화를 위해서 여성과학기술인 육성·지원 기본계획을 통해서 정책을 수립하고 관련 예산을 한국과학기술젠더혁신센터(GISTeR)에 지원하고 있다. 대표적인 사업은 교육 훈련사업, 인식 개선 사업, 역량 강화 사업, 글로벌 네트워크 강화 사업 등 다양하다. 주요 성과는 다음과 같다.

① 젠더혁신 온라인 교육 제공(2024년 기준 12개 과정)
- URL : https://www.gister.re.kr/edu/user/main.do?MenuId=6e2a10e45fc742748bfc5af798d76f02

② 젠더혁신 연구자를 위한 가이드라인 개발 및 체크리스트(GISTeR)

③ 젠더혁신 인식 확산을 위한 도서 출판(한국과학기술젠더혁신센터 기획)
- 과학기술 젠더혁신과 ESG(2022년 출간)
- 임상영역에서의 성차의학(2022년 출간, 2023년 대한민국학술원 우수도서 선정)
- 성차과학과 성차약학(2022년 출간, 2023년 대한민국학술원 우수도서 선정)
- 신진과학자가 여는 기초과학에서의 젠더혁신(2023년 출간, 2024년 대한민국학술원 우수도서 선정)
- 젠더혁신 건축과 도시의 포용적 미래(2024년 출간)
- AI, 편견을 넘다 다양성을 품은 인공지능의 미래(2024년 출간)

④ 신진과학자의 젠더혁신 역량 강화
- 주니어 젠더혁신 펠로우 지원 및 젠더혁신 반영 제안서 도출
- 성별특성분석 연구 Seed Money 지원

⑤ 젠더혁신 인식 제고를 위한 학술지와의 연대
- 2024년 Nature Conference 주최(행사명 : Nature Forum on Enhancing scientific research excellence by integrating sex and gender analysis)
- Nature Index와 성별 등 특성반영 연구평가 제도 개선 논의

⑥ 매년 Gender Summit 파트너 기관으로 공동 기획 및 한국의 우수 사례 공유

- Gender Summit 2회 개최 : Gender Summit AP(2015년), Gender Summit Global for SDGs(2020년)
- 연구보고서 The role of gender-based innovations for the UN Sustainable Development Goals 출판(2016년)
- 연구보고서 Gender in science and innovation as component of inclusive socioeconomic growth(2016년)
- 연구보고서 Applying gender lenses to the interlinkages and synergies between SDGs 출판(2020년)

⑦ 아시아 지역에 젠더혁신 확산(일본, 싱가포르, 베트남)

- 2017년 Gender Summit AP(2015년 한국에서 최초 개최 후에 일본 개최)
- 2019년 Gender Summit AP(2017년 싱가포르에서 개최)
- 젠더혁신을 주제로 Korea-Vietnam Webinar 공동 개최(2024년)

⑧ 젠더혁신 지식 플랫폼(젠더혁신 사이트) 운영

<table>
<tr><td>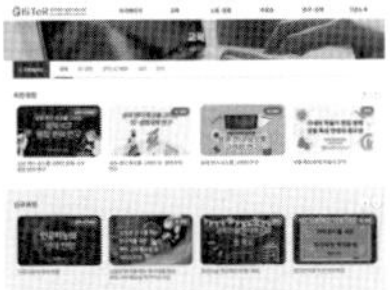</td><td>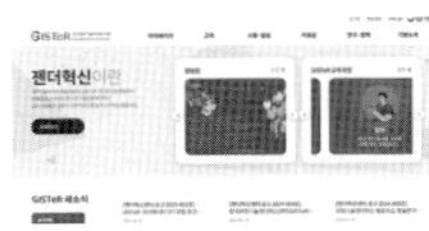</td><td>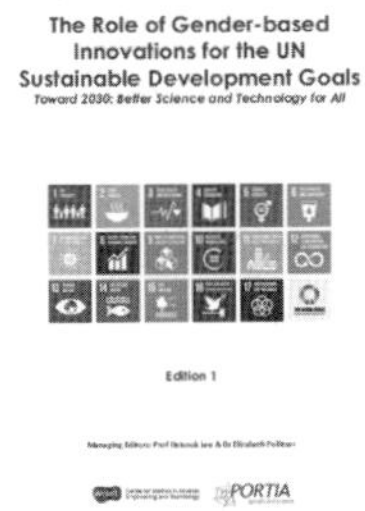
</td><td>
</td></tr>
<tr><td>젠더혁신 온라인 교육 제공 https://www.gister.re.kr/edu/user/main.do?MenuId=6e2a10e45fc742748bfc5af798d76f02</td><td>젠더혁신 지식 플랫폼 (젠더혁신 사이트) 운영 https://www.gister.re.kr/front/user/main.do#</td><td>연구보고서 The role of gender-based innovations for the UN Sustainable Development Goals(2016년)</td><td>젠더혁신 연구자를 위한 가이드라인 개발 및 체크리스트</td></tr>
<tr><td colspan="4">젠더혁신 인식 확산을 위한 도서 출판</td></tr>
<tr><td>
</td><td>
</td><td>
</td><td>
</td></tr>
<tr><td>과학기술 젠더혁신과 ESG(2022년)</td><td>임상영역에서의 성차의학(2022년)</td><td>성차과학과 성차약학(2023년)</td><td>신진과학자가 여는 기초과학에서의 젠더혁신(2023년)</td></tr>
<tr><td colspan="2">젠더혁신 인식 확산을 위한 도서 출판</td><td rowspan="2">
</td><td rowspan="2">
</td></tr>
<tr><td>
</td><td>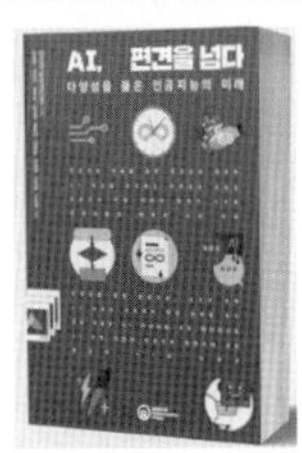
</td></tr>
<tr><td>젠더혁신 건축과 도시의 포용적 미래(2024년)</td><td>AI, 편견을 넘다 다양성을 품은 인공지능의 미래(2024년)</td><td>연구보고서 Applying gender lenses to the interlinkages and synergies between SDGs 출판(2020년)</td><td>연구보고서 Gender in science and innovation as component of inclusive socioeconomic growth(2016년)</td></tr>
</table>

<table>
<tr><td>
</td><td>
</td><td>
</td><td>
</td></tr>
<tr><td colspan="2">젠더혁신 인식 제고를 위한 학술지와의 연대 :
2024년 Nature Conference 주최</td><td>Gender Summit
AP(2015년)</td><td>Gender Summit Global
for SDGs(2020년)</td></tr>
<tr><td>
</td><td>
</td><td>
</td><td>
</td></tr>
<tr><td colspan="3">젠더혁신을 주제로 Webinar 공동 개최(2024년)</td><td>Gendered Innovation
Symposium
개최(2024년)</td></tr>
</table>

○ 과학기술 젠더혁신에 대한 질문 예시

- 병원에서 진료 시에 '나는 성별 특성을 반영한 진료를 받고 있는가?'라고 질문해 보기
- 내가 사용하는 AI에 젠더 편향성은 없는가? 있다면 이유는 무엇인가?
- 우리 기관의 실내 열 환경은 젠더를 고려하여 최적화되어 있는가?
- 우리 도시의 교통체계가 젠더 역할을 고려하여 이동에 어려움은 없는가?
- 주민센터의 노인복지시설은 젠더 특성을 고려하여 남녀에게 모두 편안한가?
- 내가 사용하는 자동차는 젠더 특성을 고려하여 설계되었는가?

출처 : 젠더혁신센터 유튜브 자료 중 발췌.

5. 나오며

이 장에서는 과학기술에서의 젠더정책을 연구개발 분야에 여성의 참여율 및 리더십 제고 등 성평등 정책, 연구개발의 모든 과정에 성별 특성을 반영하여 남녀 모두에게 이로운 연구결과를 도출할 수 있는 젠더혁신 정책, 그리고 연구개발 현장의 성평등 문화 정착을 위한 법 제도 정책 등 세 가지 측면에서 정책 추진의 필요성 및 추진체계, 성과를 중심으로 살펴보았다. 그리고 간단하게 해외의 사례도 소개하였다. 우리나라의 경우 과학기술 젠더 정책은 해외의 사례를 참고한 측면이 있으나 사회문화적인 차이로 성공 사례를 도출하기 위해서는 새로운 접근이 필요했다. 예를 들면, 해외의 경우 정책을 우선으로 추진했다면 우리의 경우 법 제도를 우선 갖춘 것이 그 중 하나이다. 또한 외국은 젠더 정책을 추진함에 있어서 대부분 의무적으로 요구사항을 제시하고 이의 이행 여부를 연구비 지원과 연계하였다. 또한 모니터링을 주기적으로 실시하여 성과를 점검하고 공유하여 개선책을 도출하고 정책에 반영한다. "She Figures" 출판이 대표적인 사례이다.

우리나라의 경우, 법 제도 기반을 마련하고 기본계획을 수립하고 이에 기반하여 매년 시행계획을 세워서 체계적으로 젠더정책을 추진하는 점은 해외에서도 우수 사례로 꼽는다. 특히 여성과학기술인 참여를 높이기 위한 정책은 여성과학기술인 육성 재단(WISET) 사업을 통해서 소기의 성과를 거두고 있다. 젠더혁신 정책의 경우는 가장 선진적인 법 제도를 갖추고 있으나 성별 등 특성을 고려한 연구추진은 연구자 자율에 맡긴 것이 호라이즌 유럽이나 캐나다와 다른 점이다. 그 결과 성별 등 특성 고려 연구 참여율은 이들 국가보다 현저히 낮다. 물론 연구자의 자율성 보장은 매우 중요한 덕목이지만 새로운 연구 패러다임의 도입을 위해서는 한시적으로 의무화 도입도 추진할 수 있는 정책이다.

아무리 좋은 정책도 실행이 뒤따라야 하고 나아가 주기적인 모니터링을 통해서 성과를 측정할 수 있어야 소기의 목적을 거둘 수 있다. 따라서 과학기술

연구개발 성과를 남녀 모두가 함께 공평하게 향유할 수 있도록 젠더정책에 대해 적절한 인센티브제도의 발굴과 도입 및 한시적 의무화 요구 등이 필요하다. 매년 시행계획 대비 추진 성과에 대한 모니터링을 실시하여 목표 달성을 점검하고 과학기술계가 공유하여 모두가 공감하는 정책을 추진할 때 실질적 진전이 일어날 수 있을 것이다.

생각해볼 문제

1. 우리나라 과학기술계의 성평등 문화를 증진하기 위해 가장 시급하게 개선될 점은 무엇인가? (여성과학기술인의 참여와 리더십 제고를 넘어서서 생각해 보기)

2. 과학기술젠더혁신 정책을 확산하기 위해 효과적인 인센티브는 어떤 것이 있을까? (재정적인 측면과 비재정적인 측면, 개인과 기관을 나누어 생각해 보기)

3. 인공지능 등 디지털 기술을 고려하여 과학기술의 성평등 정책의 기회와 도전에 대해서 논하라.

참고문헌

과학기술기본법 국가법령정보센터 https://www.law.go.kr/%EB%B2%95%EB%A0%B9/%EA%B3%BC%ED%95%99%EA%B8%B0%EC%88%A0%EA%B8%B0%EB%B3%B8%EB%B2%95

매일경제(2001. 5. 11). https://n.news.naver.com/mnews/article/009/0000116617?sid=101

여성과학기술인 육성 및 지원에 관한 법률 https://www.law.go.kr/lsInfoP.do?lsiSeq=259457&efYd=20240731#0000

제5차 과학기술기본계획(2023-2027). https://www.kistep.re.kr/reportDetail.es?mid=a10305030000&rpt_tp=831-002&rpt_no=RES0220230107

2024. 5. 3., The AI Gender Bias Epidemic : How to Stop It https://autogpt.net/the-ai-gender-bias-epidemic-how-to-stop-it/

Artificial Intelligence and gender equality. https://www.unwomen.org/en/news-stories/explainer/2024/05/artificial-intelligence-and-gender-equality

Current status and significance of research on sex differences in neuroscience : a narrative review and bibliometric analysis. 김혜진 외, 2024.

Ewha Womans University Press(2006). Jhon G., Lee H., Lee K., Advancement of Women in Science and Technology.

Gender equality in Horizon Europe(2024). https://research-and-innovation.ec.europa.eu/strategy/strategy-research-and-innovation/democracy-and-rights/gender-equality-research-and-innovation_en

Gendered Innovations, Stanford university. https://genderedinnovations.stanford.edu/

GISTeR&Portia(2020). Applying gender lenses to the interlinkagesd and synergies between SDGs https://www.gister.re.kr/front/case/casePdfViewerPopup.do?case_file_id=796042d6dc4140b2bdac19b057e7ac4f

GISTeR(2022). 연구가이드라인 https://www.gister.re.kr/front/case/caseFileListPage.do?case_gubun=2&MenuId=0a7449c4b8104aa787d2761c96b308c7

https://www.gister.re.kr/front/case/casePdfViewerPopup.do?case_file_id=7c32289d55e14a5ca551df597493d13f

https://www.huffpost.com/entry/top-100-ceo-leaders-in-stem_b_3424444

McKinsey Health(2024). Closing Women's Health Gap : A $1 Trillion Opportunity to Improve Lives ans Economics https://www3.weforum.org/docs/WEF_Closing_the_Women's_Health_Gap_2024.pdf

Nature Comment(2024). Neglecting sex and gender in research is public－health risk. https://www.nature.com/articles/d41586－024－01372－2

Nature Medicine(2024). Not all AI health tools with regulatory authorization are clinically validated https://www.nature.com/articles/s41591－024－03203－3

NST(2024). 과학기술분야 R&D 수행에 있어서 연구대상의 성(性)별 특성 반영을 위한 기반 검토 연구, 이혜숙 외.

PACST(2014). 과학기술연구개발 및 지식확산에서의 '젠더혁신' 방안, 문미옥. https://lib.msit.go.kr/libtechupload/IM020769.pdf

She figures(2024). https://op.europa.eu/en/publication－detail/－/publication/7646222f－e82b－11ef－b5e9－01aa75ed71a1

SWE Global STEM Workforce. https://swe.org/research/2023/global－stem－workforce/

UNESCO(2024). Ethics of Artificial Intelligence https://www.unesco.org/en/artificial－intelligence/recommendation－ethics

WISET 법 기본계획 5차 기본계획. https://www.wiset.or.kr/kor/sub02_01_01.do

WISET&Portia(2015). The Pole of Gender－based Innovations for the UN SDGs https://www.academia.edu/91534027/The_role_of_gender_based_innovations_for_the_UN_Sustainable_Development_Goals

WISET(2014). 과학과 엔지니어링에서의 젠더를 반영한 연구개발 혁신 방안 연구.

WISET(2014). 과학기술 젠더혁신 : 젠더분석이 연구에 어떻게 기여하는가?

WISET(2022). 남녀 과학기술인력 현황 https://www.wiset.or.kr/module/pdf.js/web/viewer.html?file=/thumbnail/pblcte/TP_20240314153750452Hw30.pdf

WISET(2024). 담당관제 https://www.wiset.or.kr/kor/sub02_01_03.do

CHAPTER 11

기후위기/재난과 젠더

1. 기후변화와 일상의 위기

기후변화는 사회, 경제, 문화 등 전 시스템에 영향을 미침으로써 인류의 생활문화 및 패턴 변화를 요구하는 21세기 최대 이슈이다(남영숙, 2017 : vi). 지구온도 상승과 함께 물과 식량안보 문제, 생물다양성 축소를 비롯한 생태계 변화 등 지구환경의 근본적인 문제가 야기되고 극단적 기후현상의 빈도가 증가한다. 홍수, 가뭄, 해수면 상승 문제가 발생하고 이로 인한 자연재난이 증가하며 전염병과 질병도 늘어나게 된다. 2020 한국기후변화 평가보고서에 따르면 기후변화는 폭염, 한파, 기상재해와 오존을 증가시키며 사망률과 유병률에도 영향을 미치고 있다. 가장 길고 더운 여름 중 하나였던 우리나라의 2024년 여름, 온열질환자는 사상 최고 수치에 이르기도 하였다. 식품의약품안전처(2009)에 따르면 기후변화는 감염병도 증가시켜 연평균 기온이 1도씩 상승할 때마다 식중독 발생률도 늘어나 살모넬라균의 경우 47.8%까지 늘어났다고 한다. 이러한 상황은 무엇보다도 고령과 빈곤계층, 어린이와 장애인, 그리고 임산부 및 야외 근로자들에게 큰 영향을 미친다. 그뿐만 아니라 노동시장 변화, 사회 불안 증가, 젠더폭력 증가, 비출산 결정까지 영향을 미치기도 한다. 이 때문에 조효제(2020)는 기후문제를 과학적 패러다임으로만 접근해서는 안 되고 사회적 차원의 문제이자 인권의 문제로 다루어야 한다고 본다.

유엔기후변화협약(1992)의 정의에 따르면, 기후변화란 '전 지구 대기의 조성을 변화시키는 인간의 활동이 직접적 또는 간접적으로 원인이 되어 일어나고 충분한 기간 동안 관측된 자연적인 기후변동성에 추가하여 일어나는 기후변화'를 가리킨다. 이러한 정의에서 잘 나타나듯이 오늘날 기후변화의 원인은 단연코 인간의 활동에서 기인한다. 물론 기후변화 그 자체는 화산분출이나 태양활동과 같은 자연적 원인과 인위적 요인으로 나누어 볼 수 있다(남영숙, 2017 : 26). 하지만 중요한 것은 산업혁명 이후 인간 활동에 의해 다량으로 배출되는 온실가스, 경제성장과 인구의 성장, 많은 양의 화석 에너지 사용, 도시화와 산업화 과정에서 나타난 녹지 축소나 산림 채취 등 삼림 파괴, 댐 건설 등 인간 활동이 큰 영향을 미치게 되었다는 점이다. 대기학자 조천호에 의하면 온실가스는 상당히 오랜 기간 동안 지구에서 사라지지 않는다. 게다가 인간 활동에 의한 이산화탄소가 1,000기가톤 증가할 때마다 지구 평균 기온이 0.45도 상승하게 된다고 한다(조천호, 2024 : 35).

그런데 이러한 기후변화는 단지 변화에만 그치지 않고 인간에게 다시 위협으로 돌아오게 된다. 이것을 기후위기라고 한다. 유엔 기후변화에 관한 정부간 패널(IPCC : Intergovernmental Panel on Climate Change)에 따르면 기후변화에서 위험을 결정하는 요인은 세 가지이다(채수미, 2024 : 49). 하나는 폭염이나, 가뭄, 홍수와 태풍 같은 위해 요인이고, 다른 하나는 야외 노동이나 주거의 질, 지리학적 특성이나 직업과 같은 노출 요인이며, 마지막으로는 성별, 연령 의료접근성, 사회・경제적 상태, 기저질환 등 취약성이다. 이러한 요인들이 기후변화를 위기로 겪게 만든다.

기후변화 논의는 인류세 논의와도 연결된다. 생물학자 최재천에 의하면 호모사피엔스가 지구에 등장한 것은 약 30만 년 전인데, 약 1만 년에서 1만 3천년 전부터 농경문화의 시작과 함께 인류가 증폭하기 시작한다. 그런데 인류의 수가 5, 6천만 명에 불과한 즈음에는 인간이 기르는 가금류까지 포함하여 인류의 무게는 포유류와 조류의 1% 정도였으나, 오늘날 80억 인구와 가금류의 무게는 포유류와 조류의 96~99%를 차지하게 되었다고 한다. 인간은 지구에서 지배적인 위치를 차지하게 되었고 '인간의 행동이 변형시킨 지구'라는 지질학적 논쟁에서 인류세 논의가 전개되기에 이르렀다. 이미 사회적으로 확장되어 쓰이게 된 인류세 논의는 기후변화의 구조적 원인인 자본주의와 경제성장을 비판적으로 보면서 지구환경 보전에 관한 정치적·사회적 행동의 변화를 촉구하고 있다. 과잉생산, 자연 착취, 대량 낭비를 유발하는 자본주의 문명을 넘어 지구와 인류의 생존을 위해 생산과 소비를 조절하고, 재생에너지를 활용하며, 환경 복원을 위한 신기술을 개발하는 등 실천적 담론이 절실하게 필요하다는 것에 많은 사람들이 공감하고 있다(김지성 외, 2016 : 164, 170).[1]

2. 기후 정의와 젠더 정의

기후변화의 문제는 환경만의 문제가 아니다. 기후변화가 초래하는 문제는 종적으로 세대 간의 정의의 문제를 야기하며, 횡적으로 산업혁명을 먼저 진행한 기존국가와 후발 산업국가 사이, 또는 자원을 많이 소비하지만 재난의 위협으로부터 안전의 정도가 다른 부유층과 빈곤층 간의 기후 정의, 그리고 젠더 정의의 문제로 나타난다.

1) 기후 정의

기후 정의의 문제가 대두된 것은 선진국과 후진국 간에 책임과 분담의 문제로부터 시작되었다. 산업혁명을 기점으로 다량의 온실가스가 지구에 노출되기 시작한 것을 고려한다면 선진국의 온실가스 배출에 대한 역사적 책임은 전체의 3/4 정도, 개발도상국의 책임은 1/4 정도인 것으로 주장되었다. 계층별로

1 2024년 현재 인류세의 지질학적 확정은 이루어지지 않았다. 저자들은 인간이 온실가스 배출량을 감소시키는 기점에 인류세를 명명할 필요가 있다는 흥미로운 제안을 하고 있다.

살펴볼 때에도 세계 최빈자들 10억 명의 생태발자국은 전 세계의 3%에 불과하다는 보고도 있다. 세계가 기후위기에 대응해 나갈 때 이러한 책임과 피해 사이에 불평등이 존재하는 문제를 살펴보고, 기후 대책은 이러한 점들을 고려해야 한다. 기후 정의의 문제는 일반적으로 북반구와 남반구의 문제처럼 탄소배출을 많이 하는 나라와 적게 하는 나라, 탄소배출을 많이 하는 부유층과 적게 하는 빈곤층 사이에서도 발생하게 된다. 탄소배출을 적게 하는 집단이 기후위기의 국면에서는 더 많은 피해를 입게 되는 부정의의 문제가 기본적으로 내재해 있다.

기후 정의에서 가장 중요한 문제의 형태는 명백히 세대 간 정의의 문제이다. 온실가스는 공기 중에 상당 기간 그대로 남게 되는데 이를 미래세대가 전적으로 감당해야 하는 것이 현실이다. 기후위기 상황에서 그레타 툰베리처럼 청소년들이 적극적으로 활동하거나 기후위기 소송에서 어린이와 청소년들이 자주 등장하는 이유이기도 하다. 유럽과 미국에 뒤이어 우리나라에서도 지난 2024년 8월에 아시아 첫 기후소송에 대해 의미 있는 판결이 내려졌다. 헌법재판소는 영유아와 청소년이 포함된 4건의 헌법소원을 병합하면서 미래세대의 권리를 인정하는 전향적인 판결을 내렸는데, 2030년까지만이 아니라 2031년부터 2049년까지 기간에도 탄소감축 목표를 세울 것을 주문했다. 지구환경은 인간 공통의 존재 기반이다. 지구환경은 세대를 넘어 지속가능해야 하는데 기성세대가 파괴한 환경을 미래세대가 부담하도록 놓아두는 것은 미래세대를 기후위기의 잠재적 피해자로 만드는 일이기도 하다. 이 때문에 다음 세대와 미래세대를 위한 기후 대책은 매우 중요하고 가속화할 필요가 있다.

2) 기후와 젠더 정의

기후변화가 사회불평등을 강화시킨다는 점에서 볼 때 성불평등도 강화될 우려가 크고 이러한 상태의 유지, 반복은 젠더 부정의를 낳게 된다. 기후위기가

초래하는 재난의 다수 피해자에는 아동, 노인, 빈곤자, 장애인, 그리고 여성들이 있다. 1991년 창설된 국제여성환경단체인 여성환경개발기구(WEDO : Women's Emvironment and Development Organization)가 바라보는 세계적인 기후변화와 여성과의 관계는 |그림 11-1|과 같다.[2]

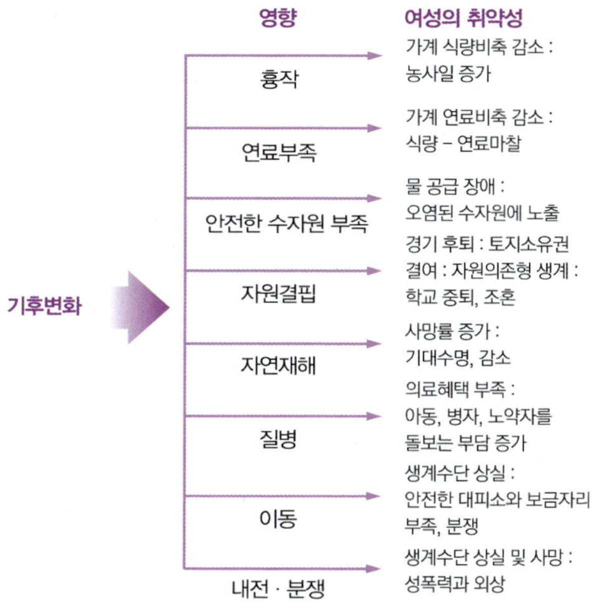

|그림 11-1| 기후변화가 여성에 미치는 영향

출처 : 명수정(2011), 그림 2 재인용.

또한 위민 딜리버(WOMEN DELIVER)라는 단체의 연구보고서(2021)에서도 허리케인, 산불, 홍수와 같은 극단적 기상현상과 재해의 여파로 여성과 어린이의 사망률은 남성보다 최대 14배나 더 높다는 점도 지적되고 있다.

유엔 위민(UN Women)은 기후변화가 여성에게 미치는 영향을 제대로 인식하고 이에 대한 정책적 적용을 위하여 |그림 11-2|와 같은 '젠더 관련 기후 정의

---

2 http://www.wedo.org 기후변화의 영역에서 젠더 관점의 통합에 기여한 단체

의 틀 : 4R'을 고안해 내었다. 여기서 4R은 인식(Recognition), 재분배(Redistribution) 대표성(Representation), 그리고 보상(Reparation)의 첫 글자를 가리킨다. 먼저 기후 정의를 위한 정책에서 인식은 기후가 미치는 영향에 있어 다중적이고 교차적인 차별의 형태를 인식하고, 사회적·생태적 재생산을 보완하는 여성의 무임노동 문제를 인식하며, 효과적인 기후 행동을 지원하기 위하여 토착적·경험적 지식의 형태를 인지하는 것을 말한다. 두 번째로 재분배란 사람과 지구를 우선시하는 방향하에서 기후 전환 과정에서 자원 배분과 기회가 적절하게 공유되어야 함을 의미한다. 즉, 여성들이 토지, 고용기회, 기술과 관련하여 녹색 전환 과정에서 불평등이 아닌 수혜를 받을 수 있도록 하고, 공공재정을 기후 관련 성인지적 사회보호체계 지원을 위해 재분배해야 한다는 것이다. 세 번째로 대표성은 모든 수준의 환경적 의사결정에서 여성과 주변적 집단, 그리고 지역이 참여하고, 환경 부정의 문제에 대한 강력한 책임 기제에서 여성의 이해를 대변하는 것을 뜻한다. 마지막으로 보상은 기후변화에 대한 역사적 책임/ 부정의를 인지하면서 과거세대와 미래세대에게 책임을 지는 것을 의미한다.

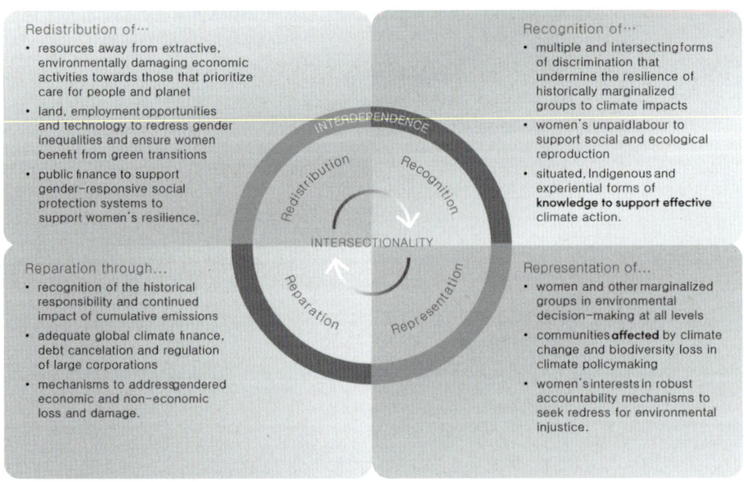

[그림 11-2] 여성주의 기후 정의의 영역과 원칙

출처 : UN Women(2023. 12), Figure 1.1.

3) 기후변화와 젠더 영향

우리나라에서 기후변화와 그에 대한 대응이 젠더에 미치는 영향에 대하여는 연구와 논의가 풍부한 편은 아니다. 여기서는 돌봄노동과 일자리 변화, 젠더 폭력, 그리고 재생산 건강권과 관련하여 기후변화와 젠더와의 관계를 생각해 본다.

(1) 기후변화와 노동

기후변화와 그에 대한 대책의 추진과정은 젠더 노동의 변화와도 연관된다. 가까운 경험인 코로나19 팬데믹 또한 근본적으로 기후위기와 무관하지 않은데,[3] 기후변화가 초래한 코로나19 팬데믹의 경험은 국내외적으로 많은 깨달음을 주었고, 특히 사회적 돌봄노동의 중요성을 인식하게 했다. 사회적 돌봄노동의 중단으로 인해 개별 가정에서 남녀 모두의 돌봄노동이 증가했으며, 특히 여성 돌봄노동이 증가했고, 가정 내 돌봄으로 인하여 여성의 실업도 증가했다(이진숙 외, 2023; 임연규 외, 2023). 다른 한편 기후위기 대응 차원에서 탄소중립을 위한 산업 구조의 변화가 수반됨에 따라 그 영향 또한 작지 않을 것으로 본다. 정부가 전망한 탄소중립 정책에 직접적인 영향을 받는 업종의 여성 취업자 비율은 세부 업종에 따라 약 30%까지 분포한다고 한다(강민정 외, 2023). 탄소중립 경제에서 자동차산업, 철강업, 석유화학업, 반도체, 전자산업은 우리나라의 수출중심 산업이자 탄소집약적인 산업으로 이들이 온실가스 배출의 대부분을 차지하고 있다. 이 때문에 이들 산업의 탄소저감 정책은 기후위기 대책에서 핵심적인 위치를 차지하지만 재생에너지의 사용 외에 직접적인 기술적 접근은 취약한 상태이고(김승완, 2024 : 69), 이들 직종은 오랜 기간 동안 남성 중심 직종이기도 하다. 다만, 전기차 생산과 소비로 인해 기존의 2차 부품 생산업에 종

3 코로나바이러스의 질병들인 사스, 메르스, 코로나19가 모두 박쥐로부터 왔다는 사실이 과학자들의 역학조사결과 밝혀졌다. 이 박쥐들이 열대에서 온대로 이동한 것이 원인으로 추정된다(최재천, 2024 : 22).

사하는 중장년 여성노동력이 영향을 받을 가능성이 분석되고 있으며, 철강업은 디지털화로 인해 여성 친화적 직무 및 직종의 확대가 부분적으로 예상되기도 한다. 석유화학의 경우에도 탄소중립 경제로의 전환에 따른 여성 고용 기회 증대 가능성이 거론되기도 한다.

강민정 등(2023)의 연구에서 현장 인터뷰 분석결과는 열악한 고용지위일수록 탄소중립 추진과 같은 외부 충격이 더 클 것으로 나타나고 있다. 고연령 저숙련 여성근로자들은 실직의 위기에 내몰리게 되어 이에 대한 대비책 마련이 필요한 상황이며, 반면 기술 발전과 탄소 저감을 위한 전환을 계기로 성별 직종 분리가 완화될 가능성을 고려하여 새로운 분야로의 여성 진출 확대 등 여성 고용의 긍정적 효과를 위한 정책 방안이 필요하다고 보고 있다. 이를 위해서는 중소기업 등 기업 특성별, 근로자 성별 특성별로 정교하고 차별화된 접근이 필요한데, 여성 청년층의 경우 디지털 전환과 저탄소 전환과 함께 성별분리직종의 장벽을 넘어설 수 있도록 인력육성이 필요하며, 재직 여성들을 위한 작업환경 개선이나 저숙련 여성을 대상으로 한 전직훈련 등 기후 대책으로 인한 노동시장 변화 대응 정책도 성인지적일 필요가 있다고 보고 있다. 또한 친환경 및 신재생에너지 분야, 건물의 그린 리모델링이나, 자원순환 생물다양성 보호 등 녹색 일자리 영역에서 여성의 참여가 늘어날 수 있도록 지원 정책도 필요해 보인다. 그런데 기후 대책으로 생성되는 신규 사업 일자리 기회와 관련하여 유럽연합이나 캐나다, 미국 등은 정책 전반의 성 주류화 차원에서 정책적으로 여성을 고려하는 것으로 나타나고 있으나 우리나라는 아직 그러한 접근이 없다(강민정 외, 2023).

기후변화는 무엇보다도 농민과 어민들에게 눈에 띄는 영향을 미친다. 극한 기후의 빈번한 발생과 해수 온도 상승이 해산물 양식과 어획에 미치는 영향은 많은 우려를 낳고 있다. 특히 여성 농민들은 상대적으로 기계화율이 낮은 밭농사를 책임지는 경우가 많아 온열질환에 노출될 가능성이 크고 극심하게 변동하는 기후에 추가적인 노동이 크게 발생하기도 하고 그에 따른 질환도 적지 않다. 여성 농어업인의 건강 문제와 함께 기후위기에 대응하는 농법의 개발도 중요한 과제이다(이춘선, 2024).

(2) 기후변화와 젠더폭력

극심한 기후변화를 충분히 예견하고 대응하지 못했을 때는 자연재난이 초래된다. 홍수, 가뭄, 폭염과 산불, 전염병 등이 그러하다. 세계적으로도 재난의 상황에서 기후 난민이 될 경우, 성폭력이나 성매매 등 젠더폭력이 증가한다는 것은 공통적으로 지적되어 온 문제들이다.

코로나19라는 재난 상황은 젠더폭력에도 영향을 미친 것으로 나타났다. 코로나19를 겪는 동안 사회적 거리두기가 시행되면서 가정에서 보내는 시간이 증가하고 이로 인해 젠더폭력의 발생 추이와 양상이 달라졌다는 보고가 있다. 2019년에서 2021년 사이 성폭력 신고건수는 줄었다가 늘어났고, 가정폭력 신고건수는 줄어들었다. 다만, 가정폭력 상담건수로 본다면 2020년에 감소했다가 2021년에 다시 증가하는 양상을 보였다. 스토킹 신고건수는 늘어나고 교제폭력 신고건수도 늘어났다. 특히 이 기간 동안 디지털 성범죄 피해자 수는 3배 이상 증가한 것으로 나타났다. 온라인 공간에서 발생하는 신종 범죄가 증가한 것이다(박송이 · 김은정, 2023).

(3) 기후변화와 성 · 재생산 건강권[4]

기후변화는 건강과 밀접한 관계가 있다. 기후위기에 따른 직접적인 피해뿐 아니라 기후위기에 대한 정보과 지식에 많이 노출되는 경우에도 불안감이 증폭될 수 있어서 이를 새로운 노출로 분류하기도 한다.

4 성과 재생산 건강권이란 성과 재생산과 관련된 신체적, 정서적, 정신적, 사회적 안녕 상태로, 피임 서비스, 안전한 임신중지 서비스, 산모와 신생아 건강, 성매매, 강제결혼, 성병과 에이즈 문제까지 폭넓게 접근하는 개념이다.

홍수, 가뭄, 폭염과 같은 극한 기후는 모성 건강 등 여성의 건강에 특별히 위협적이다. 기후 관련 재난의 대비와 대응, 복구에서도 성과 재생산 건강의 관점에서 더 많은 관심을 기울일 것이 요구된다. 하지만 우리나라를 비롯하여 전 세계적으로도 아직 충분한 증거와 분석이 있는 것은 아니다. 이 때문에 성별 데이터부터 체계적으로 수집되고 분석될 것이 요구되는 단계다. 위민 딜리버 보고서(2021)에 따르면 기후 재난 상황은 산모와 아기 모두에게 치명적일 수 있는데, 식량 불안정과 영양 부족, 질병의 확산은 저체중아, 유산, 조산과 사산 등 분만의 위험성을 높이고 대기오염 또한 조산과 저체중아 출산의 위험을 높인다는 증거들이 있다. 또한 안전한 임신중지 등 의료서비스의 질과 위생제품의 원활하지 못한 사용도 재생산 건강에 충분히 위해가 될 수 있다.

또 최근 보도에 따르면 기후변화에 대한 불안이 출산 선택의 부정적인 요인으로 작동하기도 한다.[5] 한 글로벌 리서치회사의 5개국 성인 5,000명 대상 설문조사에서는 응답자의 53%가 '기후위기가 자녀를 갖는 결정에 영향을 미친다'고 응답했다. 또 영국에서 수행된 2012년~2022년 미국, 뉴질랜드, 캐나다의 12개 연구 분석에서도 '기후위기에 대한 우려가 증가할수록 자녀를 적게 낳거나 아예 낳기를 포기하는 경향'을 보였다고 한다.

지금까지 기후위기의 영향을 여성 노동과 젠더폭력, 재생산 건강권 중심으로 살펴보았지만, 보다 구체적으로는 아동·노인 등 연령별 특성, 성별 특성, 지역과 빈곤, 장애, 이주의 상황을 고려하는 복합적이고 교차적인 접근을 요한다. 이러한 요소들을 고려할 때 취약성이 제대로 파악되고 그 특성에 필요한 예방과 대응 정책을 마련하여 회복력을 증가시킬 수 있다.

---

5 동아일보(2024. 3. 12). 김예윤 기자. '미세먼지에서 폭염까지... 출산 주저하게 만드는 '기후위기''.

3. 국제 규약과 국내 정책 그리고 시민

1) 기후 조약과 젠더정책

기후변화의 심각성을 인지하고 이에 대응하기 위한 국제적인 조치들은 지금으로부터 약 50여 년 전인 1972년 유엔인간환경회의에서부터 시작되었다고 볼 수 있다. 이 회의에서 유엔환경계획(UNEP)과 전담기구가 설치된다. 이후 느리게 논의가 이어져 1987년 부룬트란트 보고서에 가서야 경제성장을 위한 개발과 환경 보전이 조화를 이루어야 한다는 생각이 나타났고 지속가능한 개발 개념이 도출될 수 있었다.

이러한 논의는 국제적인 약속인 조약의 형태로 발전하였는데, 1992년에는 유엔환경개발회의(UNCED)를 개최하여 지금의 기후변화협약(UNFCCC)을 체결하게 되었다. 그런데 협약에도 불구하도 국제사회에서 실질적인 이행은 적극적으로 일어나지 않았다. 1997년 실행력을 담보하기 위하여 역사적으로 지구온실가스 발생에 큰 영향을 미친 선진국이 책임을 지는 구조로 교토의정서를 추진하였으나 미국과 캐나다가 탈퇴하면서 실패하기도 하였다. 이후 전 세계의 총의를 다시 모으기 위하여 2015년 파리협정을 추진했고 신기후체제 합의문에 도달하게 되었다. 협약 당사국은 선진국만이 아닌 모든 국가로 하고, 2021년부터 전 세계가 1.5도씨 상한을 목표로 기후 행동을 하되 개발도상국은 지원한다는 것이 그 핵심 내용이었다.

이처럼 기후변화에 대응하는 국제적 실천 논의가 답답하게 전개되어 가는 가운데, 기후변화가 여성과 불평등에 미치는 영향과 대응에 관한 논의가 자라나고 있었다. 1992년 창설된 국제여성단체인 여성환경개발기구(WEDO, 위두)는 "건강한 지구 2002를 위한 여성행동의제"를 제안하고 관련 단체들의 참여를 촉구했다. 이는 유엔환경개발회의에서 채택한 세계행동계획 10년간의 이행상황을 평가하고 다음의 이행전략을 논의하기 위한 2002년 세계정상회의에 젠더 영향을 미치기 위해서였다. 위두는 지속가능한 생산과 소비, 자원에 대한 여성의 접근, 환경적 건강, 토착지식의 보호, 도시, 교육, 정보기술 등 환경과 젠더 이슈를 광범위한 주제로 다루었다. 2005년 몬트리올에서 열린 제11차 기후변화 총회에서는 젠더 단체(Gender CC 등)들이 기후 협약에 젠더 접근을 포함시킬 것을 요구하였다. 2007년에는 주요 국제여성단체들이 '젠더와 기후변화' 라는 라운드 테이블을 개최하면서 논의를 이어갔고, 같은 해 발리에서 열린 제13차 기후변화 총회에서 글로벌 젠더와기후연맹(GGCA : Global Gender and Climate Alliance)을 결성했다. 이러한 적극적인 논의와 활동을 기반으로 2014년에는 '젠더에 관한 리마 작업프로그램(LWPG)'이 탄생할 수 있었으며 기후행동과 과정, 역량구축과 재정 등 기후 대응 활동에 젠더 통합을 추구했다. 이러한 흐름 속에서 2017년 제23차 기후변화협약 총회에서는 젠더행동계획(GAP)이 채택되게 되었다. 기후변화에 대응하기 위한 젠더행동계획은 다음과 같은 다섯 가지 우선순위 영역을 제시하였다.

① 역량 강화, 지식공유 및 의사소통
② 젠더 균형과 참여 및 여성 리더십
③ 정책 일관성
④ 젠더 반응적(GENDER-RESPONSIVE) 이행 및 이행 수단
⑤ 모니터링 및 보고

그런데 2021년에 분석된 94개국의 NDC(Nationaliy Determined Contribution), 즉 각국이 자발적으로 제출한 온실가스 감축 목표와 세부 계획 분석 결과 26개국만 국가젠더기구에 기후변화 거버넌스가 연결되었을 뿐으로 아직까지 세계적인 진척은 더딘 편이며(UN women, 2023), 우리나라의 경우 이 NDC에 여성, 젠더 등 양성평등 내용은 포함되어 있지 않다(이민희 외, 2023 : 63).

2) 국내 입법정책

우리나라는 1993년 기후협약에 가입했으며, 우리나라의 온실가스 감축목표(NDC)는 2030년까지 2018년 대비 40% 감축으로 국제사회에 제시하였고, 2050년까지 탄소배출이 탄소흡수에 의해 0 상태에 이르는 탄소중립 상태를 약속한 바 있다. 우리나라의 온실가스 배출량은 인도와 중국이 포함되지 않은 OECD 국가 중 2020년 현재 다섯 번째로 많은 나라에 속한다. 특히 에너지산업 부문에서 온실가스 배출이 압도적이며, 그밖에 산업공정과 농업, 그리고 생활쓰레기 등 폐기물에서 발생하고 있고, 온실가스를 줄이기 위한 흡수량(−)은 미미하다. 이러한 상황을 고려할 때 우리나라의 기후변화 정책은 산업부문을 중심으로 강도 높게 진행될 필요가 있다.

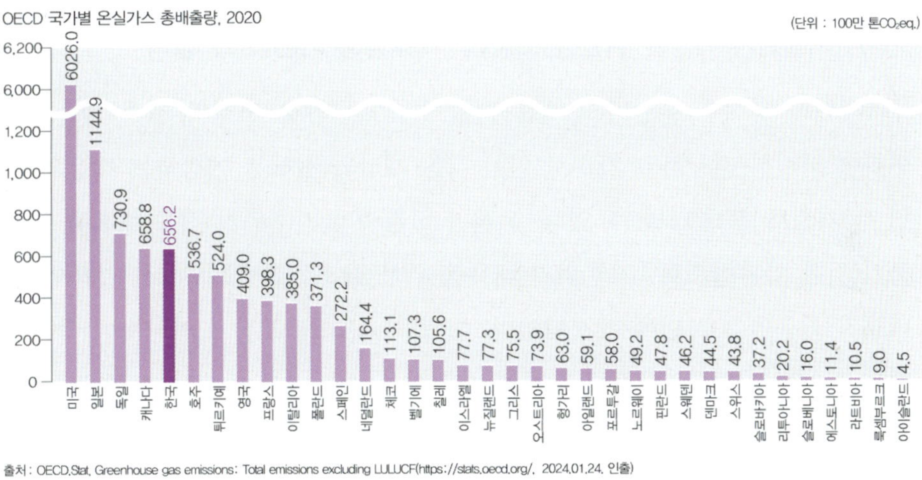

|그림 11-3| OECD 국가별 온실가스 총 배출량(2020).

출처 : 지속가능보고서(2024), p. 100 재인용.

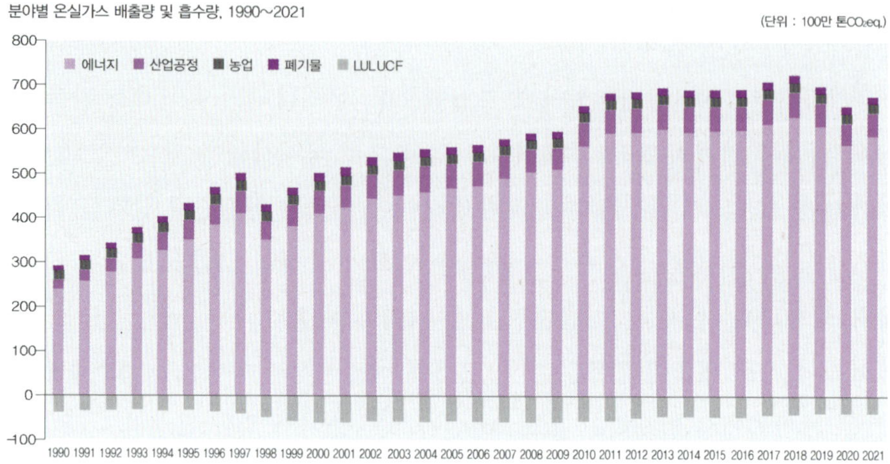

출처 : 환경부 온실가스종합정보센터, 2023년 국가 온실가스 인벤토리(https://www.gir.go.kr/home/index.do?menuId=36, 2024.01.10. 인출)

[그림 11-4] 분야별 온실가스 배출량 및 흡수량(1990~2021)

출처 : 지속가능보고서(2024), p. 99 재인용.

(1) 「기후위기 대응을 위한 탄소중립·녹색성장 기본법」과 정책

기후변화 정책은 온실가스 배출을 줄여나가는 감축 정책과 진행되는 기후변화에 적절히 대응하고 기후로 인한 각종 재난과 침해를 예방하는 적응의 측면 두 가지로 크게 나눌 수 있다. 온실가스 감축과 기후위기 적응 대책을 강화하기 위한 기본법으로 「기후위기 대응을 위한 탄소중립·녹색성장 기본법」이 비교적 최근인 2021년에 제정되었다. 이 법의 목적에서 잘 드러나듯이 감축과 적응 정책뿐 아니라, 탄소중립 사회로의 이행 과정에서 발생할 수 있는 제반 불평등 문제도 해소하도록 하는 기후 정의의 문제도 인지하고 있다.

제1조(목적) 이 법은 기후위기의 심각한 영향을 예방하기 위하여 온실가스 감축 및 기후위기 적응대책을 강화하고 탄소중립 사회로의 이행 과정에서 발생할 수 있는 <u>경제적·환경적·사회적 불평등을 해소</u>하며 녹색기술과 녹색산업의 육성·촉진·활성화를 통하여 경제와 환경의 조화로운 발전을 도모함으로써, 현재 세대와 미래

> 세대의 삶의 질을 높이고 생태계와 기후체계를 보호하며 국제사회의 지속가능발전에 이바지하는 것을 목적으로 한다.

이 법에 따라 국가전략과 기본계획을 세우도록 되어 있고, 제1차 국가전략과 기본계획이 2023년에 마련되었다. 다만, 2010년에 제정된 「저탄소 녹색성장기본법」에 따라 기후변화 대응 기본계획은 이미 실시되어 왔는데, 제3차 국가기후변화 적응대책(2021~2025)에서는 취약계층 대응, 재난재해 관리 시스템, 시민참여형 거버넌스, 물관리, 질병 감염 등 건강 대책, 녹색 일자리 등의 과제가 다루어지고 있다. 기후 정의의 관점에서 볼 때, 취약계층에 대한 정책들은 정책 과제에 포함되어 있으나, 젠더 관련해서는 미미하다. 2050 탄소중립녹색성장위원회에 여성 참여를 언급한 것과 「보건의료기본법」에 근거하여 질병관리청에서 성별, 연령, 지역별 분포 및 특성을 파악하고 기후변화가 노인, 장애인, 임산부, 어린이 등 보건의료 취약인구집단에 대한 영향평가를 실시하도록 하는 데 그치고 있다.[6] 영향평가는 임산부를 포함한 모성건강 전반에 대해 연구를 축적해 나갈 필요가 있다. 그 밖에 정책과제를 충분히 개발할 필요가 있고 유엔기후협약의 당사국 총회에서 추진하고 있는 젠더행동계획에 대하여는 빠른 시일 내에 국내 과제로 연결시켜야 한다.

이 외에도 감축 혹은 적응 대책을 위한 개별법들에는 녹색건축물 조성지원법 등 다양한 법률이 있으며, 이러한 법들에 의한 정책과 사업들은 새로운 녹색 일자리와 연결될 수 있다.[7]

---

6 제15조(2050 탄소중립녹색성장위원회의 설치) ⑤ 제4항 제2호에 따라 위원을 위촉할 때에는 아동, 청년, 여성, 노동자, 농어민, 중소상공인, 시민사회단체 등 다양한 사회계층으로부터 후보를 추천받거나 의견을 들은 후 각 사회계층의 대표성이 반영될 수 있도록 하여야 한다.

7 「녹색건축물 조성 지원법」, 「녹색기후기금의 운영지원에 관한 법률」, 「녹색융합클러스터의 조성 및 육성에 관한 법률」, 「녹색제출 구매촉진에 관한 법률」, 「기후변화 감시 및 예측 등에 관한 법률」, 「기후변화대응 기술개발 촉진법」, 「자원순환경제사회 전환 촉진법」, 「전기전자제품 및 자동차 자원순환에 관한 법률」(태양광 패널 포함)

(2) 「재난 및 안전관리기본법」과 정책

기후변화 과정은 기존의 자연재난을 보다 강화한다.[8] 다행히도 「재난 및 안전관리기본법」이 2004년에 제정되어 재난 관리 정책이 20여 년간 진행되어 왔고 통계상 재난으로 인한 실종, 사망자 수는 전반적으로 감소해 왔다. 그런데 2018년 폭염을 계기로 관련 통계가 추가되면서 2018년부터 그 수치가 늘어났고, 2024년도 폭염으로 인한 사망자 수는 더 늘어날 전망이다. 2021 OECD 국가별 비교에서 우리나라의 인구 10만 명당 재난으로 인한 인명피해 수가 상대적으로 크게 나타나고 있지 않지만, 기후변화는 앞으로 더 큰 혹은 예상하지 못한 기후 재난을 계속 초래할 수 있어 지속적인 정책의 정교화가 필요한 영역이다.

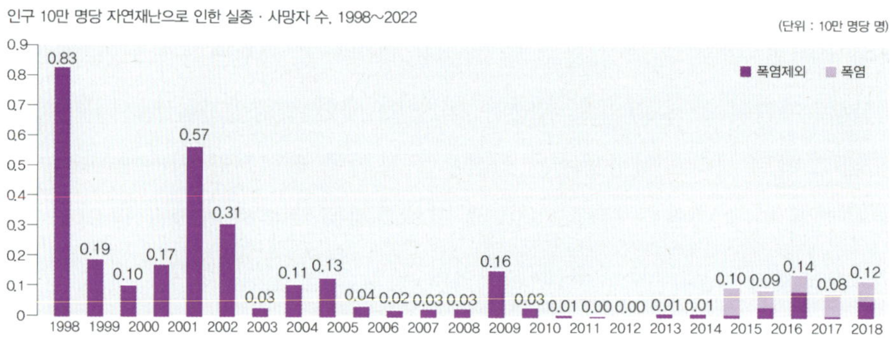

출처 : 행정안전부, 재해연보, 자연재난상황통계(https://www.safekorea.go.kr/idsiSFK/neo/sfk/cs/sfc/tot/toteaiList.jsp?emg Page=Y&menuSeq=111, 2024.01.10. 인출)
주1 : 연도별 자연재해 사망 및 실종수를 추계인구로 나누어 계산함
주2 : 2018년부터 폭염으로 인한 인명피해가 추가됨

|그림 11-5| 인구 10만 명당 자연재난으로 인한 실종 · 사망자 수(1998~2022)

출처 : 지속가능보고서(2024), p. 97 재인용.

---

8 제3조(정의)

1. "재난"이란 국민의 생명 · 신체 · 재산과 국가에 피해를 주거나 줄 수 있는 것으로서 다음 각 목의 것을 말한다.
   가. 자연재난 : 태풍, 홍수, 호우(豪雨), 강풍, 풍랑, 해일(海溢), 대설, 한파, 낙뢰, 가뭄, 폭염, 지진, 황사(黃砂), 조류(藻類) 대발생, 조수(潮水), 화산활동, 「우주개발 진흥법」에 따른 자연우주물체의 추락 · 충돌, 그 밖에 이에 준하는 자연현상으로 인하여 발생하는 재해

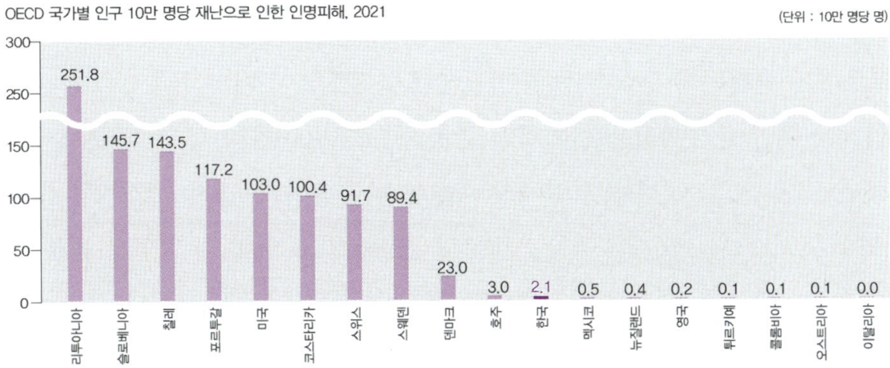

출처 : UN, SDG Indicators Database (https://unstats.un.org/sdgs/dataportal/database, 2024.01.11. 인출)
주1 : 자연재난과 사회재난으로 인한 피해를 모두 포함함
주2 : 사망, 실종 외에 부상 등으로 인한 직접적 피해가 포함됨
주3 : 미국, 스위스, 스웨덴, 덴마크, 한국, 영국, 오스트리아, 이탈리아는 2020년 자료임

|그림 11-6| OECD 국가별 인구 10만 명당 재난으로 인한 인명피해(2021)

출처 : 지속가능보고서(2024), p. 98 재인용.

재난과 관련된 예방과 지원 정책은 「재난과 안전관리기본법」상 안전취약계층을 중심으로 하고 있다. 이 법에서 안전취약계층이란 어린이, 노인, 장애인, 저소득층 등 신체적·사회적·경제적 요인으로 인하여 재난에 취약한 사람을 가리킨다. 재난분야의 위기관리 매뉴얼을 작성하거나 운용할 때, 안전취약계층의 특성을 반영한 연구·개발을 하도록 하고 있으며, 안전문화 진흥을 위한 시책을 추진할 때에도 안전취약계층의 안전관리 강화에 힘쓰고, 안전정보를 구축하거나 활용할 때에도 안전취약계층의 재난 및 각종 사고 피해에 관한 통계를 작성하도록 하고 있다.

그러나 이러한 안전취약계층에 임산부와 중증질환자는 명시되어 있지 않아 정책이 소홀히 넘어갈 수 있다. 관련 규정에 명시하는 것은 보다 정교한 대책 수립 및 이행과정과 연결된다. 또한 재난사고의 통계에서도 성별은 연령이나 지역과 함께 기본적인 통계지표로 잡혀야 한다. 이를 통해 보다 구체적인 맞춤형 예방이나 지원이 가능하기 때문이다. 행정안전부는 국민재난안전포털에서 매달 재난안전 분석결과 및 중점관리대상 재난안전사고에 대한 정보를 제공하고 있지만 성별분리통계와 성인지 관점에서 분석은 여전히 부족하다.

(3) 「필수업무 지정 및 종사자 보호·지원에 관한 법률」과 정책

코로나19 팬데믹의 경험은 많은 이들에게 돌봄노동이 얼마나 중요한 필수노동인가에 대한 문제의식을 환기시켜 주었다. 코로나19가 한참 진행 중이었던 2020년 12월 14일, 정부는 코로나19 대응을 위한 필수 노동자 보호지원 대책을 발표한 바 있다. 이 대책에서는 코로나 거리두기로 일이 끊긴 방문 돌봄 종사자와 초·중·고 방과후 강사의 한시적 생계지원 대책과 코로나 시기에도 일을 계속 하게 되는 택배, 배달기사, 환경미화원 등 필수노동자들에게 특화 건강 진단 비용 지원하는 내용이 포함되었다. 또 의료시설 종사자, 환경미화, 택배, 퀵, 건설, 철도/공항 청소, 안내업무 종사자에게 마스크를 지급하도록 하였다. 필수노동 중 사람들이 집중되어 있는 콜센터, 요양시설을 대상으로 산업안전감독을 실시하도록 하고 돌봄 종사자 근로여건 개선 추진과 플랫폼 종사자를 보호하는 대책도 포함하였다.

이후 다양한 재난에 대비하기 위해 2021년에는 「필수업무 지정 및 종사자 보호·지원에 관한 법률」을 제정하였다. 실태조사를 통해 지원 계획을 마련하고, 지원위원회를 구성하여 재난이 발생한 경우 국민의 생명과 신체의 보호 또는 사회의 기능을 유지하기 위해 필수업무에 대해 위원회가 심의하고 고용노동부 장관이 정하도록 하였다. 실태조사는 지원계획의 기초가 되기 때문에 성인지 관점에서 실태조사가 기획되는 것은 중요한 과제라고 볼 수 있다.

3) 지역사회, 기업, 시민사회, 개인의 참여

기후변화 대응은 입법정책만으로 해결될 수 없다. 기후 대책이 불평등을 축소하는 정의의 관점에서 잘 진행되기 위해서는 지역사회의 특화된 정책이나 기업들의 저탄소정책에 대한 적극적인 참여, 그리고 시민사회의 왕성한 활동을 통해서만이 한걸음 나아갈 수 있다.

제주도의 경우 제주도의 환경 특성에 알맞게 '2035 제주 에너지 자립 도시, 탄소중립', '2030 쓰레기 없는 제주'를 슬로건으로 내걸고, 도차원에서 재생에너지, 그린수소, 플라스틱 폐기물 30% 감축, 재활용산업 육성, 폐기물 직매립 금지 정책을 강하게 추진할 것을 약속했다. 또 민간기업 유한킴벌리가 1984년부터 40년째 진행하고 있는 숲가꾸기 운동은 온실가스 흡수에 커다란 의미가 있다. 기업들의 자발적이고 충실한 ESG 기업 운영도 산업 부문의 온실가스 배출이 압도적인 상황에서 주요 행동이 될 것이다. 시민사회 영역에서 기후 행동은 점점 더 커지고 있다. 기후 행동과 관련된 크고 작은 시민단체들이 성장하고 있으며, 여성환경연대를 중심으로 기존의 기후 정의 논의에 젠더 관점을 통합한 '페미니스트 기후 정의 선언'이 발표되었고, 한국YWCA연합회는 성평등 관점의 기후 행동에 활동력을 집중하기로 했다. 개인들의 생활쓰레기 재활용을 위한 분리수거도 훌륭하게 진행되어 왔지만 계속되어야 한다. 또 개인들의 소비 패턴은 곧 생산 패턴으로 연결되기 때문에 기후와 녹색을 염두에 둔 소비 역시 여전히 중요하다고 볼 수 있다. 최근 상품성이 떨어져 폐농산물이 될 가능성이 높거나 기후의 급변으로 출하에 문제가 되는 농산물에 대한 윤리적 소비가 새로운 사회현상으로 나타나는 것은 고무적인 일이기도 하다.

이러한 기후변화에 대한 정부, 기업, 그리고 시민으로서의 참여 또한 젠더 정의의 관점을 간과해서는 안 된다. 아직 젠더 정의 관점의 정책 기본틀이 정립되었다고 보기 어렵다. 기후 행동이 특정 성별의 책임과 의무로 인식되거나, 몰성적인(gender-blind)적인 방식으로 진행되는 것은 젠더 정의에 부합하지 않는다. 미국 뉴욕시처럼 녹색건축분야에서 새로 생기는 녹색 일자리에 여성을 최소 15% 고용하도록 보장하는 협약을 맺은 사례도 참고할 필요가 있다.

4. 정책 과제들

기후 전환이 기술적 접근과 디지털 전환과 함께 가야 하는 것은 맞지만 젠더 관점에서는 이것만으로는 부족하다. 기후 전환의 방향은 화석 기반 성장 경제에서 인간과 지구를 생각하면서 삶의 방식도 전환하는 관점의 전환이자 저탄소·성평등·돌봄 경제로의 전환이어야 한다(UN Women, 2023). 주한 영국대사인 콜린 크룩스가 2024년 세계 여성의 날에 얘기한 것처럼 성평등한 기후운동 없이 지속가능한 미래는 불가능하기 때문이다.[9] 그는 녹색기후기금 등 젠더에 초점을 맞춘 기후금융의 확대와 21%에 불과한 과학, 기술, 공학, 수학(STEM, 스템) 분야에서의 여성 활동 확대, 국제기후 분야의 홍보 등 여학생과 여성참여 확대를 촉구하기도 했다. 이처럼 기후위기에 대응하기 위한 대책은 비단 재난을 대비하는 적응 대책뿐 아니라 완화정책의 관점에서도 생각해 볼 수 있다.

먼저 기후위기를 완화하기 위해서는 과학기술의 혁신과 진보를 통한 솔루션이 지속적으로 필요하다. 여성과학기술자가 적극 양성되어야 하고 그 과정에서 여성의 경험과 관점이 녹아나 여성의 필요 또한 충족될 수 있을 것이다. 적응 대책의 차원에서는 임신부 등 여성 특유의 상황과 신체적 상황, 그리고 기존의 불평등 상황을 고려한 젠더-기후 대책을 지속적으로 개발해 나갈 필요가 있다. 정책적 측면에서는 국내외적 기후변화 대응정책 분야에 여성의 참여를 촉진하고, 재정적으로는 종합적으로 이러한 젠더 통합이 가능하도록 젠더에 초점을 맞춘 기후위기 대응 분야에 예산 투자가 있어야 할 것으로 보인다.

두 번째로 젠더행동계획 GAP 국내 도입 및 활성화가 필요하다. 이를 위해서는 기후위기와 젠더 이슈를 다루는 행정부서를 마련하고, 이미 기후협약에서 진행하고 있는 젠더행동계획(GAP)을 적극적으로 이행할 필요가 있다. 유럽연합(EU)은 국제 기후변화 체제에서 모범적인 역할을 수행해 온 지역으로 NDC에서도 양성평등을 범분야적 요소로 상정하고 기후 행동에 여성 참여 촉진을

---

9 한겨레(2024. 3. 8). 오피니언 '성평등한 기후운동 없이 한국의 지속가능한 미래는 없다'.

명시한 바 있다(이민희 외, 2023 : 64). 유럽연합은 이를 위해 성별 데이터 확보 작업을 진행 중이고 기후재원 내 성인지 예산제도를 구축하면서 여성 전문가를 육성할 계획에 있다. 캐나다는 기후협약 젠더행동계획을 적극 지지하면서 여성, 저소득층, 원주민 공동체, 농촌 및 오지 거주민을 정책적 이해관계자로 보고 성별영향평가를 바탕으로 정책을 수립하고자 한다(이민희 외, 2023 : 66). 또 스웨덴에서는 기후변화 관련 젠더 학습 및 네트워킹 시스템을 운영하여 기후 및 에너지 관련 연구에 양성평등 관점을 반영할 수 있는 체계를 갖추고 있다(이민희 외, 2023 : 69).

이러한 국제사회의 흐름과 달리 우리나라는 법·정책적으로 여성참여 조항밖에 없는 상태여서 기후 분야의 젠더정책이 체계적으로 수립되어 있다고 보기 어렵다. 여성참여를 넘어 기후위기 재난 분야의 성별분리통계 구축과 성별영향분석, 특별히 모성 등 여성건강 연구 활성화, 스템 분야와 녹색 일자리 확대, 그리고 그 일자리에서 성평등한 기회, 재난 시 젠더폭력 대응 문제 등을 다루어 나갈 필요가 있다.

세 번째로 여성을 단순히 녹색 소비자로 보기 보단 기후위기 대응 주체로서 보아야 한다는 점이다. 기후위기에 대한 국가적 대응 초기에는 녹색생활 실천의 주체로 '주부'를 상정하고, 지역 단위로 WE Green 여성실천단(2009)을 조직하여 홍보와 교육 프로그램을 시행하는 것을 국가가 지원한 적이 있었다. 이러한 접근 방식은 여성의 전통적 성역할을 전제한 것으로 시대 변화에 부합하지 않으며, 녹색 소비는 소비가 이루어지는 모든 단위, 즉 기업, 정부, 학교와 시민사회, 여성과 남성 모두의 참여로 이루어질 필요가 있다. 녹색 거버넌스나 녹색 의사결정에 여성과 남성의 균형 있는 참여를 통해 기후변화와 기후변화로부터 초래되는 재난 대응에 보다 남녀 모두 주체적으로 참여할 수 있도록 정부가 분위기를 조성하고, 또 참여 가능한 역량을 충분히 기를 수 있도록 정책 방향이 잡히고 만들어질 필요가 있다.

생각해볼 문제

1. 기후위기에 대응하기 위한 감축과 적응 과정에서 여성과 남성은 어떠한 일을 새롭게 할 수 있는지 이야기해 보자.

2. 기후위기가 성별, 연령, 장애, 이주, 지역에 따라 구체적으로 어떤 영향을 미치고 있는지 사례를 이야기해 보자.

3. 국가인권위원회는 2022년 말 정부(대통령)에게 기후위기에 관한 정책을 촉구하는 의견을 표명한 바 있다. 기후위기를 인권의 문제로 볼 때, 국가는 젠더 정의와 관련해 어떤 정책을 펴야 할까?

참고문헌

강민정 외(2023). 2050 탄소중립 추진정책이 여성 고용에 미치는 영향과 정책과제. 한국여성정책연구원 연구보고서 9.

관계부처합동(2020). 제3차 국가 기후변화 적응대책(2021~2025).

관계부처합동(2023). 탄소중립 녹색성장 국가전략 및 제1차 기본계획. 2023. 4.

국가인권위원회(2022). 결정문-기후위기와 인권에 관한 의견표명.

김지성・남욱현・임현수(2016). 인류세의 시점과 의미. **지질학회지**, 52(2), 163-171.

남영숙(2017). **기후변화와 여성**. 서울 : 시그마프레스.

명수정(2011). 기후변화에 대응하는 국제사회의 노력. **젠더리뷰**. 2011 가을호. 한국여성정책연구원.

박송이・김은정(2023). 통계로 보는 코로나19 이후 여성의 삶의 변화 : 여성폭력. **젠더리뷰**. 2023 겨울호. 한국여성정책연구원.

여성환경연대 외(2023). 페미니스트 기후정의선언.

이민희 외(2023). 2023년 글로벌 성평등 의제 및 정책사례 연구 : 기후변화와 양성평등. 여성가족부.

이유진(2011). 기후변화가 여성에게 미치는 영향과 여성의 역할. **젠더리뷰**. 2011 가을호. 한국여성정책연구원.

이정필(2010). 기후변화와 젠더-기후정의와 젠더정의를 중심으로. 에너지포커스 17호.

이진숙 외(2023). 통계로 보는 코로나19 이후 가족돌봄과 일・생활 균형. **젠더리뷰**. 2023 여름호

이춘선(2024. 8. 22). 소비자는 모르는. 여성 농민이 앓는 '기후재난병'. 일다.

임연규 외(2023). 통계로 보는 코로나19 이후 여성 노동 및 일자리 실태. **젠더리뷰**. 2023 봄호.

조효제(2020). **탄소사회의 종말**. 경기 : 21세기북스.

최재천・조천호 외(2024). **기후, 기회**. 녹색전환연구소 편. 북트리거.

통계청 통계개발원(2024). 2024 지속가능발전 SDG 이행 보고서.

한국국제협력단(2024. 7). 기후변화와 젠더 간 연계를 위한 국제사회의 동향과 함의. POLICY BRIEFING ISSUE 13.

행정안전부(2024. 8). 재난안전 분석 결과 및 중점관리 대상 재난안전사고.

환경부(2020). 한국 기후변화평가보고서 2020-기후변화 영향 및 적응.

UN Women(2023). *Feminist Climate Justice- A Framework for Action.*

UNFCCC(2024). Report of the Conference of the Parties on its twenty-eighth session, held in the United Arab Emirates from 30 November to 13 December 2023.

Women Deliver(2021). "기후변화와 성・재생산 건강과 권리 간의 관계" 증거검토서. 한국여성단체연합 역.

PART

III

제도화와 실행

CHAPTER 12

지역과 젠더

1. 지역과 젠더 그리고 교차성

1) 지방자치제도와 지역여성

1990년대 지방자치(local autonomy)제도의 부활은 한국 사회의 커다란 정치적 변화를 가져오는 계기가 되었다.[1] 지방자치제도의 실시로 지방정부는 정책을 입안하고 집행할 수 있는 권한을 가지게 되었다. 동시에 지역의 과제 해결과 발전에 관한 정책 개발의 책임성을 갖게 되었다. 지방자치단체장이 선출됨에 따라 유권자의 절반을 차지하는 여성을 의식하게 되었으며, 관심의 표현으로 지역여성을 대상으로 하는 새로운 정책을 개발하기 시작하였다. 이로 인하여 지역에서는 중앙정부에서 입안한 여성정책을 단순하게 시행하는 행정적인 기능 차원에서 벗어나 지방자치의 차원에서 여성문제 해결을 위한 독자적이고 자율적인 정책 입안과 집행 여건을 마련할 수 있게 되었다(임우연 외, 2012).

같은 시기 국제사회에서는 북경 제4차 UN 세계여성회의에서 채택된 「북경행동강령(Beijing Platform for Action)」(1995)을 통해 '젠더 평등(gender equality)'과 '여성 권한 부여(women's empowerment)'를 여성 정치의 목표로 확산시키는 계기를 마련하고 있었다. 한국사회도 「여성발전기본법」 제정을 통하여 여성정책

1 지방자치의 시행이 정지된 지 30년 만인 지난 1991년에 지방의회 의원 선거로 지방의회가 출범하였다. 이어 1995년에 지방자치단체장이 지역 주민에 의해 선출되는 민선 자치단체장이 출현함으로써 우리나라에 본격적인 지방화시대가 열렸다.

이 보다 체계적이고 지속적으로 추진될 수 있는 근거를 마련하였다. 비로소 국가와 지역 차원에서 여성의 참여를 촉진하고 이를 통하여 여성의 사회·정치적 권한을 확대할 수 있는 정책의 근거를 마련할 수 있게 되었다. 헌법의 남녀평등이념을 구현하기 위한 국가와 지방자치단체의 책무 등에 관한 기본적인 사항을 규정한 「여성발전기본법」(1995)은 '국가 및 지방자치단체는 남녀평등의 촉진, 여성의 사회참여 확대 및 복지증진을 위하여 필요한 법적·제도적 장치의 마련과 이에 필요한 재원을 조달할 책무를 진다'라고 지방자치단체의 의무를 밝혔다.[2] 한편 지방자치단체의 세계적인 연합체인 지방자치단체국제연맹(IULA : International Union of Local Authorities)의 「지방자치단체에서의 여성에 관한 세계 선언문」(IULA, 1998)에서 '성평등의 주류화와 여성의 기본적 인권보장의 실현'이 지방자치단체의 지속가능한 민주주의 발전에 필수적인 요건임이 강조되었다.

이러한 국내외의 사회적 변화는 지역여성이 감내하고 있는 불평등 문제에 지역사회가 주목할 수 있는 계기가 되었으며, 지역사회의 자율적인 정책 입안과 집행을 기반으로 하는 지방자치제도는 지역여성의 요구와 필요가 정책결정과정에 개입할 수 있는 동력을 제공하였다. 지역여성들은 선거를 통해 자치단체장, 의원 등 정책결정자들에게 본인들의 의견과 주장을 전달하고 선거 참여를 통하여 정치적인 영향력을 행사함으로써 정책 실현의 가능성을 확대하였다.

지방자치의 실현은 중앙의 보편적, 획일적, 일반화된 관점의 한계를 벗어나서 지방의 특수하고 구체적인 상황과 맥락에 대한 이해를 기반으로 한다(오유석, 2009 : 45). 주민의 직접 선거를 통해 지방자치단체장을 선출함에 따라 지역정치 진영은 유권자인 지역 주민을 의식하지 않을 수 없으며, 유권자의 절반을 차지하는 여성에 대한 관심을 표현할 수밖에 없다. 지역의 다양한 여성을 대상

2 이후 2021년 전면 개정된 「양성평등기본법」에서는 양성평등의 이념을 실현하기 위하여 '정치·경제·사회·문화'의 모든 영역에서 국가와 지방자치단체는 양성평등 실현을 위하여 법적·제도적 장치를 마련하고 필요한 재원을 마련할 책무를 진다'라고 밝히고 있다.

으로 하는 새로운 정책 개발의 필요성이 대두되었으며, 이러한 필요성에 기반하여 지역의 여성정책이 지방자치 행정의 새로운 영역으로 포함되었다(문미경 외, 2006; 민경자, 1999; 박수경, 2011; 변화순 외, 2011; 여성부, 2008; 임우연 외, 2012; 조우철, 1996).

지방자치는 생활정치를 근간으로 하고 있어서 여성들에게 참여의 기회를 제공할 수 있다. 지역여성은 지방선거라는 '참여'를 통해 그들의 입장과 주장을 표현하고 이를 반영하는 정책의 추진을 당당하게 요구하게 된 것이다. 실제로 지방자치단체 내에서 독자적인 정책의 입안과 집행, 평가 체계가 이루어지면서 지역의 여성 업무도 단순한 행정기능에서 탈피하여 복합적인 정책 과정을 통해 추진될 수 있게 되었다(공선영 외, 2008 : 18) 그리고 행정 영역의 최고 책임자인 단체장의 성평등 가치와 인식 수준이 관련 정책 발전의 정책적 의지와 직결된다(이혜숙, 2016). 따라서 지역의 여성정책은 국가 여성정책의 방향성과 그 수용 정도, 자치단체장의 의지와 역량, 지역여성계의 역학관계 등에 의해 구성되며 지역만의 고유한 성격을 형성할 수 있다(임우연 외, 2012). 이는 지역별 성평등 수준의 차이를 가져올 수 있으며 정치, 사회, 경제, 문화 등 다양한 영역에서 지역 간 성평등 수준의 격차를 유발할 수 있다. 한편으로는 지역사회 성평등 실현을 위한 관련 정책의 수립과 추진 원동력을 제공할 수 있다.

지방자치의 본격적인 실현, 그로부터 30년에 가까운 시간이 흐르는 동안 지방자치 발전과 함께 공공정책으로서의 성평등 정책은 외연(外延, Extension)적 확장과 내용적 변화를 경험하고 있다. 지방의회, 지방정부에 설치된 각종 위원회 등 지방자치단체 정책결정 과정에 참여하는 여성의 수가 증가하였고, 성평등조례 제정, 성평등 정책 추진기구의 설립, 광역시도별 성별영향평가센터의 설치, 성인지 예산서 작성 등 다양한 영역에서의 "성차별 문제"의 공론화는 물론 이에 관련된 제도적 개선을 추진할 수 있게 되었다.

2) 젠더와 지역불평등의 교차성

오랜 기간 현실의 차원에서 지역사회의 여성의 지위는 낮았으며, 지역의 여성들은 쉽게 동원의 대상이 되었다(김희경, 2009). 지역사회에서 성평등의 실현은 매우 어려운 주제일 수밖에 없다. 오랜 기간 지역이라는 특수성은 중앙의 보편성과 우월성에 종속되고 왔고, 한국 사회의 중앙중심적 구조 속에 포섭 또는 배제되어 주변적인 것으로 취급되었다(이혜숙, 2014 : 249). 지방과 여성의 문제는 서로 결합되어 지역여성들이 안고 있는 문제를 심화시키거나 보편적인 여성문제와 더불어 더 복잡하고 특별한 지형을 만들어 낼 수 있다. 지역여성의 현실은 자신이 거주하는 지방의 행정적 특성과 경제적 환경 및 조건으로부터 자유로울 수 없다. 지역여성들은 교육 및 일자리 기회, 돌봄인프라 등 복지혜택, 성별고정관념 및 성차별의식 등 지역이 가지는 취약성과 여성이라는 성별특성 차원에서 이중적 차별을 경험할 수밖에 없다.

'지역'에 주목하는 것은 여성들 사이의 다양성과 차이에 주목한다는 차원에서 또 다른 의미를 부여할 수 있다. 개인이 두 개 이상의 상이한 집단에 속하여 각기 분리된 차별적 관행의 피해자가 되는 현상으로 '교차적 차별'이 존재한다. 본 절에서는 다양한 차이로 더욱 주변화되고 배제된 여성들의 교차적 차별에 주목하는 동시에 성평등 정책의 질적 향상을 위하여 다양한 억압들의 결합에서 초래되는 '교차성(intersectionality)'에 주목하고자 한다.

우선적으로 영(Young)의 '계열성으로서 젠더(gender as seriality)' 개념을 통하여 다양한 사회집단으로서의 '여성'을 고려해 볼 수 있다. 그에 따르면 모든 여성들이 공통의 속성이나 공통의 상황에 있다는 것을 주장하는 것은 무리이다(Young, 1994 : 722). 한편 크랜쇼(Crenshaw)는 모든 여성들이 성차별의 구속에 일정한 방식으로 종속된 것은 사실이지만 계급, 신분, 인종, 피부색, 민족, 국적, 성적 지향과 같은 여성 내부의 차이에 주목할 필요성을 언급하였다. 그는 젠더를 넘어서는 이와 같은 다중적 불평등에 주목할 필요성을 제기한다. 같은 맥락에서 벌루(Verloo)와 롬바르도(Lombardo)는 다중적 차원의 차이들과 젠더가 상호작용하며 다양한 방식으로 드러내는 교차성(intersectionality)에 주목하였다(Verloo, 2013; Verloo & Lombardo, 2007).

"지역의 문제에서는 여성이, 여성의 문제에서는 지역이 빠진 현실"(주경미, 2013 : 167)이라는 표현처럼 지역여성은 주변화되어 왔다. 따라서 지역 내부, 지역적 차원에서 여성의 경험적 특성과 다양성에 주목하면서 지역여성의 경험을 다층적으로, 그리고 주체적으로 이해하는 것은 매우 중요한 과제이다. 이때 교차성(intersectionality)을 고려하고, 그것을 통합하는 차원으로 나아가는 측면에서 '지역'은 중요한 요소이다(신경아, 2016; Crenshaw, 1989; 1991; Verloo, 2013; Verloo & Lombardo, 2007; Young, 1994). 젠더와 지역 불평등의 교차성(intersectionality)을 인식하는 과정은 지역성을 인식하고 여성들 간의 차이를 고려하고 관련된 차별을 타파하는 과정으로 파악될 수 있다. 이는 벌루(Verloo)가 말하는 "젠더 플러스 평등(Gender + equality)" 정책으로의 발전 가능성을 제시한다.

2. 지역과 성평등 정책의 제도화

1) 지역 성평등 정책의 제도적 기반

우리나라 성평등 정책 추진체계의 변천 과정을 살펴보면, 2001년 김대중 정부의 '여성부' 설립이 성평등 정책 추진체계의 출발점이라 할 수 있다. 김대중 정부는 여성정책 추진기능 강화를 위하여 기존 대통령직속 '여성특별위원회'를 폐지하고, 정부의 성평등 정책을 추진하는 주무부처로 '여성부'를 신설하여 소관 법률과 정책을 관장하도록 하였다. 다음 노무현 정부에서 '여성부'는 보육, 가족 업무를 이관받아 '여성가족부'로 개편되었다.

이후 이명박 정부는 작은 정부, 정부 행정의 능률화를 지향하면서 정부조직의 축소와 인력감축, 기능 재편을 추진하여 2008년 기존의 '여성가족부'의 기능 중 가족 관련 업무를 다시 보건복지부로 이관, '여성가족부'를 '여성부'로 축소하였다. 또한 당시 5개 부처에 설치되었던 여성정책담당관 제도를 폐지하였다. 그러나 이명박 정부는 2010년 종합적인 가족정책 기능을 수행하기 위하여 보건복지부의 청소년·가족 기능을 여성부로 이관하면서 '여성부'를 다시 '여성가족부'로 확대 및 개편하였다. 이후 박근혜 정부에서는 '여성가족부'가 여성정책의 종합 및 여성의 권익증진 등 지위향상, 가족정책, 건강가정사업을 위한 아동 업무, 그리고 청소년의 육성·복지 및 보호 기능까지 함께 수행하게 되었다(박선영 외, 2019; 전윤정, 2021). 현재 윤석열 정부는 인구감소, 저출생·고령화 등 사회 변화와 정부조직 운영 차원에서 기존의 여성가족부 기능과 역할에 관한 고민을 하고 있다.

지역의 성평등 정책 추진을 위한 제도적 기반의 변화는 성평등 정책 관련 조례를 통하여 살펴볼 수 있다. '성평등기본조례' 또는 '양성평등기본조례'는 지방자치지단체의 실질적인 성 주류화 확산을 위한 성평등 정책 추진 목표 설정 및 성과 점검, 성별영향평가, 성인지예산 제도의 운영 등에 관한 근거를 제공하고 있다. 지방자치단체 광역시도 차원에서는 경기도가 전국 최초로 2009년에 '여성발전기본조례'를 '성평등기본조례'로 개정하면서 지방자치단체의 성평등 정책에 대한 책무성 강화와 성인지적 정책 추진의 근거를 확립하기 시작하였다. 현재 세종특별자치시를 비롯한 17개 모든 광역자치단체에서 관련 조례와 시행규칙을 제정하여 시행하고 있다. 최근 민선 8기의 시작과 함께 많은 지방자치단체에서 '성평등조례'가 '양성평등조례'로 개정되는 움직임이 일었다. 현재 경기, 광주, 전북에서는 '성평등기본조례', 서울특별시 등 14개 지역은 '양성평등기본조례'를 통하여 지방자치단체 성평등 정책의 책무성을 명시하고 있다.

2) 지역 성평등 정책의 추진체계

광역시도 단위에서 성평등 정책의 조정 및 총괄 기능은 대부분 여성정책 부서에서 담당하고 있다. 그러나 현실적으로 여성정책 부서는 전체 조직 내에서 차지하는 위상이 낮고 여성정책 중심의 업무를 담당한다는 인식이 강하여 지방자치단체 전체 부서의 성평등 정책의 총괄 조정 및 기획 등의 기능을 수행하기가 쉽지 않다.

현재 시도별 관련 행정 조직 현황을 살펴보면 아동, 청소년, 청년 등 여성들의 돌봄의 대상을 동일한 정책 영역에 포함시키고 있다. 일부 지자체에서는 장애, 경로, 보훈, 보건 등 복지 고유의 업무를 담당하는 관련 부서와 함께 편재되어 있다.

지역사회의 성평등 정책 추진체계와 관련하여 조직의 명칭과 전담업무를 젠더 관점에서 접근하고 있는가를 살펴볼 수 있다. 성평등 정책을 담당하는 전담 추진체계를 별도로 두고 있는 '독립부서'가 설치되어 있는 지방자치단체는 2024년 12월 현재 서울(양성평등담당관), 충북(양성평등정책팀), 제주(성평등기획팀, 성평등정책팀)로 3개 지역이다. 해당 지역에서는 정책사업 단위의 성평등 정책 관련 신규 사무를 발굴하고 있다.

현재 제주도(성평등여성정책관)와 충청북도(양성평등가족정책관) 두 지역에서 성평등 정책의 기획, 총괄 기능을 수행하는 독립된 조직(실국 단위)의 형태를 갖추고 있다. 한편 충청남도와 경상북도에서는 인구정책 담당부서에 여성가족과가 설치되는 등의 변화가 있었다. 그 외 지역은 복지 담당 부서(실국 단위) 산하에 설치되어 있는 '여성가족부서(과 단위)'에서 성평등 관련 업무를 부분적으로 수행하고 있다. 이들의 성평등 관련 업무는 주로 성별영향평가 등 성 주류화 업무와 관련 위원회 운영, 성평등 인식 개선 등이다. 제도적 차원에서 살펴본 지역의 성평등 정책은 독자성 확보 차원에서 아쉬움이 존재하고 있다. 행정 전반 모든 영역을 성평등 관점에서 통합적으로 추진하는 지휘부로서의 역할을 수행할 수 있는 수준에 도달하였다고 평가할 수 있는 지역은 과연 몇 곳이나 있을까? 지역 차원에서 성평등 실현을 위한 독립적 사무를 담당하는 행정 체계 구축 및 조직 정비에 대한 고민이 필요한 지점이다.

<표 12-1> 시도별 성평등 정책 관련 조직 및 유형 분석(2024. 12. 기준)

지 역	조 직	하위부서	유형 분석
서울	여성가족실	▸ 양성평등담당관, 저출생담당관, 영유아담당관, 아이돌봄담당관, 아동담당관, 가족담당관, 1인가구담당관	독립부서 설치, 대상별
부산	여성가족국	▸ 여성가족과, 출산보육과, 아동청소년과	대상별
대구	청년여성교육국	▸ 청년정책과, 여성가족과, 교육청소년과, 출산보육과	대상별
인천	여성가족국	▸ 여성정책과, 인구가족과, 노인정책과, 영유아정책과, 아동정책과, 청소년정책과	대상별
대전	교육정책전략국	▸ 대학정책과, 교육도서관과, 청년정책과, 여성가족청소년과	교육 부서 소관, 대상별
광주	복지문화국	▸ 복지정책과, 아동보육과, 여성가족과, 노인장애인과, 문화관광과, 도서관정책과	복지 부서 소관, 대상별
울산	복지보훈여성국	▸ 복지정책과, 보훈노인과, 장애인복지과, 여성가족청소년과	복지 부서 소관, 대상별
세종	보건복지국	▸ 복지정책과, 인구여성가족과, 아동청소년과, 노인장애인과, 보건정책과, 감염병관리과	보건복지 부서 소관, 대상별
경기	여성가족국	▸ 여성정책과, 가족정책과, 보육정책과, 아동돌봄과, 고용평등과	여성가족 업무 독립부서
강원	복지보건국	▸ 복지정책과, 노인복지과, 장애인복지과, 여성청소년가족과, 보건식품안전과, 공공의료과, 감염병관리과	복지보건 부서 대상별
충북	양성평등 가족정책관	▸ 양성평등정책팀, 권익증진팀, 일가족지원팀, 청소년팀, 시설관리팀	독립부서로 설치 (성평등정책 총괄・기획)

충남	인구전략국	▸ 인구정책과, 여성가족정책과, 외국인정책과	인구정책 부서 소관
전북	복지여성보건국	▸ 사회복지정책과, 여성가족과, 보건의료과, 고령친화정책과, 장애인복지정책과, 건강증진과, 감염병관리과	복지보건 부서 소관
전남	여성가족정책관	▸ 여성정책팀, 보육지원팀, 아동복지팀, 여성권익팀, 가족행복팀	가족 돌봄 부서 연계, 대상별
경북	저출생극복본부	▸ 저출생대응정책과, 아이돌봄과, 여성가족과, 교육청소년과	인구정책 부서 소관, 대상별
경남	복지여성국	▸ 복지정책과, 노인정책과, 장애인복지과, 여성가족과, 보육정책과	복지 부서 소관, 대상별
제주	*성평등여성정책관	▸ 여성권익정책, 성평등기획, 성인지정책	독립부서로 설치 (성평등정책 총괄・기획)

출처 : 각 지방자치단체 홈페이지.

서울시 양성평등위원회 등 현재 각 광역시도에는 관련 위원회가 구성, 운영되고 있다. 위원회는 자문과 심의 기능과 역할로 제한되는 측면이 있다. 기구의 상징성은 강하지만 자문과 안건 심의 역할을 수행하는 위원회는 기능의 범위나 실행력 차원에서 권한과 업무의 범위는 협소할 수밖에 없다. 따라서 성차별에 대한 지역사회의 인식 수준을 개선하여 예방하고, 지역사회에서 발생하는 다양한 성차별 문제를 감시하고 시정하는 등 지역의 관련 사안을 핵심업무로 수행하는 젠더 관련 업무 전담 부서를 설치하여 권한을 부여하는 등 추진체계의 책임과 권한을 강화하는 노력이 요구된다.

3. 지역과 성평등 정책 사례

성평등 정책은 젠더(gender) 관점에서 정책을 바라보고, 변화시킴으로써 성평등한 사회를 실현하는 정책이라고 정의할 수 있다. 젠더(gender)의 관점에서 지역을 바라본다는 것은 젠더(gender)의 시각으로 지방자치단체 정책을 분석하는 것으로부터 출발할 수 있다. 지역의 여성정책에 성 주류화 전략이 본격적으로 도입되는 변화를 통하여 지역의 여성정책이 여성만을 대상으로 하는 정책이 아니라 젠더 관점을 반영하여 지역사회의 모든 정책을 변화시키는 젠더정책으로 확대되기 시작하였다.

제도적인 차원에서 지역사회의 성평등 실현 노력은 지속되고 있다. 본 절에서는 성평등한 지역사회 형성을 위한 실질적인 지역 성평등 정책의 모델로서의 성인지통계의 생산을 기반으로 하는 '지역성평등지수'와 지역의 다양한 구성원들로 구성된 거버넌스가 주체적으로 조성해 나가는 '여성친화도시'에 주목하고자 한다.

1) 지역성평등지수

(1) 지역성평등지수와 정책

김경희 외(2019)의 <국가성평등지수 개편 및 활용방안 연구>에 따르면 성평등은 '참여', '분배', '인정(recognition)'의 모든 차원에서 기본적으로 실현되어야 할 가치이자 실현 목표라 할 수 있다. 의사결정의 권한과 자원에 대한 동등한 접근과 참여를 통하여 권리를 누릴 수 있으며, 평등한 관계와 책임에 입각한 인정을 통하여 실현할 수 있는 것이다. 「양성평등기본법」의 이념에서 여성과 남성이 동등한 참여와 대우를 받는 것은 성평등한 분배와 평등한 관계를 통해 실현될 수 있다. 특히 자원에 대한 동등한 접근과 참여는 경제적 역량을 강화하고 삶의 질을 향상시켜 성평등 사회의 물질적 토대가 될 수 있다. 해당

자원은 대표적으로 노동, 교육, 소득, 건강을 들 수 있다. 한편 「양성평등기본법」의 평등이념에서 제시한 개인의 존엄과 인권의 존중을 바탕으로 성차별의 의식과 관행을 해소하는 것은 인정의 차원과 긴밀하게 상응한다. 인정(recognition)은 평등한 관계에서 가능한 것으로, 이는 돌봄의 공유와 평등문화와 의식, 그리고 성차별과 폭력의 해소된 상태에서 가능할 것이다.

이러한 학문적 접근을 토대로 2023년 여성가족부는 「지역성평등보고서」를 통하여 이와 같은 이론적 논의를 반영하고 지역사회 변화에 따른 성차별 현실을 드러내고 지역 특성과 통계 활용 가능성 등을 고려하는 새로운 지표 구성 체계를 구축하였다. 개편된 지역성평등지수는 성평등 개념에 대한 이론적 프레임워크의 구축과 이에 근거하여 시의성과 적합성을 갖춘 지표들로 구성되었다. 성평등지수 프레임워크는 성평등을 권한 및 자원의 동등한 분배, 인정(recognition), 그리고 동등한 참여로 개념화하였다. 이러한 성평등 개념을 기반으로 3대 목표를 '동등한 권한', '자원의 동등한 접근', '평등한 관계'로 설정하고, 목표를 구체화하기 위해 의사결정, 고용, 소득, 교육, 건강, 돌봄, 의식 등 7개 영역을 측정 영역으로 구분하고, 여성 폭력은 특별영역으로 구성하였다.

제시된 바와 같이 참여는 '동등한 권한', 분배는 '자원의 동등한 접근', 인정(recognition)은 '평등한 관계'를 각각의 목표로 삼고 있다. 이를 실현하기 위하여 7개 각 영역별 지역성평등지수 생산을 위한 20개 지표를 발굴하였다. 각 지표는 성인지통계 생산을 기반으로 한다.

정책적 활용 측면에서 지역성평등지수의 생산은 지역의 모든 영역에서의 성평등 정책 추진 기반을 강화하기 위한 출발점으로 평가될 수 있다. 이는 각 지역별로 주목해야 하는 관련 의제를 도출하고 정책의 방향성을 전망한다는 차원에서 주목할 수 있다.

<표 12-2> 지역성평등지수 목표 및 분야별 지표(2023년 개편안 기준)

차 원	목 표	영 역	지 표
참여	동등한 권한	의사결정	광역 및 기초의원 비율
			5급 이상 공무원 비율
			관리자 비율
			초중고 교장·교감 비율
분배	자원의 동등한 접근	고용	고용률
			상용근로자 비율
			경력단절 여성 비율
		소득	임금격차
			기초생활수급자 비율
			공적연금 수급률
		교육	평균 교육 연수
			고등교육기관 진학률
		건강	주관적 건강상태
			기대수명
			정신건강(스트레스 비인지율)
인정	평등한 관계	돌봄	가사노동 시간
			육아휴직 사용
		양성평등의식	여성 인권에 대한 인식
			성차별 경험률
			가족 내 성역할 고정관념

출처 : 여성가족부(2023). 지역성평등보고서.

(2) 지역의 성평등 수준과 성차별 문제의 의제화

현재 지역사회에서는 「양성평등기본법」에 따라 성별 차이로 인한 다른 경험과 요구를 측정할 수 있는 정책 도구이자 객관적 근거로서 '성인지통계'가 생산되고 있다. 이를 통하여 해당 지역사회의 성평등 수준을 측정하고 있다. '지역성평등지수'의 생산은 지역별 성평등 수준을 비교·분석하여 정책 영역의 다양한 분야에서 성평등 수준을 진단하고, 아울러 성별 불평등 문제를 주요 의제로 다루도록 유도할 목적으로 추진되고 있다.

지역성평등지수는 「양성평등기본법」 제19조 제3항에 의해 국가성평등지수를 기초로 분야와 측정 지표가 구성되며, 지역 특성을 반영하여 측정지표가 구성된다. 사회 구성원 모두가 차별 없이 존중받는 편견 없는 세상을 만드는 것이 양성평등의 목표라고 한다면 양성평등정책의 추진체계를 강화할 목적으로 양성평등기본법 제19조에 따라 2009년부터 국가성평등지수[3]를 개발했고 2011년에는 국가성평등지수와 연계하여 17개 광역시도의 성평등 수준을 파악하기 위한 지역성평등지수를 개발하여 매년 발표해 오고 있다. 지역성평등지수의 조사·공표 근거는 양성평등기본법 제19조 제3항에 명시되어 있다.

양성평등기본법 제19조

제19조(국가성평등지수 등) ① 여성가족부 장관은 국가의 성평등 수준을 계량적으로 측정할 수 있도록 성평등한 사회참여의 정도, 성평등 의식·문화 및 여성의 인권·복지 등의 사항이 포함된 국가성평등지표를 개발·보급하여야 한다.

② 여성가족부 장관은 제1항에 따른 국가성평등지표를 이용하여 국가의 성평등 정도를 지수화한 국가성평등지수를 매년 조사·공표하여야 한다.

③ 여성가족부 장관은 제1항에 따른 국가성평등지표를 기초로 지역의 특성을 반영한 지역성평등지표를 개발·보급하고, 지역성평등지표를 이용하여 지역의 성평등 정도를 지수화한 지역성평등지수를 매년 조사·공표하여야 한다. (이하 생략)

3 국가성평등지수는 2009년 우리나라 성평등 실태와 개선 정도, 성불평등이 심각한 분야와 그 원인을 파악할 목적으로 개발되었으며, 성평등에 대한 국민의 인식 및 관심 제고와 국가경쟁력 등과 같은 사회·경제적인 지수 간의 관계를 파악하는 데 활용되고 있다. 성평등지수의 값은 '0.0(불평등)'에서 시작해 평등 수준이 높아지면 이 지수의 값도 커져 '100.0(평등)'까지의 범주를 갖도록 하고 있다. 2022년 기준 우리나라 국가성평등지수는 75.4이다.

지역성평등지수는 매년 지역의 특성을 반영한 성평등지표를 지수화한 값으로 광역시도별 점수를 산정해 순위를 범주화하여 여성가족부가 발표하고 있다. 「지역성평등보고서」에 따르면 '지역성평등지수'는 지역의 성평등 수준과 특성을 파악하여 지역 양성평등 정책을 보다 체계적으로 수립할 수 있게 하며, 동시에 지방자치단체의 양성평등에 관한 관심을 높이는 수단이다. 지역별·영역별·분야별 성평등 수준 비교를 통해 성평등 수준이 취약한 영역을 파악할 수 있게 하고 이를 의제화하는 등 지역별로 특화된 양성평등 정책을 수립할 수 있게 하여 지역 성평등을 촉진함을 그 목적으로 한다.

지역성평등지수 산식을 통해 산출된 수치의 서열에 따라 각 지역을 상위권, 중상위권, 중하위권, 하위권으로 구분하고 있다. 지역성평등지수의 생산은 각 지역의 관련 정책 평가, 모니터링 및 이행점검, 정책 실효성 점검 및 정책의 우선순위 선정 등을 지원하며, 지방자치단체의 성평등 정책에 관한 관심을 유도하고 구성원들의 성평등 인식을 높이는 효과를 가져올 수 있다.

2) 여성친화도시

(1) 여성친화도시 조성의 의미

여성친화도시는 1970년대 북미 여성운동가들의 참여로부터 비롯된 개념으로 안전성, 접근성, 편리성, 쾌적성을 갖춘 도시를 의미한다. 대표적인 사례는 1980년대 캐나다에서 펼쳐진 '밤길 안전하게 다니기' 캠페인이다. 이는 1990년대 들어 본격적으로 국제사회에서 여성들이 공공공간에서 보다 더 안전하게, 적극적으로 활동할 수 있도록 지원하는 정책들로 확대되는 흐름으로 이어졌다. 1992년 리우 환경선언[4] 이후 '지속가능한 개발'이 의제로 떠오르면서 여성, 장애인, 아동 등 소외된 계층의 거주권 확보라는 측면에서 관련 정책은 더욱

4 1992년 6월14일 브라질 리우데자네이루에서 열린 유엔환경개발회의의 마지막 날 채택된 선언으로 환경을 보전하며 개발할 수 있는 지속가능한 발전을 위한 27개 기본원칙으로 구성되었다.

주목받게 되었다.

지난 1994년 유럽 사회는 '도시여성을 위한 유럽선언'을 통하여 '도시에서의 여성의 삶'에 주목하였으며, 도시 공간 조성의 '성별 고려' 필요성을 제기한 바 있다. '도시여성을 위한 유럽선언'은 그동안 여성이 도시의 사용자로서뿐만 아니라 계획자로서도 배제되어 왔음을 지적하고, 본격적으로 여성성을 고려한 도시를 모색하려는 프로젝트의 출발점이 되었다.

도시를 향한 질문

- 직업이나 일자리가 적절하게 분배되어 있는가? 일자리 찾기가 쉬운가?
- 도시 안전이 확보되었는가?
- 지역 인근의 편의시설, 복지시설이 충분하고 서비스 질이 좋은가?
- 가까운 곳에 믿고 맡길 수 있는 자녀 보육시설이 있는가?
- 교통 및 이동에 어려움이 없는가?
- 안전하고 깨끗한 환경에 살고 있는가?
- 문화, 여가시설이 가까운 곳에 있는가?
- 주민자치의사결정 센터가 있는가?

출처 : 도시여성을 위한 유럽선언(1994) 중 발췌.

이와 같은 배경 속에서 '여성친화도시'는 본격적으로 조성되기 시작하였다. 오스트리아, 영국, 핀란드, 노르웨이 등 유럽 국가들과 캐나다를 중심으로 주로 여성도시계획가와 건축가가 설계에 참여하여 발전시켜 왔다. 오스트리아 비엔나를 중심으로 여성의 생활상을 반영한 양성평등한 주거단지를 새롭게 조성하고 소녀들의 공간 선호 유형을 반영하여 공원 형태를 구성하고 이들의 안전에 대한 취약성을 개선하고자 하였다. 영국은 여성건축가(WDS : Women's Design Service) 조직과 지방자치단체가 협력하여 런던 등 주요 도시의 거리 안전을 위한 가로등을 개선하고 화장실 등 시설물을 개선하는 방식으로 양성평등거리를 조성하였다.

캐나다의 토론토, 몬트리올은 여성단체의 요구를 반영하여 양성평등적 대중교통 서비스사업을 추진하였다. 예를 들어, '밤길 안전하게 다니기'의 일환으로 정류장에 투명유리나 위급전화를 설치하였고, 야간에 여성승객을 위하여 버스정류장과 버스정류장 사이 아무 곳, 원하는 곳에 정차하는 서비스를 운영하기 시작하였다.

한국 사회에서는 지난 2009년 익산시와 여수시 2개 지역이 최초로 여성친화도시로 지정되었다. 2024년 현재 전국의 100여 개가 넘는 지자체가 지정·조성되는 양적인 성장을 이루고 있다. 여성가족부에 따르면, "여성친화도시는 지역정책과 발전과정에 남녀가 동등하게 참여하고, 그 혜택이 모든 주민에게 고루 돌아가면서, 특히 여성의 성장과 안전이 구현되도록 하는 지역"이다. 여성친화도시에서의 '여성'은 사회적 약자를 대변하는 상징적인 의미이며 아동, 청소년, 장애인, 노인에 대한 배려를 포함하는 도시이다. 이를 실현하기 위해서, 지역정책에 남녀가 동등하게 참여하고, 공간을 포함한 지역의 정치, 경제, 사회, 문화적 삶에 성(Gender)인지적 관점을 통합하는 것이다. '삶의 질을 살피는 지역정책, 여성이 참여하는 행복한 지역 공동체'를 비전으로 한다. 「양성평등기본법」 제39조 및 시행령 제24조에 근거하고 있으며 여성친화도시 지정 대상은 시·군·구(특별자치시·특별자치도 포함) 지역이며 지정 기간은 5년으로, 5년마다 심사를 통하여 다시 지정될 수 있다. 시·군·구 지역 단위의 조성계획 및 성과보고서를 제출하면 시·도 추천 과정을 통하여 여성가족부가 심사를 통하여 지정한다.

여성친화도시는 형평성, 참여, 돌봄, 소통을 핵심가치로 추구하고 있다. 여성친화도시는 5개의 목표를 설정하였으며, 각 목표는 성평등 정책 추진 기반 구축, 여성의 경제·사회 참여 확대, 지역사회 안전 증진, 가족친화(돌봄) 환경 조성, 여성의 지역사회 활동 역량 강화이다. 5대 목표별 주요 추진과제는 지방자치단체 모든 부서에서의 업무 수행을 위한 제도적 기반, 여성의 취·창업활성화와 고용안정을 위한 지원, 각종 위험으로부터 안전한 지역환경 조성, 여성과 사회적 약자의 안정역량 강화, 양성평등한 고용환경 조성 및 돌봄에 대한 지역사회 책임 강화, 여성의 대표성 증진을 위한 조치 및 지역여성의 활동 확산 등 관련 과제를 제시하고 있다.

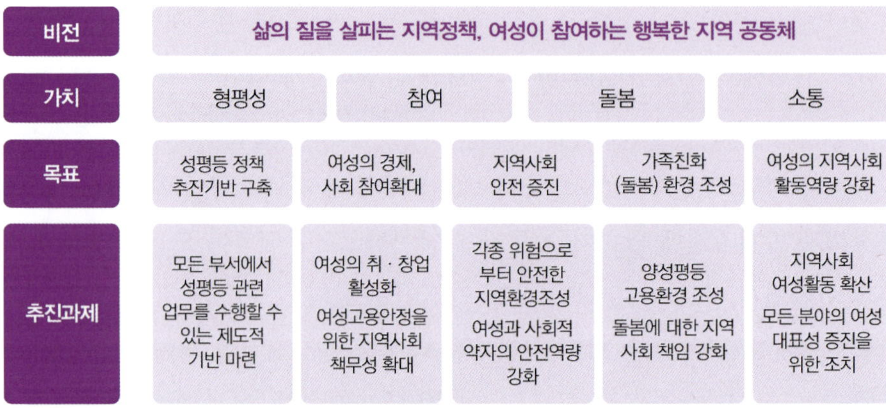

[그림 12-1] 여성친화도시 조성 방향

출처 : 여성가족부(2017). 여성친화도시 조성 매뉴얼.

지역사회를 기반으로 하는 여성친화도시의 조성은 교외 주거지역은 여성의 공간, 도심은 남성의 공간이라는 전통적인 이분법을 거부하는 것으로부터 출발하였다. 일과 직장을 병행하는 여성들의 이동권 보장과 범죄로부터 취약한 여성들의 안전 확보에도 주목하였다. 예를 들어, 아이를 동반한 남성을 배려한 편의시설(남성화장실의 기저귀 교환대) 설치 등 양성평등한 돌봄 환경 조성과 범죄예방을 위한 셉테드(CPTED)[5] 도입, 거리의 안내판 등 공공시설의 성별 고정관념 반영 요소 제거 등 다양한 모니터링 활동을 통한 개선이 추진되었다.

5 CPTED(Crime Prevention Through Environmental Design)는 환경설계를 통한 범죄예방 건축설계기법을 지칭하는 말이다. 즉, 건축물 등 도시시설을 설계 단계부터 범죄를 예방할 수 있는 환경으로 조성하는 기법 및 제도 등을 통칭한다(네이버지식백과).

(2) 젠더거버넌스로서의 여성친화도시 시민참여단

'여성친화도시'의 조성은 지역여성의 관점과 요구, 사회참여 의지를 도시정책에 통합시키는 과정을 기반으로 한다. '여성친화도시'는 지역의 주요 정책과정에 여성과 남성이 평등하게 참여하고 여성의 역량 강화, 돌봄 및 안전이 구현될 수 있는 도시로서 이를 실현하기 위한 지원체계 구축을 기반으로 하는 대표적인 지역 중심의, 지역 기반의 젠더정책이라 할 수 있다. '여성친화도시'는 지역의 정책결정 과정에서의 여성들의 참여를 보장하는 젠더거버넌스(Gender Governance) 체계를 구축하고, 전 부서의 사업을 성평등 관점으로 추진함으로써 지역정책의 성 주류화 전략 실현을 위한 지역 기반 젠더정책 프로젝트라 할 수 있다.

지역사회의 성평등을 실현하기 위한 '지역기반 젠더거버넌스' 모델로서 '여성친화도시 시민참여단' 사례를 살펴볼 수 있다. 젠더거버넌스사업은 지역 구성원과 행정이 함께 성인지 관점으로 정책을 점검하고 개선안을 만드는 과정, 시민과 행정이 함께 성평등한 사회를 만드는 활동이다. 성평등 실현을 위하여 지역사회 민과 관이 신뢰와 소통의 파트너십을 바탕으로 협력하는 체계를 말한다. 대표적인 지역사회의 젠더거버넌스 사례로 여성친화도시 시민참여단에 주목할 수 있다.

여성친화도시 시민참여단은 젠더거버넌스(Gender Governance) 형성의 구심점이라 할 수 있다. 이들의 활동은 젠더 관점에서 자신들이 거주하고 있는 지역을 형평성, 참여, 돌봄, 소통의 가치 추구의 관점에서 모니터링하고, 평가하고, 개선 활동을 통해 성평등한 지역사회를 조성한다는 차원에서 매우 높게 평가할 수 있다. 여성친화도시 조성은 지역의 정책결정 과정에 있어 지역여성의 소중한 참여의 기회를 제공하며, 지역여성의 성장을 돕고 나아가 지역 정책 전반에 성평등이 실현될 수 있는 가능성을 열어준다.

<여성친화도시 사례>

① 횡성군, '성평등 마을만들기'

사진 출처 : 경상매일신문(2024. 11. 10).

② 대구시 수성구 "수성여성클럽"

사진 출처 : 연합뉴스(2024. 11. 22).

<사례 ①>

횡성군은 농촌형 여성친화마을로서 주민 참여형 '성평등 마을만들기' 사업을 펼치고 있다. 성인지감수성 교육과 '우리 마을은 우리가 바꾼다'를 목표로 농촌의 일상적인 성불평등 관례 개선 등 성평등한 마을만들기를 확산하고 있다. 횡성군은 여성농업인의 자발적인 참여를 통하여 우리씨앗지킴이 활동과 다양한 여성농민복지사업도 펼치고 있다.

<사례 ②>

여성친화도시 수성구의 '수성여성클럽'은 지역여성의 다양한 사회참여와 활동 역량 강화사업을 펼치고 있다. 양성평등-그림책 스토리텔러 양성, 성평등 콘텐츠 제작교실 운영을 통한 영상 기획 및 제작, 여성·가족 친화마을 조성사업으로 마을공동체-'행복수성마을만들기' 사업이 추진되고 있으며, 여성 일자리 분야에서는 수성구 캐릭터 뚜비를 공예품으로 만드는 교육과정 '뚜비공작소' 등 다양한 창업 지원이 이루어지고 있다. 생활 속 여성 일자리 창출과 지역문제를 함께 고민하고 개선하기 위한 노력을 실천하고 있다.

③ 수원시 '마을안전이야기' 제작

출처 : 수원시청.

<사례 ③>

수원시 여성친화도시 시민참여단과 마을 주민들이 함께 <행복은 곡선, 안전은 직선>이라는 책자를 제작하였다. 주민들이 생각하는 마을 안전이 생생하게 담겼다. 책자에는 CCTV와 제설함 등 안전 시설물이 표시된 안전지도가 함께 수록되어 주민들이 안전한 생활을 하는 데 도움을 준다. 지역여성을 주축으로 마을에 대한 역사와 안전을 주제로 한 공감대를 형성함으로써 지역 내 안전을 넘어 시민 중심의 지역활동을 고취하는 성과를 이어가고 있다.

4. 지역여성의 참여와 연대 그리고 정책

1) 지역여성의 참여와 연대

지역여성의 참여 활동사례로 성인지예산[6] 제도화 노력의 과정을 살펴볼 수 있다. 전개 과정은 지역을 기반으로 하는 여성들의 참여와 연대를 통하여 펼쳐

6 국가의 예산 편성과 집행 과정에서 성평등 관점을 고려하는 제도이다. 여성과 남성의 차이를 고려하여 예산을 배분함으로써, 여성의 사회참여와 경제활동을 촉진하고, 양성평등을 실현하는 데 목적이 있다.

졌다. 2000년대 들어 지역사회의 성평등 가치 실현 및 성 주류화 전략의 실질적인 효과 도출에 뜻을 같이하는 지역의 여성들이 '성인지예산'을 주요 의제로 연대활동을 펼치기 시작하였다. 이후 전국 단위 활동을 펼치는 '성인지예산전국네트워크'[7]로 발전하여 활동의 영역을 넓혀나갔다. 각 지역의 성인지예산 제도의 정착과 발전을 위하여 지역의 젠더전문가, 성평등활동가 및 지역의원 등이 함께 모여 2006년부터 활동을 시작한 '성인지예산전국네트워크'는 지역사회 풀뿌리 여성주의 활동가들의 참여와 연대가 더욱 확대되는 계기가 되었다. 주요 참여 주체들은 한국여성단체연합 지부 및 회원단체, 성인지예산특별위원회 및 성평등지역정치위원회, 한국여성민우회, 광주여성민우회 등 지역 지부 및 지역 회원모임, 한국여성의전화 각 지역 지부, 여성정치세력민주연대, 대전여성정치네트워크, 인천여성회 등 지역여성단체, 풀뿌리여성네트워크, 서울시 각 자치구 단위 젠더거버넌스 모임 등이다.

이는 지역의 많은 여성 활동가들이 지방의회에 진입한 이후 지역여성운동과의 연계 속에서 만들어가고 있는 성과라는 점에서도 주목할 만하다. 지역여성의 눈과 다양한 관점으로 지역사회 자원 배분 과정의 성차별을 개선하고 모든 성별에 고른 혜택이 돌아가도록 노력한 대표적인 참여 사례라 할 수 있다.

<성인지예산의 제도화 과정과 지역여성의 참여와 연대>

- 2001년 여성민우회, 지방자치단체 여성정책과 예산의 새로운 패러다임 만들기 프로젝트 활동 "예산에도 성(gender)이 있다" 전개(2001~2003)
- 2002년 한국여성단체연합, <성인지적 예산정책 마련을 위한 청원서> 국회 제출
- 2003년 한국여성단체연합, '성인지적 예산정책 수립'을 3대 핵심사업으로 선정 및 사업 추진
- 2004년 한국여성단체연합, <17대총선 공약요구안>으로 정부 및 지자체 정책에 성인지적 관점 통합과 성인지예산 및 성별분리통계 시스템 구축 제시 요구

---

7 최근 '한국성인지예산네트워크'로 연대의 명칭이 변경되었다.

- 2004년 전국여성장애인연합, “여성장애인의 눈으로 바라본 예산의 현황과 과제” 토론회 개최
- 2004년 여성부, 성인지예산 시범분석 실시(보건복지부, 교육인적자원부, 농림부)
- 2005년 여성국회의원 주도 <성인지 예결산제도 도입촉구 국회의원 100인 기자회견> 개최
- 2006년 전국 15개 여성단체와 활동가가 참여한 ‘성인지예산전국네트워크’ 모임 활동 시작
- 2008년 ‘성인지예산전국네트워크’ 단체 창립
- 2008년 여성민우회, ‘예산분석네트워크’ 활동을 통해 성인지예산 분석활동 전개
- 2011년 「지방재정법」 개정, 성인지예·결산제 의무화
- 2017년 「광주광역시 성인지예산제의 실효성 향상 조례」를 시작으로 지자체 차원 독자 조례 제정
- 2019년 「전라남도 성인지예산제의 실효성 향상 조례」, 「제주특별자치도 성인지예산제 성과향상을 위한 관리 조례」, 「충청북도 성인지예산제 실효성 향상 조례」 제정
- 2020년 「경기도 성인지예산제 실효성 향상 조례」 제정 등 전국 모든 지자체로 확대

2) 지역사회 젠더정책 네트워크

최근 저출생으로 인한 지방소멸 위기감 속에서 인구정책 및 지방소멸 대응정책의 젠더 관점 반영 등 주요한 지역 의제를 성평등 관점에서 접근하고 공동으로 모색하고자 하는 움직임이 포착되고 있다. 지역 간 연대의 과정을 통하여 지역 여성의 경험을 드러낼 수 있는 효과적인 방안을 공동으로 모색하는 움직임에 주목할 수 있다. 지역 주도의 젠더정책 발전을 위한 연대조직이 구성된 것이다. 이는 전북, 전남, 광주, 제주 네 개 광역시도 산하 대표적인 성평등 정책 기구들이 함께 연대하여 구성한 ‘전라·제주 여성가족정책 네트워크’이다. 이들은 지역별 정책 현황을 토론하며 성인지적 관점에서의 인구위기, 지방소멸 등 현안과제의 해법 찾기를 공동으로 모색하기 위하여 연대하였다. 이는 정책 영역의 젠더 관점을 공유하는 지역 연대 거버넌스 사례로서 지역사회

구성원들이 함께 논의하고 지역이 중심이 되는 성평등 정책의 새로운 모델로 평가될 수 있다.

해당 네트워크에는 지역 행정기관은 물론 의회, 기업, 노동계, 언론, 시민단체 등 영역별로 다양한 주체들도 참여하여 협력하고 있다. 네트워크 구성원들은 지역 중심의 선도적 성평등 정책 모델 개발 및 정책 의제 발굴을 위해 협력하고, 중앙의 정부 정책을 적극 견인하는 데 힘을 모으는 것을 주요 아젠다로 선정하였다. 다양한 지역들의 관련 주체들이 함께 모여 젠더 관점을 공유하고 의제를 확산하는 연대와 협력은 지역 성평등 정책의 발전을 위한 새로운 행보가 될 수 있을 것이다.

'전라 · 제주 여성가족정책 네트워크' 출범

광주여성가족재단, 전남여성가족재단, 전북여성가족재단, 제주여성가족연구원 등 지역의 여성가족정책기관들은 2024년 5월 3일 국립아시아문화전당 국제회의실에서 '전라 · 제주 여성가족정책 네트워크' 출범식을 추진하였다. '전라 · 제주 여성가족정책 네트워크'는 광주, 전남, 전북, 제주를 대표하는 여성 · 가족 정책 전문기관이 모여 만든 지역 최초의 '광역형 성평등 기구'이다. 네트워크는 향후 성평등 거버넌스의 확립과 성평등 의제를 통한 해법을 지역사회에 지속적으로 제안할 계획을 밝혔다.

출처 : 광주여성재단 홈페이지.

여성들은 서로 다른 위치에서 다양한 경험을 하며 살아가고 있다. 이혜숙(2014 : 254)에 따르면 이때 '지역'은 여성의 삶에 지대한 영향을 미치는 시공간적 위치이며 여성주의 실천 단위로서 중요한 의미를 지닌다. 지방자치제도의 정착과 발전을 꾀하는 변화의 시기, 지역의 여성들은 지방자치 실현 과정에 젠더 관점이 반영되기를 기대하였으며 참여의 기회를 요구하였다. 이를 기반으로 오랜 기간 자신들이 경험하였던 성차별 문제를 지방 행정의 새로운 정책 과제로 옮겨오고자 하였다. 지역사회의 성차별 문제를 제도적으로 개선하고자 하는 지역여성들의 다양한 활동은 앞으로도 멈추지 않을 것이다.

본 장에서는 지역사회에서 전개되고 있는 젠더정책을 살펴보고자 하였으며 관련하여 주목할 만한 몇 가지 정책 사례들도 살펴보았다. 아무쪼록 본 장의 내용이 지역사회 젠더정책의 미래를 전망함에 있어 소중한 자료가 되고, 나아가 지역사회 성평등 실현에 일조하기를 바란다.

생각해볼 문제

1. 자신이 사는 지역의 현안을 찾아보고 젠더 관점에서 접근하여 어젠다를 만들어 보자.

2. 자신의 삶을 관통하고 있는 다양한 교차성(성별 및 성정체성, 출신지, 거주지, 연령, 가족형태, 전공, 직업 및 직종 등)에 대하여 예를 들어보자.

3. 지역사회에서 성평등가치를 실현하기 위하여 자신이 참여할 수 있는 활동에는 무엇이 있을지 고민해 보자.

참고문헌

김경희 외(2015). 성별영향분석평가의 정책개선 활성화를 위한 스토리텔링 연구. 서울 : 한국여성정책연구원.

김경희 외(2019). 국가성평등지수 개편 및 활용방안. 서울 : 여성가족부, p. 58.

김은희(2020). 성인지예산, 법제화 이후의 현재에 관한 재검토 : 지역으로부터의 실험에 비추어. **젠더법학**, 11(2), 91－116.

김희경(2009). 지구화, 지방화 시대의 지역여성과 여성운동. 진주 : 경상대 여성연구소 창립기념 학술대회 자료집.

박사옥・박윤환(2023), 여성친화도시 정책유지 영향요인에 관한 연구. **GRI연구논총**, 25(4), 137－169.

박선영・김복태・윤지소(2019). 성평등정책 추진체계 실질화를 위한 젠더거버넌스 강화방안. 서울 한국여성정책연구원.

신경아(2016). 여성정책에서 성평등정책으로? 젠더정책의 오해와 이해. **한국여성학**, 32(4), 1－36.

여성가족부(2017). 여성친화도시 조성 매뉴얼.

여성가족부(각 년도). 지역성평등보고서. 서울 : 한국여성성책연구원.

이혜숙(2014). 한국여성학과 지역 여성주의의 모색. **페미니즘연구**, 14(2), 243－280.

이혜숙(2016). **국가와 여성정책**. 서울 : 다산출판사.

임우연・안수영(2012). 지방자치 20년 충청남도 여성정책의 변화와 과제. 충남 : 충청남도여성정책개발원.

전윤정(2021). 성평등 추진체계의 국내외 현황과 과제. 국회입법조사처.

주경미(2013). 지역에서 소통하기 어려운 이유들. 여성학 돌아보다. 서울 : 이화여대 여성학과 30주년 기념 학술마당.

주재선・김효주・김은정・송치선(2023). 2023년 지역성평등보고서. 서울 : 여성가족부.

한국행정연구원(2001). 지방자치단체 여성정책기구 및 기능의 합리적 조정방안. 서울 : 여성가족부.

한희선・김영주・이경하・임우연・태희원(2018). **여성・젠더・사회**(제2판). 경기 : 공동체.

Crenshaw, Kimberle(1989). Demarginalizing the Intersection of Race and Sex : A Black Feminist Critique of Antidiscrimination Doctrine, Feminist Theory and Antiracist Politics. *University of Chicago Legal Forum, 1989*(1), 139－167.

Crenshaw, Kimberle(1991). Mapping the Margins : Intersectionality, Identity Politics, and Violence against Women of Color. *Stanford Law Review, 43*(6), 1241－1299.

Verloo, Mieke(2005). Displacement and Empowerment : Reflections on the Concept and Practice of the Council of Europe Approach to Gender Mainstreaming and Gender Equality. *Social Politics, 12*(3), 344–365.

Verloo, Mieke(2007). *Multiple Meanings of Gender Equality : A Critical Frame Analysis of Gender Policies in Europe.* Budapest : CPS Books.

Verloo, Mieke(2013). Intersectional and Cross–Movement Politics and Policies : Reflections on Current Practices and Debates. *Signs, 34*(4), 893–915.

Verloo, M., & E. Lombardo(2007). Contested Gender Equality and Policy Variety in Europe : Introducing a Critical Frame Analysis Approach. Mieke Verloo(Ed.), *Multiple Meanings of Gender Equality : A Critical Frame Analysis of Gender Policies in Europe.* Budapest : Central European University Press.

Young, Iris Marion(1994). Gender as Seriality : Thinking about Women as a Social Collective. *Signs, 19*(3), 713–738.

CHAPTER 13

정치와 젠더

1. 여성의원 비율 20%, 충분한가? 부족한가?

2020년에 진행된 한 설문조사에서 전체 응답자 중 절반의 사람들에게는 "현재 21대 국회의 여성의원 수는 전체 300명 중 57명(지역구 29명, 비례대표 28명)이고, 비율은 19.0%입니다. 귀하는 여성의원 수와 비율에 대해 어떻게 생각하십니까?"라고 물었다. 나머지 절반의 사람들에게는 "현재 21대 국회의 남성의원 수는 전체 300명 중 243명(지역구 224명, 비례대표 19명)이고, 비율은 81.0%입니다. 귀하는 남성의원 수와 비율에 대해 어떻게 생각하십니까?"라고 물었다. 전자의 질문에 응답한 사람 중 약 50%는 여성의원 비율이 '적다'고 응답했고, 약 40%는 '적절하다'고 응답했다. 후자의 질문에 응답한 사람 중에서는 약 63%가 남성의원 수와 비율이 '많다'고 응답했고, 32%가 '적절하다'고 응답했다(이진옥·권수현·서복경·장명선, 2020 : 89−90). 여성의원 수와 비율을 제시했을 때보다 남성의원 수와 비율을 제시했을 때 여성의원 수와 비율이 적다고 인식하는 비율이 7%p 더 높게 나타났는데 이는 여성의 저대표성보다는 남성의 과대대표성을 이야기할 때 여성대표성 부족을 상대적으로 조금 더 많이 인식한다는 결과를 보여준다.

한편 두 문항의 응답을 합쳐 20대 여성과 남성, 30대 이상 여성과 남성으로 구분해 응답을 살펴본 결과(그림 13−1 참조), 남성과 여성 집단 각각에서 세대 차이가 존재하는 것을 확인할 수 있는 동시에 같은 세대 내에서도 성별 차이가 존재하는 것을 확인할 수 있었다.[1] 20대 남성은 30대 이상 남성보다 현재의 여성의원 비율이 '적절하다'고 생각하는 경향이 높으며, 20대 여성은 30대 이상 여성보다 현재의 여성의원 비율이 '매우 적다'고 생각하는 경향이 높다. 30대 이상 여성과 남성 간 인식의 격차보다 20대 여성과 남성 간 인식의 격차가 크다. 20대 여성은 모든 집단 중 정치영역에서 여성이 저대표되어 있다는 데 가장 적극적으로 동의하는 집단이다.

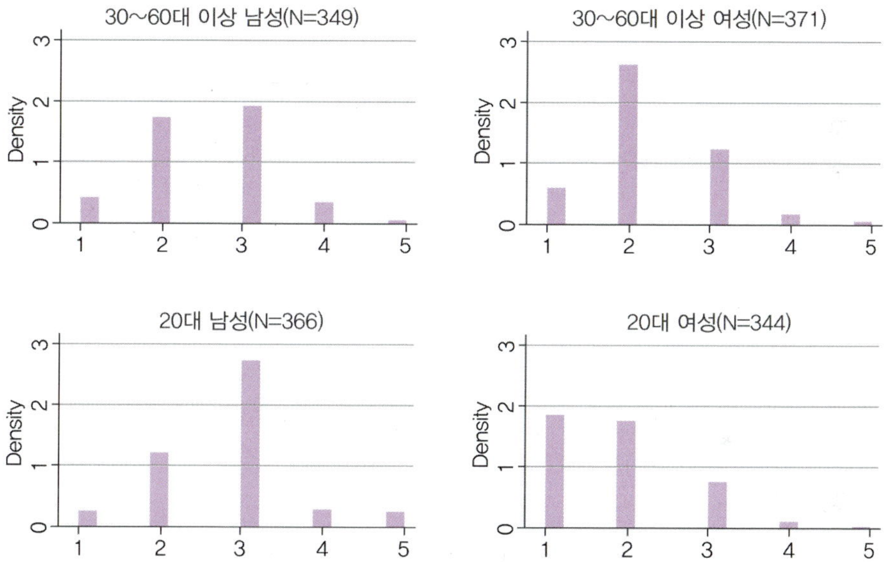

|그림 13-1| 현재 여성의원 비율의 적절성에 대한 응답 분포

출처 : 이진옥 · 권수현 · 서복경 · 장명선(2020), p. 145.

현재 여성의원 비율의 적절성에 대한 질문에 뒤이어 "귀하는 국회 여성의원 비율이 몇 % 정도가 적절하다고 생각하십니까?"라고 질문했고, 이에 대한 응답을 성별과 연령을 교차해 살펴본 결과는 <표 13-1>과 같다. 성별과 세대를 교차한 응답 추이는 흥미로운데 남성의 경우는 세대에 따른 경향성이 존재

1 응답은 5점 척도로 1점은 '(여성의원 수와 비율이) 매우 적다', 2점은 '다소 적다', 3점은 '적절하다', 4점은 '다소 많다', 5점은 '매우 많다'를 의미한다.

하지 않은 반면, 여성은 세대가 젊어질수록 적절한 여성의원 비율이 높아지는 경향을 보였다(이진옥 외, 2020 : 92).

<표 13-1> 적절한 여성의원 비율 : 성별×세대 평균

적절한 여성의원 비율 인식(0~100%)	평균(M)			t 통계량
	남성	여성	젠더갭	
20대	27.36	43.80	−16.44	−14.48***
30대	30.73	41.13	−10.40	−3.83***
40대	28.73	35.16	−6.42	−3.20**
50대	27.84	31.65	−3.81	−1.88
60세 이상	26.34	28.28	−1.93	−1.22
전체	27.95	34.66	−6.71	−8.88***

* p<0.05, ** p<0.01, ***p<0.001

주 : 각 행은 세대별 청년 여성과 남성을 동등한 비율로 공천하는 제도에 대한 태도의 차이에 대한 이표본가설검정(t−test) 결과이되, 전체 남성과 여성의 차이는 가중치를 반영한 단순회귀분석 결과임. 이해를 돕기 위해 응답이 0~1 사이의 값(0=전혀 동의 안 함~1=매우 동의함)을 갖도록 하였음.

출처 : 이진옥 외(2020), p. 145.

<표 13−1>의 결과를 |그림 13−1|과 동일하게 20대 여성과 남성, 30대 이상 여성과 남성으로 구분한 |그림 13−2|를 보면, 20대 여성을 제외한 나머지 세 집단의 그래프는 거의 유사한 모형을 보인다. 물론 30대 이상 남성이 생각하는 적절한 여성의원 비율은 25~35% 사이에 존재하며, 30대 이상 여성은 30~40% 사이, 20대 남성은 15~30% 사이에 존재한다. 반면, 20대 여성은 압도적으로 50%에 밀집해 있다(이진옥 외, 2020 : 146). 20대 여성은 30대 이상 여성, 20대 남성, 30대 이상 남성 집단과 비교해 남녀동수(parity) 또는 성균형(gender balance) 의회를 가장 지지하는 집단이다.

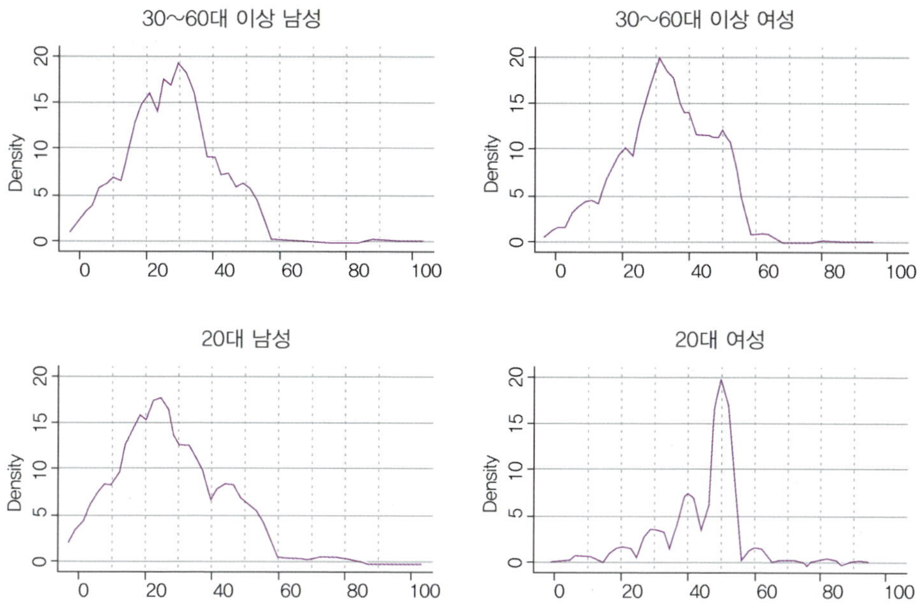

|그림 13-2| 적절한 여성의원 비율 응답

출처 : 이진옥 외(2020), p. 146.

2024년 4월 10일에 진행된 22대 국회의원선거(총선)에서 여성의원 비율이 20%(300명 중 60명)가 되었다. 한국 의회 역사상 가장 높은 수치라고 하나 한국의 국제적 위상을 고려할 때 부끄러운 수준이다. 약 190여 국가를 대상으로 매월 여성의원 비율을 측정하고 있는 국제의회연맹(IPU : Inter-Parliamentary Union) 조사에 따르면, 여성대표성의 전 세계 평균은 2024년 4월 기준으로 26.9%이다. 경제협력개발기구(OECD : Organization for Economic Cooperation and Development) 국가들의 여성대표성 평균은 2023년 기준으로 33.8%이다. 한국과 비슷한 여성대표성 비율을 가지고 있는 국가는 방글라데시, 사우디아라비아, 과테말라 등이다. 이러한 사실과 현실은 경제발전이나 민주주의가 자동적으로 여성대표성을 보장하지 않는다는 것을 말해준다. 즉, 성평등한 민주주의가 만들어지기 위해서는 의도적인 노력이 필요하다.

대의제 민주주의하에서 젠더의제가 정치적·정책적으로 다뤄지기 위해서는 젠더의제를 대표할 수 있는 집단의 정치적 대표성이 확보되어야 한다. 여성의 수(number)를 의미하는 기술적 대표성(descriptive representation)이 여성의 이해라는 실질적 대표성(substantive representation)을 자동적으로 보장하지는 않지만 기술적 대표성 없이 실질적 대표성을 실현할 수 없다는 것 또한 사실이다. 젠더 부정의와 불평등의 문제가 공적영역에서 다뤄지고 해결되기 위해서 낸시 프레이저(Nancy Fraser)가 참여동수(parity of participation)를, 아이리스 영(Marian Iris Young)이 집단대표제(group representation)를 이야기한 이유이다(김희강, 2010; Fraser, 2017).

2. 여성 없는 민주주의 : 중립을 가장한 남성지배

1) 인간에 포함되지 않았던 여성과 참정권 투쟁

1776년에 발표된 미국의 '독립선언서(Declaration of Independence)'는 "우리는 다음의 진리를 자명하다고 믿는다. 모든 인간은 평등하게 태어났으며, 조물주는 (인간에게) 몇 개의 양도할 수 없는 권리를 부여했다. 그 권리 중에는 생명과 자유와 행복의 추구가 있다."고 밝혔다. 1789년 프랑스혁명 과정에서 발표된 '인간과 시민의 권리선언(Declaration of the Rights of Man and of the Citizen)'도 제1조에서 "인간은 권리에 있어 자유롭고 평등하게 태어나 생존한다. 사회적 차별은 공동이익을 근거로 해서만 있을 수 있다."고 밝혔다. 식민지배와 절대왕권과 같은 폭압으로부터 벗어나기 위해 모든 인간이 평등하고 자유롭다고 선언했고, 그것이 근대의 기본정신이라고 할 수 있다.

그러나 근대 혁명이 선언한 인간에 여성은 포함되지 않았다. 서구 정치사상에서 인간은 백인 남성을 기본값으로 전제했고, 따라서 백인 여성은 남성과 동일한 조건을 갖고 있어도 (때로는 더 나은 조건을 갖고 있어도) 오직 남성이 아니라는 이유로 남성과 동일한 권리를 갖지 못했다. 남성만이 인간으로 인정받는다는 사실을 알아챈 올랭프 드 구주(Olympe de Gouges)는 1791년에 '여성과 여성시민의 권리선언(Déclaration des droits de la femme et de la citoyenne)'을 통해 "모든 여성은 자유롭고 남성과 평등한 권리를 갖고 태어난다" 그리고 "모든 주권의 원칙은 본질적으로 여성과 남성의 집합인 국민에게 있다"(Gouges, 2019 : 26–27)며, 시민(국민)에 성별이 존재하고, 그 성별은 (최소한) 여성과 남성이며, 그 여성과 남성은 평등한 권리를 갖는다는 것을 드러냈다. 더 나아가 여성이 천부적인 권리를 행사하지 못하는 원인으로 "남성이 여성에게 행사하는 항구적인 폭정"을 지목하며, 여성에 대한 제약이 "이성의 법을 통해 개혁"되기 위해서 여성은 단두대만이 아니라 "연단에 오를 권리"를 가져야 한다고 강조했다(Gouges, 2019 : 27–29).

여성이 "연단에 오를 권리"인 참정권을 쟁취하기 위한 여성들의 집단적인 투쟁은 올랭프 드 구주의 외침이 있은 지 약 50년이 지나서 미국과 영국에서 가시화됐다. 미국의 루크레티아 모트(Lucretia Mott, 1873~1880), 엘리자베스 캐디 스탠턴(Elizabeth Cady Stanton, 1815~1902), 수잔 B. 앤서니(Susan B. Anthony, 1820~1906), 소저너 트루스(Sojourner Truth, 1797~1883), 그리고 영국의 밀리센트 포셋(Dame Millicent Garrett Fawcett, 1847~1929), 에멀린 팽크허스트(Emmeline Pankhurst, 1858~1928), 에밀리 와일딩 데이비슨(Emily Wilding Davison, 1872~1913)과 같은 수많은 백인·흑인 여성에 의해 1840년대부터 참정권 운동이 진행·확산되었다.

현재는 당연한 기본적인 권리이고, 선거가 치러질 때만 인식하게 되는 권리이며, 때로는 주권자가 권리 행사를 거부하기도 하는 참정권을 획득하기 위해 참정권이 없던 여성들은 목숨을 걸고 싸웠다. 영국의 대표적인 여성 참정권 운동단체 중 하나인 여성사회정치연맹(WSPU : Women's Social and Political Union) 회원들은 우체통에 폭탄을 넣어 터트리거나 상가의 유리창을 깨는 것과 같은 물리력을 동원한 투쟁을 진행했고, 경찰에 붙잡혔을 때 벌금을 내고 풀려나는 대신 감옥에 들어갔으며, 감옥에서 단식투쟁을 하면서 남성이 독점한 의회와 정부가 여성 참정권을 보장할 것을 요구했다.

여러 국가에서 진행된 여성들의 참정권 투쟁 속에서 가장 먼저 여성 참정권이 인정된 국가는 뉴질랜드(1893년)고, 그 다음이 호주(1902년)다. 당시 호주의 여성 참정권은 백인 여성에게만 인정된, 인종차별에 근거한 참정권이었고(이는 남성도 마찬가지이)다. 1962년이 되어서야 원주민 여성도 참정권을 행사할 수 있게 됐다는 점에서 호주가 여성 참정권의 선구적인 국가라고 하는 것은 서구 백인 여성 시각이다. 영국에서는 1918년에 처음으로 여성 참정권이 인정됐는데 여성은 30세 이상, 남성은 21세 이상으로 연령에 따른 성차별이 여전히 존재했다. 연령에 따른 성차별은 10년이 지난 1928년이 되어서야 사라졌다. 미국은 1920년에 수정헌법 19조가 비준되면서 여성 참정권이 확보되었는데 이 또한 인종차별을 용인한 여성 참정권이었다. 1965년 「투표권법(Voting Right Act of 1965)」이 제정되면서 흑인 여성과 남성 모두 온전하게 투표권을 행사할 수 있게 됐다는 점에서 미국 여성 참정권의 실질적 보장은 최근의 일이라고 할 수 있다.

한 국가 내에서 참정권을 행사할 수 있는 여성의 범위가 계속 확대되고, 2000년대에도 여성 참정권이 보장되는 국가가 있고(대표적으로 사우디아라비아에서는 2015년에 여성 참정권이 인정되었다), 법적으로 여성 참정권이 보장되어 있지만 현실적으로 여성 참정권 행사가 어려운 국가들이 있다는 점에서 여성 참정권 투쟁은 아직 끝나지 않았다고 할 수 있다. 또한 많은 국가의 30%도 안 되는 여성대표성 비율은 여성의 투표할 권리(선거권)는 보장되었지만 여성이 대표가 될 권리(피선거권)는 보장되었다고 하기 어렵다는 점에서 여성 참정권은 아직 절반의 권리이며, 여성 참정권 투쟁은 현재진행형이라고 할 수 있다.

2) 반쪽의 여성 참정권 : 여성의 저대표성? 남성의 과대대표성?

참정권을 이야기할 때 많은 경우, 선거권에 초점을 둔다. 그러나 참정권은 선거권만이 아닌 피선거권까지 포함하며, 올랭프 드 구주가 말한 "연단에 오를 권리"는 선거권보다는 피선거권에 더 방점을 두고 있다. 따라서 여성 참정권의 보장 정도나 수준은 선거권이 아닌 피선거권, 여성의 정치적 대표성(women's political representation) 차원에서 평가되어야 한다.

여성의 정치적 대표성 중 기술적 대표성(descriptive representation)의 전 세계적인 현황을 살펴보면(IPU, 2024), 2024년 8월 기준으로 전 세계 평균은 26.9%이다. 대륙별로 살펴보면, 아메리카 평균은 34.9%, 유럽 평균은 31.5%, 사하라 이남 아프리카 평균은 27.3%, 아시아 평균은 21.5%, 태평양 평균은 19.2%, 중동과 북아프리카 평균은 17.7%이다. (하원 기준으로) 개별 국가 차원에서 여성의원 비율이 가장 높은 국가는 르완다(63.8%)이고, 쿠바(55.7%), 니카라과(53.9%), 안도라(50.0%), 나미비아(50.0%), 아랍 에미리트 연합국(50.0%), 코스타리카(49.1%), 아이슬란드(47.6%), 스웨덴(46.7%) 순이다. 약 190개 국가 중에서 여성의 기술적 대표성의 최소 수준(critical mass)이라고 이야기되는 30%를 넘는 국가는 66개이다. 한국 순위는 118위다.

드루드 달럽(Drude Dahlerup)은 선출된 여성 비율을 기준으로 남성이 의회를 장악한 정도를 기술했는데(표 13-2 참조), 여성 비율이 10% 미만일 때는 '남성 독점(monopoly)', 10~25% 사이일 때는 '거대한 다수의 남성', 25~40%일 때는 '작은 다수의 남성', 40~60%일 때가 되어야 '동수(parity)' 또는 '성별균형(gender balance)' 상태라고 규정했다(Dahlerup, 2018 : 53). 여성 비율 30%는 남성 독점도 여성 독점도 아니지만 남성 독점에 익숙한 사람들은 여성의원이 30%만 돼도 "성평등이 실현되었다", "여성이 정계를 장악했다"(Dahlerup, 2018 : 52)고 말한다. 그러나 <표 13-2>에서 보이듯 여성 비율이 10% 미만일 때 '남성 독점'이 가능하듯이 '여성 독점'이 가능하기 위해서는 여성 비율이 90% 이상이야 한다. 따라서 여성 비율 30%는 성평등도 여성 독점도 아닌, 여전히 남성이 많은 상태일 뿐이다. 그리고 여성대표성이 지향하는 바는 여성 독점이 아니라 성별 균형이다.

<표 13-2> 여성의 기술적 대표성에 근거한 남성의 정치 장악 정도

선출된 여성 비율	남성의 정치 장악 정도
10% 미만	남성 독점(monopoly)
10~25%	거대한 다수의 남성
25~40%	작은 다수의 남성
40~60%	동수(parity) 또는 성별균형(gender balance)

출처 : Dahlerup(2018), p. 53.

여성의 정치적 대표성과 관련한 논의는 오랫동안 여성의 저대표성(underrepresentation)에 초점이 맞춰져 논의되어 왔고, 여성대표성이 낮은 상황이 문제로 지적됐다. 이를 극복하기 위해 성별할당제(gender quota system)[2] 실시를 비롯해 여성 정치인 육성과 지원에 초점을 맞춘 여러 정책이 시행되었다.

그런데 과연 여성이 저대표되고 있는 것이 문제인가? 반대로 여성의 저대표성이라는 현상은 문제의 원인이 아니라 결과라고 할 수 있다. 오랜 시간 동안 남성이 정치를 독점해 왔고 지금도 과대대표하고 있기 때문에 여성이 저대표된 것이다. 따라서 해결해야 할 것은 여성의 저대표성이 아닌 남성의 과대대표성(overrepresentation)이며, 남성의 과대대표성을 제한하기 위한 해결책이 모색되고 논의되어야 한다.

2 한국에서 할당제는 '여성할당제'로 이야기되는데 여성에 대한 낙인을 강화하는 효과가 있으며, 여성 저대표성의 원인인 남성 과대대표성의 문제가 가려지기 때문에 '성별할당제'로 표기한다.

3) 성별할당제의 제도화 : 성과와 한계

서구 여성들의 투쟁으로 여성 참정권의 헌법적 보장은 확보되었으나 실효성은 담보되지 못했다. 특히 여성의 정치적 대표성은 서구에서도 오랜 시간 동안 지체되었는데 해방 직후 한국 여성은 여성 참정권의 실질적 보장과 실현을 위한 다음 단계, 즉 성별할당제의 법제화를 주장했다. 남조선과도입법의원(1946년 미군정이 정권을 인도하기 위해 설립하였던 과도적 성격을 띤 입법기관) 선거를 앞둔 1946년 9월, 독립촉성애국부인회, 독립촉성여자청년단, 조선여자국민당, 불교여성총연맹, 여자기독청년연합회 등 5개 여성단체들은 러치(A. Lerch) 장관에게 입법의원 중 1/3을 여성에게 할당할 것을 요구하는 진정서를 제출했고, 남조선과도입법의원이 구성된 이후에 진행된 「입법의원선거법」 제정 논의 때는 여성의원 1/4을 요구했다(권수현, 2014 : 46). 그러나 이러한 요구는 남성 정치인들에 의해 "편법"으로 매도되었고, 헌법에 "남녀동등권"이 부여되었고, "투쟁해서 실력으로 나온 사람이 가치가 있다"는 등의 이유로 거부되었다(젠더정치연구소 여.세.연, 2018).[3]

여성들의 성별할당제 요구는 50년 이상이 지난 2000년에 처음 법제화되었다. 정치개혁에 대한 요구가 높았던 16대 총선을 앞두고 국회는 「정당법」을 개정했고, 이때 "정당은 비례대표 전국선거구 국회의원 선거후보자와 비례대표 선거구 시·도의회의원 선거후보자 중 100분의 30 이상을 여성으로 추천하여야 한다"는 조항이 신설되었다. 이후 성별할당제는 <표 13-3>과 같은 개정을 거쳐 현재에 이르고 있다(권수현, 2018 : 41).

---

3 이러한 남성 정치인들의 반발에 대해 당시 남조선과도입법의원으로 활동했던 신의경은 다음과 같은 소회를 밝혔다. "입법의원의 한 모퉁이에서 여섯 달 동안 느낀 것은 남녀동등권의 말만 해도 구역이 나서 못 견디어 하는 남성들이면서도 자기들에게 유리할 때는 남녀동등권이 뚜렷하다는 것을 주장한다. 요새는 필요할 때마다 남녀동등권이 있으니 실력이 있는데 투쟁하라고 하는 말을 무책임하게 할 때이다(젠더정치연구소 여.세.연, 2018)."

<표 13-3> 한국 성별할당제의 변화

<table>
<tr><th>연 도</th><th>국 회</th><th>광역의회</th><th>기초의회</th></tr>
<tr><td>2000년</td><td colspan="2">• 비례대표 후보 30% 이상 여성 추천(의무사항)</td><td></td></tr>
<tr><td>2002년</td><td></td><td>• (의무) 비례대표 후보 50% 이상 여성 추천 + 명부 교호순번제(2인마다 여성 1인) + 위반 시 등록 무효
• (권고) 지역구 후보 30% 여성 추천 + 여성추천보조금 지급</td><td></td></tr>
<tr><td rowspan="2">2004년</td><td>• (의무) 비례대표 후보 50% 이상 여성 추천
• (권고) 지역구 후보 30% 이상 여성 추천 + 여성추천보조금 지급</td><td></td><td></td></tr>
<tr><td colspan="3">여성정치발전비법제화(정당 경상보조금의 10%를 '여성정치발전'을 위해 사용)</td></tr>
<tr><td>2005년</td><td colspan="2">• 비례대표 후보 명부 교호순번제(홀수 번 여성 배정, zipper system)
• 여성추천보조금 배분대상 기준 변경</td><td>• 지역구 중선거구제실시(+정당 공천)
• (권고) 지역구 후보 30% 이상 여성 추천
• (의무) 비례대표제 후보 50% 이상 여성 추천 + 명부 교호순번제(홀수 번 여성 배정)</td></tr>
<tr><td>2006년</td><td></td><td></td><td>• 지역구 여성추천보조금 지급
• 비례대표 후보 명부 위반 시 등록 무효</td></tr>
<tr><td>2010년</td><td></td><td colspan="2">• (여성의무공천제) 광역의회나기초의회 선거 중 한 선거에서 국회의원 지역구마다 1명 이상을 여성으로 추천(일부 지역 제외) + 위반 시 등록 무효</td></tr>
<tr><td>2018년</td><td>• (국회의원 선거) 비례대표 후보 명부 위반 시 등록 무효</td><td></td><td></td></tr>
</table>

출처 : 권수현(2021), p. 51.

성별할당제가 여성의 기술적 대표성을 단기간에 상승시키는 가장 효과적이고 빠른 방법이라는 데 대해서는 이견이 없다. 한국을 포함해 성별할당제를 도입한 많은 국가에서 여성의 기술적 대표성이 증가했다. 한국에서도 정당들이 법제화된 성별할당제를 처음으로 지켰던 2004년 17대 총선에서 여성의원 비율이 13.0%를 기록해 이전 16대 국회 때 5.9%보다 두 배 이상 증가했다. 이러한 수적 증가는 전적으로 성별할당제, 특히 비례대표제에 적용된 성별할당제 덕분이었다.

그러나 한국의 성별할당제는 비례대표 후보를 공천할 때만 강제력을 갖고 있기 때문에 비례대표 의석이 증가하거나 정당이 의지를 갖고 지역구 후보 중 30% 이상을 여성으로 공천하지 않는 한 현 제도를 통한 여성의원 비율 상승은 어렵다. 성별할당제를 실시한 이후 비례대표 의석이 지속적으로 줄어든 상황에서도 매 국회의원 선거마다 여성의원 비율은 약 2%p 정도로 계속 증가해 왔는데(그림 13-3 참조), 이는 성별할당제의 효과가 아닌, 여성 후보 개인의 노력, 특히 지역구에 도전하고 출마한 여성 후보 개인의 노력이 성공해서 만들어진 결과이다.

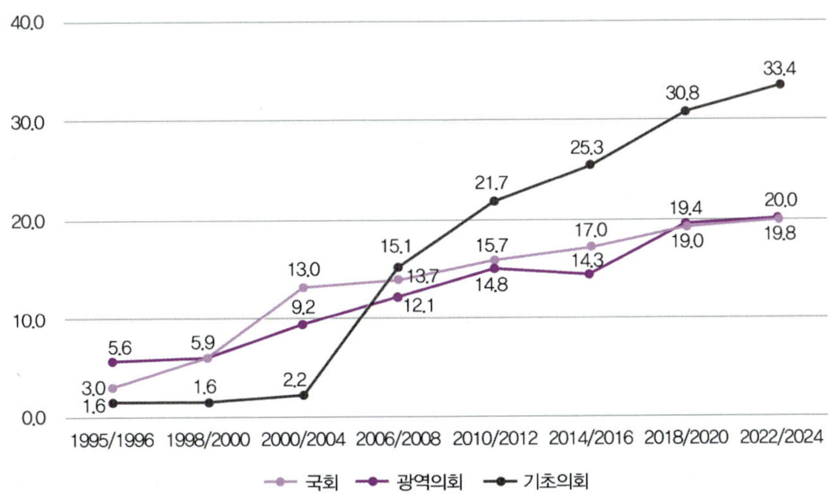

|그림 13-3| 국회/ 광역의회/ 기초의회 여성의원 비율 변화

4) 남성 역차별과 남성할당제

한국 정치에서 성별할당제 도입은 여성의 정치적 대표성 제고보다는 시민의 정치개혁 요구에 대한 대응과 당시 273석이던 국회 의석을 299석으로 증가시키고자 하는 남성 국회의원과 정당의 전략적 이익에 의해 추동되었다(정진영, 2013). 성별할당제를 실시해야 하는 이유에 대한 문제의식과 정치적 공감대 부재는 남성 정치인들의 가시적인 거부와 저항으로 나타났다.

2012년 민주통합당 지도부(한명숙 대표)가 지역구 후보 중 여성을 15%로 하겠다고 하자 소속 남성의원들과 예비후보들은 "남성들의 경선 참여 기회를 원천 봉쇄하는 역차별"(손원제, 2012)이라며 반발했고, 결국 지역구 여성 후보 15% 공천은 실현되지 못했다. 2015년 8월 20일 새누리당에서 진행한 "여성정치참여의 양적 · 질적 확대를 위한 토론회"에서 김무성 전 대표는 "여성 국무위원 숫자는 94위, 여성 최고지도자 숫자는 39위, 합계 93위다. (순위가) 나쁜 것에 대해서 남성의 책임이라고 미루는 게 사실 아닌가. … 여러분 정신이 거기에 머물러있으면 절대로 여성 숫자가 안 올라간다"며 "정신차려라. 모두 여성들 책임이다. 떼쓰지 말고 스스로 개발하고 노력해야 한다"며(이길호, 2015), 낮은 여성대표성의 책임을 여성에게 전가했다. 2016년 2월 3일에 열린 새누리당의 "20대 총선 여성 예비후보자 대회"에서도 김무성 전 대표는 야당 여성후보를 "꽃꽂이 후보"로 폄하했고, 여성인 김을동 최고위원은 자당 여성 예비후보자들에게 "여성이 너무 똑똑한 척을 하면 굉장히 밉상을 산다"며 "약간 좀 모자란 듯한 표정을 지으면 된다"는 것을 조언으로 건넸다(허백윤, 2016).

성별할당제를 반대 · 거부하는 논리 중 하나가 '남성에 대한 역차별'이며, 다른 하나는 '능력 없는 여성이 정치에 진입'하거나 '일부 여성만이 상징적으로 등용'될 뿐이라는 것이다(권수현, 2018 : 45). 20대 국회의원을 대상으로 실시한 설문조사 결과를 살펴보면(그림 4 참조), 응답한 남성의원 109명 중 27명(22.3%)이 '할당제는 역차별이다'라는 데 대해 (다소 그리고 매우) 동의한다는 입장을 밝혔다. 반면, 응답한 여성의원 37명 중에서는 한 명도 이에 동의하지 않았다.

'할당제는 일부 여성들이 상징적으로 등용되는 효과가 있다'에 대해서 남성의원 122명 중 50명(41%)이 (다소 그리고 매우) 동의한다는 입장을 밝힌 반면, 여성의원(37명) 중에서는 2명(5.4%)만이 동의한다고 밝혔다. 또한 '할당제는 필요 없으며 능력을 바탕으로 선출하는 것이 좋다'에 대해서도 남성의원(121명) 중 31명(25.6%)이 (다소 그리고 매우) 찬성했으며, 여성의원(38명) 중에서는 1명(2.6%)만이 찬성했다. 성별할당제에 대한 여성의원과 남성의원 간 태도 차이가 극명하다.

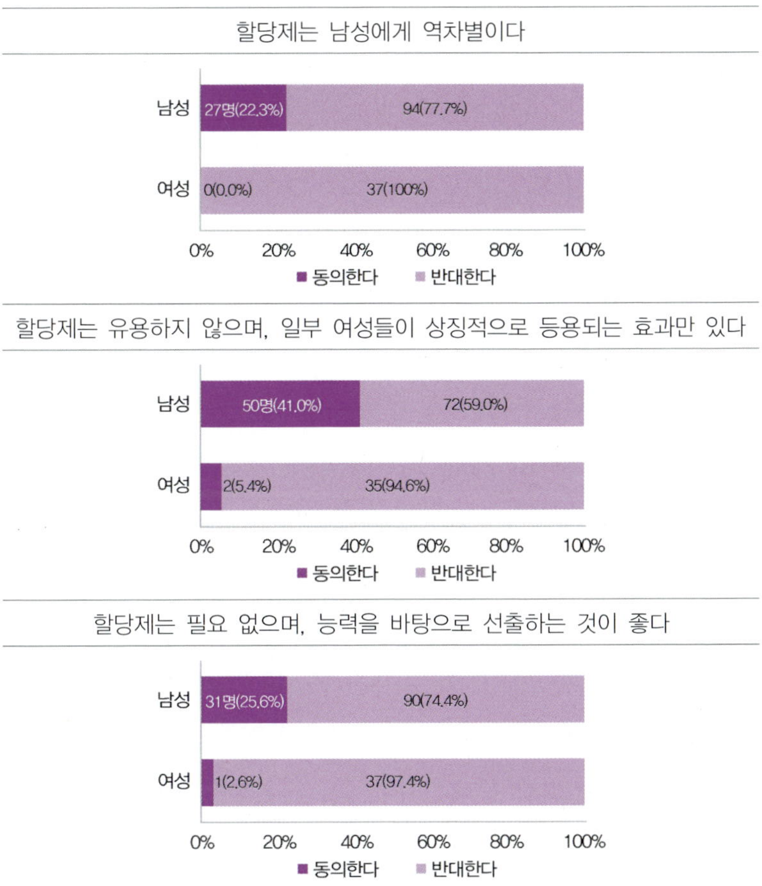

|그림 13-4| 20대 국회의원의 성별할당제에 대한 태도

출처 : 권수현(2018), p. 45.

성균형의회(legislative gender balance/parity)[4]에 대한 태도를 분석한 연구에서도 여성의원이 남성의원보다 성균형의회를 찬성하는 경향이 높았고, 선수가 낮을수록, 여성의원 수가 적다고 인식할수록, 청년할당제에 찬성할수록 성균형의회를 더 지지하는 것으로 나타났다(신기영・황아란, 2017).

성별할당제가 능력 없는 여성을 정치에 진입하게 한다는 주장이 사실인지 여부를 판단하기 위해 스웨덴 사례를 분석한 연구에 따르면, 성별할당제를 도입한 이후 여성의 능력에는 큰 변화가 없는 반면, 오히려 남성의 능력이 성별할당제 도입 이전보다 더 향상된 것으로 나타났다(Besley et al., 2017). 이는 성별할당제를 반대하는 사람들이 주장하는 능력주의(meritocracy)가 오히려 성별할당제를 통해 달성된다는 것을 보여준다. 여성의 경우는 성별할당제 도입 전후로 능력에 있어 큰 변화가 없었는데 여성은 정치에 진입할 때 언제나 남성보다 더 많은 능력을 요구받았고 남성보다 더 많은 능력을 가진 여성들이 정치에 진입해 왔다는 것을 말해준다. 대만, 영국, 이탈리아 사례분석에서도 성별할당제 도입 이후 여성과 남성 의원 간 자질에 있어 차이가 없거나 오히려 여성이 더 나은 자질을 갖고 있거나 남성의 자질이 높아진 것으로 나타났다(Allen, Cutts, & Campbellet, 2016; Baltrunaite et al., 2014; Huang, 2016).

성별할당제가 여성의 저대표성을 강조하는 방향에서 논의되면서 여성들은 자신들이 전통적인 남성성에 부합하는 사람이라는 것을 증명해야 할 뿐 아니라 남성보다 더 나은 가치를 제공해야 했다. 그럼에도 남성보다 열등한 존재로 취급받았고 끊임없이 능력에 대한 검증을 요구받았다. 반면, 남성 정치인들의 대표로서의 자질과 역량에 대해서는 문제제기도 검증도 제대로 이뤄지지 않았다(권수현, 2018 : 54). 이러한 문제의식하에서 레인보우 머레이(Rainbow Murray)는 성별할당제를 저대표되고 있는 집단을 위한 목표량을 제공하는 것이 아닌, 과대대표되고 있는 집단에 대해 한계를 설정하는 것으로 재개념화해야 한다면

4 성균형의회는 남녀의원 비율이 40:60~60:40의 범위에서 구성되는 의회를 말한다(신기영・황아란, 2017 : 29).

서 남성할당제(quota for men)를 제시했다(Murray, 2014). 남성의원의 비율을 제한함으로써 남성들 또한 경쟁을 통해 자신의 능력과 자질에 대한 검증을 받게 되며, 그동안 의회에 진입할 수 있었으나 배제되었던 후보자들의 범위(pool)가 넓어져 더 다양한 이해가 대표될 수 있기 때문이다.

3. 성별화된 정치 제도와 문화

1) 정치적 야망

여성은 남성과 비슷한 수준의 교육과 직업 배경을 가지고 있음에도 불구하고 남성보다 자신의 성취와 역량을 낮게 평가하고(Crowder-Meyer, 2013), 따라서 선거 출마를 고려하거나 후보에 적합하다고 생각하는 경향이 낮다(Kenny & Verge, 2016). 잠재적으로 선거 후보가 될 가능성이 높은 법조계·산업계·교육계·정치계 전문직 종사자들을 대상으로 조사한 결과, 여성은 남성보다 통계적으로 유의미하게 정치적 야망(political ambition)이 낮은 것으로 나타났고(Lawless & Fox, 2008), 이와 유사한 경향이 18~25세 청년 집단에도 존재하는 것으로 확인되었다(Lawless & Fox, 2013). 한국의 경우도 남성의 정치적 야망이 여성보다 통계적으로 유의미하게 높다. 여러 정당의 청년 당원 대상으로 조사한 연구에서 응답자 여성 중 20.9%, 남성 중 30.9%가 출마를 고려해 본 적이 있는 것으로 나타났다(윤지소 외, 2019). 시민을 대상으로 한 설문조사에서도 남성(약 20%)이 여성(약 10%)보다 두 배 정도 선출직 출마를 더 많이 고려해 본 것으로 나타났다(이진옥 외, 2020).

그런데 여성이 정치에 참여하고 출마하지 않는 것이 여성의 책임인가? 여자아이가 대통령이 되겠다는 목표를 밝혔을 때와 남자아이가 동일한 목표를 밝혔을 때 부모, 친인척, 교사, 주변 사람들의 반응이 과연 동일할까? 성인이 되어도 이러한 현실은 변하지 않는다. 정치적 야망을 가진 성인 여성에 대해서는 "독하다", "욕심이 많다" 등 부정적으로 표현하는 반면, 성인 남성에 대해서는 "배짱이 있다", "남자라면 그 정도 목표는 가져야지" 등과 같이 완벽하게 다른 반응을 보인다. 여성의 정치적 야망 부재나 낮음은 여성에게 정치를 권하지 않는 성별화된 사회화(gendered socialization)로 인한 결과이지 원인이 아니다.

2) 정치진입

정치에 진입하는 과정에서도 여성과 남성 간에 차이가 있다. 남성은 자발적으로 후보를 결정하는 경향이 높은 반면, 여성은 자발적 결정 이전에 다른 사람으로부터 후보 제안을 받거나 배우자나 자녀의 승인을 필요로 하는 경향을 보인다(Bledsoe & Herring, 1990; Carroll & Sanbonmatsu, 2010). 한국에서도 유사한 경향이 나타나는데 20대 국회의원을 대상으로 실시한 설문조사에서 지역구 여성의원은 '소속 정당의 공식적인 요청'(61.1%)에 의해 지역구 출마를 결심하게 됐다고 밝힌 반면, 지역구 남성의원은 '자발적 결정'(66.9%)으로 출마를 결심하게 됐다고 밝혔다(권수현, 2019 : 106). 이는 남성 중심의 남성화된 공간인 지역구에 여성이 진입하기 위해서는 정당과 같이 권위를 가진 조직의 승인이 필요하다는 것을 말해준다.

남성과 유사하거나 더 뛰어난 경력을 갖고 있다고 하더라도 여성이 출마를 자발적으로 결정하기 어려운 데는 여성에 대한 부정적인 고정관념과 결혼・임신・출산・양육・돌봄을 여성에게만 요구하는 정치・문화적 압력도 중요한 요인으로 작동한다. 결혼을 하지 않은 여성에게는 "왜 결혼을 하지 않았냐?"고 묻고, 결혼한 여성에게는 "아이는 언제 낳을 거냐?"고 묻고, 아이가 있는 여성에게는 "아이는 어떻게 하고 선거에 나왔냐?"고 묻는(데 사실은 비난에 가깝)다. 비혼이든 기혼이든 남성은 이런 질문을 받지 않고, 비난도 받지 않는다.

선출직 도전에 있어 여성과 남성 간에 차이가 나타나는 이유는 정당이 성별을 구분하고, 여성에게 적극적으로 정치를 권하지 않기 때문이기도 하다. 남성과 유사한 경력을 갖고 있다고 하더라도 여성은 정당 (남성) 관계자들로부터 후보 출마 요청을 남성보다 덜 받는다는 사실(Lawless & Fox, 2008; 2010)은 정당이 여성을 차별하고 있다는 것, 정치가 여성을 배제해 왔다는 것을 보여준다. 정당 지도부나 관계자가 여성일 경우에는 여성 후보를 추천할 가능성이 높다는 것(Caul, 1999; Kunovich & Paxton, 2005)은 권한을 가지고 있는 지위에 여성이 더 많아질 필요가 있다는 것을 말해준다.

여성이 정치에 참여하지 않는 또 다른 이유는 현실정치가 개인의 권력 쟁취와 연장을 위한 수단 이상의 의미를 가지고 있지 못하기 때문이기도 하다. 설문조사에 따르면, 여성은 남성보다 개인의 권력을 위해 정치에 참여하는 것에 대해 더 부정적인 태도를 보인다. 그런데 개인의 권력이 아닌 공동체를 위한 권력으로 권력의 개념을 재수정할 경우에는 여성 내에서 정치(경력) 추구를 긍정적으로 보는 태도가 증가했고, 여성과 남성 간 성차도 사라졌다(Schneider et al., 2016).

3) 정치자금[5]

정치를 하기 위해서는 '돈(money)', 정치자금(political funding)이 필요하다. 그래서 대의제 민주주의 국가들은 개인의 정치적 의사를 돈으로 표현하는 기부를 허용하면서도 선거가 돈에 의해 전적으로 좌우되는 것을 막기 위해 선거비용이나 후원금 액수를 제한하는 방식으로 정치자금제도를 운영하고 있다. 문제는 이러한 정치자금제도가 이미 가진 자에게 더 유리하고, 못 가진 자에게는 더 불리한 방식으로 제도화되어 있다는 것이다.

성별화된 노동분업의 구조 속에서 여성들은 남성들보다 자산이 적을 뿐만 아니라 정치자금을 모을 수 있는 인적 자원과 네트워크도 부족하다(Barber,

---

5 이 부분의 내용은 권수현(2021)에서 발췌하였다.

Butler & Preece, 2016; Falguera, Jones & Ohman, 2014; Kitchens & Swers, 2016). 21대 총선에서 당내 경선에 참여했다 탈락한 한 여성 정치인은 여성과 남성이 정치자금을 모을 수 있는 바탕이 다르기 때문에 여성이 거대정당에서 후보가 되는 것은 '대단한' 도전이 아니라 '위험한' 도전이라고 밝혔다(이진옥 외, 2020).

19대 국회의원의 2014년 후원금 모금액을 분석한 연구에 따르면(전용주·구본상, 2015), 여성의원의 후원금 모금액 평균(약 127,517,419원)과 남성의원의 평균(약 176,070,860원) 사이에 통계적으로 유의미한 차이가 있는 것으로 나타났다. 같은 의원이어도 남성의원이 여성의원보다 후원금을 더 많이 모은다. 20대 총선에 출마한 후보자들을 대상으로 후원금 모금액 결정요인을 살핀 연구에서도 후원금은 평균 액수에 있어 남성이 여성보다 더 많이 모금하는 것으로 나타났고, 통계적으로도 유의미한 차이가 있었다(전용주, 2019). 단, 다른 요인들을 통제했을 때는 성별 차이가 사라졌다.

선거에 출마하는 모든 여성이 정치자금에 어려움을 겪는 것은 아니다. 거대정당 소속이거나 자신이 속한 정당의 지지기반이 강한 지역구에 출마하거나 현직 등의 조건을 충족하면 여성도 남성만큼 또는 그 이상 후원금을 모을 수 있다. 문제는 이러한 조건을 충족하는 여성들이 많지 않고, 여성들이 그러한 조건을 충족시키기 어렵다는 것이다. 더욱이 소수정당이나 무소속으로 출마하는 경우가 많은 (페미니스트) 청년 여성 정치인의 경우, 이들은 소수정당과 무소속에 불리한 정치자금제도로 인해 절대적으로 열세인 상황에서 선거를 치러야 한다. 이들 정치인과 정당은 선거를 하면 할수록 빚을 떠안게 되며, 이로 인해 정치를 떠나는 경우도 많다.

현 국민의힘과 더불어민주당에 유리한 정치자금제도는 거대양당제도를 유지시키는 강력한 힘이며, 대표의 다양성과 성평등 정치를 가로막는 장벽이기도 하다. 정치자금이 문제라고 하는 것을 넘어 정치자금을 젠더 관점에서 개혁하는 것이 필요하다.

4) 정치활동 : 여성 정치인에 대한 폭력

'정치에서의 여성폭력(VAWP : Violence Against Women in Politics)'은 오래 전부터 존재해 왔지만 그동안 숨겨져 왔던 현상(hidden phenomenon)이다. 영국의 한 여성의원이 언급했듯이 "모든 사람들이 여성 정치인에 대한 폭력이 일어나고 있다는 것을 알고 있었고, 정치에서 활동하는 모든 여성에게 일어나고 있었다(O'Connell and Ramshaw, 2018)." 그러나 여성 정치인이라는 지위, 다른 여성과 비교해 상대적으로 권력을 가진 지위에 있다는 사실로 인해 여성 정치인이 겪는 폭력은 가시화되지 못했다.

국제사회가 정치에서의 여성폭력에 주목하기 시작한 것도 오래되지 않았다. 유엔은 2011년 제66차 총회 결의안(66/130), '여성과 정치 참여'에서 처음으로 정치에서의 여성폭력을 언급했고, 공공영역에 종사하는 여성과 후보자에 대한 폭력에 무관용으로 대응하겠다는 원칙을 밝혔다(권수현 외 2021). 이후 유엔여성기구(UN Women)는 2017년에 '2018−2021 전략계획(Strategic Plan 2018−2021)' 중 '여성의 정치적 권한과 리더십' 부분에 정치에서의 여성폭력 내용을 포함했고, 2018년에는 정치에서의 여성폭력 원인과 결과, 예방조치 등의 내용을 포함한 프로그램을 마련해 유엔총회에 보고했다(권수현 외, 2021).

국제의회연맹(IPU)은 2016년에 39개 국가 55명의 여성의원을 대상으로, 2018년에는 유럽의 여성의원과 직원을 대상으로 정치에서의 여성폭력 실태조사 결과를 발표했다(IPU, 2016; 2018). 이를 바탕으로 2020년에 "의회 내 여성에 대한 성차별, 괴롭힘 및 폭력 근절을 위한 가이드라인"을 발행했다(IPU, 2020). 유엔여성기구(UN Women)와 유엔개발계획(UNDP : United Nations Development Programme)은 2018년에 '선거에서 여성에 대한 폭력 예방 프로그래밍 가이드'를 제작해 배포했고, 2021년에는 유엔여성기구가 '정치에서의 여성폭력을 예방하기 위한 가이드 노트'를 발간했다. 동년 유엔여성지위위원회(CSW : Commission on the Status of Women)에서 '정치에서의 여성폭력'이 논의되었다(젠더정치연구소

여.세.연, 2023).

개별 국가 차원에서도 정치에서의 여성폭력 근절을 위한 법·제도화가 진행되었다(이하 내용은 젠더정치연구소 여.세.연, 2023 참조). 볼리비아는 전 세계 최초로 정치에서의 여성폭력에 대응하는 개별법인 「여성에 대한 정치적 폭력과 괴롭힘 방지법(Ley 243)」을 제정했다. 멕시코에서는 국가선거위원회, 연방선거법원, 선거범죄에 관한 연방 검찰, 국가여성위원회 등이 협력하여 「정치에서 여성폭력문제를 다루기 위한 규약」을 만들었다. 캐나다 의회는 2015년에 의회규칙(standing order)으로 「의원 간 성적 괴롭힘에 대한 의원들의 행동수칙(Code of Conduct for Members of the House of Commons : Sexual Harassment Between Members)」을 마련했다. 민주주의연구소(NDI : National Democratic Institute)는 2016년에 정치에서의 여성폭력 근절을 위해 전 지구적으로 #NotTheCost 캠페인을 진행했다. 이는 정치에서의 여성폭력이 정치를 하는 여성이 감수해야 할 대가(cost)가 아니라는 메시지를 표현한 것이다.

류호정 전 의원(정의당)이 원피스를 입었다는 이유만으로 온라인에서 무차별적인 성희롱 공격을 당했고, 임기 중에 임신했던 용혜인 의원(기본소득당)도 온라인 커뮤니티에서 자신의 임신한 몸에 대한 성희롱 발언을 목도했다. 페미니스트를 밝혔던 여성 청년 정치인들은 선거 포스터가 훼손되는 경험을 했고, 여성의당 후보의 선거운동에 자원봉사로 참여했던 여성은 누군가가 던진 돌에 맞는 물리적 피해를 경험했다. 광역자치단체장이었던 안희정·오거돈·박원순의 성범죄 사건은 정치에서의 여성폭력 문제에 있어 한국도 예외가 아니라는 것을 확인해 준다.

한국에서 관련 실태조사는 서울시 광역의원과 기초의원을 대상으로 한 성차별·성희롱·성폭력 실태조사(김은경·이선민, 2020)가 거의 유일하다. 정치에서의 여성폭력과 관련한 외국 입법례를 소개한 보고서(권수현 외, 2021)에도 사례들이 다루어졌지만 실체를 파악하기에는 부족하다. 2023년 1년 동안 여성시민단체인 젠더정치연구소 여.세.연은 '정치에서의 여성폭력 ㅃㅃ('ㅃㅃ'는 뿌리뽑기,

삐－삐－, 빠이빠이 등 여성폭력 경고와 근절을 의미함)'라는 캠페인을 진행했다.

실제 일어난 사건들이 있고 현재도 그리고 미래에도 유사한 사건들이 일어날 가능성이 높지만 정치에서의 여성폭력에 대한 문제의식은 정치권에서도 시민사회에서도 부재하다. 여성 정치인의 수를 늘리는 것만큼 모든 여성이 안전하게 정치에 참여할 수 있는 구조와 환경을 만드는 것도 중요하다. 이 일을 할 책임은 현재 정치를 하고 있는 사람들에게 있다.

4. 모두를 위한 민주주의

여성의 정치적 대표성을 이야기하는 것은 여성만을 이야기하는 것이 아니다. 여성뿐 아니라 노동자, 장애인, 이주민, 북한이탈주민, 청년, 성소수자 등 그동안 정치에서 배제되었던 집단들에 대해 이야기하는 것이며, 이들의 동등한 정치 참여와 대표성이 보장되어야 한다고 주장하는 것이다. 구조적 차별과 불평등으로 이득을 누리는 엘리트 중심의 정치권력을 다양성이 보장되는 민주적인 정치권력으로 바꾸자는 요청이다.

현재 한국 정치는 중년, 중상층, 고학력, 남성이 다수를 차지하고 의사결정 과정에서 중요한 영향력을 행사하고 있다. 정치에 진입한 여성 또한 중년, 중상층, 고학력을 배경으로 가진 이가 다수이다. 남성 정치집단에서도 여성 정치집단에서도 다양성이 부재하며, 이는 한국 사회의 기득권을 강화하며, 구조적 차별과 불평등을 더 가속화하는 결과로 이어지고 있다.

구조적으로 불공정하며 불공평한 정치 참여와 대표성 문제를 해결할 수 있는 가장 빠르고 효과적인 방법이 할당제이다. 의도적인 개입 없이 구조적 문제의 해결은 불가능하다. 한국 정치가 성별할당제뿐 아니라 청년할당제와 장애인할당제를 법으로 규정해 놓은 이유이기도 하다. 할당제가 능력주의나 공정에 반한다고 주장하는 사람들이 있으나 연구결과는 오히려 능력주의에 부합한다는 것을 보여준다(Allen, Cutts, & Campbellet, 2016; Baltrunaite et al., 2014; Besley et al., 2017; Huang, 2016). 기득권 집단이 과대대표되는 것을 억제하는 할당제는 그동안 정치에서 배제된 집단들이 동등하게 정치에 참여할 권리를 보장함으로써 정치적 대표의 다양성과 민주주의 질을 높이는 데 중요한 (잠정적) 수단이 될 수 있다.

그런데 할당제만으로 특정 집단의 과대대표성 문제가 해결되는 것은 아니다. 그동안 정치에서 배제되었던 집단이 정치적 대표가 되기 위해서는 세력화하는 과정과 훈련 과정이 필요하다. 독일과 영국 등 유럽국가들에서는 정치인을 키우기 위해 어린 시절부터 정당에 참여해 활동할 수 있도록 했고, 정당 내에 청년조직(youth wing)을 만들어 정치활동을 할 수 있는 기회를 보장하고 있다. 독일은 종교수업과 함께 정치교육을 헌법에 명시해 놓고 있고 초등학교 때부터 의무적으로 정치수업을 진행하고 있으며, 영국 또한 사회통합의 방안으로 학교에서 정치교육(정치참여, 선거제도, 정당정치, 의회정치, 사법제도 등)을 학습하도록 하고 있다(이정진, 2020; 임유진 · 김명정, 2022). 국제의회연맹(IPU) 또한 청년의 정치적 대표성에 관심을 갖고 각국의 청년 대표성을 조사해 보고하고 있으며,[6] 정치참여, 청년의원의 정치세력화, 의정활동에 청년의 시각을 통합시키는 것을 목표로 글로벌 컨퍼런스를 조직하고 있다(윤지소 · 권수현, 2020).

반면, 한국은 2022년 1월, 「정당법」을 개정해 한국에서도 만 16세 청소년부터 정당에 가입할 수 있게 했지만 18세 미만 청소년에게 법정대리인의 동의를 받도록 해 정당 가입의 자유를 억제했다. 또한 2020년에 일부 학교와 교육청에서 정치교육의 일환으로 '모의투표'를 계획했는데 중앙선거관리위원회가 "선거에 영향을 미치는 행위에 이르게 될 수 있다"며 금지했다(김혜인, 2024).

---

6 2024년 11월 기준으로 30세 이하 청년의 정치적 대표성 전 세계 평균은 2.9%, 40세 이하 평균은 19.08%, 45세 이하 평균은 32.63이다. 2024년 5월 기준으로 한국은 30세 이하는 0.0%, 40세 이하는 5.67%, 45세 이하는 9.67%이다.

정치적 편향이나 정치화를 이유로 일부 시민의 정치 참여와 활동을 금지하려는 기성 정당과 정치인, 공공기관의 정치적 편향에도 불구하고 정치적 소수집단은 정치적 대표성을 확보하기 위해 정치적 권리를 실천해 왔다. 2008년 당시 민주노동당 최현숙 성소수자위원장은 자신이 레즈비언이라고 밝히며 한국 최초로 성소수자 국회의원 후보로 출마했다. 19대 국회 민주통합당 장하나 의원, 20대 국회 자유한국당 신보라 의원, 21대 국회 기본소득당 용혜인 의원은 국회 임기 중에 임신과 출산을 했다. 21대 정의당 류호정 의원은 김영삼 전 대통령 이후 최연소 국회의원이 되었다. 이러한 사례가 일시적이고 특수한 것이 아닌 일상적이고 보편적인 것이 되어야 한다.

민주주의는 모든 사람의 자유와 평등을 전제한다. 그러나 현실은 그렇지 않다. 개인의 물질적 이득을 극대화하는 것을 경제적 자유라는 이름으로 정당화하는 자본주의는 체계적 불평등을 강화하며 지배와 피지배 체제를 공고히 한다. 이를 견제할 수 있는 것이 민주주의이며, 민주주의가 자본주의를 견제하는 역할을 하기 위해서는 누구나 정치에 참여하고 대표될 수 있는 정치적 자유를 확대하는 것이 필수적이다. 여성의 정치적 대표성과 성평등 정치는 누구도 배제되지 않는 정치적 자유를 보장하기 위함이며, 모두를 위한 민주주의를 실현하는 마중물이 될 수 있다.

생각해볼 문제

1. 개인적으로 호감을 갖고 있거나 지지하는 여성과 남성 정치인을 각각 한 명씩 뽑고, 그 정치인을 선호하는 이유와 정치인으로서의 장점과 단점에 대해 이야기해 보자.

2. 인물이나 정당을 선택할 때 개인의 판단 기준에 대해 이야기를 나누고, 더 나은 인물이나 정당을 선택하는 데 도움을 줄 수 있는 공동의 판단 기준 목록을 만들어 보자.

3. 선거를 통해 선출된 대표는 공익을 위해 활동해야 하지만 때로는 사익을 위해 정치를 이용하는 모습을 보이기도 한다. 대표가 되기 위해 갖추어야 하는 역량과 자질, 윤리와 책임 등에 대해 이야기해 보자.

참고문헌

권수현(2014). 민주화 이후 젠더개혁 연구 : 한국 여성정책 입법과정 분석을 중심으로. 고려대학교 대학원 박사학위논문.

권수현(2018). 백래쉬에 대처하는 페미니스트의 자세 : 남성할당제와 남녀동수. **젠더법학**, 10(1), 37－65.

권수현(2019). 정치진입의 성별화된 장벽들 : 20대 국회의원의 출마결정 요인과 성차. **페미니즘연구**, 19(1), 91－128.

권수현(2021). [정치의 비밀정원] 정치와 돈(2) – 빈익빈 부익부 강화하는 정치자금제도. 여성신문(2021.10.24). https://www.womennews.co.kr/news/articleView.html?idxno=216522 (검색일 : 2024. 8. 27).

권수현・박선영・김은희・심선희・박보람(2021). 정치영역 여성폭력 방지를 위한 외국의 입법례 및 국내 입법화 방안 연구. 서울 : 더불어민주당 전국여성위원회. (미간행)

김은경・이선민(2020). 인권친화적 의회만들기 : 지방의회 여성의원에 대한 성차별・성희롱・성폭력 실태조사. (미간행)

김혜인(2024). "총선 첫 투표 고교생 '형식적 선거교육' 개선을." 전남일보(2024. 1. 25). https://www.jnilbo.com/72609893020 (검색일 : 2024. 11. 29).

김희강(2010). 공공성, 사회집단, 그리고 심의민주주의. **한국정치학회보**, 44(2), 5－27.

손원제(2012). '지역구 15% 여성공천'…민주당 논란 불붙어. 한겨레(2012. 2. 7). https://www.hani.co.kr/arti/politics/politics_general/517895.html (검색일 : 2024. 8. 26).

신기영・황아란(2017). '성균형의회'에 대한 제20대 국회의원의 인식 분석. **한국과 국제정치**, 33(4), 27－57.

윤지소・권수현(2020). 청년의 정치참여와 대표성 : 청년당원의 인식을 중심으로. **현대정치연구**, 13(3), 51－83.

윤지소・이수연・문미경・김인순・천재영・권수현(2019). 청년여성의 정치의식과 정치세력화 방안에 관한 연구. 서울 : 한국여성정책연구원.

이길호(2015). 김무성, 女의원 열세에 "모두 여성들 책임" …왜? 뉴데일리(2015. 8. 20). https://www.newdaily.co.kr/site/data/html/2015/08/20/2015082000183.html (검색일 : 2024. 8. 28).

이정진(2020). 정치교육의 현황과 개선방안 연구. **입법과 정책**, 12(1), 5－29.

이진옥권수현・서복경・장명선(2020). 성평등한 정치대표성 확보 방안 연구. 서울 : 국가인권위원회.

임유진・김명정(2022). 독일과 영국 청소년의 정당 활동과 정치교육. **법교육연구**, 17(3), 159－181.

전용주(2019). 선거에서의 후원회 모금액 결정 요인에 관한 연구 : 제20대 국회의원 선거를 중심으로. **비교민주주의연구**, 15(2), 75-96.

전용주 · 구본상(2015). 국회의원 정치자금 모금액 결정 요인에 관한 연구 : 2014년 후원금을 중심으로. **의정연구**, 46, 32-67.

젠더정치연구소 여.세.연(2023). ③ 정치에서의 여성폭력, 해외에서는 어떻게 대응하고 있을까? http://www.womanpower.or.kr/2014/bbs/board.php?bo_table=B23&wr_id=54 (검색일 : 2024. 8. 27).

젠더정치연구소 여.세.연(2018). 너 할당제 알아? 진짜 알아? 동수는. http://www.womanpower.or.kr/2014/bbs/board.php?bo_table=B36&wr_id=3 (검색일 : 2024. 6. 26).

허백윤(2016). 김을동 의원 "여성이 너무 똑똑한 척하면 밉상…약간 모자란 듯 해야" 서울신문(2016. 2. 3). https://www.seoul.co.kr/news/newsView.php?id=20160203500517 (검색일 : 2024. 8. 28).

Allen, Peter, David Cutts, & Rosie Campbell(2016). Measuring the Quality of Politicians Elected by Gender Quotas – Are They Any Different?. *Political Studies, 64*(1), 143-163.

Baltrunaite, Audinga, Piero Bello, Alessandra Casarico, & Paola Profeta(2012). Gender Quotas and the Quality of Politicians. *Journal of Public Economics, 118*, 62-74.

Besley, Timothy, Olle Folke, Torsten Persson, & Johanna Rickne(2017). Gender Quotas and the Crisis of the Mediocre Man : Theory and Evidence from Sweden. *American Economic Review, 107*(8), 2204-2242.

Bledsoe, Timothy & Mary Herring(1990). Victims of Circumstances : Women in Pursuit of Political Office. *The American Political Science Review, 84*(1), 213-223.

Carroll, Susan J., & Kira Sanbonmatsu(2010). Entering the Mayor's Office : Women's Decisions to Run for Municipal Office. Midwest Political Science Association, Chicago. U.S.A. 22-25 April 2010.

Caul, Miki(1999). Women's Representation in Parliament : The Role of Political Parties. *Party Politics, 5*(1), 79-98.

Crowder-Meyer, Melody(2013). Gendered Recruitment without Trying : How Local Party Recruiters Affect Women's Representation. *Politics & Gender, 9*, 390-413.

Dahlerup, Drude(2018). *Has Democracy Failed Women?*. Polity Press Ltd. 이영아 역(2018). **민주주의는 여성에게 실패했는가**. 서울 : 현암사.

Fraser, Nancy(2013). *Fortunes of Feminism*. Verso Books. 임옥희 역(2017). **전진하는 페미니즘**. 경기 : 돌베개.

Gouges, Olympe de(2014). Femme, réveille-toi! : Déclaration des droits de la femme et de la citoyenne. 박재연 역(2019). 여성과 여성 시민의 권리 선언. 서울 : 꿈꾼문고.

Huang, Chang-Ling(2016). Reserved for Whom? The Electoral Impact of Gender Quotas in Taiwan. *Pacific Affairs, 89*(2), 325-343.

IPU(2016). Sexism, Harassment and Violence Against Women Parliamentarians. https://www.ipu.org/resources/publications/issue-briefs/2016-10/sex-ism-harassment-and-violence-against-women-parliamentarians (검색일 : 2024. 8. 27).

IPU(2018). Sexism, Harassment and Violence Against Women in Parliaments in Europe.https://www.ipu.org/resources/publications/issue-briefs/2018-10/sex-ism-harassment-and-violence-against-women-in-parlia-ments-in-europe (검색일 : 2024. 8. 27).

IPU(2019). Guidelines for the Elimination of Sexism, Harassment and Violence Against Women in Parliament. 국회사무처 역(2020). 의회 내 여성에 대한 성차별, 괴롭힘 및 폭력 근절을 위한 가이드라인. 서울 : 대한민국 국회.

Kenny, Meryl & Tània Verge(2016). Opening Up the Black Box : Gender and Candidate Selection in a New Era. *Government and Opposition, 51*(3), 351-369.

Krook, Mona Lena(2010). Beyond Supply and Demand : A Feminist-institutionalist Theory of Candidate Selection. *Political Research Quarterly, 63*(4), 707-720.

Kunovich, Sheri & Pamela Paxton(2005). Pathway to Power : The Role of Political Parties in Women's National Political Representation. *American Journal of Sociology, 111*(2), 505-552.

Lawless, Jennifer L., & Richard L. Fox(2008). Why Are Women Still Not Running for Public Office? https://www.brookings.edu/wp-content/uploads/2016/06/05_women_lawless_fox.pdf (검색일 : 2024. 8. 17).

Lawless, Jennifer L., & Richard L. Fox(2012). Men Rule : The Continued Under-Representation of Women in U.S. Politics. https://www.american.edu/spa/wpi/upload/2012-Men-Rule-Report-final-web.pdf (검색일 : 2018. 12. 17).

Lawless, Jennifer L., & Richard L. Fox(2013). Girls Just Wanna Not Run. https://www.american.edu/spa/wpi/upload/girls-just-wanna-not-run_policy-report.pdf (검색일 : 2024. 8. 27).

Murray, Rainbow(2014). Quota for Men : Reframing Gender Quotas as a Means of Improving Representation for All. *American Political Science Review, 108*(3), 520-532.

Norris, Pippa & Joni Lovenduski(1995). *Political Recruitment : Gender, Race, and Class in the British Parliament.* New York : Cambridge University Press.

O'Connell, Shannon, & Graeme Ramshaw(2018). Violence against Women in Politics. Westminster Foundation for Democracy. https://www.wfd.org/sites/default/files/2022-05/violence-against-women-in-politics-global-perspectives-of-a-global-issue.pdf (검색일 : 2024. 8. 27).

Schneider, Monica C., Mirya R. Holman, Amanda B. Diekman, & Thomas McAndrew(2016). Power, Conflict, and Community : How Gendered Views of Political Power Influence Women's Political Ambition. *Political Psychology, 37*(4), 515-531.

CHAPTER 14

정부와 젠더 : 성평등 정책의 추진체계

1. 젠더정책의 대상과 내용

이제까지 다양한 정책영역과 '젠더'와 연계한 젠더 문제를 살펴보았다. 그러면 다양한 젠더 문제는 누가, 사회 정책적 해결 문제로서 어디에서 주로 다루고 해결하고 있나? 이 책의 전 주제 영역에서 드러났듯이 정책영역에 따른 젠더 문제는 관련 정책영역에서 독립적으로 다루거나 혹은 젠더정책을 총괄하는 부처에서 중점적으로 다룬다. 그런데 정책으로서 젠더정책이라는 것이 있는가? 이 낯선 정책영역은 언제부터 어떠한 형태로 존재해 왔는가?

젠더정책은 새로운 정책이 아니며 정책대상과 내용이 변화함에 따라 오늘날과 같은 젠더정책으로 변화·확장되고 있다. 젠더정책은 사회적 성별로 나타나는 차별과 불평등을 완화하거나 해소하는 데 목적을 둠으로써 성평등 정책이라고도 하며, 성별 불평등이나 성차별의 문제를 구조적 관점에서보다는 사회적 취약계층의 대상으로서 '여성'의 사회·경제적 지위 향상과 권익증진에 초점을 둔 시기에 젠더정책은 '여성정책', 더 거슬러 올라가면 '부녀정책'으로 명명되기도 하였다. 따라서 여기서 젠더정책은 성평등 정책, 여성정책 등과 동일한 개념으로 이전 시기의 여성정책이나 (양)성평등 정책은 오늘날 젠더정책으로의 변화를 담고 있다. 오늘날 젠더정책은 대상으로 '여성'에만 초점을 두는 것이 아니라, 성평등을 지향하며 정책대상으로서 여성과 남성을 포함하고 있기에 젠더정책이란 용어를 사용할 수 있지만, 이전의 젠더정책은 정책대상으로서 '여성'에 초점을 두고 있기에 젠더정책으로 대체할 수 없다. 따라서 시기적으로 여성정책 패러다임의 시기에서는 '여성정책'으로, 이후 여성정책이 여성과 남성을 통합되는 시기에서는 '(양)성평등 정책' 혹은 '젠더정책'으로 명시하고자 한다.

2. 젠더정책의 변화와 추진체계 개요

우리나라 여성정책의 발전과정은 국제적인 여성정책 패러다임의 변화과정과 맥락을 같이한다고 할 수 있다. 즉, 현재 성평등 정책으로서 성 주류화 전략[1]은 발전과정에 있는 국가들의 여성정책 추진의 한계를 보완하기 위한 전략으로 제안된 것으로 그간의 여성정책 발전과정에서 한계들을 보완하며 전개되어 왔는데(마경희, 2007), 크게 WID 접근과 GAD 접근으로 구분할 수 있다. 이와 같은 관점의 변화에 따라 정책 추진체계와 내용이 변화되고 있다는 점에서 각 접근의 특징과 내용을 살펴볼 필요가 있다.

먼저 제3세계의 개발도상에 있는 나라들이 '발전과정에서 여성'을 통합할 것을 강조한 WID(Women in Development) 접근은 여성들이 발전과정에서 주요한 역할을 담당하였음에도 불구하고 정책의 수혜자로서는 소외되어 온 현실에 문제의식을 갖고 '여성'을 적극적인 정책의 수혜자로 통합할 것을 강조한 것이다. 그러나 이와 같은 '여성' 중심의 접근은 성별 관계의 변화를 끌어내는 데 한계를 가지면서 성별 관계의 통합을 강조한 GAD(Gender and Development) 접근이 주창되었다. 이 접근은 성불평등은 여성만의 문제로 해결될 수 없고, 사회관계 속에서 형성된 차별적 지위와 역할, 불균등하게 분배된 자원 등의 구조화된 성별 관계의 변화가 필요하므로 여성정책의 초점을 여성 중심에서 성별 관계의

1 성 주류화 전략은 구체적으로 성별영향평가, 성인지예산, 성인지통계, 여성친화도시 정책 등을 포함하고 있다.

변화로 옮기면서 그 강조점에 변화를 가져온 것이다. 다만, 성별 관계의 변화를 어떻게 달성할 것인가는 별도의 전략이 필요하였으며, 이것이 성 주류화 전략(Strategies of Gender Mainstreaming)이다.

<표 14-1> 여성정책 접근 패러다임의 특징

WID 접근	구 분	GAD 접근과 성 주류화 (Gender Mainstreaming)
여성	초점	젠더
여성 중심	정책대상	젠더 관계의 변화
여성, 가족 부처 중심	추진체계 특징	여성·가족 외 관계부처, 거버넌스 확대
여성권익 및 지위향상, 모성건강, 가족 관련 등	정책내용	모든 영역의 정책(도시공간, 노동, 교육, 문화, 과학 등)
인력, 예산 등	정책수단	성 주류화(성인지예산, 성별영향평가) 전략

한국전쟁 이후 우리나라의 여성정책은 '부녀복지'로부터 출발하였는데 이는 복지대상으로 '부녀'를 상정하였으나, 부녀에는 이미 성차별의 의미를 포함하고 있으며, 국가발전과정에서 여성의 역할이 강조되었으며 이에 따라 주체로서 '여성'으로 변경하여 논의하기 시작하였다. 이에 제6차 경제사회발전 5개년계획(1987~1991)이라는 국가발전계획에 여성개발 부문을 별도로 포함한 이후부터 여성정책을 살펴보고자 한다. 이 접근은 여성발전(WID) 접근으로 여성을 국가발전에 기여할 수 있는 인력으로 적극 개발·활용하고, 건강한 가정생활 유지를 지원하는 수준의 내용을 포함하고 있으며 부녀복지를 넘는 다양한 정책내용을 포함하고 있기 때문이다. 이후 여성정책 수립의 근거가 된 「여성발전기본법」이 수립·제정된 1995년 이후부터 여성정책이 법적 근거를 가지고 체계적으로 수행할 수 있게 되었으며 '여성발전' 패러다임에서 더 나아가 '젠더와 발전(GAD)'의 패러다임을 포함하는 등 복합적인 내용이 포함되었다. 이 법 제1조 목적에서 '헌법의 남녀평등이념을 구현하기 위한 국가와 지방자치단체

의 책무 등에 관한 기본적인 사항을 규정함으로써 정치・경제・사회・문화의 모든 영역에 있어서 남녀평등을 촉진하고 여성의 발전을 도모함'으로 명시하고 있는 것에서 알 수 있듯이 사회의 제반 영역에서 여성의 발전을 추구하는 '젠더와 발전(GAD)' 패러다임과 맥을 같이하고 있다. 이 법에 근거한 정부의 여성정책은 제1차 여성정책기본계획에 포괄적으로 제시되었는데 정치・경제・사회・문화 등 영역별 정책을 포함하고 있다. 이 계획에서 여성정책의 목표는 '건강한 가정의 구현과 국가 및 사회발전에 남녀가 공동으로 참여하고 책임을 분담하는 사회시스템'으로 설정하고, 여성정책추진기반 구축, 정책결정과정 여성참여 확대, 경제활동 활성화, 남녀평등교육 및 인식 강화, 보육사업 확충 및 내실화, 일・가정 양립 지원체계 확립, 여성복지 및 건강 등 7개 정책영역으로 구분하고 있다. 한편, 국제적으로 1995년 제4차 세계여성회의에서 '여성발전(WID)'과 '젠더와 발전(GAD)' 패러다임의 한계가 지적된 이후 우리나라 여성정책의 접근도 사회 제반 영역에서 여성의 지위와 권익증진 접근 외에 모든 정책에서 성인지적 관점을 반영하도록 하는 성 주류화 전략을 도입・적용하였다. 이에 제1차 여성정책기본계획(1998~2002) 수립・추진과 제2차 여성정책기본계획(2003~2007)에서 '실질적 남녀평등 사회 실현'을 비전으로 설정하고 추진전략으로 성 주류화(Gender Mainstreaming)와 협력체계(Gender Governance) 구축을 명시하고 전략목표로서 남녀의 조화로운 동반자 관계형성, 지식기반사회 여성의 경쟁력 강화, 사회 각 분야 여성의 대표성 제고, 여성의 복지증진 및 인권보호 강화로 구체화하였다. 이는 GAD 관점의 접근으로 성별 관계의 변화를 이끌 수 있도록 성 주류화 전략을 적극 도입하는 등 노력이 이뤄졌다(박선영 외, 2021 : 13-14). 구체적으로 살펴보면, 2004년부터 중앙정부와 지방자치단체는 성 주류화의 주요 전략으로 정책이나 사업에 성별영향평가를 도입하여 시범 실시하였고 이후 사업에 대한 성별영향평가를 체계화하기 위한 근거법인 「성별영향평가법」을 제정(2011년 9월 15일)하고, 2012년 3월 16일부터 본격 시행하였다. 또한 성 주류화 전략의 하나인 성인지예산의 도입 또한 이 시기에 이루어졌는데 중앙정부는 2006년 「국가재정법」에서 성인지예산서를 작성하도록 근거를 마련하였으며, 이에 따라 2010회계연도 성인지예·결산서를 작성·제출하기 시작하였다. 각 지방자치단체는 「지방재정법」 개정으로 2013년부터 성인지예산제도가 본격적으로 도입·확대되었다.

이후 근거법인 「여성발전기본법」에 기반한 여성정책 시행의 한계를 개선하고자 2014년 전면 개정을 통하여 성평등 정책 목표를 명확히 하는 「양성평등기본법」으로 수정·개선하였다. 그동안 추진해 온 '여성정책기본계획'은 2015년부터 '양성평등정책 기본계획' 수립으로 정책의 대상 범위를 모든 정책영역으로 확산함으로써 젠더정책으로서 변화가 본격화되었다고 할 수 있다.

<표 14-2> 여성정책 접근 패러다임과 추진체계 개요

시 기	~'90 이전	1990년대	2000년대		2010년대		2020년대 이후
변화단계	WID (Women in Developmet)	⇄ GAD(Gender and Development), GM(Gender Mainstreaming)					
정권		김대중 (1998~'02)	노무현 ('03~'07)	이명박 ('08~'12)	박근혜 ('13~'16)	문재인 ('17~'22)	윤석열 ('22~현재)
근거법	-	「여성발전기본법」 (1995. 12.)	좌동	좌동	• 「여성발전기본법」 • 「양성평등정책기본법」('15. 7.)	좌동	
주무부처	정무장관 제2실	여성특별위원회 → 여성부	→ 여성가족부	여성부 → 여성가족부	여성가족부	여성가족부	여성가족부
여성정책	제6차 경제사회 발전5개년 계획 ('87~'91)	제1차 여성정책 기본계획 ('98~'02)	제2차 여성정책 기본계획 ('03~'07)	제3차 여성정책 기본계획 ('08~'12)	▸제4차 여성정책 기본계획('13~'14) ▸제1차 양성평등정책 기본계획('15~'17)	제2차 양성평등정책 기본계획('18~'22)	제3차 양성평등정책 기본계획('23~'27)

오늘날 젠더정책이 어떻게 추진되고 있는지 파악하기 위해서 정책의 추진체계가 변화해 온 과정을 살펴볼 필요가 있다. 이는 과거의 연속선상에서 오늘의 상황을 이해할 수 있고, 더 나아가 미래의 방향을 찾아갈 수 있기 때문이다. 여기서 제기되는 문제는 여성정책과 젠더정책을 어떻게 구분할 것인가이다. 구분 시점을 무엇을 기준으로 할 것인지에 대해서 다양한 견해와 관점이 있을 수 있다.[2] 민주화 이후 김대중 정부에서 이미 국제적인 성 주류화 패러다임을 적극 수용하고 이를 국정과제로 채택, 추진하였음에도 법적 근거 마련의 미비와 사회적 여건 조성의 미흡으로 실질적인 젠더정책 추진에 한계가 있었다. 따라서 성평등 달성을 위한 성 주류화 전략으로서 성별영향평가와 성인지예산제도의 법적 근거 마련과 시행, 특히 정책대상과 내용에서 여성과 남성의 성평등을 명시적으로 담은 「양성평등기본법」 제정 및 시행 시점(2015년 7월 1일)을 기준으로 이전의 시기를 '여성정책'으로, 이후의 시기를 '젠더정책'으로 구분하고자 한다. 다만, 여성정책에서 젠더정책으로의 변화과정에서는 '여성'에 초점을 둔 정책과 일반정책에 젠더 관점을 통합하고자 하는 다양한 노력이 이루어지는 시기로서 볼 수 있어 젠더정책의 도입 단계로 보고 시점은 1990년대 후반부터 2010년대 전반기까지로 구분하고자 한다. 또한 1980년대 이전은 부녀복지 단계로 독립된 추진체계가 없어 본 논의의 대상에서는 제외하였다.

2 김원홍 등(2008)은 우리나라 여성정책 변화과정을 부녀복지수준 단계(1946~1980), 여성정책태동단계(1980~1988), 여성의 권익향상 단계(1988~1997), 젠더 관계의 변화도모 단계(1998~2001), 성 주류화 초기단계(2001~2007), 성 주류화 확산단계(2008~)로 구분하고 있다. 김은경(2009)은 우리나라 여성정책의 시작을 제1차 여성정책기본계획이 시행된 1998년으로 규정하고, 이 시기로부터 성 주류화를 여성정책의 기본전략으로 본다. 김복태 등(2016)은 여성정책의 패러다임을 WID(Women in Development)－GAD(Gender and Development)－GM(Gender Mainstreaming)의 세 단계로 구분한다.

<표 14-3> 여성정책 단계와 추진체계

구 분	시 기	추진체계의 특성
부녀복지 단계	~1980년대 이전	복지부의 과, 국 수준의 지원체계 독립부처 없음
여성정책 단계	1981~1997년	정무장관(제2)실
젠더정책의 도입단계	1998년~2010년대 전반	여성특별위원회, 전담부처신설, 중앙부처 간, 중앙-지방과의 거버넌스
젠더정책 단계	2015년 이후~현재	부처 간, 중앙-지방, 정부와 시민 간 젠더 거버넌스 확산

3. 젠더정책 추진체계의 변화와 특성

1) 여성정책 단계 - 정무장관(제2)실 : 1981~1997

정무장관(제2)실은 여성문제에 대한 해결요구를 정부차원에서 추진하겠다는 상징적 기구로서 출발하였다(김원홍 외, 2008 : 151-153). 1982년 정무장관(제2)실 설치 당시에는 사회·문화에 관한 업무 중 특히 여성·아동·청소년, 노인문제 등과 관련한 정책 건의, 연구개발, 조정 등을 담당하는 기구로 지정되었다. 그러나 1990년 국무총리 훈령개정으로 '여성' 분야에 중점을 두는 것으로 변경됨으로써 최초의 여성정책 전담 장관 기구로서 의미가 있다. 다만, 그 지위에 있어서 국무총리 소속의 국무위원이지만 산하의 집행 행정부서가 없어 실행력의 한계를 가졌다. 직제는 총4실과 1과로 구성되었고 부서별 주요 기능은 다음 <표 14-4>와 같다.

<표 14-4> 정무장관(제2)실 조직 및 주요 기능

구 분	주요 기능
제1조정관실	기획 및 행정관리, 공보 및 통계
제2조정관실	고용 등 여성결제 관련 업무, 사회복지업무, 차별개선의식
제3조정관실	국제협력업무, 국민여론조사, 여성정책심의위원회 운영
제4조정관실	여성단체에 관한 업무, 자원봉사활동, 가족·문화 관련업무
총무과	인사 및 교육훈련, 문서관리, 예·결산 업무

출처 : 행정안전부 대통령기록관 홈페이지(http://14cwd.pa.go.kr/gov/6i005.asp 검색일 : 2024. 12. 23).

정무장관(제2)실에서 수행된 주요 업무는 정부기구로서 행정 업무를 제외하고 여성단체 업무 관련 여성단체의 요구 수렴과 정부정책에 반영하려는 노력, 여성문제 관련 사항에 대한 법률안 및 정책입안 등 타 부처 사전협조 및 여성정책심의위원회 운영, 여성 지위 향상을 위한 정책 개발 등의 업무로 실질적인 여성의 권익 및 지위 향상을 위한 사업추진에서는 한계가 있었다. 그럼에도 1995년 「여성발전기본법」을 제정, 시행하고 5년마다 여성정책기본계획을 수립하도록 규정함으로써 여성정책 추진의 기틀을 마련하였다. 또한 중앙 차원의 여성정책뿐 아니라, 각 지방자치단체에서 여성정책 추진부서로서 가정복지국(과) 등을 설치하여 여성의 권익과 지위 향상, 취약계층 여성과 청소년, 노인문제 등을 맡도록 하였다.

2) 젠더정책의 도입단계

(1) 여성특별위원회 설치(1998~2001)

김대중 정부는 '여성'문제 해결을 위하여 1998년 대통령 직속의 합의제 행정기관으로 여성특별위원회를 신설하였다. 주요 기능으로 첫째, 여성정책에 대한 종합적인 기획·조정 기능, 둘째, 여성발전기본법상의 기본시책을 위한 제

반 조치, 셋째, 여성단체의 활동과 여성 관련 시설의 운영지원에 관한 사항, 넷째, 남녀평등 촉진 및 여성발전을 위한 정책 개발, 다섯째, 여성의 지위 향상과 관련한 대통령 자문, 여섯째, 여성차별에 대한 조사 및 차별 시정 등을 포함하였다.

여성특별위원회의 조직구성은 장관급의 위원장과 사무처에 1명의 상임위원과 당연직 6명, 위촉직 7명을 포함한 비상임위원 13명, 3실(정책조정관실, 협력조정관실, 차별개선조정관실)과 총무과의 조직체계를 갖추었다. 이와 같은 여성특별위원회는 여성문제 해결을 위한 실행체계가 아닌 여성정책 목표 설정과 이를 달성하기 위한 기획・조정에 초점을 두었다.

여성특별위원회는 「여성발전기본법」에 따라 여성정책의 추진목표를 달성하기 위한 여성정책기본계획 수립과 시행에 있어서 중앙정부와 지방자치단체 간의 연계에 대한 근거를 마련하여 여성정책 추진체계를 확립하였다는 점에서 큰 의의가 있다. 또한 조직 내 여성공무원과 관할 부처의 여성문제를 정책적으로 다루기 위하여 6개의 관계부처에 여성정책담당관을 두고 업무협의회를 개최함으로써 협조체계를 구축하고, 타 기관의 중요정책에 대한 사전협의와 여성발전기본계획의 조정 및 이행점검에 대한 자료제출 요구 권한을 가지면서 위원회의 역할과 권한이 이전에 비해 크게 강화되었다. 그러나 여성특별위원회가 정책협의의 주도권을 갖기보다는 협조를 구하는 주체로서의 역할을 하거나 기본법상 주어진 업무를 수행하는 데 실질적인 인력과 예산의 부족 등 한계가 있었다.

(2) 여성부 신설(2001~2005)

김대중 정부 여성특별위원회의 다양한 여성정책 관련 사안의 해결 과정에서 실질적인 법률안 제출권과 업무집행 권한의 한계 등이 지적되면서 독립된 형태의 부처 설치 필요성이 제기되었고 2001년 1월 29일 「정부조직법」 개정을 통해 여성정책의 전담부처로 '여성부'가 신설되었다. 여성부의 주요 기능은 「정부조직법」과 「여성발전기본법」에서 정하는 것을 포함하고 있는데, 각 근거법에 따른 역할과 기능은 다음과 같다.

먼저, 「정부조직법」에 기반한 여성부의 업무 내용은 '정부 내 여성정책의 기획・종합'으로 여성특별위원회가 담당하였던 남녀차별개선, 가정폭력방지 및 피해자보호 등에 관한 법률, 성폭력범죄의 처벌 및 피해자보호에 관한 법률 시행령에 따른 가정폭력・성폭력 피해자 예방 및 보호, 윤락행위방지법에 따른 성매매 피해자 예방 및 선도업무, 일제하일본군위안부에 대한 생활안정지원법에 따른 위안부 피해자 지원업무 등 부처로서의 집행업무와 노동부가 담당하였던 '일하는 여성의 집' 운영을 이관받았다.

다음 「여성발전기본법」에 따른 여성부의 역할과 업무 범위로 모든 생활영역에서 여성차별철폐와 평등을 촉진하기 위한 여성정책기본계획 수립, 중앙행정기관의 장, 특별시장, 광역시장 및 시・도지사의 연도별 시행계획의 조정과 이행상황 점검, 여성 관련 문제의 조사・운영 및 여성발전기금 운영에 관한 직접적

<표 14-5> 여성부 조직도(2001~2004년)

구 분	담당부서	근거법	비 고
총무, 기획 등 기관공통사무 추진	총무과	정부조직법	
여성정책개발・조정 민간단체, 국제기구와 협력	여성정책실 대외협력국	여성발전기본법	대외협력국 폐지(2004)
남녀차별에 대한 조사와 구제	차별개선국	남녀차별금지 및 구제에 관한 법률	
성폭력・가정폭력, 성매매 관련 법집행 평등의식개선	권익증진국	성폭력・가정폭력 등 관련 법률	
영유아보육업무 이관(2004)	보육정책국	영유아보육법	보건복지부로 부터 이관(2004) 받음

출처 : 여성부(각년도). 여성백서.

업무를 수행하는 것을 포함한다. 이 외에도 국제적으로 유엔의 여성차별 철폐협약 준수와 북경행동강령의 이행에 관한 업무를 담당하며 국내의 여성정책을 점검하고 촉진하는 역할을 포함하고 있다. 여성부의 직제는 대통령령 제17116호 규정에 따라 장관, 차관, 공보관, 남녀차별개선위원회 및 1실 3국, 11개 과 102명의 규모로 구성하였다.

(3) 여성가족부로 확대(2005), 부처 폐지 및 존치 논쟁

노무현의 참여정부는 국정과제로 사회・문화・여성 분야와 관련하여 '참여복지와 삶의 질 향상', '국민통합과 양성평등의 구현'을 당면과제로 하였다. 이를 위해 복지・여성・환경・문화 분야에 대한 인적자원의 질적 수준을 높임으로써 '삶의 질 향상'을 목표로 하고 핵심과제를 공보육 강화, 여성의 사회참여 확대, 호주제 폐지와 성매매 방지 등으로 정하였다. 특히 보육에 대한 재정지원 확대를 통해 보육의 공공성을 강화하고 아동 중심의 보육환경 조성을 위한 보육시설 평가인증제 도입과 아동의 발달특성에 따른 보육프로그램 개발, 보육교사 근무여건 개선과 전문성 강화 등 보육환경을 전반적으로 개선해서 일・가정 양립 환경의 기초를 마련하고자 하였다. 또한 여성대표성 제고를 위해 정책결정과정에 여성관리자 임용확대와 양성평등채용목표제 추진, 교육부문과 정부위원회 여성 진출 확대를 추진하는 등 공공부문 여성대표성 제고를 강조하였다.

노무현 정부 3년을 지난 2005년 6월에는 다양한 가족형태의 등장과 저출산・고령화에 따른 정책대상으로서 '가족' 정책에 대한 요구 증대로 전담부처를 '여성부'에서 '여성가족부'로 확대・개편하였다. 확대된 여성가족부의 역할과 기능의 특징은 다음과 같다. 첫째, 기존의 성차별 및 여성 관련 업무 중심에서 보육과 가족업무로 확대하였다. 둘째, 여성정책국이 여성정책본부로 확대・개편되어 업무의 양적 확대와 함께 남녀평등의식, 여성단체 지원 등 대외적으로 젠더거버넌스 구축을 포함하였다. 특히 정책의 추진체계로 이 시기에 성 주류화 협력체계 구축을 추진전략으로 채택하여 여성정책의 외연을 확대하고자 하였다. 이 시기 여성가족부는 2본부 3국 2관 21팀 1센터 체제를 갖추었는데, 이는 보건복지부의 가족 및 영유아 보육업무를 이관받아 그 기능이 크게 확대되었을 뿐 아니라 인력도 187명으로 증가하였다(여성가족부, 2005).

2004. 12. 31. 기준		2005. 6. 23. 기준
총무과		총무과
기획관리실 혁신인사담당관실, 기획예산담당관실, 국제협력담당관실	⇒	**정책홍보관리관(홍보관리관, 대외협력관)** 혁신인사기획관실,재정기획관실, 정보화팀, 정책홍보팀, 협력지원담당관실, 국제협력담당관실
여성정책국 정책총괄과, 사회문화담당관실, 인력개발담당관실	⇒	**여성정책국** 정책총괄과, 인력개발과, 성별영향평가과 **가족정책국** 가족정책과, 가족지원과, 가족문화과
보육정책국 보육기획과, 보육지원과	⇒	**보육정책국** 보육기획과, 보육재정과, 보육지원과
권익증진국 권익기획과, 인권복지과, 협력지원과		**권익증진국** 권익기획과, 인권복지과, 양성평등과
차별개선국 조사과, 차별개선기획담당관		

[그림 14-1] 노무현 정부의 여성가족부 조직 구성의 변화

출처 : 여성가족부(2005). 여성백서, pp. 502-503 재구성.

젠더 관계의 통합이 실현되기 위해서는 국가를 구성하는 구성원들의 의식변화로부터 사회의 전 영역의 변화를 필요로 한다. 특히 공-사 영역에서의 일·생활 균형 기반을 갖추는 노력은 의식변화를 동반하는 지속적인 과정이다. 제2차 여성정책기본계획 기간이 끝나고 제3차 여성정책기본계획은 이명박 정부의 출범 기간과 맞물려 시작되었다.

새롭게 출범한 정부의 국정철학을 반영하여 기존의 제3차 기본계획은 '수정안'으로 변경되었는데 '성숙한 성평등 사회'를 비전으로 하고 여성의 역량 강화, 다양성과 차이 존중을 전략목표로 설정하였으며 정책과제는 여성인력 활용, 여성권익 보호, 성평등 정책 추진기반 강화의 3대 과제로 크게 축소하였다. 또한 이명박 정부의 여성정책 전담부처는 기존의 여성가족부에서 '여성부'로 축소 출범하였다. 즉, 기존의 가족·보육업무를 보건복지부로 이관하고 여성정책 추진의 범위를 여성정책의 총괄·조정, 여성 권익증진의 지위 향상 관련 일부 기능만을 담당하는 역할로 축소하였다(2008년 2월 29일 「정부조직법」 전면 개정). 이로써 이명박 정부의 여성부는 1실 2국 13개 과로 크게 축소되었으며 인력도 이전 정부의 마지막 인력 규모인 187명에서 100명으로 절반 가까이 축소하였다. 사실 이명박 정부가 출범하면서 '여성가족부' 폐지 논쟁이 있었으며, 이에 진보정당, 여성 및 시민단체 등 반대에 부딪치면서 전담부처의 기능을 최소화하는 것으로 타협한 결과이다. 구체적인 부서기능을 살펴보면 기존의 가족정책국과 보육정책국이 보건복지가족부로 이관되고, 여성정책본부와 권익증진국 소관 업무가 여성정책국과 권익증진국으로 수정·변경되었으며, 여성부의 업무는 크게 세 가지 기능으로 축소되었다. 첫째, 여성정책의 기획·총괄·조정기능으로 정부의 여성정책 기획과 성 주류화, 둘째 여성의 경제적 자립능력 강화로 여성인력개발의 강조, 셋째 각종 폭력으로부터 여성의 기본 인권을 보호하는 업무이다.

이와 같은 여성부의 기능과 역할의 축소는 변화하는 여성 및 가족 정책 환경에 대응하기 어렵다는 한계에 직면하였고, 2010년 종합적 가족정책 기능수행을 위해 청소년·가족 정책 관련 업무를 보건복지부로부터 여성가족부로 이관하여 확대·개편하였다. 당시 여성가족부 기능은 크게 다음 네 가지로 정리할 수 있다(여성가족부, 2010년도 여성가족부 업무현황보고). 첫째, 여성정책의 기획·종합 및 여성인력개발에 관한 사항, 둘째, 청소년정책의 기획·종합 및 활동·

복지·보호에 관한 사항, 셋째, 가족과 다문화가족정책의 수립·조정, 넷째, 여성과 아동청소년에 대한 각종 폭력예방과 안전보호를 포함하고 있다.

여성부(2008. 2. 29.)	
1실 2국 14과(109명)	
여성/권익	여성정책의 기획·종합 여성인력 개발
	여성의 권익보호(성폭력·가정폭력·성매매 방지 등)

→

여성가족부(2010. 3. 19.)	
2실 2국 2관 1대변인 22과(211명)	
여성/권익	– 여성정책의 기획·종합 – 여성인력개발 – 여성의 권익보호(성폭력·가정폭력·성매매 방지 등)
청소년	– 청소년정책 추진기반 확대 – 청소년활동 활성화 및 글로벌 역량 강화 – 위기청소년 사회안전망 강화 및 지원 – 청소년의 건강한 성장환경 조성
가족	– 가족정책 추진 인프라 강화 – 한부모가족 지원 확대와 가족기능 – 다문화가족 사회통합 및 결혼이민자 인권보호 – 돌봄지원 강화

[그림 14-2] 이명박 정부 여성가족부 조직 구성의 변화

출처 : 여성가족부. 2010년, 2011년도 여성가족부 업무현황보고.

(4) 추진체계의 특징

① 여성정책조정회의 신설

'여성정책조정회의'는 「여성발전기본법」(2002년 12월 11일 개정) 제11조에 근거하여 2003년 3월 12일 국무총리 소속하에 설치되었다. 이 회의는 여러 행정기관에 관련되는 여성 관련 업무 및 정책을 조정하는 제도적 장치로 여성정책에 관한 주요 사항을 심의·조정한다. 구체적으로 여성정책 기본계획 및 시행계획에 관한 사항, 2개 이상 행정기관에 관련된 여성정책의 조정, 여성정책 평가

및 제도에 관한 사항, 남녀평등을 실현하기 위한 적극적 조치의 시행에 관한 사항 등을 심의·조정하는 역할을 한다. 따라서 국무총리가 의장이 되고 여성부 장관이 부의장이 되며 재정경제부 외 8개 부처와 기획예산처 장관, 국무조정실장, 국정홍보처장이 당연직 의원으로 포함되었다.

이명박 정부에 들어오면서 여성문제에 대한 소극적 대응과 함께 여성정책조정회의 활동도 축소되어 운영되었다. 주요 회의내용으로 적극적인 젠더 이슈 발굴과 대응보다는 제3차 여성정책기본계획의 시행계획 심의, 여성인력개발 종합계획 시행계획 심의, 경력단절여성 등의 경제활동촉진 기본계획 심의와 정부 위원회 여성참여율 제고 등에 관한 보고 등 소극적인 심의 역할에 국한되어 운영되었다.

② 여성정책담당관 설치 및 운영

여성정책담당관 제도는 김대중 정부의 1998년 대통령직속 여성특별위원회 설치와 함께 법무부, 행정자치부, 교육부, 보건복지부, 농림부와 노동부의 근로여성정책과 총 6개 중앙부처에 여성정책담당관실을 두면서 시작되었다. 신설 당시에 여성정책담당관실은 각 부서의 고유 여성업무 외에도 여성부의 기획·조정·종합적인 기능을 수행하고, 모든 정책에서 여성정책의 주류화를 실현하기 위한 장치로서 역할이 강조되었으나 실제는 해당 부처 여성 대상 업무에 국한됨으로써 성 주류화 기능수행에는 한계를 가졌다.

노무현 정부에 들어오면서 2002년 12월 개정된 「여성발전기본법」 제12조에 근거하여 각 중앙행정기관의 여성정책을 효율적으로 수립·시행하기 위해 2003년 5월 45개 중앙행정기관에 '여성정책책임관'을 지정·운영하였다. 이는 이전 정부에서 6개 부처의 여성정책담당관 지정·운영과 여성정책 협조부서 지정·운영을 확대한 것으로 여성정책책임관은 해당 부처의 여성정책기본계획의 연도별 시행계획을 종합·조정하고 추진실적을 점검하는 것 외에도 성별영향평가와 당해 기관 여성공무원의 지위 향상에 관한 업무를 주로 담당하였다.

이명박 정부에서 여성정책책임관 및 협조부서의 기능은 다시 축소・운영되었다. 즉, 여성정책기본계획의 시행계획에 대한 분석과 추진실적 점검, 정부정책의 성인지적 분석과 평가에 관한 사항 외에 해당 기관 여성공무원의 지위향상과 관련한 업무 수행을 하였으나, 이전 정부에서 45개 전 부처가 참여한 것과 달리 2009년 이후 17개 중앙행정기관, 2011년에는 11개 부처 등 최소한으로 축소되었다.

3) 젠더정책 단계 : 2015년~현재

(1) 정책의 특징

1990년대 후반 성 주류화의 필요성과 국제사회 요구로부터 출발한 젠더정책은 그동안 수차례의 부침을 겪었음에도 점차 심화・확산되었다. 특히 그동안 젠더정책의 법적 근거가 된 「여성발전기본법」은 전면 개정을 통하여 성평등을 정책목표로 한 「양성평등기본법」으로 제명을 변경한 것은 정책의 성별 관점을 통합하는 젠더정책으로의 전환을 의미한다고 할 수 있다.

박근혜 정부 초기 국정과제는 이전 정부와 비슷한 기조를 유지하면서 비전으로 '여성행복・가족행복・국민행복'을 내세웠다. 이를 달성하기 위한 정책목표는 다음과 같다. 첫째, 일하고 싶은 여성 누구나 당당히 일할 수 있는 사회로 설정하고, 네 가지 국정과제를 배치하였다. ① 경력단절 여성을 위한 맞춤형 일자리 확대, ② 미래 여성인재 10만 양성, ③ 가족 친화적 직장 문화 조성, ④ 아이돌봄 서비스 확대 및 품질관리이다. 둘째, 가족구성원 모두가 행복한 사회로 청소년 및 취약가족과 다문화 가족 관련 국정과제를 포함하고 있다. 셋째, 여성・가족이 안전한 사회로 성폭력・가정폭력 예방, 피해자 원스톱 지원 및 처벌 강화를 포함하고 있다(여성가족부, 2013). 한편 박근혜 정부의 출범과 함께 제4차 여성정책기본계획이 수립되어 향후 5년간 여성정책의 방향과 여성정책의 요구, 그리고 환경변화를 반영한 정책과제를 설정했다. 비전은 '함께 참여하고 성장하는 성평등 사회'로 결정하고 성별 격차 해소와 동등한 참여, 촘촘한 안전망 구축, 일과 가족의 조화의 세 가지 전략목표와 7대 정책과제 영역을 포함하여 여성정책의 기능 범위가 이전 정부에 비해 다양화되었다.

(2) 추진체계 – 여성가족부

젠더정책 단계의 전담부처로 여성가족부가 그대로 유지되고 있다. 박근혜 정부 여성가족부는 출범 당시 여성을 포함하여 가족·아동·청소년 보호 및 복지 관련 기능까지 확대되어 여성가족부 기능의 확대를 가져왔다. 이는 젠더정책이 다양한 대상과 정책영역을 포함하고 있음을 의미한다. 특히 조직구성을 살펴보면, 1실(청소년가족정책실), 2국(여성정책국, 권익증진국)하의 19개 과로 구성하였고 인력은 장·차관, 고위공무원단 7명 등 총 231명이었으나 문재인 정부의 여성가족부는 1실(청소년가족정책실), 2국(여성정책국, 권익증진국), 20개 과로 253명으로 증가하였다. 윤석열 정부의 여성가족부는 출범 당시 젠더정책 추진부처인 '여성가족부'를 폐지한다는 공약을 걸고 이를 추진하려고 하였으나 여성 및 시민사회의의 극렬한 반대에 부딪치게 되어 현실화되지 못하였다. 윤석열 정부의 여성가족부 폐지 논리로 두 가지를 주장하고 있다. 하나는 행정의 효율성 측면이고 다른 하나는 성평등 정책이 포괄적 특성을 갖기 때문이라는 것이다. 각 정책영역에 퍼져 있는 성별 불평등의 문제를 해소하지 못하고 있기 때문에 해당 정책부처에서 담당해야 한다는 것이다. 예를 들면, 고용 불평등 등 노동 관련 문제는 고용노동부로, 양성평등과 인구·가족·아동·청소년 등 주요 기능은 보건복지부로 이관해야 한다는 것이다. 그러나 이러한 주장은 사회 전 영역에 뿌리 깊게 퍼져 있는 불평등의 문제를 행정의 효율성만으로 해결하려는 것이며, 행정의 효율성이 불평등의 문제를 해결할 수 없다는 것을 간과한 근시안적 태도라는 등 비판을 받았다. 이러한 이유로 다양한 여성집단과 단체, 여성활동가와 진보정당 등 시민사회로부터 지지를 받지 못하였으며 결국 집권 정부의 국정과제는 중단된 채로 추진체계는 그대로 유지되고 있다.

2023년 3월 31일 기준 여성가족부의 조직구성은 1실(청소년가족정책실), 2국(여성정책국, 권익증진국), 21개 과로 전 정부에 비해 1개 과가 증설되었다. 특히 2024년 6월 30일 조직구성이 변경되었는데 최근 디지털성폭력 및 스토킹 범죄가 증가함에 따라 성폭력방지과, 디지털성범죄방지과와 가정폭력스토킹방지과 등 성폭력 방지 관련 업무가 강화되고 있다.

<표 14-6> 젠더정책 단계의 여성가족부 인력구성

구 분	박근혜	문재인	윤석열
조직구성 시점	2013. 12. 31.	2017. 9. 29.	2023. 3. 31.
조직구성	1실 2국 19과	1실 2국 20과	1실 2국 21과
실	청소년가족정책실	청소년가족정책실(청소년정책관, 가족정책관)	청소년가족정책실(청소년정책관, 가족정책관)
국	여성정책국, 권익증진국	여성정책국, 권익증진국	여성정책국, 권익증진국
과	운영지원, 여성정책, 성별영향평가, 여성인력개발, 경력단절여성지원, 청소년정책, 청소년자립지원, 청소년보호, 청소년매체환경, 가족정책, 가족지원, 다문화가족정책, 다문화가족지원, 권익정책, 권익지원, 아동청소년성보호, 복지지원, 권익정책, 권익지원, 아동청소년성보호, 복지지원, 폭력예방교육	운영지원, 여성정책, 성별영향평가, 여성인력개발, 경력단절여성지원, 청소년정책, **청소년활동진흥**, **청소년활동안전**, 청소년자립지원, **학교밖청소년지원**, 청소년보호환경, 가족정책, 가족지원, 다문화가족정책, 다문화가족지원, 권익정책, 권익지원, 아동청소년성보호, 복지지원, 폭력예방교육과	운영지원, 여성정책, 성별영향평가, 여성인력개발, 경력단절여성지원, 청소년정책, 청소년활동진흥, 청소년활동안전, 청소년자립지원, 학교밖청소년지원, 청소년보호환경, 가족정책, 가족지원, 가족문화, 다문화가족, 권익정책, 권익지원, **권익침해방지**, **권익보호**, **권익기반**, 아동청소년보호
인력규모	234명	253명	283명

출처 : 정부조직관리정보시스템(https://www.org.go.kr/ 검색일 : 2024. 12. 13).

(3) 추진체계의 특징

① '양성평등위원회'로 개편

정책의 법적 근거가 전면 개정됨에 따라 그동안 여성정책의 조정 · 심의 기능을 담당해 온 여성정책조정회의가 '양성평등위원회'(「양성평등기본법」 제11조)로 개편 · 운영되기 시작하였다. 위원회는 양성평등정책 기본계획 및 시행계획, 양성평등정책 추진실적 점검, 성 주류화 정책의 평가 및 제도개선 등에 관한 심의 · 조정 기능을 포함하였다. 이와 함께 정책영역별 구체적인 사안에 대한 실질적 논의를 거쳐 의제발굴 등 현안 대응기능 강화를 위해 크게 2개의 분과위원회(여성인재활용과 일 · 가정 양립 분과, 양성평등 교육 · 문화 분과)를 두었다.

문재인 정부에서 양성평등 정책에 대한 최고 심의 · 의결 기구인 양성평등위원회에서는 양성평등기본계획의 시행계획을 심의 · 확정하였다. 특히 문재인 정부의 공공부문 대표성 제고를 위한 정책과제로 '공공부문이 선도하는 여성 대표성 제고 방안'을 심의 · 확정하는 등 주요 정책과제에 대한 의사를 결정하였다. 2018년 미투운동으로 촉발된 성희롱 · 성폭력 실태 파악과 보완대책 마련을 위해 성평등 정책 추진체계 강화 등 시의성 있는 의제가 논의되었다.

② 양성평등(여성)정책책임관 및 전담인력 운영

2013년 여성정책책임관 및 협조부서는 12개 부처, 2014년 13개 부처에 국한되었다. 이후 전 정부에 이어 여성정책 추진과 관계기관 간 협력관계를 조성하기 위해 중앙정부의 4개 부처(기획재정부, 교육부, 안전행정부, 보건복지부)에 여성정책책임관(5급 공무원)을 지정 · 운영해 오다가 2015년 「양성평등기본법」으로 전면 개정됨에 따라 양성평등정책책임관으로 변화되었고, 45개 중앙행정기관 외에도 17개 시 · 도에 양성평등정책책임관 및 양성평등정책 전담전문인력 지정 · 운영을 확대하였다. 이들은 해당 기관의 시행계획 종합 · 조정 및 추진실적 점검, 양성평등정책의 평가 및 제도개선 등 성 주류화 조치의 추진, 양성평등위원회, 실무위원회 및 분과위원회의 안건 사전검토 등의 역할을 수행하였다.

<표 14−7>은 양성평등정책책임관의 역할에서 젠더정책의 확산을 위한 역할이 더욱 강화된 것을 알 수 있다.

<표 14-7> 양성평등정책 책임관 및 전담전문인력 비교

구 분		여성발전기본법	양성평등기본법
책임관	명칭	여성정책책임관	양성평등정책책임관
	근거	법 제12조, 시행령 제13조	법 제13조 제1항
	배치	중앙행정기관	중앙행정기관, 시·도
	지위	기획조정실장급 공무원	기획조정실장급 공무원
	역할	• 당해 기관의 연도별 시행계획의 종합·조정 및 추진실적 점검 • 여성의 권익과 사회참여 등에 미칠 영향 분석·평가에 관한 사항 • 당해 기관의 여성공무원의 지위 향상 등	• 해당 기관의 시행계획 종합·조정 및 추진실적 점검 • 해당 기관의 양성평등정책의 평가 및 제도개선 등 성 주류화 조치 추진 • 양성평등위원회, 실무위원회 및 분과위원회의 안건 사전 검토 • 그 밖에 해당 기관의 장이 양성평등정책 추진을 지원하기 위해 필요하다고 인정하는 업무
전담인력	명칭	여성정책전담인력	양성평등정책 전담전문인력
	근거	−	법 제13조 제2항
	배치	4개 부처(기재, 교육, 행자, 복지부)	중앙행정기관, 시·도
	기준	5급 공무원	5급 공무원
	역할	• 여성분야 국정과제 이행점검 • 여성정책기본계획 및 시행계획 이행 현황 파악 • 성별영향평가제도 및 성인지 예산 이행 현황 점검 • 여성정책조정회의 안건 마련 및 지원	• 해당기관의 시행계획 수립·이행 및 추진실적의 점검 지원 • 해당기관의 양성평등정책의 평가 및 제도 개선 등 성 주류화 조치 추진현황 관리 • 양성평등위원회, 실무위원회 및 분과위원회의 안건 사전검토 지원 • 그 밖에 해당기관 장이 양성평등정책 추진 지원을 위한 업무

출처 : 여성가족부(2016). 2015년도 양성평등정책 연차보고서, p. 44.

③ 양성평등정책담당관 설치

문재인 정부 2년 차인 2018년 사회적으로 촉발된 미투운동과 사회 깊숙이 자리 잡은 성차별·성폭력 문제에 대해 영역별 특성을 고려해 부처가 책임지고 대응할 수 있는 양성평등 추진체계 강화 필요성이 제기됨에 따라 교육부, 법무부, 문화체육관광부, 보건복지부, 고용노동부, 국방부, 대검찰청, 경찰청 등 8개 기관에 양성평등정책 전담부서를 설치하고, 추진체계를 강화하였다. 전담부서는 정부 정책의 성 주류화와 성희롱·성폭력 근절 정책을 두 축으로 하여 사업을 추진한다. 부처별 성평등 정책 추진계획을 수립·시행하는 한편, 민간위원과 고위공무원으로 구성된 성평등위원회를 구성하여 민관협력 거버넌스를 구축하였다. 특히 8개 기관에 양성평등담당부서와 담당자 배치를 통해 각 부처 특성에 맞는 양성평등사업을 발굴·추진함으로써 양성평등정책의 확산을 가져오는 데 기여하였다.

4. 해외의 젠더정책과 추진체계

해외의 성평등 정책 추진체계의 특징은 각 나라가 갖는 정치·사회·문화적 환경 등에 따라 다양하며 어떠한 형식과 체계가 가장 좋은 것이라 말할 수 없다. UN의 190여 개 나라의 젠더정책 추진체계의 경향을 분석한 바에 따르면(박선영, 2022), 조직형태에서 우리나라와 같이 독립부처 형태가 가장 많고, 추진기구의 명칭과 관련하여 여성, 젠더, 성평등, 기타(여성, 젠더, 성평등의 용어가 포함되지 않은 국가) 등 다양한 부처명을 가지고 있었으며, 이 중 기타를 제외하고 '여성'을 포함한 기관명이 가장 많은 것으로 나타났다. 특히 2008년, 2015년과 2020년 비교에서 가장 큰 차이점은 추진기구의 명칭에 기타 및 젠더가 포함된 국가의 수는 증가한 반면, '여성'을 포함한 기구명은 줄어들고 있다는 것이다. 이는 젠더정책이 다양한 정책영역을 포괄하여 사회 전반의 불평등을 줄이는 포괄적 정책의 특성을 반영하고 있는 것으로 해석된다.

1) 스웨덴

(1) 성평등 정책의 개요와 특징

스웨덴은 1970년대부터 여성의 경제활동 참여 요구가 높아지면서 성평등 요구와 필요성에 직면하였고, 이와 관련 주요 정책이슈는 남성에 비해 상대적으로 열악한 여성의 경제적 지위에 대한 것으로 소득향상에 있었다. 특히 여성의 본격적인 경제활동 참여를 확대하기 위해서 가정 내에서 여성과 남성이 돌봄에 함께 참여하도록 하는 일·가정 양립 정책의 기반을 마련하였다. 1974년 부모공동양육휴가제도를 도입함으로써 출산 및 육아에서 남성의 참여를 제도화하기 시작하였고, 2002년 부모공동양육휴가제를 480일로 확대하여 이 중 한 사람이 최대 420일 사용하도록 하였다. 스웨덴의 부모들은 최대 480일까지 육아휴직을 사용할 수 있고, 전 세계 국가 중 가장 높은 수준의 육아휴직 국가에 속한다. 또한 여성의 근로여건 개선과 관련하여 1980년 세계 최초로 여성의 근로환경 조건을 개선하고 차별을 금지하려는 목적으로 동등기회법(Equal Opportunities Act)을 도입하여 직장 내 차별을 금지하는 근거를 마련했다. 이후 2009년 차별금지법(Discrimination Act)으로 대체되었다. 이 법에서는 성별 요인 외에도 성전환, 성 정체성 혹은 표현, 인종, 종교 또는 신념, 장애, 성적 지향, 연령 등 일곱 가지 차별 요인에 대한 차별을 금지하고 있으며, 이 법의 적용을 받는 분야 역시 아홉 가지로 구체화하고 있다(김복태 외, 2016).[3]

스웨덴의 성평등 정책의 목표는 크게 다음 여섯 가지로 ① 권력과 영향력의 동등한 배분, ② 경제적 평등, ③ 평등한 교육, ④ 무급 가사노동과 돌봄의 평등한 배분, ⑤ 평등한 건강, ⑥ 여성에 대한 남성의 폭력 방지이다.

3 근로생활, 교육, 노동시장 정책 활동과 공공계약하에 있지 않은 고용서비스, 사업 운영 및 전문인력으로서 인정, 특정 기관의 회원자격, 상품, 서비스 및 주택 등, 의료 및 사회서비스 등, 사회보험제도, 실업보험 및 연구비 지원, 군 복무 및 민간서비스 등에서의 차별 금지를 명시한 것이다.

목표 1 : 권력과 영향력의 동등한 배분(Equal division of power and influence)
여성들이 직업이나 고등교육 현장에서 더 높은 포지션으로 갈 수 있도록 해야 한다.
목표 2 : 경제적 평등(Economic equality)
여성과 남성의 소득격차가 증가하고 있고 다양한 요인으로 인해 여성들이 동등한 기회를 받지 못한다.
목표 3 : 평등한 교육(Equal education)
소녀와 소년은 학교에서 똑같은 기회를 갖지 못하고 학생들이 고등교육을 선택할 때 성에 따라 직업을 선택하게 되며 이는 노동 시절의 성별 분화로 이어진다.
목표 4 : 무급 가사노동과 돌봄의 평등한 배분(Equal distribution of unpaid housework and provision of care)
여전히 여성들이 무급 가사노동과 돌봄에 많은 시간을 쓰고 책임을 지고 있다.
목표 5 : 평등한 건강(Equal health)
정신건강을 포함한 여러 가지 건강 분야에서 여성들이 남성보다 좋지 않다는 결과가 있으나 이에 대한 투자가 긍정적인 결과를 가져오고 있다.
목표 6 : 여성에 대한 남성 폭력을 멈춘다(Men's violence against women must stop).

(2) 정책 추진체계

스웨덴의 성평등 정책 추진체계의 주무 부처는 여성의 경제적 지위의 개선 필요성에 대응하고자 고용부(Ministry of Employment)에서 출발하였다. 스웨덴 역시 정권의 변화에 따라 성평등 정책의 주무 부처가 빈번히 변화되는 과정을 겪었는데, 소관 부처가 훨씬 다양함을 볼 수 있다. 1998년에는 농림부(Ministry of Agriculture)가 양성평등 업무를 주관, 독립장관을 임명하였다. 이후 2003년에는 법무부(Ministry of Justice), 2007년 사회통합양성평등부(Ministry of Integration and Gender Equality), 2011년 이후 교육연구부(Ministry of Education and Research), 2016년 보건사회부(Ministry of Health and Social Affairs), 2018년에는 다시 고용부 산하에 성평등청(Swedish Gender Equality Agency)을 설치하여 현재까지 성평등

정책 업무를 수행하고 있다.

성평등청은 정부기관 및 관계기관의 성평등 정책 목표 달성을 위한 방안을 조사·분석하고, 정부기관의 성 주류화 프로그램을 추진하는 것을 주요 업무로 한다. 이 외에도 각 정부기관, 지방정부, 카운티 위원회와 지역 및 시민사회, 민간기업 등 관련 주체와 협력하면서 성평등 증진을 위해 관련 사업을 지원하고 있다. 또한 중요한 임무 중 하나로 여성할례, 명예 관련 폭력 및 억압, 매춘이나 인신매매를 포함하여 여성에 대한 남성의 폭력을 예방하고, 퇴치하기 위한 스웨덴의 10개년 전략이행 및 모니터링을 지원하는 것이다.[4]

2) 영 국

(1) 성평등 정책의 개요와 특징

영국의 성평등 이슈 역시 노동시장에서의 불평등을 개선하기 위한 시도로부터 시작하였다. 20세기 초중반 발발했던 전쟁으로 인해 발생한 노동력 부족으로 여성의 참여가 불가피했으며, 이러한 여건에서 여성의 경제활동 참여가 활발해졌다. 1970년대 관련 법제인 평등임금법(Equal Pay Act, 1970), 성차별법(Sex Discrimination Act, 1975), 공정고용법(Fair Employment Act, 1976) 등의 제정을 통해 경제활동 영역에서 성평등을 위한 기초가 마련되었다(김복태 외, 2016). 그러나 영국은 1980년대 정치적으로 신자유주의의 이념을 채택하며 시장에 대한 간섭을 최소한으로 함으로써 사회에 만연한 차별의 문제를 시장에 맡기는 전략을 선택했고 이 시기는 평등정책이 정체된 시기였다. 1990년대에 들어서면서 모성휴가에 대한 제도를 만들고, 시간제 노동자들을 위한 고용보호법을 제정하는 등 이 시기의 정부정책은 복지주의적 관점에서 이루어졌다.

4 Swedish Gender Equality Agency, https://swedishgenderequalityagency.se (검색일 : 2024. 12. 9).

그동안 소극적이던 영국 정부였지만 1997년을 전후로 하여 여성정책의 변화가 나타났고, 여성정책 기관으로 1997년 WU(Women Unit)가 창설되었고, 2001년 WEU(Women's Equality Unit)로 전환되었으며, 기존의 수상 관할에 있던 부서가 오늘날 젠더정책의 토대가 된 독립부처로 GEO(Gender Equality Office)가 2007년 설립되었다.

영국 젠더정책의 핵심 이슈는 성별 임금격차이다(임희영 외, 2018). 이에 대한 근거는 2010년 평등법(Equality Act)을 제정하여 성별 임금격차 정보를 제공함으로써 양성평등에 대한 국민의식을 제고하고 개선하는 데 주요 동기가 되고 있다.

(2) 정책 추진체계

오늘날 영국의 성평등 정책의 책임은 여성과 평등 장관(Minister for Women and Equality)에게 있고, 실질적인 정책추진을 위한 업무는 WEU(Women and Equalities Unit)가 맡고 있다. WEU는 2010년 제정된 평등법에 근거한 독립기관으로 OEO(Office for Equality and Opportunity)[5]의 일부이다. 주된 임무로 평등을 향상시키고 모든 사람들의 차별과 불이익을 줄이며 직장을 포함하여 공공 및 정치생활에서 삶의 기회를 향상시키도록 지원한다. 이를 위해서 여성이 직장에서 개인의 역량을 발휘할 수 있도록 지원하고, 고용주가 성별 급여 자료를 공시하도록 규정을 마련하며, 성별 격차가 발생하는 원인을 찾아 해결하도록 타 부처와 협력한다. 또 여성의 경력 향상 및 정부위원회 진출 확대, LGBT가 직면하는 차별과 불평등 문제, 성별 관련된 각종 혐오에 대한 대응 및 방지, 여성의 노동시장 참여 확대와 젠더폭력 예방 등의 다양한 업무를 수행한다. 이와 같은 성평등 업무를 추진하기 위해서 내각 내 다양한 부처와 협력한다.[6] 이는 성평등 정책이 다양한 정책영역과의 연계성을 특징으로 한다는 것을 말해준다.

---

5 OEO는 내각의 일부로 여기에는 WEU(Women and Equalities Unit), Disability Unit, REU(Race Equality Unit)를 포함한다(Office for Equality and Opportunity, 검색일 : 2024. 12. 24).

6 Women and Equalities Unit, https://www.gov.uk/government/organisations/women-and-equalities-unit/about (검색일 : 2024. 12. 24).

- 여성과 소년에 대한 증오범죄와 폭력을 선도하는 내무부(Home Office)
- 학교 및 아동과 관련된 평등법 조항을 담당하는 교육부(Department for Education)
- 통합, 종교와 믿음, 지역사회 문제를 담당하는 거주·지역사회·지방정부부(Ministry of Housing, Communities and Local Government)
- 노동연금부(Department for Work and Pensions)
- 영국 고용권리법안(Employment Rights Bill)과 출산휴가 및 육아휴직, 유연 근무 관련 정책에 책임이 있는 산업통상부(Department for Business and Trade)
- 디지털에서의 여성, 스포츠에서의 여성, 온라인 학대 등을 담당하는 디지털·문화·미디어·스포츠부(Department for Digital, Culture, Media and Sport)
- 인권정책, 결혼정책, 강제결혼 등을 담당하는 법무부(Ministry of Justice)
- 젠더와 LGBT+ 평등 증진을 포함한 국제적 인권정책을 이끄는 외무·영연방부(Foreign, Commonwealth and Development Office)
- 이 외에도 영연방에 속한 웨일즈, 스코틀랜드, 북아일랜드 등과 협력함

3) 독 일

(1) 성평등 정책의 개요와 특징

독일의 성평등 정책의 시작은 1950년대 말 이후로 당시 여성의 경제·사회적 진출이 활성화되고, 유럽연합을 비롯한 국제사회의 영향을 받아 여성 및 양성평등 정책이 변화하면서 발전하게 되었다. 독일의 여성의원 비율은 제20대(2021년) 연방의회에서 약 35%를 차지하여 한국의 거의 두 배에 가깝다. 또한 연방부처 및 헌법기관 등 고위직 여성 비율은 48.2%로 절반 가까이에 이르고 있다. 이와 같은 성평등 정책 출발은 1957년「남성과 여성의 동등권보장에 관한 법률」제정으로 시작하여 2021년「연방양성평등재단 설립에 관한 법률」을 제정하여 주무부처인 연방가족·노인·여성·청소년부(Federal Ministry for Family Affairs, Senior Citizens, Women and Youth)를 중심으로 국가 사회의 모든 분야에서 연방정부, 주정부, 지방자치단체 차원으로 양성평등 목표 달성을 위한 다양한 사업을 추진하고 있다.

1986년 연방정부에 독립된 정책으로 '여성정책'을 전담하는 여성부가 신설된 이후 여성정책의 변화는 크게 3개의 시기로 구분하고 있다(김복규 외, 2016). 초기의 여성부는 '여성정책'에 역점을 둔 단계로 여성의 권리 보호와 경제적 독립, 폭력과 차별로부터 보호 등 정책대상으로 '여성'에 초점을 둔 시기이다. 이후, 1990년대 중반 이후부터는 여성정책이 양성평등정책으로 패러다임이 변화된 단계로 독일통일이라는 정치적 환경변화에 대응하여 다양한 법과 정책이 재정립된 시기이다. 또한 인구감소와 고령화, 이주민의 증가와 다원화, 가족형태의 다양화와 자녀양육문제의 증가 등 사회·경제적 변화에 대한 대응이 요구되어 성별 문제 외에 다양한 소외계층을 포함한 문제를 포함함으로써 여성정책의 지평이 넓어진 시기이다. 특히 1995년 세계북경여성회의 이후 독일 정부 역시 1999년 성 주류화 전략을 모든 부처에 적용하여 양성평등정책을 '횡적 과제'로 다루기 시작하였다. 다음 시기는 2011년 이후의 시기로 양성평등 정책의 초점이 '남녀 기회공정유지정책'으로 변화된 단계이며 두 가지 핵심 이슈를 포함하고 있는데 사회적 공정성과 독일 사회의 사회적 통합을 고려하는 것이다. 이는 젠더정책으로 심화·확대된 시기이며 이를 나타내 주는 연방정부 평등전략은 다음 아홉 가지이다.

※ 연방정부의 평등전략(Gleichstellungsstrategie) 아홉 가지

목표 1 : 모든 사람의 경제적 독립성 보장
목표 2 : 매력적인 진로로서 돌봄 전문 직종 확립
목표 3 : 디지털 세계에 대한 표준 설정
목표 4 : 유급 노동과 무급 돌봄노동의 조화
목표 5 : 더 많은 여성을 경제 지도자 자리에 앉히기
목표 6 : 평등한 민주주의 참여 확립
목표 7 : 문화 및 과학 분야의 고정관념 제거
목표 8 : 공공행정 양성평등 강화
목표 9 : 성평등을 정부 전체의 과제로 만들기

(2) 정책 추진체계

1950년대를 전후하여 여성문제를 다룬 정부 부처는 내무부하의 '여성정책과'이며, 이때의 여성정책은 공-사영역에서 최소의 수준에 그쳤다. 이후 1970년대 초반 여성정책과의 소관부처는 연방 청소년·가족·보건부로 변경되었다. 1986년 연방 청소년·가족·여성·보건 부처의 여성국에서 여성정책을 본격적으로 추진하기 시작하였다. 또 이 시기에 각 부처에 산재해서 추진해 오던 문제를 통합하여 연방 여성부가 신설되었는데 이는 오늘날 독일의 양성평등정책 부서의 토대가 되었다. 즉, 이전의 연방 청소년·가족·보건부의 여성정책실 업무와 노동·사회부가 담당하던 모성보호와 연방 내무부의 여성지원을 포함한 양성평등 관련 업무를 이 연방 여성부에서 담당하였다. 이후 1998년 평등정책으로 패러다임 변화에 따라 부처 내 여성국(Women Department)의 명칭을 평등국(Equality Department)으로 변경하였다. 2024년 현재 양성평등정책 전담부처는 2016년 4월 설치된 연방 가족·노인·여성·청소년부로 이어져 오고 있으며 1명의 차관과 2명의 정무차관이 있다. 이 부처는 6개 부서(중앙국, 민주주의와참여국, 가족과디지털국, 인구변동·노인·복지사업국, 평등국, 유아와청소년국)에 걸쳐 약 900명의 직원을 두고 있으며, 관리 직원, 연방 차별 금지국(Federal Anti-Discrimination Agency) 및 아동 성 학대 문제 독립 위원회(Independent Commissioner for Issues of Child Sexual Abuse)를 두고 있다.[7] 이 중 여성정책을 담당하는 평등국의 주요 기능은 성평등 정책을 만들고, 평등보고서와 디지털성평등아틀라스 등을 통해 정치, 과학 및 비즈니스 분야의 관리직 여성 비율, 교육과 직업선택에서의 성별 차이, 여성과 남성의 유급고용과 돌봄노동의 분담 등 40여 개의 지표를 사용하여 독일의 여성과 남성 간 평등에 대한 지역적 차이를 포함한 정보를 제공하는 것이다.

---

7 Bundesministerium für Familie, Senioren, Frauen und Jugend, https://www.bmfsfj.de/bmfsfj/ministerium (검색일 : 2024. 6. 11).

독일은 부처 내 공식적 협의체는 없고, 다만 연방 가족·노인·여성·청소년부가 입법 시 초기단계에서 평등정책의 측면에서 고려해야 할 것이 무엇인지를 검토하기 위해 입법 과정에 참여하는 점이 특징적이다. 특히 2021~2027년 ESF+(European Social Fund Plus) 프로그램에서는 성평등을 핵심과제로 삼고 여성과 남성의 균형 잡힌 노동시장 참여 촉진, 동등한 근로조건, 부양가족을 위한 저렴한 보육 및 보육서비스에 대한 접근을 포함한 더 나은 일과 삶의 균형으로 구체화하여 강조하고 있다.

주정부 차원에서 2022년 5월부터 16개 연방주에서 양성평등정책을 담당하는 부처를 구성하여 추진하고 있다(주성훈, 2022). 각 주정부는 양성평등 관련 업무를 담당하는 부처를 마련하고 있다. 각 지방자치단체에는 양성평등지위담당관 등을 두고 젠더정책 관련 업무를 추진하고 있다. 이들 양성평등지위담당관은 「연방남녀평등법」에 따라 기관 내 모든 조직·인사·사회적 조치 참여, 성차별 철폐 및 지원, 일·가정 양립 관련 상담 지원, 성희롱 방지 및 대응조치 등의 업무를 담당한다.

4) 프랑스

(1) 성평등 정책의 개요와 특징

프랑스의 성평등 정책을 이해하기 위해서 성차별에 대한 철학적 기반을 살펴보는 것이 필요하다. 프랑스 여성정책의 특징은 전통적인 '성차별적 보편주의'에 두고 있다는 것이다(Baudino, 2005, 김복태 외, 2016 : 65-66 재인용). 성차별적 보편주의는 개인 생활에서 성역할 고정관념을 인정하면서 계급적·집단적 이익과 관련된 것을 제외하고 순수하게 개인 간 평등을 중시한다는 것이다. 따라서 동등한 대우가 기회 평등보다 중시된다. 이러한 철학적 기초에서 프랑스 젠더 관련 입법이 도입되었다. 즉, 1970년대를 전후하여 노동시장에서의 고용차별 및 성차별, 성희롱과 성 고정관념 등 사회 전반의 불평등 문제를 해결하기 위한 관련 법과 제도를 도입·추진하고 있다. 프랑스 여성정책 관련 입법이 시작된 이후 6단계에 걸쳐 여성의 권리가 진화해 오고 있다(République française, 2024. 9. 23). 초기~1975년까지 고용과 직업 활동에 있어서 「동일임금법」을 시작으로, 1975년부터 1993년까지는 낙태, 이혼개혁, 직업평등 관련 입법, 1994년부터 2003년까지 성평등, 직업 이름의 여성화 관련 입법이 마련되었다. 2004~2016년에는 여성에 대한 폭력 근절, 임금격차 해소, 2017~2021년 언론의 자유, 폭력과 맞서 싸우다, 근접방지 팔찌, 2022년 이후는 낙태권 강화, 첫 월경휴가, 자궁내막증에 대한 국가전략에 관한 입법으로 여성지위와 권익 향상에 대한 구체적인 입법이 마련되고 있음을 볼 수 있다. 특히 2010년 「젠더기반폭력법(Law in Gender-Based Violence)」, 2014년 「젠더평등법(Law on Gender Equality)」에서 최근 프랑스 성평등 정책의 핵심은 주요 정책분야에 여성할당제(gender quotas)를 도입한 것이다. 프랑스의 여성할당제는 먼저, 정치참여에서의 균등 참여기회를 보장하였으며 이는 1999년과 2000년 헌법 개정을 통해서이다. 공기업과 공공기관, 행정부, 지자체, 시민단체, 사기업, 교육기관, 병원 등에서 이사회에 여성 40% 할당제를 의무 적용하고 있다(임희영 외, 2018).

(2) 정책 추진체계

프랑스의 젠더정책 담당 기관은 1960년대 이후부터 다양한 형태로 존재해 왔으며, 초기의 성평등 정책 추진은 고용 및 노동 관련한 부서로 시작되었다. 우리나라와 비슷하게 발전과정에서 여성인력을 활용하는 것에 초점을 두고 있던 것이다. 다른 한편, 이와 같은 여성인력의 도구성을 비판하고 실질적인 지위향상과 권익실현을 위한 노력이 사회문제장관 산하의 여성노동문제연구위원회이다(김복태 외, 2016). 다만, 이 위원회는 노동 주체로서 노동자와 고용주, 농민, 정부 관료 등의 대표로 구성하여 정기적인 회의를 개최하고 문제를 심의하였으나 실질적인 정책결정 권한은 없는 논의기구라는 한계가 있었다. 이 기구는 '여성노동위원회'로 발전되었고 1972년 동등임금법 도입에 큰 역할을 하게 된다.

프랑스의 최초 여성정책 전담기구는 1985년 제5공화국의 여권부(Ministry of Women's Rights)이며 젠더정책을 다루는 독립부서로서 그동안 흩어져있던 젠더 업무를 통합적으로 다루었으나, 정권의 변화에 따라 얼마 지나지 않은 1986년 여권부가 폐지되면서 관련 기구와 지방조직도 폐지되었다. 이후 젠더정책은 장관직이나 정무차관직이 없이 행정조직만으로 존재하는 여성권리국(Women's Rights Department)만 남았고, 1990년 행정명령으로 상임조직으로 일보 진전하여 여성정책의 입법화와 추진 담당 부처가 되었다. 행정조직이기 때문에 정치적 영향 없이 여성정책을 수행할 수 있는 이점이 있으나 대중적 관심이나 정치적 문제에 대한 해결에는 한계가 있었다.

2016년 장관직이 있는 가족·어린이·여권부(Ministry of Families, Children and Women's Rights)가 젠더정책 담당 부처가 된다. 부처명에서 알 수 있듯이 가족, 어린이, 여성의 권리와 양성평등과 동수에 관한 정부 정책을 실행하는 일을 담당한다. 2019년 양성평등 및 여성차별 방지부(Ministry of Gender Equality and the Fight against Discrimination)에서 담당하고 주요 정책 내용은 성범죄 방지, 직장에서의 양성평등에 초점을 두고 추진되었다. 2021년에는 성평등·다양성·기회균등부(Ministry for Gender Equality, Diversity and Equal Opportunities)를 거쳐 2024년 9월 프랑스 젠더정책 전담부처는 여성과 남성의 연대, 자율성 및 평등부(Ministry of Solidarity, Autonomy and Equality Between Women and Men)로 개편되었다.[8] 장관의 주요 임무는 여성과 남성 간 평등 외에도 빈곤퇴치, 사회 및 전문직 통합과 사회혁신 등 폭넓고 광범위한 업무를 포함하고 있다. 이와 같은 광범위하고 다양한 정책을 추진하기 위해 여성과 남성의 연대, 자율성 및 평등부의 부처 간 권위 관계를 명시하여 협력과 협조의 범위를 명확히 하고 있다.

---

8 Ministre des Solidarités, de l'Autonomie et de l'Égalité entre les femmes et les hommes, https://solidarites.gouv.fr/le-ministere/organisation (검색일 : 2024. 12. 9).

※ 여성과 남성의 연대, 자율성 및 평등부 장관의 부처 간 권위관계

- 여성과 남성의 연대, 자율성 및 평등부 장관은 노동 및 고용장관과 공동으로 사회통합총국에 대한 권한을 가진다.
- 보건 및 접근 복지장관 및 노동고용부 장관과 공동으로 사회문제를 담당하는 부처의 사무총장에 대한 권한을 가진다.
- 보건 및 의료 접근성 장관, 노동 및 고용장관, 국무총리 장관과 공동으로 예산 및 공공회계를 담당하고 사회보장국 및 연구, 평가 및 통계국에 대해 권한을 가진다.
- 총리와 공동으로 부처 간 장애위원회의 사무국에 대한 권한을 가진다.
- 장관은 그 권한을 수행하기 위해 보건총국, 의료제공총국, 고용 및 직업훈련 총국, 노동총국을 활용할 수 있다 등

5. 나오며

이 장에서는 '여성'의 권익과 지위 향상 등 대상 특성에 제한된 여성정책이 정책목표로서 '성평등'을 위한 정책으로 변화하는 과정과 다양한 영역의 성별 문제를 포함하는 젠더정책의 추진체계에 대해서 살펴 보았다. 이와 함께 해외의 성평등 정책의 동향과 추진체계를 살펴보았다. 추진체계는 각 나라의 사회·경제적, 정치·행정적 여건에 따라 다양한 형태로 변화되어 왔으나 공통적인 점도 발견할 수 있었다. 예를 들면, 초기 여성정책에 대한 접근은 상대적으로 취약한 여성의 지위 및 권익 향상을 위한 정책이었다면, 여성과 남성의 관계의 변화, 더 나아가 성 주류화 전략을 통한 젠더 통합적 접근으로의 정책 패러다임의 변화를 맞이하게 되는데 그 시기와 내용에서 유사한 특성을 볼 수 있다. 또한 다루는 이슈에 있어서도 성차별과 소득 차이로 인한 구조적 불평등의 문제나 젠더 기반한 폭력에 대한 예방과 대응, 여성의 사회·경제적 진출의 확대와 일과 가정에서의 돌봄 역할의 동반 참여가 강조되면서 일·생활 균형에 대한 제도적 기반 확대, 정치·행정의 주요 정책 결정과정에서 여성의 대표

성 제고 등의 문제는 어느 국가를 막론하고 공통으로 강조되고 있는 젠더 문제이자 주요 정책과제로 다루고 있었다. 그럼에도 차이점은 살펴본 해외 국가의 젠더 이슈는 주로 임금수준의 성별 차이 해소나 여성의 자유로운 경제활동 참여를 위한 휴가・휴직 보장 및 남성의 육아 참여와 같이 구체적인 문제에 집중하면서 외연을 확장하고 있다는 점이다. 이는 우리나라의 젠더정책 추진체계가 성차별의 구조적 문제를 해결하는 데 초점을 두기보다 여성을 중심으로 한 가족, 아동보육, 청소년 등 여성가족부에 머물러 있는 한계에 시사점을 제공하고 있다.

젠더 평등, 성평등을 지향하는 젠더정책은 효율성과 능률성만이 아닌, 평등과 형평성이라는 가치를 담고 있는 정책이다. 따라서 추진체계 역시 효율성의 논리로만 접근되어서는 안 되고 젠더감수성을 가진 사람들의 참여와 고민, 숙의와 논의의 과정을 거쳐서 더 좋은 추진전략, 추진방안을 모색하는 것이 필요하다. 이를 위해서는 정부의 예산과 인력, 좋은 정책 대안과 실행력을 갖춘 조직이 필요하다. 여기서 그치는 것이 아니라 다양한 사회 구성원들의 모니터링과 평가, 그리고 불평등에 대한 시민 목소리를 담을 수 있는 제도적 장치 등은 추진체계의 개선과정에서 보완되어야 할 것으로 생각된다.

생각해볼 문제

1. 우리나라의 성평등 수준에 대해 주관적인 평가는 어떠한가?(가장 취약한 분야는 무엇이라고 생각하며, 정책적 대안은 무엇인가?)

2. 정권의 특성에 따라 '여성가족부' 존치 여부에 대한 논쟁이 있다. 본인의 입장(존치 찬성, 반대)은 무엇인가? 어느 입장이든 한계가 존재하는 귀하의 입장을 보완할 방안은 무엇이라고 생각하는가?

3. 현재의 젠더정책 추진체계에서 더 강화되어야 할 점은 무엇이라고 생각하는가? 또한 향후 젠더정책 추진체계를 재설계한다면 어떻게 접근할 것인가?

참고문헌

김복태 · 김은경 · 조경호(2016). 해외 여성정책 추진체계 조사연구. 한국여성정책연구원.

김은경(2009). 여성정책 패러다임의 변화 : 새로운 양성평등정책 추진체계로의 전환. 한국여성유권자연맹.

김원홍 · 백영주 · 박복순(2008). 주요국의 여성정책추진체계 연구. 한국여성정책연구원.

임희영 · 남지현 · 이강선 · 강석훈 · 민경석(2018). 주요국의 양성평등정책 추진체계 및 현황. KIPF 공공기관 이슈포커스, 30, 66-104.

마경희(2007). 성주류화에 대한 비판적 성찰 : 여성정책의 새로운 패러다임인가? 함정인가?. 한국여성학, 23(1), 39-67.

박선영(2022). 국내외 성평등 정책 추진체계 현황과 시사점. KWDI Brief, 제73호. 한국여성정책연구원.

박선영 · 박복순 · 김복태 · 고현승 · 김은희(2021). 여성 · 가족 관련 법제의 실효성 제고를 위한 연구(Ⅸ) : 성평등 정책 추진체계 강화를 위한 법제 정비 방안. 한국여성정책연구원.

여성특별위원회 · 여성부(1998~2007). 여성백서.

여성가족부(2009~2014). 여성정책 연차보고서.

여성가족부(2015~2023). 양성평등정책 연차보고서.

여성가족부(2010). 2010년도 업무현황보고.

여성가족부(2013). 2013년도 업무추진계획 : 여성행복, 가족행복, 국민행복 여성가족부가 앞장서겠습니다.

전윤정(2021). 성평등 추진체계의 국내외 현황과 과제. NARS 현안분석 제231호. 국회입법조사처.

주성훈(2022). 독일에서 양성평등 실현 법체계 · 추진체계 및 중점 추진분야. 국회사무처.

Bundesministerium für Familie, Senioren, Frauen und Jugend, https://www.bmfsfj.de/bmfsfj/ministerium (검색일 : 2024. 06. 11).

Ministre des Solidarités, de l'Autonomie et de l'Égalité entre les femmes et les hommes, https://solidarites.gouv.fr/le-ministere/organisation (검색일 : 2024. 12. 9).

Office for Equality and Opportunity, https://www.gov.uk/government/organisations/office-for-equality-and-opportunity (검색일 : 2024. 6. 11).

République française(2024. 9. 23). L'évolution des droits des femmes : chronologie. https://www.vie-publique.fr/eclairage/19590-chronologie-des-droits-des-femmes (검색일 : 2024. 12. 8).

Swedish Gender Equality Agency, https://swedishgenderequalityagency.se (검색일 : 2024. 12. 9).

Women and Equalities Unit, https://www.gov.uk/government/organisations/women-and-equalities-unit/about (검색일 : 2024. 12. 24).

저/자/약/력

■ **권수현**
경상국립대학교 사회학과 조교수

■ **권혜자**
전) 한국고용정보원 연구위원

■ **김새롬**
인제대학교 의과대학 의예과 교수

■ **손문금**
성공회대학교 시민사회복지대학원 외래교수

■ **안현미**
돌봄정책&젠더연구소 소장

■ **이혜숙**
한국과학기술젠더혁신센터 소장

■ **임우연**
충남사회서비스원 정책연구실 선임연구위원

■ **장명선**
전) 한국양성평등교육진흥원 원장

■ **조연숙**
젠더와정책연구소 소장

■ **차인순**
배재대학교 초빙교수

내 삶을 바꾸는 젠더정책

|공저자| 권수현 · 권혜자 · 김새롬 · 손문금 · 안현미
이혜숙 · 임우연 · 장명선 · 조연숙 · 차인순

|1판 1쇄| 발행 2025년 4월 30일

|발행인| 김 동 훈
|발행처| 공 동 체

|주소| 경기도 고양시 일산동구 호수로 358-39, 동문타워 I 905호(백석동)
|전화| 031) 814-3000(대표)
|팩스| 031) 814-3100
|홈페이지| https://www.compub.co.kr
|전자우편| compub@naver.com
|출판등록| 2005년 10월 6일
|등록번호| 제396-2005-36호

|ISBN| 979－11－6725－887－8
정가 24,000원